2016

镇海年鉴

ZHENHAI NIANJIAN

宁波市镇海区地方志编纂委员会 编

方志出版社
Publishing House of Local Records

图书在版编目(CIP)数据

镇海年鉴．2016 / 宁波市镇海区地方志编纂委员会编．— 北京 ：方志出版社，2017.3
ISBN 978—7—5144—2396—9

Ⅰ．①镇… Ⅱ．①宁… Ⅲ．①镇海区 — 2016 — 年鉴
Ⅳ．①Z525.54

中国版本图书馆CIP数据核字(2017)第066537号

镇海年鉴（2016）

编　　者：	宁波市镇海区地方志编纂委员会
责任编辑：	李志瑜
出 版 人：	冀祥德
出 版 者：	方志出版社
	地址　北京市朝阳区潘家园9号(国家方志馆4层)
	邮编　100021
	网址　http: //www.fzph.org
发　　行：	方志出版社发行部
	电话（010）67110500
经　　销：	各地新华书店
印　　刷：	浙江海虹彩色印务有限公司
开　　本：	787×1092　　1/16
印　　张：	25.5
字　　数：	521千字
版　　次：	2017年3月第1版　　2017年3月第1次印刷
印　　数：	0001～1000册

ISBN 978- 7 - 5144 - 2396 - 9　　定价：128.00 元

宁波市镇海区地方志编纂委员会

《镇海年鉴》编辑部

编辑说明

一、《镇海年鉴(2016)》为镇海区第三本地方综合年鉴,全面记述镇海行政区划内自然、政治、经济、文化、社会情况。

二、本年鉴由区地方志办公室在年鉴编纂委员会领导下主持编纂,各部门、人民团体、街道镇、园区、驻镇机构及有关单位供稿,《镇海年鉴》编辑部负责编辑出版。

三、记述时限为2015年1月1日至12月31日。部分内容、数据涉及2014年前。

四、采用分类编辑法。卷首设镇海概貌、大事记、特载、专记,正文部分设类目、分目、条目三个层次。栏目设计和编排次序是根据年鉴的基本体例、行业和事物归类设置,与部门、企事业单位行政级别高低无关。

五、全书所有数据包括7月成立、8月委托宁波高新区管理的贵驷街道。数据多数采用《统计年鉴》,也有采纳各业务部门和单位提供的,个别数据与区内公开发布的其他资料("特载"和"专记"不少数据都是预计数)有差异的基本核实,有的加以说明。涉及物价的数据,全部用现行价,比较数据有的内含可比价格因素,以更确切反映经济增减情况。

六、机关单位名称,一般按照《区级有关单位规范化简称》(2006年区委办文件)直接采用简称。对名称较长、新设机构和一些特定地域,另设《部分机构(地域)全称简称对照表》。企事业单位采用简称的,一般不专门说明,多次记述的,用括号注明简称。

七、文末的作者署名,指的是上一署名后、至此署名的所有文字都系该作者所写。照片未注明摄影者名字的,均系撰写与该照片相关文字的作者提供。

八、为方便检索,年鉴末附主题索引,按主题词首字汉语拼音字母顺序排列,阿拉伯数字以序数排列。

《镇海年鉴》编辑部

2016年12月

部分机构(域名)全称、简称对照表

全称	简称
浙江省	省
中共浙江省委员会	省委
浙江省人民政府	省政府
宁波市	市
中共宁波市委员会	市委
宁波市人民政府	市政府
镇海区	区
中共宁波市镇海区委员会	区委
宁波市镇海区人民代表大会常务委员会	区人大常委会
宁波市镇海区人民政府	区政府
中国人民政治协商会议宁波市镇海区委员会	区政协
中共宁波市镇海区委办公室	区委办
宁波市镇海区人民政府办公室	区政府办
中国人民解放军浙江省宁波市镇海区人民武装部	区人武部
中共宁波市镇海区纪律检查委员会	区纪委
宁波市镇海区精神文明建设指导委员会办公室	区文明办
中共宁波市镇海区委统一战线工作部	区委统战部
宁波市镇海区人民政府侨务办公室	区侨办
中共宁波市镇海区委对台工作领导小组办公室、宁波市镇海区人民政府台湾事务办公室	区台办
宁波市镇海区民族宗教事务局	区民宗局
中共宁波市镇海区委农村工作办公室、宁波市镇海区人民政府农村工作办公室	区委农办
中共宁波市镇海区直属机关工作委员会	区直机关党工委
宁波市镇海区关心下一代工作委员会	区关工委
宁波市镇海区老龄工作委员会办公室	区老龄办
宁波市镇海区发展和改革局	区发改局
宁波市镇海区经济和信息化局	区经信局
宁波市镇海区经济合作局	区经合局
宁波市镇海区市场监督管理局	区市场监管局
宁波市镇海区风景旅游管理局	区旅游局
宁波市镇海区机构编制委员会办公室	区编委办
宁波市镇海区人力资源和社会保障局	区人社局
宁波市镇海区住房与建设交通局	区住房建交局

全称	简称
宁波市镇海区文化广电新闻出版局	区文广新局
宁波市镇海区国有资产管理委员会办公室	区国资办
宁波市镇海区人民防空办公室	区人防办
宁波市镇海区卫生和计划生育局	区卫计局
宁波市镇海区人民政府法制办公室	区法制办
宁波市镇海区突发事件应急管理委员会办公室	区应急办
宁波市镇海区流动人口服务管理工作领导小组办公室	区流管办
宁波市镇海区地方志编纂委员会办公室	区志办
中共宁波市镇海区委、区人民政府信访局	区信访局
宁波市镇海区公共建设服务中心	区公建中心
宁波市镇海区安全生产监督管理局	区安监局
宁波市国土资源局镇海分局	区国土分局
中国银行业监督管理委员会宁波监管局经济技术开发区办事处	银监局开发区办事处
中国人民银行宁波北仑支行	人行北仑支行
宁波石化经济技术开发区	石化开发区
浙江省镇海经济开发区	镇海经济开发区
宁波(镇海)大宗货物海铁联运物流枢纽港	物流枢纽港
宁波市大学科技园	大学科技园

注:仅列部分机构,全称和简称相对直观的单位名称不再列出。

目　录

Contents

镇海概貌

7000年前镇海区境内自望海尖至澥浦附近的四明山余脉已出露海面，但大部分还是一片大海。九龙湖镇鱼山·乌龟山考古发掘表明，6500年前已有先民在该地居住生活。“海退”开始后，大片平地显露。经几千年来洪水冲积、湖海淤积和居民长期垦殖，遂成现在格局。春秋末越国建国后，其地属越。战国中期，楚占越地至浙江（钱塘江以北），以南的越族仍由其“君长”管辖。秦王嬴政二十五年（前222）降越君，置会稽郡，立有句章县，该地处句章县东境。唐武德四年（621），析分句章为姚、鄞两州，该地属鄞州。武德八年（625），改鄞州为鄮县，该地属鄮县东境。唐元和四年（809），在鄮东甬江口设军事建置望海镇，为镇海建治之始（一说大历六年即公元771年置望海镇）。后梁开平三年（909），望海镇为望海县，不久改名定海县。元时建置沿袭宋制。清康熙二十六年（1687），改定海县为镇海县，定海县建置历778年。镇海县建置相沿至中华民国未变。中华人民共和国建立后，镇海县建置更迭与县境变化甚频。1951年，从慈溪县划入骆驼镇，同时划出沙堰乡归宁波市。1954年年底，龙山区北部10个乡镇划归慈溪县，慈东的河头、长石等5乡划属镇海县，杭州湾口滩浒岛划归嵊泗。1958年自余姚县划入汶溪乡。同年底，撤镇海县并入宁波市。1963年1月，恢复镇海县建置。1984年1月新建宁波市滨海区，辖原镇海县城关镇、新碶镇、清水浦乡、青峙乡等3镇2乡，共41个行政村。1985年7月1日，国务院批复省政府，同意镇海撤县划区，并入宁波市。按甬江为界，甬江以北为镇海区，甬江以南为滨海区。县级建制自始建至撤销，除去并入宁波市4年外，共历时1073年。

1985年10月1日宁波市镇海区成立，区域内行政建制变更较多。至2015年年末，全区辖招宝山、蛟川、骆驼、庄市、贵驷5个街道，九龙湖、澥浦2个镇，其中贵驷街道于8月底由镇海区委托宁波市高新区（新材料科技城）管理。全区有37个社区，60个行政村。区政府驻地于年末从招宝山街道搬迁到位于骆驼街道的新城核心区。

镇海区处宁波市区东北部。地理坐标位于北纬29°53′~30°06′，东经121°27′~121°46′之间。区境东濒灰鳖洋与舟山群岛隔海相望，西毗江北区，南临甬江与鄞州区、北仑区一水相依，北与慈溪市接壤。全区国土面积407.74平方千米，其中陆域面积246平方千米（含陆域水面面积），海域面积161.74平方千米。区域地形成不等比菱形，东西长约33千米，南北宽约16.8千米。海岸线自澥浦棋盘山直塘至镇海港嘴灯塔，长18.34千米，多数为海涂淤积泥基。

全区地处宁绍平原东端，西北部为丘陵，东南部为江海平原。丘陵系四明山余脉的延伸部分，山体起自余姚，从西向东，入镇海区境之首为汶溪望海尖，向东至澥浦镇潜入东海。境内山体总长16.8千米，山脊西北与江北区和慈溪市分界，山峰高程（黄海高程）在100米至350米之间。全区平原占71.4%，山地占16.9%，内陆水域占11.7%，呈“一水二山七分田”的地貌特征。境内水网交织，属姚江水系，主要河道162条，总长283.7千米。甬江沿区境东南向东北出海，在区境内长度12.61千米。该江在原镇海县境段（自今江北下白沙起至出海口）古称大浃江，系平原常年性河流，江体宽270至404米之间，水深3.3米以上，3000吨船舶可不候潮往返，为天然良港。

镇海属亚热带季风气候区。冬夏季风交替明显，气候温和湿润，冬夏长、春秋短，四季分明，无霜期长，雨量充沛。2015年平均气温与历史基本持平，但季节性波动大。降水量、雨日偏多，蒸发量偏少，日照时数明显偏少。极端天气主要表现为气候年景偏差，降水偏多，台风影响大，气象灾害影响程度偏重，雨量等气象要素突破2009年建区气象站以来历史同期纪录。3月13日入春，5月25日入夏，10月5日入秋，11月25日入冬。年平均气温17.1℃，≤0℃低温日19天，最低气温-6.0℃出现在2月10日；≥35℃高温日14天，最高气温37.7℃出现在8月4日。年降水量1975.6毫米，雨日178天，其中日降水量≥50.0毫米的暴雨日4天，分别为7月6日51.4毫米、7月11日106.0毫米、9月29日53.0毫米和9月30日276.2毫米。年日照1436.6小时，8月最多，178.0小时；11月最少，46.5小时。年蒸发量831.3毫米，8月最多，104.1毫米；12月最少，39.3毫米。年最多风向是东北偏北风，各季最多风向分别为春季偏北风和东南偏南风，夏季东南风，秋季西北风和东北偏北风，冬季西北风。终霜期出现在3月11日，初霜出现在12月8日。

2015年，全区按户籍口径统计的总户数为94599户，人口235336人，其中城镇人口190944人。全年人口出生率为7.24‰，死亡率为5.61‰，人口自然增长率为1.63‰。年末流动人口在册登记的249638人，比上年减少20496人。

是年，全社会生产总值达到663.87亿元，按可比价格计算，比上年增长8.1%。其中，区属生产总值375.83亿元，按可比价格计算，比上年增长8.5%。区属生产总值中，第一产业增加值6.64亿元，增长0.6%；第二产业增加值190.47亿元，增长7.8%；第三产业增加值178.72亿元，增长10.0%。按户籍人口计算，区属人均生产总值为20.25万元（按年平均汇率折算为3.25万美元）。全区财政总收入102.00亿元，比上年增长8.2%，其中一般公共预算收入58.92亿元，增长9.8%。完成一般公共预算支出60.31亿元，比上年增长21.4%。

是年，城镇居民家庭人均可支配收入51201元，比上年增长8.5%；农村居民人均可支配收入28087元，增长8.8%。城乡居民收入差距为1.82∶1。年末，区属参加养老、医疗、失业、生育和工伤保险的人数分别为19.67万人、20.96万人、15.05万人、13.98万人和15.11万人。

《镇海年鉴》编辑部

大事记

1月

8日，九龙湖镇紧固件集中酸洗中心投产。拟将酸洗工艺集中处理。

27日—29日，中国人民政治协商会议第九届宁波市镇海区委员会第四次会议在九龙湖山庄举行。

28日—30日，宁波市镇海区第十四届人民代表大会第四次会议在区人民大会堂举行。

29日，高雄市教育交流团一行18人到镇海，开展友好学校结对，区内镇海中学等8所中小学与高雄女中等8所高雄中小学结对。

31日—2月15日，主题为“花卉让生活更美好”的2015年浙江迎春花展在宁波花木世界举行。展区面积8万平方米，参展花卉近200种。

1月，镇海区被省政府命名为“浙江省体育强区”。

2月

28日，镇海炼化获“全国文明单位”称号。澥浦镇十七房村获“全国文明村镇”称号。

3月

3月，地处骆驼民和大道的镇海区文化馆新馆启用。

4月

1日，宁波世创电商园举行开园仪式暨发布会，以就业指导、产业孵化为主业的电子商务投入运营。

1日，庄市街道光明村第二届梨花周开幕。开展传统服饰梨园秀、时尚滑板车体验、草莓园趣味采摘、农产品集市等活动。

15日，2015“奇思甬动”中国创客大赛开赛，参赛对象为社会公众、工业设计师和在校大学生。

15日至5月15日，省委第二巡视组对镇海区进行巡视。

20日，残疾人选手张路在全国第九届残疾人运动会暨第六届特殊奥林匹克运动会射箭项目比赛中，获女子个人复合弓W1级淘汰赛金牌、个人复合弓W1级双轮赛银牌。

23日，金丰（中国）机械工业有限公司装配组长冯闯、宁波明欣化工机械有限责任公司焊接实验室领头人陈俭峰获全国劳动模范称号，并参加28日在北京召开的全国劳模表彰大会。

26日，2015九龙湖（宁波）国际马拉松赛在区市民广场开赛，参赛的4500多名中外运动员和长跑爱好者环九龙湖跑步。

4月，区人民医院二期、镇海大道三期、东邑保障房工程、大宗生产资料交易中心配套用房二期和镇海文化艺术中心五个工程，获2014年度市“甬江建设杯优质工程奖”，获奖工程数量创历史。

5月

23日，龙赛中学OM代表队在美国密歇根州立大学举行的2015第36届世界头脑奥林匹克（OM）决赛的“释放玻璃球的结构”中荣获金牌。

29日，在中央文明办发布的2015年度5月“中国好人榜”上，助人为乐、孝老爱亲的爱心人士刘国娟上榜。

5月，镇海大道三期工程获评2015年度省市政金奖示范工程。

6月

1日，区政府与人保财险宁波市分公司签订城镇居民住房综合保险合同，出资203万元，为全区2001年之前建造的居民住房购买总保额93.9亿元的住房综合保险。

30日，全球唯一密闭生产焦化装置在镇海炼化公司试运行。

6月，位于庄市街道光明村的CNG加气母站在镇海区投入试运行，能使4辆CNG管束车和2辆普通车辆同时加气。

7月

27日，镇海区获2014年度省创建法治县（市）区工作先进单位称号。

28日，区委十三届九次全体（扩大）会议举行。

29日，贵驷街道挂牌成立，其行政隶属关系于8月31日由镇海区委托高新区（新材料科技城）管理。

7月，宁波恒信工程检测有限公司宋刚兴技能大师工作室入选第四批市级技能大师工作室。

7月，镇海文化艺术中心工程获评2015年度省建设工程“钱江杯”优质工程奖。

8月

1日，绿轴体育公园免费向市民开放。公园占地约11.62平方米，内设球类场馆、室外运动场地、健身慢行系统等体育设施。

12日，区委、区政府教育成就奖颁奖典礼在镇海中学举行。镇海中学、龙赛中学、区职教中心三所学校与53名镇中学生受表彰。

8月，镇海第一本地方综合年鉴《镇海年鉴（2012年）》由中国方志出版社出版。全书53万字，全面记述2011年内镇海自然、政治、经济、文化、社会等方面情况。

9月

23日，镇海“掌上驾培”APP（驾驶学

员预约培训系统）上线，汽车驾驶员培训模式改革。

26日，市轨道交通2号线一期投入试运营，是为区内第一条"轻轨"。起始点为宁波栎社国际机场站，终点为镇海清水浦站。10月，"轻轨"正式运行。

26日，轨道交通2号线一期清水浦站接驳设施一期工程建成投用。

29日晚，受"杜鹃"台风特大暴雨和天文大潮双重"夹击"，甬江隧道发生江水倒灌，致南北两岸交通中断。经隧道泵站和消防吸水车紧急排水，30日6时，甬江隧道恢复通行。

30日凌晨，受第21号台风"杜鹃"影响，镇海遭受自1971年有气象记录以来日降雨最大的暴雨灾害，受灾情况为全市最严重。

9月，区委党史研究室编写的《宁波市镇海区抗日战争时期人口伤亡和财产损失》由中共党史出版社出版，全书约17万字。

9月，镇海污水处理厂二期扩建及一期提标改造工程通过竣工验收，日处理能力从3万吨提高到6万吨。

10月

1日，区行政服务中心向镇海实林化工有限公司发出全市第一张"五证合一，一照一码"的营业执照。

19日—22日，全国首届危险化学品救援技术竞赛在镇海炼化分公司举行，来自各省、自治区、直辖市及央企的36支代表队、396名队员参赛。

20日，区住房建交局开发的城镇住宅智能监控系统获国家版权局颁发的计算机软件著作权登记证书。智慧监管和"住宅云端病历卡"模式，在宁波部分县（市、区）推广。

28日—11月27日，镇海第28届金秋菊展在区文化广场开展。共设五组景点，展出25000盆菊花。

30日，叶中央家庭入选"中国好人榜"。

10月，镇海发现由清末著名实业家、书法家、画家严信厚行世的《小长芦馆集帖》残卷。

10月，镇海蹦技学校运动员在福州举行的第一届全国青运会蹦床比赛中，获女子团体第三、男子团体第四和男子个人银牌、女子个人铜牌各1块。

10月，爱乡港胞顾兆田夫妇捐赠120万元设立"顾兆田卞裘莉慈善基金"，用于安老助老、奖教奖学、应急帮扶等善事。

11月

28日上午，2015年全国高中数学联赛（浙江赛区）颁奖大会在镇海中学举行。全区13名学生获全国一等奖。

11月，"镇海发布"政务双微（微博、微信），凭借"政务应用移动化"创新做法，入选2015中国"互联网+政务"优秀实践案例50强。

11月，由镇海规划分局组织实施的数字镇海地理空间框架项目，在2015中国地理信息产业大会上获中国地理信息产业优秀工程银奖。

11月，"2015年中国中小城市科学发展评价指标体系研究成果"在《人民日报》公布，镇海位列2015年度市辖区综合实力第50位。

12月

3日上午，由市文化广电新闻出版局、区政府主办的“镇海鱼山·乌龟山遗址考古成果新闻通报会”在宁波帮博物馆举行。首次向社会公布并展示鱼山·乌龟山遗址考古成果。

16日，宁波镇海保税物流中心（B）型通过海关总署、财政部、国税总局、国家外汇管理局四部委联合验收。中心占地29万平方米，建有液化储罐32个，总容量21.44万立方米。

21日，区委十三届十次全体（扩大）会议举行。

21日，2015年社区工作委员会全国区街镇工作（26届）年会在九龙湖镇召开。镇海区获“促进中国社区建设事业重大贡献奖”“全国法治社区建设示范城区”。

12月，国际小行星中心将第207809号小行星永久命名为“吴祖泽星”。镇海籍科学家吴祖泽成为继贝时璋之后，第二位获得小行星国际命名的镇海籍院士。

（何小平）

特 载

在区委十三届十次全体(扩大)会议上的报告

(2015年12月21日)

中共宁波市镇海区委书记 薛维海

同志们:

下面,我代表区委常委会,向全会报告工作。

一、关于区委十三届八次全会以来的主要工作

今年以来,区委常委会面对新常态、新形势、新任务,团结带领全区广大党员干部群众,深入贯彻落实党的十八大和十八届三中、四中、五中全会精神,以及习近平总书记系列重要讲话精神和"四个全面"战略布局,按照省委"八八战略""两富两美"和市委"双驱动四治理"战略部署,紧紧围绕"六大战略"这一主线不动摇,沉着应对各种风险挑战,上下同欲、齐心协力、真抓实干,推动各项决策部署早实施早见效,促进经济社会平稳健康发展。

今年以来,我们精心组织、层层发动,坚决把思想和行动统一到习近平总书记重要讲话精神上来,使之成为武装头脑、推进工作、指导实践的强大力量。我们认真组织学习中央、省委、市委重要会议精神,尤其是深入领会习总书记考察浙江时的重要讲话精神,以及贯彻落实省委夏宝龙书记视察镇海的重要讲话精神,把省委主要领导对镇海的殷切期望传递到全区每一位干部群众心中,使之成为全区上下干事创业、破难攻坚的强大动力。先后举办了12次区委理论学习中心组读书会,把理论学习与区委重大问题研究结合起来,不断提高学习的针对性和实效性。

今年以来,我们锐意进取、开拓创新,保持经济社会平稳健康发展,圆满收官"十二五",为"十三五"的谋篇布局打好扎实基础。预计区属生产总值同比增长7.5%,公共财政预算收入同比增长8.5%,区属规上工业总产值同比增长3.7%,工业用电同比增长8.6%,外贸自营出口总额同

比增长5.6%，社会消费品零售总额同比增长10.0%，城镇居民和农村居民人均可支配收入分别同比增长9.0%和9.2%。

今年以来，我们凝心聚力抓项目，全力以赴抓投入，强力推进重点项目建设，狠抓有效投资落地见效。我们不断增强抓项目促投资的责任感和紧迫感，切实把项目建设作为深入实施"六大战略"的重要支撑。狠抓项目建设进度，促进投资数量和质量齐头并进，42个重点项目开工建设，完成投资116亿元，完成年度计划的119%，全社会固定资产投资同比增长15.6%。强化要素保障，扎实开展征地拆迁清零，完成征迁30.8万平方米，清零项目21个，征地1300亩。

今年以来，我们居安思危、行动在前，始终绷紧安全生产这根弦，确保人民群众生命财产安全。强化安全生产责任制，持续开展全领域全时段暗查暗访和地毯式排查整治，着重抓好危险化学品、油气管线等重点领域专项整治，做到检查"全覆盖"、隐患"零容忍"、监管"严执法"、整改"重实效"。完善网格化、市场化安全生产监管体系，实施全职化第三方监管，提高企业安全生产管理的专业化水平。完成台风"灿鸿""杜鹃"防汛抗台各项工作。

今年以来，我们立足创新、激发活力，充分发挥全面深化改革牵引作用，全力推进各项改革举措落地生根。坚持问题导向，强化市场取向，尊重群众意向，实施项目化推进、责任制分工，着力抓好8个领域58项改革任务，在行政区划调整、生态文明体制改革、农村集体经济改革、"厚德镇海"建设、基层社会治理体系建设、党的建设制度创新等方面取得实质性突破，形成了"微民生大服务"、财政资金绩效管理、农村基层组织"底线规则"40条、工业企业绿色绩效评价、"第三方"参与治理等一批全省领先、有利于经济社会发展走在前列的新机制。

今年以来，我们坚决以最鲜明的态度、最有力的举措、最严明的纪律，紧紧围绕省委巡视工作要求，把整改落实工作抓紧抓实抓到位。区委常委会高度重视省委巡视组反馈意见的整改落实工作，区领导分别牵头，从讲政治、顾大局的高度，逐项研究部署，各级领导班子高度自觉抓整改、从严从实抓整改、立说立行抓整改，严格按照问题性质、时间节点和整改要求，加大监督、跟踪、问效力度，制度规定出台了53项，修订了16项，受理问题线索99件，党政纪立案38件，涉及党员34人，共处分18人；通过核实，为13名党员干部澄清了问题；巡视组交办的52件信访举报件，已全部办结，不折不扣地抓好整改落实，整改工作得到省委巡视组和省委巡视办的充分肯定。

今年以来，我们崇尚实干、狠抓落实，大力提振党员干部精气神，推动形成了全区上下众志成城、共同奋斗的良好局面。我们把大抓落实、马上就办作为工作的"主旋律"。各级党委按照全面从严治党的要求，严抓实管，打造了一支忠诚干净担当的干部队伍。广大党员干部认真践行"三严三实"要求，勇于担当、敢于担责，共同营造风清气正的政治生态。人大、政协尽职履责，与区委、区政府合心合力合拍，展现了"一线"新作为。各民主党派、工商联和无党派人士，紧紧围绕区委中心工作建净言、献良策。全区上下同心同德，齐心协力推动镇海经济社会发展持续走在前列。

今年以来，区委常委会坚持一张蓝图绘到底，坚定不移地深入实施“六大战略”，一年接着一年干，稳扎稳打，善作善成，努力实现更高质量、更有效率、更加公平、更可持续的发展。主要做了七方面的工作。

（一）坚持绿色发展，深入推进生态环境整治，环境质量持续提升

区委常委会强调，要牢固树立“绿水青山就是金山银山”理念，把生态环境整治作为首要战略任务，扎实推进美丽新镇海建设，形成人与自然、人与社会和谐相处的良性循环。

大气环境持续改善。深化后海塘煤尘综合整治，全面建成防尘抑尘网、喷淋系统等基础设施，降尘量较2011年煤尘整治前下降88.9%。扎实开展废气整治，加快推进镇海电厂搬迁，完成11家化工企业整治，有机废气削减147吨；在全区71家化工企业开展泄漏检测与修复技术试点工作，环境空气质量优良率为77.8%，较2011年提高9.3个百分点。加强大气中有毒有害物质的污染防控，空气中有机因子的浓度进一步降低，达标率稳定在99.9%以上，提早完成“十二五”期间大气减排任务。

“五水共治”持续推进。坚持标本兼治、水岸同治、城乡共治，全面实施“消灭黑臭河、劣V类水三年行动计划”，全区河道达到V类以上标准的比例提高了13.9个百分点，河道水质中的氨氮、总磷浓度分别下降22.5%、25%。推进源头污染整治工程，完成酸洗行业整治提升行动，对全区98家酸洗企业、107条酸洗生产线完成关停并转和改造提升，减少废水排放5.5万吨，工业区河道化学需氧量浓度平均降低近40%。关闭拆除59家畜禽养殖场。扎实推进镇海东排南线工程、姚江东排镇海段三期整治工程，启动澥浦大闸外移工程，区域防洪抗涝能力不断提升。完成宁波北区污水处理厂扩建项目、镇海污水处理厂二期工程，城镇污水处理率达到94%以上。对14个自然村开展农村生活污水截污纳厂和生态化处理，治理村覆盖率达到92.6%，进入全省先进行列。

巩固森林城市创建成果。完成九龙湖及招宝山景区森林彩化、沙河生态林带提升、威海路西侧生态防护林建设、姚江东排镇海段三期河道绿化等平原造林工作，强化绿地管护和森林资源保护，创建成功省级“森林村庄”1个，市级“森林村庄”2个。加快推进宁波植物园建设，宁波盆景园项目已落户。

生态管理持续提升。加强项目审批监管。今年已否决40个项目，完成94个项目“三同时”验收。坚持“5+2”“白+黑”常态化执法机制。完善“智慧环保”平台建设，已有12套大气环境质量监测系统投入使用，160余家企业与区环境监控中心实现联网，实现重点企业24小时全方位监控。查处环境违法企业114家次，对4人进行行政拘留。完善环境总量控制机制，完成140家企业A类排污许可证年检，52家企业B类排污许可证核发，16个新（改）扩建项目实施排污权交易，推进重点企业污染源刷卡排污系统建设，79家企业参加环境污染责任保险。健全环境信息公开及公众参与机制，首创主要大气特殊污染因子数据网上实时发布，每季度向群众通报环境质量状况，环保志愿者队伍专业化水平不断提高。

（二）坚持创新发展，扎实推动经济转型升级，经济发展质量效率明显提高

区委常委会认为，适应新常态、把握新常态、引领新常态是当前和今后一个时期我区经济发展的大逻辑，必须按照这个大逻辑进行科学谋划，转变经济发展方式，着力把改革红利、内需潜力、创新动力、开放活力集成起来，努力打造经济转型升级版。

大力发展城市经济。以宁波市大学科技园为核心，大力发展创意经济、楼宇经济、总部经济、信息经济等业态，逐步形成“一核两带”城市经济产业带，引进文化创意企业330家，其中注册资金500万元以上项目115个，四年来引进文创企业1035家，2家企业在新三板成功挂牌。引进企业的质量不断提高，以创新产品为核心的基于互联网的开放众创平台——“洛客”项目落户我区。举办文化创意展，宁波市大学科技园被认定为浙江省广告产业园。高度重视发展商贸服务业，推进城市综合体、商务楼宇、商业特色街建设，大力发展金融服务业、旅游业、建筑业、房地产业和航运业等城市经济产业，完成服务业投资同比增长21.5%。

着力推进工业强区建设。积极培育初创期、创新成长型企业、小巨人企业、行业标杆型企业，已培育上市企业1家，市重点优势总部企业3家，市高成长企业培育计划入选15家，市“810实力工程”企业培育计划入选7家。完成“机器换人”项目105个，推进阿里巴巴·镇海装备制造产业带建设。对工业企业实施绩效评价管理，并分行业试点“吨排污权税收贡献”排序评价。13个列入市级淘汰落后产能项目全面完成，提前一年完成金属表面酸洗行业整治提升三年行动计划，淘汰落后产能40多万吨，节约用地150亩。完成国家智慧城市试点创建任务，“智慧水务”入选全市智慧城市试点项目，两化融合发展水平总指数达到76.86，位居全省第8位，成功入选两化深度融合国家示范区试点。推进质量强区工作，深入实施品牌、专利、标准化“三大战略”。

加快创新驱动发展。区委常委会高度重视科技创新工作，区域整体科技创新水平不断提升，创新型试点城市（县、区）测评结果居全省第10位，连续三年获得宁波市科技进步考核金奖。加快完善以企业为主体的技术创新体系，实施高新技术企业“100工程”，加快科技企业孵化器及众创空间建设，全区已有18家市级企业技术创新团队，6家博士后工作站，2家市授牌众创空间。以“互联网+科技成果转化”模式配置科技资源，全市独家试点浙江省科技大市场的县（市）区级科技市场，实现技术交易金额3.25亿元。科技进步综合实力不断增强，区属高新技术产业产值占区属规上工业总产值的50%。健全科技平台发展机制，清华校友创业创新基地、西电研究院和西电产业园、中科院宁波材料所初创产业园等科技创新“五大平台”引进项目103家，其中国家“863”计划项目1个、“国千”项目3个、“省千”项目3个。坚持人才优先发展，加快建设“人才金港”，深入实施“316计划”，组建高层次人才服务联盟，落实“妈妈式”服务，累计自主申报和引进国家“千人计划”人才7人、省“千人计划”人才14人，市3315团队计划6个，千人计划11个，1人入选“科学中国人年度人物”，4人入选宁波市“十大创业英雄”，引进海外工程师

47人，区属各类人才总量达7.3万名，每万名人才拥有量位居全市前列。

全力支持实体经济发展。深刻认识发展实体经济的重大意义，坚定不移地把实体经济抓上去。全面开展“大走访、大帮扶、大招商”三大行动，带着感情和服务走访企业，以精准之策破解发展难题，累计联系、走访、帮扶企业3575家次，解决各类问题1500余个，落实企业扶持资金5.28亿元。设立产业发展基金，引导社会资金投入实体经济。各级转贷互助资金累计转贷31.74亿元，惠及企业293家次。

大力发展现代都市农业。加强农业两区建设，完成粮食基地核心区土地流转2152亩，建立农业产业化项目管理机制，被评为“全国平安农机示范区”。培育新型农业经营主体，打造“农业龙头企业+农民专业合作社+家庭农场+农户”的利益联结机制，示范性家庭农场建设处于全市先进水平。扩大浙江迎春花展、九龙湖葡萄节等活动影响力，推进精品农业园建设。

（三）坚持开放发展，深入推进海洋经济集群发展，临港产业竞争力持续提高

区委常委会认为，勇当“港口经济圈”建设排头兵，是把握国家实施全方位开放战略机遇，贯彻市委、市政府建设港口经济圈战略的重要举措，要加快推进石化新材料、现代物流等优势产业集群发展，不断提升海洋经济发展水平，积极增创开放型经济新优势，着力打造开放发展新高地。

石化新材料产业绿色循环发展。有序推进22个循环化改造项目，实施25个节能项目和19家企业清洁生产审核，入选国家级技改项目2个。加大产业链对接招商，积极引进道达尔复合材料等项目。加大重点项目推进力度，积极实施中金石化芳烃项目、朗盛无机颜料项目等一批大项目建设。加强园区安全生产、环境保护和规划管理，提升园区形象和综合服务配套能力。预计全年实控区域实现工业总产值同比增长36%，固定资产投资同比增长31%。

物流枢纽港智慧集群发展。继续全力推进“贸易港”“物流港”和“智慧港”建设，完善“三位一体”港航物流服务体系。加快推进城市物流功能区开发建设，完成规划用地调整和详规编审。提升大宗商品交易中心功能，发展电子交易平台，规范电子商务运营环境，促进区域期货交割库集聚区加快形成。镇海保税物流中心顺利通过国家验收，成为目前全国唯一的以液化品为主的保税物流中心。引进企业322家，累计注册资金14.17亿元，大宗生产资料交易中心完成交易额同比增长74%。

不断培育对外开放新优势。抓住国家“一带一路”战略发展机遇，积极参与全球价值链分工，获评宁波市外商投资环境优秀区域，完成对外合作营业额同比增长23.84%。推动重大境外投资项目落地，获批境外投资企业16家，最大境外投资项目额达到3亿美元。全面深化国际合作，北欧工业园入选浙江省首批、宁波市独家国际产业合作园。开展全方位、立体式招商活动，合同利用外资同比增长28.3%，引进省外资金同比增长29.1%。

（四）坚持协调发展，深入推进全域城市化建设，城乡统筹融合发展步伐不断加快

区委常委会认为，全域城市化是从县域经济转向更高级的城市经济转型的必由之路,要着眼于推进城乡协调发展,加快促进产城融合,优化城区产业空间和服务功能布局。

加大“三改一拆”力度。围绕“无违建区”创建工作目标,挂图作战、对账销号,建立长效管控机制。完成“三改”185万平方米,“一拆”83万平方米,分别完成年度目标任务的169%和138%。

各大组团相向融合发展。加大招宝山、蛟川组团改造提升力度,积极谋划甬江北岸发展,加快推进蛟川北区新农村建设、老城区综合提升等项目,招宝文化品牌进一步提升。加快以骆驼、庄市组团为主体的宁波中心城区北部商贸商务中心城市建设和功能完善,加快推进新城核心区、休闲大本营、宁波植物园三大区域的重点项目建设,积极开展楼宇的二次招商,引进95个项目,启动建设新城吾悦广场城市综合体项目,新城区的规模和形象进一步提升。加快九龙湖和澥浦组团开发建设,进一步推进集镇改造、工业园区提升以及御水龙都等一批建设项目。

深化幸福美丽新家园建设。基本完成全区农村经济合作社的股份制改革,实现了农民集体经济权利的有效保障。按照“1519”村庄规划,加快推进农房“两改”,缓解农民住房困难,续建项目15个,完工项目6个,改造住房4456套,完成改造面积71.42万平方米。深化全面小康村、中心村、特色村及“商帮寻根”“九龙问茶”等“三村一线”建设,深入开展“四边三化”“双清”专项行动,开展“美丽庭院”建设。持续加大对古村落保护,以十七房村、憩桥村为代表的一批古村落成为传承我区历史和文化的闪亮名片。全市率先开展农村垃圾分类减量化资源化处理试点,健全农村卫生动态保洁制度。

完善基础设施建设管理。配合推进宁镇公路改造、轨道2号线二期、北外环快速化改造等重点项目,加快招宝山大桥连接线工程建设,做好世纪大道快速路工程等前期工作,立体化路网体系不断完善。稳步推进水网、电网、气网、信息网建设,实现大网供水全覆盖。完善城市管理综合执法体制,构建城市智慧管理平台,深化网格管理组团服务模式。创新城市管理运营机制,在环卫、养护、绿化等领域积极探索市场化模式。

(五)坚持内涵发展,扎实推进文化强区建设,城市文化软实力不断增强

区委常委会认为,一个地区的发展和进步,最根本的在于文化的力量和精神的引领,必须强化“以人为本、以文化人”理念,大力培育和践行社会主义核心价值观,深化“厚德镇海”建设,加快公共文化服务体系建设,汇聚社会正能量、增强文化软实力,不断满足人民群众的精神文化需求。

提升正面宣传舆论引导水平。坚持守土有责、守土负责、守土尽责,牢牢掌握意识形态工作的领导权、管理权、话语权、主动权。做好重大主题宣传活动,夯实大外宣工作机制,推动媒体融合,注意常态化网络舆情引导,让网络空间更加清朗。

加强社会主义核心价值体系建设。全面深化“厚德镇海”建设。实施“厚德镇海”建设年度行动计划,建立健全道德典范全线育培选树机制,“爱心妈妈”刘国娟、“风雨灯塔人”叶中央家庭荣登“中国好人榜”。依托区志愿者服务中心平台,全面推进志愿服务规范化、常态化、专业化和品牌化。探索文明创建全域化常态化发展管理新模式，将工作重点进一步从城区向农村延伸。扩大农村文化礼堂建设覆盖面，积极打造有镇海地域特色的农民精神家园。

深化公共文化服务体系建设。完成省级公共文化服务体系综合示范性项目创建，出台全省首个县市区域公共文化服务综合类地方性标准，促进基层文化设施和服务建设标准化、基层公共文化服务规范化。全面完成文化阵地"三个百分百"工程，建成并启用区文化艺术中心、培菊图书馆、绿轴文体公园一期等一批综合性文化活动阵地，完善均衡为先、效率至上的"十五分钟文化服务圈"。提升文化服务供给能力，举办市民文化节、区首届微电影大赛、农村电影惠民放映、雄镇大舞台等群众喜闻乐见的各类文艺活动。加强本土题材文艺精品创作。

（六）坚持共享发展，千方百计抓民生保障改善，人民群众的获得感不断增强

区委常委会认为，保障和改善民生是一切工作的出发点和落脚点，必须加大民生领域的财政投入，全力解决好人民群众的切身利益问题，加快实现公共服务向均衡普惠式转变，充分保障群众共享改革发展成果的机会。

抓好民生实事。扎实推进缓解农民住房难工程、清水河道工程、区福利关怀院迁建工程、招宝山城区提升工程、公共租赁住房配租工程、区环卫保洁中心外来务工人员集中居住地工程、义务教育提升工程、新农合提升工程、残障康复工疗站建设工程等九大民生实事工程项目，各项工作已基本完成。

健全民生保障体系。大力促进就业创业，打造良好的创业生态系统，全面落实促进就业创业政策，城镇登记失业率2.01%。完善社会保障体系，新农合筹资标准和医保待遇全市最高。全面推进城乡医疗保险制度并轨，全面实施"全民参保登记计划"，户籍居民养老保险参保率达96.5%、城镇居民医保和新农合参保率分别达98.9%和98.7%。逐步建立以公共租赁住房为主的住房保障体系，新开工建设安置房3004套，建成并交付古塘阳光保障房1152套、环卫公租房102套。经测算至2016年底，我区五年预计可交付18364套房屋，基本弥补安置房历史欠账和缺口，基本达到供需平衡。加强危旧房屋安全监管，首创手机APP巡检及城镇住房保险。完善养老服务体系，启动省社会化养老服务业综合改革试点工作，高龄老人生活津贴执行标准最高达1500元，为全省最高。

加快社会事业改革发展。深化更高水平的教育现代化强区和更高质量的基础教育名区建设，被国务院认定为全国义务教育发展基本均衡区，获"全国教育信息化创新应用典范区域"优秀实践奖。义务段教育质量在全省始终处于领先水平。加快学校项目建设与资源优化扩充，促进优质教育资源均衡布局，全省第一所民办国际高中宁波赫威斯学校落户新城。推进中小学对外交流与合作，与台湾高雄市开展校际结对活动，启动"中德镇海职业培训中心"合作项目。推进全省首个职业教育校村合作，开展职普融通试点。大力发展健康事业，促进人口均衡发展，深化公立医院综合改革，完成省县乡村卫生一体化综合改革试点，推进区内医师多点执业，全面推行家庭医生"签约式"服务，实现"城市10分钟、农村15分钟"医疗服务圈。拓宽残疾人自我实现的路径，工疗站实现全覆盖。加强食品安全体系建设。工会、共青团、妇联等党的群团工作得到加强，老干部、党工委、党史、红十字会、关心下一代、档案、慈善等工作取得新进展。

深入推进“法治镇海”“平安镇海”建设。发挥法治的引领和保障作用，提高平安镇海建设的现代化水平，获评“促进中国社区建设事业重大贡献奖”“全国法治社区建设示范城区”，全国法治社区建设现场会在我区召开。支持法院、检察院依法独立公正行使审判权、检察权，完成“六五”普法。紧紧抓住领导干部这个“关键少数”，加强对领导干部的法治教育和法治实践锻炼，提高领导干部运用法治思维和法治方式的能力。加强党管武装工作，推动军民深入融合发展。深化网格化管理，形成了“管理服务一体化、城乡推进一体化、网上网下一体化”的多网合一的基层社会治理新模式，得到市委的肯定，并在全大市推广。完善多元化社会矛盾预防化解体系，开展“百千万”信访大督查和积案化解攻坚行动，推动以联合接访全覆盖为核心的信访工作模式创新。完善立体化社会治安防控体系，确保公共安全，提升人民群众安全感。

（七）坚持从严从实，切实把全面从严治党要求落到实处，不断提高党的建设科学化水平

区委常委会认为，党要管党丝毫不能松懈，从严治党一刻不能放松，抓好党建是最大的政绩，坚决落实主体责任，形成一级抓一级、层层抓落实的责任体系，为推动经济社会发展提供坚强的政治保障。

高质量开展“三严三实”专题教育。坚持以上率下，各级领导干部尤其是一把手带头讲党课，联系本单位及干部思想作风实际，深入查摆“不严不实”问题，列出领导班子“两方案一计划”和领导干部个人整改清单。实行“动态记实、销号管理”，每月通报进度，倒逼整改落实，整改完成率达到100%。将严的措施、严的纪律贯穿到干部队伍管理的全过程，促使党员干部把“三严三实”切实内化于心、外化于行，贯彻到修身做人、为官用权、干事创业的各个方面，累计走访基层群众18.7万户34.2万人次，上门服务企业7622次，解决企业发展难题559件。

加强基层基础建设。开展基层党组织星级评定，大力整顿软弱落后村党组织，对倒排出的3个软弱落后村党组织实行“一村一策”整顿转化。实施“领雁工程”，选派82名镇（街道）机关年轻干部兼任村（社区）副书记或主任助理，常态化储备200多名村级后备人才，3名基层党员干部获得市首届“金雁奖”，8名村、社区书记获得省“千名好支书”荣誉。健全完善基层干部考核激励制度。全面推行农村基层组织“底线规则”40条，强化基层党组织的战斗堡垒作用。推进区域化党建，构建纵向到底、横向到边、“一核多元”党组织网络。深化服务型党组织建设，严格落实党员干部直接联系服务群众“连心解忧”制度，全面推广社区“微民生大服务”工作体系。加强党员队伍全过程管理，开展党员“先锋指数”测评。提升非公党组织的运行质量，探索推行“小微支部联合体”。加强党员教育平台建设，重视利用网络问政问效、手机新闻平台等新媒体，提升镇海“先锋”电视频道影响力。

加强干部队伍建设。坚持和落实“好

干部五条标准”，选优配强“一把手”，打造有担当、有作为、有口碑的干部队伍，全区共调整任用区管领导干部6批次，提拔使用55人次，交流使用78人次，新提任党政正职9名。启动“优苗选育”工程，发现储备一批德才素质好、有较大发展潜力的优秀年轻干部。完善从严管理干部制度体系，坚持干部选拔任用“一报告两评议”。抓好干部教育培训，深化落实“领导干部上讲台”制度，128名市管及区管干部登台授课，举办主体班次15个，推出“干部体验教育线”“党课众筹”等培训新模式。

加强反腐倡廉建设。深刻领会党中央全面从严治党、抓党风党纪不松懈不手软、一抓到底的坚强决心，紧紧盯住重要领域、重要问题、重要环节和作风问题新动向，坚决防止“四风”反弹回潮，首次开展区内巡查工作。完善效能建设三级督查机制，强化责任追究案件报告和通报曝光制度。深入落实党风廉政建设主体责任和监督责任，全区6个镇、街道和58家区直单位党委向区委和区纪委履行了主体责任和党委主要负责人履行“第一责任人”责任报告。以“一案双查”督促“一岗双责”的落实，共通报12人(次)，问责21人(次)，辞退工作人员2人，问责上追一级19人(次)。创新处分决定执行“四书”制度，共下发相关执行文书33份，立案35件，移送审理27件，审结25件，审结率92.59%。

今年以来，区委常委会高度重视自身建设，严守党的政治纪律和政治规矩，在贯彻中央和省市委重大决策部署上不含糊、不迟疑、不打折扣。深刻理解总书记“作风建设永远在路上”的深意，落实“三严三实”新要求，坚持不懈、不折不扣地改进作风，带头开展“大走访、大排查、大化解、大整治”专项活动，身体力行破解发展难题、办好民生实事、化解矛盾纠纷，以作风建设的新成效回应群众的期盼。强化责任担当，发扬团队精神，带领区四套班子心往一处想、劲往一处使，合力攻坚克难，狠抓工作落实。坚持民主集中制，严肃党的政治生活，严格按规则议事、决策、办事。带头廉政自律，为全区党员干部作好表率。

同志们，以上报告的是区委常委会一年来的主要工作。这些工作的开展和成绩的取得，是省委、市委正确领导的结果，是全区人民共同奋斗的结果，是广大党员干部扎实工作的结果。区委全体委员对我们的工作给予了真诚帮助和大力支持。在此，我代表区委常委会，向全区党员干部群众表示衷心的感谢！

在总结和回顾一年来工作的时候，我们也清醒地看到经济社会发展中还存在许多亟待解决的问题。如生态环境整治任务仍然十分艰巨，离老百姓的期盼还存在差距；产业转型升级任务还十分艰巨，海洋经济需进一步做大做强，区域布局、产业结构需进一步优化，企业发展仍然面临不少困难；一些重点领域和关键环节改革尚未取得实质性进展；城乡统筹一体化发展任务还很艰巨，城市管理需进一步加强；社会治理仍存在薄弱环节，影响社会稳定的各类矛盾纠纷隐患仍然较多，维护社会和谐稳定压力不小；“四风”问题树倒根存，“不想”的自觉尚未完全形成。对此，我们必须予以高度重视，在今后的工作中切实加以解决和提升。

希望同志们对区委常委会今年以来的工作提出意见和建议，帮助我们把工作做得更好。

二、关于"十三五"规划建议稿的说明

制定和实施好"十三五"规划，明确今后五年发展的基本要求、发展目标和重大举措，对镇海在新的起点上实现更高水平发展至关重要。

《建议》稿是在区委常委会的直接领导下研究起草的。起草过程中，区委领导同志深入开展调查研究，广泛征求了各方面意见，认真听取了各民主党派、工商联和无党派人士以及专家学者的意见，发扬了民主，汇聚了智慧，形成了共识。

在《建议》稿起草过程中，我们主要有以下五个方面的考虑：一是坚持充分领会上级精神与彰显镇海特色相结合，做到融会贯通、把准方向。我们深入贯彻中央精神，准确把握省委"八八战略"和市委"六个加快""双驱动四治理"等重大战略，全面落实五大发展理念，以"六大战略"为主线，在更高水平上全面建成小康社会，全面建成现代化生态型港口强区，为宁波跃升全国大城市第一方队勇挑重担。二是坚持优势发挥和短板补齐相结合，做到目标明确、路径清晰。我们注重发挥镇海的港口优势、体制机制的竞争优势、民营经济的先发优势、城乡一体化的比较优势、优秀企业家的群体优势，同时，坚持问题导向，针对城市经济、公共服务、人才等方面存在的不足，提出"提升发展城市经济"，"提供广覆盖、多层次、有质量的公共产品和公共服务"，"打造创业者乐园"，"建设人才集聚高地"等创新的理念和措施，补齐"短板"。三是坚持战略连续性和战术创新性相结合，做到一脉相承、有机延续。坚持深入实施"六大战略"，同时，在这些实践证明行之有效的重大决策基础上又研究提出了"全力打造宁波市科技创新服务基地、先进港口产业基地、城市贸易物流基地和生态休闲旅游基地"的新任务，作出了新部署，使之内涵越来越丰富，内容越来越充实，路子越来越清晰。四是坚持统筹兼顾和突出重点相结合，做到整体提升、重点突破。我们把镇海发展放到国内外大背景和中国特色社会主义事业总体布局中来思考、来谋划，同时，坚持把生态文明建设放在第一位，抓好"构建生态安全屏障、推动低碳循环发展、强化生态环境治理"等关键环节。五是坚持谋划长远和立足当前相结合，做到科学谋划、举措得力。如打造"港口经济圈"建设核心区块，推进全域城市化发展，加快文创产业发展，加快基础设施建设，努力在重点领域形成新的增长点等。

在框架结构上，《建议》稿与中央和省委"十三五"规划建议基本一致，分三大板块、八个部分。第一部分构成第一板块，属于总论，主要是总结发展成就，分析发展形势，明确"十三五"发展的指导思想、发展目标。第二至第七部分构成第二板块，属于分论，主要是谋划推进五大发展理念在我区的实践，从加快建设美丽新镇海、建设海洋经济强区、提升全域城市化水平、加快经济转型升级、着力打造文化强区、提升全民福祉水平等六个方面进行阐述和部署。第八部分构成第三板块，主要讲加强和改善党的领导，为实现"十三五"规划提供坚强保证。

《建议》稿提出了我区一系列新的发展要求、发展目标和重大举措。这里，我着重强调四点。

（一）紧扣“更高水平全面建成小康社会”这一主旨。我们提出更高水平全面建成小康社会的目标，就是要努力实现综合实力更强、城乡区域更协调、生态环境更优美、人民生活更幸福、治理体系更完善，使广大群众在共建共享发展中有更多的获得感。一是标准更高。“十二五”末期，我区城乡居民收入分别超过5万元和3万元，稳居全市前列，我区低收入群体认定标准为10000元/年以下，远超浙江省4600元/年和宁波市6000元/年的标准。“十三五”时期，我区将保持城乡居民人均可支配收入年均增长8%以上，城乡收入比进一步缩小，实现居民收入增长和经济发展同步、劳动报酬增长和劳动生产率提高同步。二是保障更全。实施城乡居民基本医疗保险制度，健全住房保障体系，满足多层次的住房需求，廉租住房实施应保尽保。统筹推进新型社会救助体系，全面探索养老服务社会化运作，健全残疾人社会保障和服务体系建设。三是公共服务更优。加快实现公共服务向均衡普惠式转变，促进发展成果更多更好更公平地惠及全体居民。大力推进教育优质、均衡、协调、和谐发展，推进健康事业发展，构建人人享有公共服务的网络体系。

（二）紧扣“六大战略”这一主线。全区上下四年多的实践表明，实施“六大战略”的方向是对的，符合经济社会发展规律，符合中央和省市委要求，符合镇海发展实际，顺应人民群众期待，体现了适度超前，同时还具有很强的可操作性。我们要坚持一张蓝图绘到底，努力实现更可持续的发展。一是要强化绿色发展理念，深入实施生态环境整治战略。绿色发展就是可持续发展、充满活力和后劲的发展，是着眼于长期的、有利于代际公平的发展。对镇海来讲，生态环境是最大的民生，必须要把绿色发展作为“十三五”乃至今后更长时期坚持的首要发展理念，使“青山常在、绿水长流、蓝天永驻”。二是要强化开放发展理念，深入实施海洋经济发展战略。开放发展是拓展经济发展空间、提升开放型经济发展水平的必然要求。我们要发挥港口资源优势，主动对接上海自贸区和舟山群岛新区，勇当“港口经济圈”建设“排头兵”，加快推进港航物流产业做大做强，形成多层次、多渠道、全方位开放的格局。三是要强化协调发展理念，深入实施全域城市化战略。协调发展是持续健康发展的内在要求，是社会主义制度优越性的突出表现。我们要以着力形成区域协调发展结构为出发点，加速推进全域城市化，逐步形成科学合理、资源共享、优势互补、功能完善、城乡对接与协调发展的城市网络体系。四是要强化创新发展理念，深入实施经济转型升级战略。创新是引领发展的第一动力，是提高发展质量和效益的基点所在。我们要以着力提高发展质量和效益为出发点，大力实施科技兴区战略，培育发展新动力，拓展发展新空间，构建发展新体制。五是要强化内涵发展理念，深入实施文化提升发展战略。随着经济社会的发展，文化的地位更加重要和突出，文化的影响更加广泛而深刻。我们要把文化的“软实力”转换成经济社会发展的“硬支撑”，努力使文化成为区域凝聚力和创造力的重要源泉，成为区域综合竞争力的重要因素。六是要强化共享发展理念，深入实施民生保障改善战略。共享发展就是按照人人参与、人人尽力、人人享有的要求，促进整体、全面发展。我们要坚持发展为了人民、发展依靠人民、发展成果由人民共享，提高公共服务共建能力和共享水平，使全体人民有更多获得感和幸福感。

（三）紧扣“提升全要素生产率”这一主抓手。任何一种经济发展模式都与特定的历史发展阶段相适应。经济增长的实践表明，要实现经济的长期繁荣，在不同的发展阶段需要增长动力的转换。要把握当前经济发展方式转向质量效率型集约增长，经济结构转向调整存量、做优增量并存的深度调整，经济发展动力转向新的增长点等发展新趋势，加快实现动力机制转换，也就是提高全要素生产率及其对经济增长的贡献率。一是要打造创新创业平台。加快形成以创新为引领和支撑的经济体系和发展模式。我们要充分利用宁波市大学科技园、“五大创新平台”等创业孵化空间以及镇海经济开发区、城市工业功能区等产业园区内的创业空间，通过优化劳动力、资本、土地、技术、管理等要素的配置，激发创新创业活力。二是要推进城市经济发展。在做大做强县域经济的基础上，向更高层次的城市经济方向发展。我们要以城市的信息、科技、人才等资源优势为依托，进一步提高“一核两带”城市经济产业集聚度，使城市经济在区域经济中发挥越来越重要的作用。三是要充分释放改革红利。我们要继续全面深化改革，围绕使市场在资源配置中起决定性作用和更好地发挥政府作用，着力从广度和深度上推进市场化改革，切实打开释放经济发展潜力的通道。四是要加强基础设施建设。基础设施建设不仅会通过投资效应直接促进经济增长，而且会通过“时滞”和溢出效应对全要素生产率起正向促进作用。我们要抓好招宝山大桥连接线、三官堂大桥（院士桥）、轨道交通等建设，统筹推进城区“共同沟”建设、棚户区改建、镇海电厂整体迁建、镇海北仑过江物料及油气管道工程等项目建设。五是要营造公平制度环境。我们要通过创造一种公平的竞争环境，形成一个能者进、庸者退、劣者汰的“创造性破坏”机制，实现生产要素向效率更高的产业、行业和企业集中。

（四）紧扣“两个转型”这一主要任务。人类社会的每一次跨越进步，都伴随着经济社会的大转型，谁能及时转型、成功转型，谁就能掌握发展的主动权。一是要把握好“加快转变经济发展方式”的经济转型。坚持把经济结构战略性调整作为主攻方向，把科技进步和创新作为重要支撑，把保障和改善民生作为根本出发点和落脚点，把建设资源节约型、环境友好型社会作为重要着力点，把改革开放作为强大动力，努力提高我区经济发展活力和竞争力。二是要把握好“加快转变社会发展方式”的社会转型。完善基层社会管理和服务体系，加强社会管理基础建设，全面推行“网格化管理、组团式服务”，深入推进“微民生、大服务”机制，进一步推进基层治理体系和治理能力现代化，保持社会活力，维护社会稳定。

同志们，审议通过“十三五”规划建议，是这次全会的重要任务。制定好规划建议，对指导编制我区“十三五”规划纲要和各项专项规划具有十分重要的意义。大家要全面把握建议稿提出的基本要求、发展目标和重大举措，深入思考，充分讨论，提出建设性的意见和建议，把镇海“十三五”规划发展蓝图谋划得更好！

政府工作报告

2016年1月13日在镇海区第十四届人民代表大会第五次会议上

宁波市镇海区区长　魏祖民

各位代表：

现在，我代表区人民政府向大会报告工作，请予审议，并请各位政协委员和其他列席会议人员提出意见。

2015年工作回顾

2015年是“十二五”规划的收官之年，是全面深化改革的关键之年，也是全面推进法治镇海建设的加速之年。一年来，在市委、市政府和区委的正确领导下，在区人大依法监督和区政协民主监督下，我们紧紧依靠全区人民，按照“稳中求进、进中求好，积极有为、走在前列”的总体要求，深入实施“六大战略”，坚持一张蓝图绘到底，一年接着一年干，“十二五”规划和区第十四届人大四次会议确定的经济社会发展目标任务基本完成，预计全年实现区属生产总值增长7.5%；一般公共预算收入增长9.8%；固定资产投资增长15.7%；城镇居民人均可支配收入增长9%，农村居民人均可支配收入增长9.2%；城镇登记失业率控制在1.96%。

回顾过去的一年，我们主要做了以下几方面的工作：

（一）突出重点，深入整治，生态环境进一步改善

始终坚持把生态环境整治作为首要战略，持之以恒推进美丽镇海建设。清洁空气行动取得初步成效。全面建成防尘抑尘网、喷淋系统等基础设施，完成11家化工企业整治，在71家企业开展泄漏检测与修复技术试点，淘汰燃煤锅炉21台、黄标车2690辆，煤尘降尘量、有机废气分别较整治前下降89.7%、18%，空气质量优良率76.6%。“五水共治”深入实施。“清三河”达标区创建扎实开展，14条问题河道完成全面治理，蛟川片区“两河两闸”整治基本完成。雨污分流工作扎实推进，北区污水处理厂扩建项目、镇海污水处理厂二期项目投入试运行，关闭65家畜禽养殖场，基本完成16个自然村生活污水处理，城镇污水处理率达到95%，农村生活污水治理率达到92.6%。镇海东排南线工程进展顺利，姚江东排镇海段全线贯通，修复生态河道7.76公里，清淤29.2公里。酸洗行业整治提升行动完成。清洁土壤行动有效开展。“森林镇海”建设不断深化，宁波市花卉园林示范区一期加快建设，完成平原绿化1112亩，九龙湖村、朝阳村成功创建省级“森林村庄”。节能减排扎实开展，完成7个重点减排项目和65个节能改造项目，22家企业通过清洁生产审核，省排污总量控制改革创新示范点加快建设，节能9.75万吨标煤。环境监管能力进一步提升，严把项目准入关，创新开展第三方环境监理服务，查处环境违法企业123家次，完成智慧环保三期建设。

（二）做优平台，凸显特色，海洋经济进一步壮大

主动融入省建设海洋经济发展示范区和舟山群岛新区、宁波市构筑港口经济圈等重大战略，加快打造海洋经济示范区。石化区围绕“国内领先、国际一流”目标加快建设，集约、安全、可持续发展的基础进一步夯实，产业结构高端化、产业布局优质化、产业发展生态化建设稳步推进。22个循环化改造项目有序实施，朗盛等重大项目进入试生产。物流枢纽港“贸易港”“物流港”和“智慧港”功能格局显现，“三位一体”港航物流服务体系进一步完善，大宗生产资料交易中心实现交易额590亿元，保税物流中心通过封关验收，城市物流功能区建设加快。金属园区加快整治提升，关停并转8家企业。

（三）统筹推进，优化功能，全域城市化水平进一步提高

区域空间发展规划编制完成，区域开发建设更加科学合理。宁波中心城区北部商贸商务中心建设步伐加快，功能更加完善，市政府“中提升”重点项目万科1902商业广场加快推进，总投资45亿元的吾悦广场开工建设，1688新青年广场落户，行政中心、市民服务中心投入使用。积极开展商务楼宇二次招商，新引进重点项目105个，中石化管道公司宁波分公司入驻，保税区进口商品直销中心建成开业。骆驼街道、庄市街道成功创建市三星级卫生街道。调整行政区划，新成立贵驷街道并完成体制调整。招宝山、蛟川加快融合发展，招宝文化品牌进一步提升，背街小巷整治三年行动全面完成，蛟川北区新农村建设加快推进，在省市区协力推动下，镇海电厂搬迁实质性启动，总建筑面积超过27万平方米的青枫雅苑一期项目主体结顶。九龙湖互联网电影小镇项目启动建设，澥浦老集镇改造加快推进。棚户区改造积极开展，5个项目、23个区块列入棚改范围。幸福美丽新家园建设持续推进。完成农房改建面积70.7万平方米。“三村一线”加快建设，“四边三化”整治成果有效巩固，“双清”专项行动持续推进，完成“两路两侧”29个点位整治。“秀美村庄”和“美丽庭院”建设深入开展，村庄环境卫生动态保洁成效明显。农村集体经济产权制度改革基本完成，农村产权流转交易体系初步建立。交通路网更加完善，配合启动三官堂大桥建设，开工建设宁镇路改造一期项目，完成庄俞公路改造。投用220千伏沿海变、110千伏清泉变，天然气用户同比增长15%。泥螺山北侧一期围垦工程完成。城市管理精细化水平提升，综合执法体制初步完善，垃圾分类实施范围稳步拓展，道路清爽行动成绩蝉联全市首位。“三改一拆”强力推进，完成“三改”267万平方米，拆违106万平方米。征迁31万平方米，征地1300亩，清零项目21个。

（四）稳增促调，大力创新，经济转型升级进一步加快

全力扶持实体经济健康发展。全面开展“大走访、大帮扶、大招商”三大行动，落实促进工业经济稳增长举措，累计联系、走访、帮扶企业3856家次，解决各类问题1500个，落实企业扶持资金8.5亿元。强化政银企联动，有效防范资金链、担保链风险，开展“一企一策”精准帮扶，中小企业贷款余额480亿元，科技贷款1.53亿元，转贷互助资金累计转贷34.7亿元，惠及企业299家。用地保障有效加强，新增建设用地900亩，完成历史遗留用地补办报批1245亩。人才支撑更加有力，“316”计划深入实施，新增省“千人计划”人才3名、市“3315”计划人才1名、团队2个。

“大众创业、万众创新”氛围更加浓厚。区域创新能力持续增强，连续三年获得市科技进步目标责任考核金奖，创新型试点县区测评居全省第十，高新技术产业增加值占区属规上工业增加值达51.9%，新产品产值率达30.7%。企业创新主体作用进一步发挥，新建省级博士后工作站4家、省级企业研究院、市级院士工作站各1家，新认定高新技术企业8家。29%的规上工业企业拥有区级以上工程技术中心，获省、市科学技术进步奖8项，授权发明专利同比增长70%。重点科技创新平台发展机制更加完善，清华校友创业创新基地、西电研究院及产业园等五大科技创新平台累计引进企业103家、注册资金6.7亿元，输出科技成果交易额2.75亿元。全市首家区级科技市场实现市场化运营，成交项目数、技术交易额等指标均列全市前列。创业创新环境持续优化，全年兑现创业扶持资金1830万元，新增市众创空间2家，大学生创业园引进创业项目53个。成功举办“镇海杯”国际创新设计大赛、“奇思甬动”中国创客大赛、西电全球校友创业大赛和首届区文化创意展，希磁科技荣获第四届中国创业创新大赛总决赛全省唯一奖项。

工业强区建设扎实开展。“一带两区两港”建设深入推进，实现区属规上工业增加值146亿元，同比增长13.8%；实现工业投资137亿元，同比增长13.5%。“四换三名”工程加快推进，工业企业绩效评价深入实施，完成“腾笼换鸟”项目15个，“机器换人”项目105个，跨境电商产业园和世创电商园投入使用，埃美柯列入市首批工业“三名”培育试点。“两化融合”八大专项行动加快推进，入选省两化深度融合国家示范区，发展水平总指数列全省第八。“智慧镇海”建设全面推进，15个国家智慧城市试点项目基本完成。梯队企业培育成效明显，26家企业完成“小升规”，高成长企业、初创期企业和创新成长型企业分别新增2家、8家和20家。推动8家企业新三板挂牌，吸引风险投资4.07亿元。装备制造、文化创意两个产业联盟加快发展，阿里巴巴·镇海装备制造产业带入驻企业超过190家，日均流量达5.9万人次。质量强区建设不断加强，新增、修订行业标准24项，新增省市名牌和商标11个。“五证合一”等商事制度改革全面实施，新增市场主体5455家。社会信用体系建设深入推进，获评全国工商系统诚信市场创建工作突出单位，液化品交易市场获评全国诚信示范市场。

城市经济发展迅速。文化创意产业集聚发展，全年新引进文化创意企业352家，其中注册资金1000万元以上项目74个。大学科技园“一核两带”格局初显，“宁波慧谷”品牌加快建设，洛可可、木马设计、洛客等顶尖创意品牌落户。商贸服务业、金融服务业等现代服务业加快发展，预计社会消费品零售总额达134亿元，同比增长10%，亿元以上商品交易市场成交额950亿元，服务业增加值占区属GDP比重达47.7%。房地产库存大幅减少，建筑业总产值达到352亿元。假日休闲旅游发展体制更加完善，实现旅游总收入35亿元，同比增长13%。现代都市农业加快发展，“一带三区五基地”建设加快，粮食基地核心区土地流转2152亩，完成农业产业化项目36个，成功创建市水稻生产全程机械化示范区。开放型经济平稳发展。实现合同利用外资4.46亿美元，实际利用外资3.17亿美元，分别同比增长10.6%和2.54%；引进市外内资92.5亿元，“浙商回归”引进省外资金57.9亿元。实现进出口总额59.5亿美元，其中出口总额34亿美元，同比增长3%；对外合作营业额、对外核准投资额、服务外包执行总额分别同比增长31.7%、13.6%、25.2%。北欧工业园成为省首批、市独家国际产业合作园。与定海、龙游的山海协作有序推进，与普安的对口帮扶扎实开展。

（五）夯实基础，丰富内涵，文化软实力进一步加强

“厚德镇海”建设三年行动计划深入实施，社会主义核心价值体系建设持续推进。道德典范全线“育培选树”机制更加完善，刘国娟当选中国好人、省道德模范，叶中央家庭当选中国好人。文明城市创建扎实开展，荣膺文明城市创建先进区，镇海炼化、十七房村分别获评全国文明单位、全国文明村。志愿服务更加优质，群众参与更加广泛，区老年福利基金会被评为全国首届敬老志愿服务模范单位。公共文化服务体系不断完善，省公共文化服务体系综合性示范项目通过验收，文化艺术中心、培菊图书馆等公共文化设施投用，宁波帮博物馆日益成为传播商帮文化的重要载体，全年接待游客50万人次，区文化馆通过全国文化馆评估定级验收，镇海广播电台荣列全国十佳县级广播电台。制定全省首个公共文化服务“地方标准”，新建农村文化礼堂5个，24小时自助图书馆全部投入运营，“十五分钟文化活动圈”全面建成。全年开展“雄镇大舞台”等各类惠民展演300多场次，“镇海情”古风婚典、迎春花展、金秋菊展以及多层次的文化活动广泛开展。文艺精品创作三年行动启动实施，一批具有地方特色和较高艺术水准的优秀作品成功创作。鱼山·乌龟山古遗址入选省年度十大考古发现，出土“远古的微笑”等一批具有6500年历史的古文物。

（六）惠民安民，优质均衡，民生福祉进一步提升

切实保障和改善民生，全年投入民生保障资金43.7亿元，占一般公共预算支出的72.4%，九项民生实事工程基本完成。

社会保障不断完善。就业形势保持稳定，全年新增就业岗位1.37万个，开发和保持公益性岗位1043个。户籍人员养老保险参保率、城乡居民基本医疗保险参保率、新农合参合率分别达到96.5%、98.9%、98.7%，累计实现被征地人员土保转社保近万人，新农合与城乡居民基本医疗保险完成并轨，人均筹资水平连续四年全市最高。“救急难”综合试点成效明显，全程代理社会救助制全区推行。省养老服务综合改革试点启动，养老机构床位数达2890张，“9055”工程基本完成。残疾人工疗站实现全覆盖，全国残运会实现金牌零的突破。“米袋子”“菜篮子”有效保障，中心粮库智能化运作，菜场改造加快推进，3家单位成功创建省级城镇超市生鲜农产品“放心柜”。加强住房保障，建成保障性住房10万平方米，全国首创城镇住房综合保险，危旧住房监管有效提升。出行更加便捷，新增、优化公交线路5条，新增公共自行车900辆，轨道2号线一期全面运营，清水浦公交接驳站同步建成投用，镇海正式迈入地铁时代。食品药品安全实现项目化监管，省级农产品质量安全放心示范区创建积极开展。

社会事业全面发展。省教育基本现代化区创建扎实推进，教育综合改革取得积极成效，获“全国教育信息化创新应用典范区域”优秀实践奖。教育布局更加优化，新建新城中学（暂名）、区实验小学，推进区职教中心改扩建等项目建设，民办蛟川双语小学建成投用，公办学校标准化率达100%，新增校舍面积3万平方米。孝德礼仪教育三年行动深入开展，普惠性学前教育覆盖面更加广泛，中考总平均分、普通高中一本上线率均列全市首位，镇海中学再次包揽全省高考文理状元，职业教育中德合作班开班。体育强区建设深入推进，绿轴体育公园一期、西大河运动中心等建成开放，成功举办首届九龙湖国际半程马拉松赛、省青少年帆船锦标赛，镇海中学、蛟川中心学校获评首批全国体育工作示范学校。医疗卫生综合改革试点扎实开展，完成区、镇街、村社区卫生一体化综合改革试点，龙赛医院加快提升改造，蛟川、澥浦社区卫生服务中心投用，智慧健康三期基本完成。公共卫生服务更加均等，“城市10分钟、农村15分钟”医疗服务圈基本建成。“单独两孩”生育政策全面落实，红十字会理事会完成换届。

社会治理能力增强。筑牢安全生产防线，基本完成国家危险化学品安全生产重点县攻坚任务。安全生产责任体系更加完善，企业主体责任有效强化，八个专业安委会分口把关，第三方安全监管服务作用显现，成为安全生产“第二把锁”，全面加强危化品生产、仓储和运输监管，深入开展油气管线安全隐患整治，成功举办首届全国危化品救援技术竞赛，安全生产事故数、死亡人数分别同比下降2%、5.7%。“平安镇海”建设深入推进。社会治安持续好转，社会稳定风险评估机制、社会矛盾纠纷预防化解机制进一步完善，信访调处能力逐步增强。网格化管理模式在庄市街道成功试点并向全域推开，为民服务更加便捷，基层治理更加有效。“六五”普法圆满收官，覆盖城乡居民的公共法律服务体系日趋完善，多层次法律援助深入开展，中官路村成功创建全国民主法治示范村。基层自治水平提升，社会组织公益服务中心运行顺畅，社区综合事务信息化管理列入民政部首批试点，“微民生·大服务”由招宝山街道向全区推广。劳动监察网格化、网络化建设加快推进，劳动关系和谐指数名列全市前茅。流动人口梯度化服务管理扎实推进，引导调控综合能力加强。社会应急联动机制更加有效，农村应急广播体系全面建成，区应急平台投入使用。防灾减灾能力增强，基层防汛体系规范化建设通过省级验收，有效应对台风“杜鹃”引起的镇海有气象记录以来最大暴雨灾害，4天内完成巨灾险查勘定损1.8万起。

同时，民族宗教、外事、侨务、对台、档案、地方志、关心下一代和慈善等工作取得新实效。“双拥”和优抚安置工作全面加强，国防动员、国防教育、兵员征集与民兵参建工作排在全市前列，第三次经济普查荣获省先进集体称号。

一年来，我们按照区委决策部署，以政

府权力的“减法”换取市场活力的“乘法”，积极稳妥推进热点难点问题改革，生态文明体制、经济体制、民主法制、文化体制、社会体制五大领域58项改革全面推进。

一年来，我们认真落实重大事项向人大报告、与政协协商制度，认真接受区人大依法监督、区政协民主监督和社会广泛监督，积极落实审计监督，办理人大代表建议149件，代表满意与基本满意率达100%；办理政协提案190件、建议案2件，办理结果满意与基本满意率达100%。惩防体系建设不断加强，正风肃纪行动扎实开展，问责机关工作人员21人次。公开透明、公平公正行使权力，文风会风进一步改善，政府常务会议制度规范化、网络直播常态化，全年主动公开政府信息1.5万条，“镇海发布”荣列中国“互联网+政务”50强。依法行政切实加强，简政放权成效显著，“四张清单一张网”建设深入推进，全区实际执行的行政许可事项进一步厘清，非行政许可事项全部取消；联合验收审批服务不断优化，服务效能进一步提升；重大行政决策程序逐步完善，政府法律顾问制度有效落实，行政机关负责人出庭应诉制度严格执行，行政执法水平进一步提升，政府学法制度更加完善。财政体制改革扎实推进，管理体制和机制不断健全，财政资金绩效提升明显，“三公”经费支出在上年同比下降23.8%的基础上又压缩8.1%，各部门经常性项目开支削减15%。政府信息化水平提升，机关单位全面实施协同办公，政务云计算中心初具规模，空间地理库、法人库初步建成。“十二五”发展经验全面总结，“十三五”规划纲要编制完成。

各位代表，在外部形势依然严峻、内部挑战不断增多的情况下，过去一年我区取得这样的成绩很不容易。这些成绩的取得，是我们深入贯彻落实党的十八大、十八届三中、四中、五中全会和习近平总书记系列重要讲话精神的结果，是我们深入开展“三严三实”专题教育、认真贯彻落实党组工作条例、狠抓巡视整改落实的结果。这些成绩的取得，得益于上级党委、政府和区委的科学决策、坚强领导，得益于全区广大干部群众的团结一致、奋力拼搏，得益于各位代表和委员、各民主党派、工商联、各人民团体和社会各界人士的大力支持、无私奉献。在此，我代表区人民政府，向在镇海工作和生活的全体人民，向离退休老同志以及社会各界人士，向驻镇省部属企业员工，向驻镇部队指战员，向所有关心和支持镇海现代化建设的海内外朋友，致以崇高的敬意和衷心的感谢！

同志们，2015年主要目标任务的完成，标志着“十二五”规划胜利收官。总体上看，过去的五年是镇海综合实力大幅跃升、发展质量明显提高的五年，是生态环境持续改善、全域城市化加速推进的五年，是文化软实力有效提升、人民获得更多实惠的五年。五年的努力，使镇海站在了更高的发展水平上，为“十三五”新一轮的发展奠定了坚实的基础。

成绩来之不易，困难与问题不可低估。我们必须清醒地认识到，我们的工作离人民群众的期待仍有差距，经济社会离创新、协调、绿色、开放、共享发展的要求还有距离。受宏观经济形势等因素影响，去年初确定的经济社会发展目标中，规上工业总产值、进出口总额等指标没有实现预期目标，部分约束性指标没有达到“十二五”规划要求。生态环境整治成效离群众的要求和愿望还有差距，实现经济持续发展和发展动力转换的压力不小，推进全域城市化特别是完善基础设施的任务繁重，安全生产特别是危化品安全监管还要加强，城市管理与社会治理仍是发展短板。

这些困难与问题需要我们高度重视，并在下步工作中切实加以克服和改进。

2016年奋斗目标及工作重点

2016年是贯彻落实十八届五中全会精神的关键之年，也是本届政府的收官之年，“十三五”规划的开局之年。综合判断，镇海仍处于可以大有作为的重要战略机遇期，但战略机遇期的内涵发生了深刻变化，镇海发展既面临许多有利条件，也面临不少风险和挑战。面对新形势、新任务，我们要爬坡过坎，行稳致远，全力以赴推动镇海经济社会全面发展。

根据区委十三届十次全会精神，今年政府工作的总体要求是：贯彻落实党的十八大、十八届三中、四中、五中全会和习近平总书记系列重要讲话精神以及省委、市委、区委战略部署，主动适应新常态，坚持创新、协调、绿色、开放、共享发展，全力提升全要素生产率，深入实施“六大战略”，推动全区经济社会发展走在前列，为“十三五”良好开局奠定坚实基础。

综合考量发展趋势和工作导向，建议今年经济社会发展的主要预期目标为：地区生产总值增长7.5%；一般公共预算收入增长7.5%；城镇居民人均可支配收入增长8%，农村居民人均可支配收入增长8.5%；城镇登记失业率控制在3.5%以内；节能减排完成上级下达任务。

围绕上述目标要求，今年重点做好六方面的工作：

（一）围绕生态绿色，提升环境质量

1. **打好环境治理攻坚战。**绿水青山就是金山银山，一以贯之地以生态环境整治为首要战略，切实改善区域生态环境。升级清洁空气行动。巩固扩大煤尘整治效果，提升港区喷淋智能化水平，加强恶劣天气扬尘防控。开展有机废气治理，推进挥发性有机物污染整治，继续推广和应用泄漏检测与修复技术。完成白色烟雾治理总体方案并在企业开展试点治理，实施涂装行业污染整治。深入推进“五水共治”，全面完成三年行动计划各项目标任务。积极创建省清三河达标区，强化河长制等长效管理机制，严防黑河、臭河、垃圾河反弹，完成8公里河道生态修复和20公里河道清淤。强化污水管网管护和建设，筹建北污三期扩建项目，加快九龙湖工业区块等地雨污分流改造，积极提高中水利用率。开展28个自然村生活污水治理，实现农村生活污水治理全覆盖，关闭、整治47家畜禽养殖场，基本完成禁、限养区畜禽污染整治。加快实施清洁土壤行动，开展永久基本农田土壤治理，投用华清环保污泥处置等项目。

2. **更高标准推进生态建设。**提升“森林镇海”建设水平，建成并开园宁波市花卉园林示范区一期项目，加大山林资源保护力度，加强林带管护，广泛开展城市绿化、河道绿化、村庄绿化，推进“森林彩化”，创建1个省级“森林村庄”。全力推进节能减排，加快形成绿色低碳循环发展方式，实施40个节能项目，淘汰8个落后产能项目，淘汰20台燃煤锅炉，开展企业自备电站锅炉烟气超低排放综合改造，加快推进镇海电厂迁建，力争节能10万吨标煤。加强环境监管，第三方环境监理服

务范围拓展至90家企业，开展大气细颗粒物源解析工作，扩大环境污染责任保险试点范围，推动大数据环境监管应用，夯实环境监管基础，更加主动接受公众监督。强化环境准入约束，从源头严格控制污染。加强环境执法，深化无缝执法常态化。

3．促进区域安全发展。认真落实区人大常委会关于生态环境建设方面的两个决定，从源头维护区域生态安全。严守生态保护红线，强化生态环境空间管制，优化城乡空间与产业布局，促进滨海产业带与城镇居民区的有效隔离。切实保障城市安全。提升区域防汛排涝能力，推进镇海东排和澥浦大闸外移工程建设，实施新泓口闸外移扩孔与涨鑑碶闸改扩建，加快低洼地防洪排涝改造提升。全力做好“三防”和气象防灾减灾工作。推进国防动员军民融合发展，提升兵员征集质量。完成G20峰会安保“护城河”任务，完善立体化社会治安防控体系，确保社会治安局势总体平稳。完善和落实安全生产责任和管理制度，实行党政同责、一岗双责、失职追责，依托八个专业安委会，提升安全监管与安全预防控制水平，坚决防范和遏制安全生产事故发生。强化企业主体责任，优化“第三方”安全技术服务，推广安全生产责任险。全面开展石化企业隐患排查与整治，加强危险品的生产、仓储与运输管理。加大道路交通、建筑施工、消防、特种设备等重点行业和重点领域整治力度，加强油气管线安全隐患整改，启动石塘下输油管廊迁改等项目。加强食品药品监管，完善食品安全“一网五体系”建设。推进各类应急平台互联互通，提升社会应急联动水平。

（二）坚持创新驱动，增强发展动力

1．开创创业创新生动局面。大力推动“大众创业、万众创新”，完善创业创新政策体系，促进人才、资金、科研成果等在企业、高校、科研机构间有序流动。提升文创产业发展水平，增强资源整合、集成创新的综合绩效，新引进文创企业250家。加快发展信息经济，实现信息经济收入同比增长20%。创新开展“特色小镇”建设，推动各区域特色发展，着力将“特色小镇”培育成为创新发展的新增长极。发挥大学科技园在创业创新中的示范引领作用，优化“一核两带”功能布局，打响“宁波慧谷”品牌，推动沿中官路创新产业带产业链更加完整，提升世纪大道延伸段城市经济产业带集聚水平，积极打造全国知名、全省领先的文创小镇。发挥留学生创业园优势，吸引高层次留学人员创业，提升大学生创业园孵化能力。全力打造“人才强区”，优化人才政策体系和人才培育体系，积极引进和培养海内外高层次人才和各类实用型人才。

2．着力打造制造强区。积极融入全市“中国制造2025”示范城市创建，加强“质量强区”建设，开展“互联网+”行动，加快推动“镇海制造”向“镇海智造”转变，实现区属规上工业增加值同比增长8%。深入开展“四换三名”工程，强化工业企业绿色绩效评价管理，完成100个机器换人项目，加强企业信用与品牌建设。加快企业梯队建设，做优做强优势行业、标杆企业，新增一批高成长、初创期、创新成长型企业。积极推动企业挂牌上市，实现10家以上企业新三板挂牌。推进两化深度融合八大专项行动，实施10个两化深度融合项目，建设企业信息化推进中心。创建成功国家智慧城区。加快装备制造、文化创意两个产业联盟联动发展，推进阿里巴巴·镇海装备制造产业带建设，服务企业开拓线上线下两个市场。

3. 切实加强科技创新。深入实施创新指标五年倍增计划，加快完善区域创新体系，强化企业在科技创新中的主体地位和主导作用，鼓励企业提升研发水平，培育高新技术企业10家，创新型初创企业80家，区级以上企业工程技术中心20个，市级以上科技创新团队1个，实现发明专利授权量420件。优化五大科技创新平台管理服务，实现中科院宁波材料所初创产业园开园，推动各平台全面运营。提升科技服务能力，发挥科技市场先发优势，提高产学研用合作水平。丰富科技金融产品，完善科技投融资体系。保护知识产权，完善知识产权政策体系。

4. 加快体制机制创新。加快供给侧结构性改革，着力破除体制机制障碍。更加注重运用市场机制、经济手段与法治办法，淘汰落后产能、落后工艺，完善企业退出机制。优化公共服务供给方式，加快探索政府和社会资本合作等多种融资模式。巩固清理、规范涉企行政事业性收费成果，落实减税降费政策，引导区内金融机构加快金融服务创新。深化行政管理体制改革，持续推进简政放权，加强权力清单、责任清单动态监管，深化“五证合一”商事制度改革，完善项目联合审批机制。全面完成村级集体经济产权制度改革，进一步完善村级集体经济管理，规范股份合作社运行，推进土地承包经营确权登记，加快构建农村产权流转交易网络体系。优化旅游管理体制，鼓励民间资本开发旅游资源。全面落实不动产登记制，进一步明晰和保护产权。

（三）强化转型升级，力促提质增效

1. 大力发展海洋经济。优化石化区产业结构、空间布局、生态环境与管理服务，促进产业高端化、园区生态化、品牌国际化。深入开展国家级循环化改造试点，全面推进能量阶梯利用等七大类、22个循环化改造项目。加快发展绿色石化产业集群，推进恒河新材料等项目建设。启动沿海化工物料通道建设，谋划新围垦区域产业布局。提升发展物流枢纽港，推进大宗生产资料交易平台建设，实现大宗商品交易额1100亿元。加快打造物流示范园区，积极引进大型物流企业，启动一期区块建设。推动保税物流中心健康发展，积极发挥辐射作用。完成后海塘生态提升三年行动计划，持续推进金属园区改造提升，高标准引进优质项目。

2. 推进产业与城市融合发展。加快发展依托城市功能、以现代服务业为主体、以城市工业为支撑、以都市农业和旅游业为重要内容的城市经济。大力发展现代服务业，推动楼宇经济、总部经济集聚发展，积极发展月光经济，进一步完善商贸商务设施功能布局，优化产业配套和业态配置，着力满足各类消费需求，实现服务业增加值增长8.5%。推进镇海经济开发区等工业园区发展，加快建设产城融合的都市工业区。积极发展现代都市农业，深入推进“一带三区五基地”建设，确保粮食生产安全，实施20个产业化项目，努力实现特色农产品品牌化经营，积极培育示范性家庭农场，继续办好省迎春花展，全面开展第三次全国农业普查。提升慢生活、亲山水、品乡愁的假日休闲旅游业发展水平，推动与其他产业的融合发展。

3．**提高开放发展水平**。把握国家实施全方位开放战略机遇，主动融入国家建设“一带一路”、宁波市构筑港口经济圈等重大战略部署，推进多层次区域合作，努力实现互利共赢。大力开展符合区域特色和产业需求的招商引资，实现实际利用外资2.7亿美元，引进市外内资70亿元、“浙商回归”资金30亿元。积极实施“实业兴贸”战略，实现出口同比增长5%。加快“走出去”步伐，推动优势企业在全球范围内配置资源，实现对外经济合作营业额1.9亿美元，服务外包执行总额同比增长15%。加快电子商务产业园等电商园区发展，提高跨境电商、农村电商发展水平。

（四）突出统筹协调，推进全域城市化

1．**加快全域协调发展**。提升骆驼、庄市为主体的城市中心功能，积极打造宁波中心城区北部商贸商务中心。加快新城核心区建设与发展，提升管理水平，继续加大商务楼宇二次招商力度。建成投用万科1902商业广场、瑞丰商品交易市场，提速推进吾悦广场、1688新青年广场等一批商贸综合体、特色功能性项目建设。加快招宝山、蛟川融合发展，全力完成招宝山城区改造提升三年行动计划，加快老小区改造提升，结合轨道2号线二期建设，推进南大街区域、前葱园路区域改造，超前谋划甬江北岸规划，基本建成青枫雅苑一期项目。积极彰显九龙湖运动休闲度假特色，打响九龙湖国际半程马拉松赛品牌，加快澥浦老集镇三期改造，推进开元十七房二期建设。支持配合新材料科技城做好贵驷街道的开发建设和社会事务，加强与新材料科技城的规划、产业、基础设施等对接，促进差异化相向融合发展。大力推进棚户区改造，加快骆驼老街改造提升。持续推进幸福美丽新家园建设。按照区域村庄布局规划，加快建设集中居住区、居住点，推进蛟川北区与澥浦湾塘、岚山新农村建设。加强农村环境整治，推进农业设施用房和农田环境整治，完善农村环境卫生管理长效机制，开展美丽乡村示范创建。加快建设“商帮寻根”“九龙问茶”等风景线。

2．**持续完善基础设施**。不断完善以绕城高速、轨道交通、城市道路等为主体的区域交通网络，加快重大交通基础设施建设，提升区域交通集散能力。推进宁镇路改造一期、招宝山大桥连接线工程建设，完成雄镇路辅道工程，积极配合开展轨道2号线二期、三官堂大桥建设和东外环、北外环东段快速化改造。加强地下空间规划、开发和利用，开展“海绵城市”试点。加强电力保障，提升石化区双回路供电水平，建成投产110千伏灰库变，开工建设110千伏邵家变、田央变。积极启动泥螺山北侧二期围垦工程。完成征迁30万平方米，征地500亩，清零项目12个。

3．**促进城市管理更精准高效**。以城市管理问题为导向，加快管理重心下沉，推进部门联合执法，提升综合行政执法能力。深化智慧城管应用，推进13条主要道路两侧环境综合整治提升，持续保持“道路清爽”行动全市领先水平，加大渣土、厨余垃圾监管力度，扩大垃圾分类覆盖面，加强户外广告管理与整治。完善轨道交通、公交、出租车、公共自行车“四位一体”的公共交通体系，加快交通“绿波带”建设，增加专用停车位1000个，使群众出行更加便捷。巩固“三改一拆”成果，加强源头管控，全年完成“三改”50万平方米、“拆违”50万平方米。

(五)推动共建共享,增强民生获得感

1．**不断增强文化软实力**。大力培育和践行社会主义核心价值观,深入开展社会公德、职业道德、家庭美德、个人品德和未成年人思想道德建设主题实践活动,加强“学习文化”建设,实现“厚德镇海”建设三年行动计划圆满收官。完善好人推选机制,加强志愿服务项目化管理,提升文明创建长效水平。增强公共文化服务能力,完善公共文化服务体系,推进公共文化服务数字化、社会化、均等化建设。提升“雄镇大舞台”系列品牌价值,发挥文化艺术中心辐射作用,办好第三届市民文化节。深入推进文艺精品创作三年行动计划,加强文化遗产的保护与传承。推动“全媒体”建设,加快媒体融合发展。

2．**提供更可靠的社会保障**。健全公共就业服务体系,促进高校毕业生精准就业。不断完善社会保障体系,推动各项社会保障制度并轨,完善城乡居民基本医疗保险制度,加强重特大疾病保障。深入开展“救急难”综合试点,提高社会救助水平。提升居家养老服务水平,投用天伦园老年日间护理中心,发挥区域性居家养老服务中心辐射作用。推进机构养老增量转型,建成民办四季永逸颐养院,以招宝山街道金生怡养院为试点,探索养老服务社会化运营模式。推进医养结合,提升文化养老品质,加快建设智慧养老综合平台。加大扶残助残力度,推进残疾人共享小康工程建设。落实“米袋子”“菜篮子”负责制,加快星级粮库创建与菜市场改造提升。健全住房保障体系,推进安居工程建设,扩大住房公积金覆盖面,完成3000套安置房建设,满足多层次的住房需求,推进房地产市场平稳健康发展。切实办好书香镇海等八项年度实事工程。

3．**推动社会事业繁荣发展**。立足协调、均衡,加快发展更高水平、更高质量的优质教育。优化教育规划,加快完善教育基础设施,推进新城中学(暂名)等项目建设,完成区职教中心扩建工程等建设任务,建成投用区实验小学。深化“厚德校园”等五个校园建设,深入推进“523”实践活动,实施“教育品质提升”等四大工程,完善教师激励机制,开展与华师大新基础教育中心合作,建立健全优秀流动人口子女招生制度。促进学前教育内涵发展,义务教育均衡发展,普通高中多样化发展,加快建设中德合作职业教育高技能人才培训中心。巩固体育强区创建成果,加快构建多元化体育公共服务体系,办好区运动会等体育赛事。开展“健康镇海”建设,提升医疗服务水平。继续加强医疗卫生基础设施建设,基本完成龙赛医院医技楼改造工程。整合优化医疗资源,加快创建三级乙等医院。完善区域分级诊疗体系,积极打造医疗特色学科、重点学科。深化医药卫生体制改革,继续推进公立医院改革,加快建立现代管理制度,促进民营医疗机构发展。提升公共卫生服务能力,保持妇幼保健领先水平。积极落实全面二孩政策,创新开展独生子女家庭老年保障工作。

4．**创新社会治理**。深化法治镇海、平安镇海建设,加强依法治理、综合治理、源头治理,促进政府治理、社会调节与居民自治的良性互动。提升“网格化”管理水平,强化协同管理,实现网格服务管理工作模式全覆盖。充分发挥社会矛盾联合调处中心作用,完善“有人管事、有地方说事、有制度解事”的有效预防和化解社会矛盾工作体系。加强基层自治，加大社会组织培育孵化力度，加强社会组织品牌建设，完善政府购买服务和公益创投模式，促进社会组织、社会工作与社区工作的互动，完成社区两委换届。提升社区服务质效，大力开展“微民生·大服务”。加强物业行业监管，积极引入优质物业管理单位。完善劳动维权机制，加快构建和谐劳动关系。提升流动人口服务管理综合水平，积极实现流动人口提质提效、优者优待。

（六）加快职能转变，加强政府建设

1. **优化经济发展环境**。发挥市场在资源配置中起决定性作用的同时，更好发挥政府作用，提升经济形势研判能力，定向施策，精准发力，扶持实体经济发展。全面推进“三大行动”，完善促进经济持续健康发展的政策体系，开展“一企一策”精准帮扶，增强企业家信心，守住稳增长、增效益的基本盘。放大财政资金杠杆效应，提升政策资金扶持效率，积极发挥产业发展基金作用，加快探索政府引导资金参股管理模式。吸引优质风险投资机构落户，加快成立第三方引导基金管理公司。深入开展金融生态示范区建设，深化政银企协作，提升金融服务质效，降低企业成本，严厉打击金融逃废债行为。加强集约节约用地，继续开展“批而未供”、低效闲置土地处置专项行动，促进用地环境更加有序规范。

2. **大力推进依法行政**。发挥政府在法治建设中的示范带头和促进作用，自觉接受人大依法监督、政协民主监督，主动接受司法监督、社会监督，加强审计监督。开展“七五”普法，加强基层民主法治建设，完善公共法律服务，凝聚办事依法、遇事找法、解决问题用法、化解矛盾靠法的社会共识。严格规范重大行政决策规程，强化行政执法责任追究制，完善规范性文件“三统一”制度，开展常态化行政执法监督，加强行政应诉和复议答辩，着力建设权责法定、执法严明、守法诚信的法治政府。

3. **加快建设服务型政府**。全面推进14项年度政府职能转变工作任务，提升行政服务效能。加强政务公开、政府信息公开，完善政务服务网功能，继续常态化开展政府常务会议网络直播，整合网络问政问效、部门热线等平台，建成12345政务服务热线。实施电子政务三年行动计划，加快资源整合，努力实现部门数据互联互通，让数据多跑路，让群众少跑腿。深入完善财政管理体系，加快建立全面规范、公开透明的现代预算制度。完善债务管理制度，利用市场化手段化解存量政府债务。深入建设“节约型机关”，严格控制一般性支出，确保“三公”经费和会议费零增长。完成公车使用改革。深入推进“效能亮剑”和正风肃纪行动，落实重点工作督查问效制度。巩固“三严三实”专题教育成果，持续推进巡视整改落实，积极打造作风建设新常态。

各位代表，镇海区新的蓝图已经绘就，新的征程已经开启。士不可以不弘毅，任重而道远。让我们在中共镇海区委的领导下，团结和依靠全区人民，以翻篇归零的心态，以抓落实一刻钟都不能停、一纳米都不能留的作风，砥砺奋进，铿锵前行，为实现“十三五”良好开局，为完成本届政府的庄严承诺，为加快建成现代化生态型港口强区而不懈奋斗！

专 记

“十二五”经济社会发展回顾

“十二五”以来，全区人民在区委、区政府的坚强领导下，积极应对国内外发展环境的重大变化，全面实践科学发展观，积极实施创新驱动发展战略，按照“稳中求进、进中求好，积极有为、走在前列”的总体要求，深入实施“六大战略”，全力以赴稳增长、促改革、调结构、优生态、惠民生、防风险，加快推进现代化生态型港口强区建设，实现了经济社会平稳健康发展。

综合实力显著增强。“十二五”期间，经济总体实现平稳健康发展，综合实力跃上新台阶。2015年全社会生产总值达到663亿元，年均增长8.1%，区属生产总值达到376亿元，年均增长9.0%；全社会规上工业总产值达到2186.6亿元，区属规上工业总产值达到1042.4亿元；财政总收入达到102亿元，比2010年增长了97.8%；全社会固定资产投资累计达到1220亿元，比“十一五”时期增长了51.4%；社会消费品零售总额达到142亿元，比2010年增长了114.7%。

生态建设成效显著。成功创建国家生态文明示范区、省级“森林城市”，宁波石化经济技术开发区被评为宁波市循环经济示范园区。大力实施城区生态屏障、防护林带建设，城市园林和生态绿地系统更加完善。“五水共治”稳步推进，完成姚江东排镇海段整治工程，镇海东排南线工程扎实推进，区域防洪排涝基础设施网络体系进一步完善，镇海污水处理厂二期、宁波北区污水处理厂二期建成投用，全区城镇生活污水处理率和村庄生活污水处理率分别达到95%和92.6%，九龙湖集中酸洗处理中心一期建成投用。循环经济、清洁生产和节能减排工作稳步推进，强化污染物实时监控，先后实施化工、印染、酸洗、再生金属拆解等重污染行业整治提升和燃煤锅炉淘汰，完成镇海炼化、镇海电厂等烟气脱硫脱硝改造。万元生产总值能耗完成市对区考核目标。“十二五”期间化学需氧量、氨氮、二氧化硫和氮氧化物分别下降33.46%、18.60%、62.81%和50.26%，降尘量比煤尘整治前下降89.7%，2015年全年空气质量优良率达到76.6%（AQI新标准）。

海洋经济加快发展。港航物流服务项目有序推进，宁波镇海保税物流中心（B）型获批，后海塘城市物流功能区建设提质提速，大宗商品交易中心综合服务功能进一步完善。海洋新兴产业项目进展良好，中金芳烃、富德能源、金海德旗异戊烯、江宁化工顺酐及衍生物一体化、阿克苏诺贝尔纤维素衍生物等项目陆续建成投产。航运业运力结构不断优化调整，大型化、新型化船舶得到加快发展，航运总运力继续保持省市领先地位。海洋工程建筑业加快转型发展，产业结构进一步优化。泥螺山北侧围垦、新泓口东侧围垦等项目顺利推进。

全域城市化加速推进。大城区框架全面拉开，城市化率由2010年的75%提高到2015年的83%。新城行政中心、市民服务中心、文化艺术中心等建成投用，镇海大道商务楼群基本建成，现代化新城形象初步显现。招宝山城区商贸商务、文化休闲和人居环境得到提升。蛟川片区青龙桥地块加快建设，初步形成了“北工、南居、中提升”的发展格局。九龙湖—澥浦组团协同发展，双双入选国家级重点镇，九龙湖景区获评省级旅游度假区，澥浦十七房开元主题酒店一期投入运营。幸福美丽新家园建设全面深化，加快实施“1519”工程，深入开展“四边三化”“双清”专项行动，“温馨家园·秀美村庄”“美丽庭院”创建成效显著，九龙湖镇荣获“2013全国最美村镇”宜居奖，成功创建1个“省级森林村庄”、3个“市级森林村庄”。城乡基础设施进一步完善，相继建成轨道交通2号线一期、北环铁路、北外环疏港公路、绕城高速东段等一批重大交通基础设施，天然气和城市供水环网基本实现全覆盖，实现全区无线宽带网络全覆盖，城域出口带宽达200G，入围首批90个“国家智慧城市试点”创建城市（区、镇）名单。

转型升级取得实效。现代服务业加快发展，2015年服务业增加值达到183亿元，亿元以上商品交易市场成交额达到950亿元，物流枢纽港生产资料市场和骆驼生活资料市场建设初具规模，物流枢纽港成功申报省级现代服务业集聚示范区和省级示范物流园区。大力发展文创产业，累计引进文创企业达1057家，产业集聚和产业带动效果已初步显现。临港制造业加快升级，恒河石化“碳五碳九”综合利用等一批重点工业项目深入推进，阿里巴巴·镇海装备制造产业带、紧固件综合商务服务大楼等一批工业转型平台相继建成投用，全区两化融合指数从2011年的53.9提高到2015年的78，上市企业2家、新三板挂牌企业8家。现代都市农业稳步发展，初步形成“一带三区五基地”现代农业发展格局。区域创新体系不断完善，相继建成清华校友创业创新基地、西电宁波研究院和产业园等五大科技创新平台，拥有宁波市大学科技园和镇海区大学生创业园两大国家级科技创业创新基地，建有省、市级科技企业孵化器各1家，宁波市众创空间2家，镇海科技市场被列入全省科技大市场建设试点，入选第二批浙江省创新型试点城市（县、区），2015年科学研究与试验发展经费支出占区属生产总值比重预计达到3.0%。人才强区战略深入实施，引才育才机制不断完善，每万人人才拥有量及增幅位居全市前列。

文化建设步伐加快。文化强区建设深入推进。“厚德镇海”“海丝港湾”“商帮故里”“院士之乡”等特色文化优势得到充分发挥，新城文化艺术中心剧院、镇海区文化馆、培菊图书馆、职工文体活动中心等一批重点文化项目建成投用。群众性体育活动蓬勃开展，成功举办九龙湖（宁波）国际半程马拉松比赛，相继建成绿轴体育公园1期、九龙湖登山游步道等一批文体健身项目，顺利通过省体育强区验收。城乡公共文化设施进一步完善，公共文化服务体系初步形成，以雄镇大舞台为载体的群众文化繁荣发展，“一社一品”社区文化品牌建设扎实开展，农村文化“五个一工程”深入开展，精品文化创作取得丰硕成果。广播连续剧《青春轨道》获全国广播剧专家奖一等奖和省精神文明建设“五个一工程”奖，广播剧《镇海雄关》获省、市“五个一工程”奖，村歌《光明引领奔小康》《九龙恋歌》分获省村歌大赛金奖，长篇小说《雄镇海战》获市“五个一工程”奖等。

民生保障不断提升。基本公共服务水平明显提高。2015年城镇和农村居民人均可支配收入分别达到51201元、28087元，城乡居民收入差距缩小至1.82∶1。教育优质均衡发展，顺利通过全国义务教育发展基本均衡区、全国社区教育实验区、浙江省特色示范高中评估，逸夫小学一期、九龙湖中心学校等一批教育项目基本建成，全区基础教育布局更加科学合理。社保体系日益完善，户籍人口养老保险参保率达到96.5%。城镇居民基本医疗保险参保率达到99%。区人民医院和宁波市第五医院建成投用，新建迁建骆驼、蛟川、澥浦等社区卫生服务中心和区妇幼保健院，新增医疗用房面积17万余平方米，基本形成“城区10分钟、农村15分钟”医疗服务圈。成功创建国家级慢性病综合防治示范区、国家级艾滋病综合防治示范区、国家级中医药工作先进单位、全国新农合工作先进单位。养老保障制度基本实现全覆盖，标准不断提高。社会救助水平得到全面提升，基本建立全覆盖的城乡社会救助体系。外来务工人员服务和管理工作得到加强。社会治安防控体系、社会矛盾纠纷大调解体系进一步健全。“平安镇海”“法治镇海”创建工作扎实推进，社会秩序良好稳定，安全生产形势总体平稳。人口与计划生育、老龄、残疾人等各项事业协调发展。

改革开放继续深化。经济、社会、政府管理体制改革全面深化。深化行政管理体制和机构改革，组建成立区市场监管局、卫计局等。深化行政审批制度改革，实行项目联合审批机制，推行权力清单制度。“五证合一”商事制度改革全面落实。农村产权制度改革和户籍管理制度改革深入推进。公共财政体制改革逐步建立完善，投融资体制改革不断深化。医疗一体化改革试点初见成效，公立医院综合改革稳步推进，完成新农合职能划转归并工作。全面实施全域城市化综合配套改革试点。开放型经济再上新台阶。2015年全区外贸进出口总额达到60.7亿美元。内外资引进、浙商回归等招商引资工作取得实效。企业“走出去”步伐加快，对外合作营业额年均增长7.9%，对外投资年均增长30%以上。山海协作稳步推进，青川援建工作全面完成。

五年取得的成绩来之不易，积累的经验弥足珍贵，为镇海站在新的起点上，加快向更高水平的现代化生态型港口强区宏伟目标迈进奠定了坚实基础。

（区发改局）

表1 “十二五”规划主要目标完成情况

编号	指标	2010年	“十二五”规划目标	2015年
1	全社会生产总值(亿元)	450	年均增长10%	663
2	区属生产总值(亿元)	250	500	376
3	人均生产总值(万元/人,区属、户籍)	14.27	26	20.44(预计)
4	财政总收入(亿元)	51.6	100	102
5	固定资产投资(亿元)	163.4	累计1000	累计1220
6	全社会规上工业总产值(亿元)	1849.3	3000	2186.6
7	区属规上工业总产值(亿元)	835.7	1600	1042.4
8	社会消费品零售总额(亿元)	66.3	130	142
9	进出口总额(亿美元)	55.6	年均增长10%	60.7
10	出口额(亿美元)	22	年均增长10%	34.7
11	实际利用外资(亿美元)	1.5	累计4	累计12.71
12	服务业增加值(亿元)	93.4	接近200	183
13	城市化率(%)	75	85	83
14	科学研究与试验发展经费支出占区属生产总值比重(%)	1.6	2.5	3.0(预计)
15	区属高新技术产业增加值占规上工业增加值比重(%)	—	>30	52.2
16	专利授权量(件)	1148	2000	3100
17	全区各类人才资源总量(万人)	5.1	>7	7.3
18	全社会单位GDP能耗下降(%)	—	完成市定目标	累计下降20%
19	区属单位GDP二氧化碳排放量下降(%)	—	完成市定指标	—
20	主要污染物排放下降(%)	—	COD削减13%	33.46%
		—	氨氮削减12%	18.60%
		—	SO_2削减26%	62.81%
		—	NO_x削减33%	50.26%
21	区属单位工业增加值新鲜水耗(立方米/万元)	—	完成市定指标	—
22	水环境质量按功能区标准达标率(%)	100	100	100
23	城镇生活污水处理率(%)	—	>95	95
24	村庄生活污水处理率(%)	—	>80	92.6

续表1

编号	指标		2010年	“十二五”规划目标	2015年
25	区域生活垃圾收集处理率(%)		—	>95	95
26	空气质量优良率(%)	API老标准	85.2	90	90
		AQI新标准	—	80	76.6
27	人均公共绿地面积(平方米)		12.8	16	16
28	户籍人口(万人)		22.52	23	23.53
29	城镇居民人均可支配收入(元)		31240	>10%	51201
30	农村居民人均可支配收入(元)		15516	>10%	28087
31	每千人医生数(户籍)(人)		3.91	5	5.3
32	每年城镇新增就业人员(人)		—	6000	>9000
33	城镇登记失业率(%)		—	<4	1.96
34	义务教育普及率(%)		100	100	100
35	同龄人高等院校升学率(%)		48.4	49	60
36	城乡居民养老保险参保率(户籍)(%)		—	>95	96.5
37	城镇居民最低生活保障覆盖率(%)		100	100	100

注:以上文字及表格摘自镇海区人民政府2016年1月编写的《宁波市镇海区国民经济和社会发展第十三个五年规划纲要》,内容及数据(有的是预计数)都未予调整

中共宁波市镇海区委员会

区委主要会议

【区委全体(扩大)会议】 2015年,区委召开2次全体(扩大)会议。

区委十三届九次全体(扩大)会议于7月28日举行。会议学习贯彻习近平总书记"四个全面"战略布局要求和视察浙江时的重要讲话精神,省委夏宝龙书记考察调研镇海时的讲话精神,省委全会和市委全会精神,总结年初以来工作,部署下半年任务。会议听取和讨论区委书记薛维海代表区委常委会向全会所作的工作报告,审议通过《中共宁波市镇海区委关于创新基层社会治理 加强基层政权建设的决定》。

区委十三届十次全体(扩大)会议于12月21日举行。会议贯彻落实习近平总书记系列重要讲话精神和省委十三届八次全会精神,总结2015年工作,部署2016年目标任务。会议听取并讨论区委书记薛维海代表区委常委会所作的"集中精力收好尾 开足马力起好步 力争'十三五'经济社会更高质量更好发展"工作报告。审议通过《中共宁波市镇海区委关于制定宁波市镇海区国民经济和社会发展第十三个五年规划的建议》。

【区委常委会议】 2015年,区委共召开19次常委会会议。

1月16日会议。学习传达习近平总书记在十八届中央纪委五次全会上的重要讲话。讨论召开全区经济工作会议有关事宜。听取区总工会、团区委、区妇联工作汇报,全区统战工作汇报,全区政法和信访工作汇报。听取关于在市、区"两会"建立临时党组织的有关事宜。听取2014年度党委(党工委)书记抓基层党建工作述职评议有关情况。讨论《镇海区农村基层组织规范化运行基本规则(试行)》和《关于深化"连心解忧"活动完善党员干部直接联系服务群众制度的意见》两个文件,要求区委组织部征求各方意见进行修改完善。通报区委常委会班子及个人教育实践活动整改情况。

1月22日会议。听取"六大战略"2014年工作完成情况及2015年工作思路、组织工作汇报、党风廉政建设和反腐败工作汇报。传达学习全国和省宣传部长会议精神,并就落实会议精神,推进全区宣传思想文化工作作出部署。

2月4日会议。讨论2015年区委理论学习中心组学习意见、2015年农业农村工作要点、2015年"五水共治"主要任务和2015年"三改一拆"工作要点。研究讨论干部人事和规范干部在企业兼职（任职）事项。

3月13日会议。讨论同意《镇海区影响机关作风效能问责办法（试行）》《关于加强人民政协民主监督的实施意见》和《关于完善和规范人民政治协商的办法》。讨论确定调整区级领导联系镇（街道）、村（社区）、重点企业、重点项目、人才、非党人士、群众和经济薄弱村名单。

4月3日会议。传达学习全省平安建设工作会议精神，研究部署贯彻落实意见。讨论干部人事事项。

5月8日会议。讨论《镇海区环境功能区方案》和《镇海区水功能区、水环境功能区划分方案》。听取全区土地出让收支和耕地保护情况审计所反映问题整改落实情况。讨论《关于进一步缓解农民住房困难工作的实施意见》。研究区新增设街道相关工作。听取关于配合做好省委第二巡视组巡视工作情况汇报。讨论干部人事有关事项。

5月22日会议。听取区考核办关于镇海区2014年度目标管理考核情况和2015年目标管理考核安排的汇报。讨论同意《2015年党风廉政建设和反腐败工作领导与责任分工》文件。部署“三严三实”专题教育实施工作。讨论在全区开展“好支部”“好书记”“好主任”评选活动工作。讨论骆驼街道行政区划调整方案。

6月19日会议。审议全区“好支部、好书记、好主任”人选、区供销社体制改革方案、团区委换届方案和区红十字会换届方案。讨论同意《镇海区党风廉政建设巡察工作办法（试行）》，学习《宁波市党风廉政建设责任追究暂行办法》。听取并讨论区行政区划调整工作情况汇报。传达贯彻省、市党史工作会议精神。讨论干部人事有关事项。

7月7日专题会议。传达贯彻全省“三改一拆”工作现场推进会精神，研究部署加快推进全区“三改一拆”工作。

7月15日会议。讨论《新一轮文明城市创建行动计划》。听取并讨论党管武装工作。讨论召开区委十三届九次全体（扩大）会议方案等相关工作，要求做好《关于创新基层社会治理加强基层政权建设的决定》、区委常委会工作报告等材料修改完善工作。传达学习市委十二届九次全体（扩大）会议精神。听取进一步明确消防安全岗位职责的意见。

8月12日专题会议。研究讨论对宁波航海纺机有限责任公司非法排污调查及处置工作。

8月27日会议。学习《党章》和中央关于严格党规党纪的相关文件。听取并讨论省委第二巡视组巡视镇海区期间交办的信访举报件办理工作。讨论同意创建全国文明城市“四连冠”先进集体和个人表彰名单。

9月11日会议。讨论同意《区委落实省委巡视组反馈意见整改行动方案》。听取同意2014年度镇海区生态环境整治暨生态文明建设先进集体和先进个人名单。讨论干部人事有关事项。

10月10日会议。听取并讨论进一步落实省委巡视组反馈意见的整改工作（包括干部管理、津贴补贴清理、合生国际住宅违建整改等）。传达省委党的群团工作会议精神。讨论干部人事有关事项。

10月29日会议。听取并讨论贵驷街

道社会事务托管事项、对省委巡视组反馈意见进行整改的汇报。讨论干部人事有关事项。

11月12日会议。传达全市创新基层社会治理体系现场会精神。听取并讨论农田整治、主要道路沿线环境整治提升事项。讨论同意《区纪委派驻纪检组组长提名考察办法(试行)》《镇(街道)纪委(纪工委)书记、副书记提名考察办法(试行)》。学习《中国共产党廉洁自律准则》《中国共产党纪律处分条例》。听取并讨论对省委巡视组反馈意见的整改落实情况报告。

12月2日会议。听取区纪委关于建立纪检派驻制度汇报,听取派驻机构全覆盖方案,同意15个纪检组派驻区直机关。原则同意《关于实施区纪委派驻机构统一管理的通知(审议稿)》,修改完善后以区委名义印发实施。听取区编委办关于机构设立有关事项的汇报。听取中央、省市委统战工作会议精神及贯彻意见,中央、省市委群团工作会议精神及贯彻意见,召开全区人代会和政协全体会议有关事项的汇报。

12月18日会议。听取召开区委十三届十次全体(扩大)会议有关情况汇报,原则同意提交区委十三届十次全体(扩大)会议审议的相关文件,要求进一步征求各方面意见,对《区委常委会工作报告》《关于制定宁波市镇海区国民经济和社会发展第十三个五年规划的建议》《2016年区委区政府工作要点》等文件作修改完善。决定会议在12月21日召开。讨论干部人事问题。

12月28日会议。听取关于在市、区"两会"期间建立临时党组织有关事宜,《区委常委会"三严三实"专题民主生活会方案》。讨论《宁波市镇海区国民经济和社会发展第十三个五年规划的建议》《关于镇海区2015年国民经济和社会发展计划执行情况与2016年国民经济和社会发展计划报告》《关于2016年度镇海区实事项目安排》《镇海区2016年度政府投资项目计划》等事项,要求相关部门在征求各方面意见基础上,作进一步修改与完善。听取区财政局关于《镇海区2015年财政预算执行情况和2016年财政预算草案》、区政府办公室关于《政府工作报告(送审稿)》、区人大办公室关于《区人大常委会工作报告(送审稿)》和区政协办公室关于《区政协常委会工作报告(送审稿)》的汇报。讨论干部人事问题。

【区委理论学习中心组学习】 2015年,区委理论学习中心组共组织学习10次。其中报告会5次:省发展和改革研究所所长卓勇良作《常态化发展与全面深化改革》辅导,市委党校副校长郑湘娟作《"四个全面"战略布局》辅导,省委610办主任楼志浪作《依法治理邪教 巩固执政基础》辅导,南京大屠杀研究中心主任张连红作《从中国记忆到世界记忆:国家公祭与南京大屠杀研究》讲座,浙江大学法学教授金伟通作《新行政诉讼法对政府工作的影响与挑战》辅导。集中学习5次:传达学习全国"两会"精神,"厚德镇海"专题学习会,"三严三实"专题学习研讨会2次,"三严三实"专题教育第三次研讨和"六大战略"推进研讨。

【大型会议】 2015年,区委、区政府共召开16次全区性会议。

表2 2015年全区大型会议

序号	时间	内容
1	1月16日	全区经济工作会议
2	1月23日	全区党建工作会议
3	2月9日	全区农业农村暨“五水共治”、“三改一拆”工作会议
4	2月10日	区委政法工作会议
5	3月27日	全区政协工作会议
6	4月1日	全区老龄工作会议
7	4月8日	全区建设“平安镇海”“法治镇海”工作会议
8	5月27日	全区美丽新农村环境建设现场会
9	5月28日	镇海区、宁波石化开发区“三严三实”专题党课暨专题教育部署会
10	7月31日	全区党管武装暨国防动员委员会全体会议
11	8月25日	区信访督查“百千万”专项行动工作会议
12	10月23日	2015年全区人才工作表彰大会
13	11月6日	全区农村环境卫生集中整治工作会议
14	11月19日	区委“三严三实”专题教育第三次学习研讨会暨“六大战略”推进会
15	12月4日	区委党的群团工作会议
16	12月9日	区委统战工作会议

重大决策

【概况】 2015年，区委出台完善和规范人民政协政治协商、民主监督的实施意见，制定出台党风廉政建设巡查工作办法，作出创新基层社会治理、加强基层政权建设的决定，提出制定国民经济和社会发展第十三个五年规划的建议。

【出台完善政治协商和加强民主监督的实施意见】 3月24日，区委出台《关于完善和规范人民政协政治协商的办法》，提出完善、规范政治协商的原则、内容、形式、程序和建立政治协商督办落实机制，要求建立区委、区政府重大事项决策协商信息公开制度。同日，区委《关于加强人民政协民主监督的实施意见》出台，明确民主监督的基本原则、主要内容和形式，提出建立健全民主监督工作机制、切实加强民主监督领导的要求。

【出台党风廉政建设巡查工作试行办法】 7月1日，区委出台《镇海区党风廉政建设巡查工作办法(试行)》，明确区委主抓直管党风廉政建设的工作方式、各级党委主体责任和纪委监督责任。对党风廉政建设巡查的机构设置、巡查对象、巡查内容、巡查方式、巡查程序、巡查结果运用和巡查纪律作出明确规定。

【作出创新基层社会治理加强基层政权建设的决定】 8月，区委十三届九次全体(扩大)会议通过《中共宁波市镇海区委关于创新基层社会治理加强基层政权建设的决定》。"决定"围绕中央"四个全面"战略布局，在创新社会治理体系上，提出完善村(社区)治理体系，充分激发基层社会活力，深化网格化管理，提升基层综合服务管理效能，推进依法治理，维护基层社会安定有序。在加强基层政权建设上，提出强化基层党组织建设，切实发挥领导核心作用，完善镇(街道)工作体制，不断增强统筹协调能力。

【审议通过"十三五"规划建议】 12月21日，区委十三届十次全体(扩大)会议上审议通过《关于制定宁波市镇海区国民经济和社会发展第十三个五年规划的建议》。"建议"第一板块总论总结发展成就，分析发展形势，明确"十三五"发展的指导思想、发展目标。第二板块分论谋划推进五大发展理念在镇海区的实践，阐述和部署加快建设美丽新镇海、建设海洋经济强区、提升全域城市化水平、加快经济转型升级、着力打造文化强区、提升全民福祉水平。第三板块提出加强和改善党的领导，为实现"十三五"规划提供坚强保证。

(俞奇恩)

纪检监察

【概况】 2015年，全区纪检监察工作强化监督执纪问责，严明纪律、严纠"四风"、严惩腐败。推进纪律检查体制改革，全面深化"三转"(转职能、转方式、转作风)工作。区廉政"581"账户收到党员、干部上交"礼金、礼卡、礼品"62笔计69万元。区纪委、区监察局受理问题线索102件，党政纪立案40起，给予党政纪处分30人。其中，党纪轻处分和组织处理11人，党纪重处分和重大职务调整17人，21名党员干部问题得到澄清。受理群众信访举报169件次，办理上级纪委交办信访件59件次。

是年，省委第二巡视组巡视镇海，向区委反馈4个方面、14项突出问题。区委出台反腐败协调小组工作规则，明确五项工作制度。开展党风廉政建设巡察工作，首轮巡察2家单位。建立15个派驻纪检组，进驻区级机关。区纪委在党纪政纪处分中，实行"四书"制度。编纂《建章立制 防微杜渐》中央八项规定读本，发至科级以上党员干部。组织开展2014年度落实党风廉政建设责任制情况检查考核，实地检查20家区属单位和镇、街道，邀请10位民主党派人士参与监督。召开党委履行党风廉政建设主体责任情况专题汇报会，全体区纪委委员评议10家单位党委(党组)党风廉政建设情况。召开正处级干部配偶廉政教育会，133名干部配偶在《镇海区领导干部家庭助廉承诺书》上签字。

【省委第二巡视组巡视镇海】 4月15日至5月15日，省委第二巡视组一行11人，对镇海区开展巡视工作。巡视组向区委反馈4个方面、14项突出问题：在党风廉政建设和反腐败工作方面，土地出让、项目招商、工程建设等领域问题反映集中;企业奖励、税收减免、资金担保、国有资产管理等行为存在廉政风险;有的领导干部存在利益输送和利益冲突问题;对重点领域、重要岗位和基层单位缺乏针对性的防控及监管。在执行中央“八项规定”和省委“28条办法”“六项禁令”及作风建设方面,顶风违纪现象不断发生;巧立奖励项目、变相发放津补贴;一些领导干部存在“为官不为”现象。在执行政治纪律方面,存在“两个责任”层层递减现象,纪检工作组织保障不够到位;有些党员领导干部纪律意识淡薄,对政治规矩缺乏敬畏;有的基层党组织战斗堡垒作用弱化,基层党员干部的法制观念、廉洁意识淡化。在执行组织纪律、民主集中制和干部选拔任用方面,重大决策有时民主不够充分、集中不够完善;执行干部人事政策法规不够严肃、规范;有些领导干部没有如实申报个人财产。区纪委协助区委制订《中共镇海区委落实省委巡视组反馈意见九大整改行动方案》,明确9个方面、30项具体整改措施和28个具体案例,进行整改落实。办结省委巡视组交办的52件信访举报件。

【开展党风廉政建设首轮巡察】 7月,区委出台《镇海区党风廉政建设巡察工作办法(试行)》,提出在全区党政机关中开展党风廉政建设巡察。8月,区委成立党风廉政建设巡察工作领导小组,下设办公室。11月6日至19日,区委组建2个巡查组,分别对澥浦镇和区经信局开展全区首轮巡察,共发现22个问题,要求整改落实。

【出台反腐败协调小组工作规则】 6月,区委反腐败协调小组第一次会议通过的《中共宁波市镇海区委反腐败协调小组工作规则(试行)》出台。“规则”明确协调小组会议召开、信息共享、线索移送、协作办案、责任落实五项工作制度及成员单位、联络员职责,建立健全反腐败协调工作机制。

【实行“四书”制度】 2015年,区纪委在党纪政纪处分决定执行中,实行以处分决定先予执行告知书、处分决定执行提醒书、案件协审建议书和限期整改通知书为主要内容的“四书”制度。“四书”制度把党的纪律和行事规矩列在处分之前,是公正处分和严格执行的重要举措。全年下发执行文书33份,相关程序按“四书”规定落实到位。《浙江日报》、浙江在线、省纪委监察厅网站等媒体专题报道镇海区实行“四书”制度情况,人民网、中国网等网媒转载。

【15个派驻纪检组进驻区级机关】 12月,根据省、市纪委统一部署,全区设立派驻纪检组15个,派驻区属58个党委政府部门实行综合监督。其中,第一至第十一纪检组为综合派驻组,每组综合监督多家单位;其他4个为单独派驻组,每组监督1家单位。区纪委第一纪检组综合监督区委办(区农办、区政研室)、区人大办、区政协办、区信访局、区档案局,第二组监督区政府办(区应急办、区法制办、区流管办)、区机关事务局、镇海新城管委会、区物流枢纽港管委会、宁波市大学科技园管委会,第三组监督区委组织部(区委两新工委、区委人才办)、区编委办、区委老干部

局、区委党校、区总工会、团区委、区妇联、区人力社保局，第四组监督区委宣传部（区文广新闻出版局）、区教育局、区新闻中心，第五组监督区委统战部（区民宗局、区台办、区侨办）、区工商联、区旅游局、九龙湖旅游度假区管委会，第六组监督区委政法委（区综治办、区维稳办、区610办）、区司法局、区市场监管局、区安监局，第七组监督区发改局、区经信局、区商务局、区经合局、区统计局、区审管办，第八组监督区财政局、区审计局、区环保局、区金融办、区工贸资产管理服务中心；第九组监督区建设交通局、区城管局（区城管行政执法局）、区房屋征收办、区公建中心、镇海住房公积金中心，第十组监督区农业局、区民政局、区老龄办、区供销社、区围垦局；第十一组监督区卫计局、区科技局（区科协）、区残联、区红十字会；4家单独派驻组分别监督区直机关党工委、区法院、区检察院和区公安分局。综合派驻组编制4名，单独派驻组编制3名，编制由各部门划转。

【廉洁教育纳入国民教育体系工作启动】 9月，全市廉洁教育纳入国民教育体系工作推进会暨《廉洁伴我行》丛书首发式在立人中学举行。市委常委、市纪委书记李会光出席并讲话，由市教育局编写出版的《廉洁伴我行》丛书发行。镇海区廉洁教育纳入国民教育体系工作，按照全市推进会部署启动。

（吴敏健）

组织工作

【概况】 2015年，全区组织工作以党的十八大和十八届三中、四中、五中全会精神为指针，贯彻落实中央及省市组织工作会议精神，开展“三严三实”①专题教育，加强干部队伍、基层组织建设，为实施区“六大战略”、促进经济社会发展提供组织保障。开展基层党组织“好支部、好书记、好主任”评选活动，表彰36个好支部、30名好书记、10名好主任。在市首届“金雁奖”评选中，有3名基层党组织书记分别获特别贡献奖、金雁奖和提名奖。是年，新入党党员280人，年底，全区共有党员20421名，较2014年年底增加488名。

是年，区委组织部从严落实党建工作责任制，以“书记抓、抓书记”方法，落实区、镇（街道）、村（社区）书记履行“第一责任人”职责，建立基层党建任期责任清单和年度工作清单，实施基层党建项目，开展党建定期督查指导。制定农村基层党组织规范化运行基本规则，把原多、杂、散的规章制度转化成40条“底线规则”，重点推行村两委周会、党员月会、村民代表季会及谈心谈话制度。健全党员发展“培源纳新”、党日活动“三会一课”②等制度，实行制度管权管事管人。开展全区20129名党员组织关系排摸，分析存在问题，查找失联党员，规范党员组织关系转接。镇海中学（朱枫故居）、九龙红苑成为首批市示范性开放式党组织生活基地。

①“三严三实”：是根据习近平总书记“既严以修身、严以用权、严以律己，又谋事要实、创业要实、做人要实”的讲话精神提炼。

②“三会一课”：“三会”指支部党员大会、支部委员会、党小组会，“一课”指党课。

勤勇村推行书记坐班制

是年，按照区委要求和工作需要，做好领导班子建设和干部选拔任用工作。调整干部220人次，其中提拔或转任重要岗位55人次，交流使用78人次，新提任党政正职干部9名。修订完善区管干部管理制度，落实思想素质较好、工作默默无闻、群众认可度高的8名干部晋升副调研员或享受事业副处待遇。完成新建贵驷街道10名领导班子成员选派和骆驼街道20名科级以下干部分流贵驷街道的工作。完成区卫计局、区市场监管局、区供销联社班子和区农机站行政职能整合，配齐新组建机构领导班子。严格实行“凡提必查”，抽查核实新提、转任的54名区管干部个人有关事项报告，要求补充说明或通报个人事项报告中的错报、漏报现象。配合省委巡视组巡视和市委组织部《干部选任条例》执行情况专项检查，按照问题导向起草选人用人专题工作报告，全程负责上级部门个别谈话、延伸走访等联络服务保障。出台《镇海区调整不适宜担任现职领导干部实施办法（试行）》，常态化治理“为官不为”现象。开展“三超两乱”[①]问题整改，消化超配领导职数25个。启动干部人事档案专项审核，清理领导干部违规兼职。

【开展“四风”问题整改“回头看”】 2015年，区委整改办开展“四风”[②]问题整改“回头看”：对照领导班子原制订的“两方案一计划”[③]、领导干部个人整改清单，开展查漏补缺，兑现整改承诺。按照中央21项专项整治任务和省委整改要求，继续推进“连心解忧”“效能亮剑”“厚德镇海”和“生态环境整治”“3+1”专项行动，集中解决一批群众反映强烈的问题。巩固村（社区）“五多”[④]问题清理、党员干部理想信念教育成果，完善分层谈心谈话、直接联系群众机制。

【开展“三严三实”专题教育】 2015年，根据上级统一部署，全区开展“三严三实”专题教育。区委组织部编印发放《从心出发——镇海区领导干部“三严三实”专题教育参考读本》1000余册，宣传叶氏五代守塔人事迹和基层好干部典型，营造专题教育氛围。会同区纪委，组织开展党章党规党纪专题集中轮训，唤醒领导干部党章与纪律意识。区委理论中心组召开三次专

①“三超两乱”：指超职数配备干部、超机构规格提拔干部、超审批权限设置机构，擅自提高干部职级待遇、擅自设置职务名称。

②“四风”：指形式主义、官僚主义、享乐主义和奢靡之风，根据习近平总书记讲话所指出的问题概括。

③“两方案一计划”：《党的群众路线教育实践活动整改落实方案》《党的群众路线教育实践活动专项整治方案》和《党的群众路线教育实践活动制度建设计划》。

④“五多”：指牵扯村（社区）精力、增加负担的五个方面：机构牌子多、考核评比多、创建达标多、报纸杂志征订多、便民服务中心管理多。

题研讨会，交流学习心得。各区级机关利用“三会一课”、基层党组织生活日，开展专题研讨。全区领导干部查找“不严不实”问题，逐条逐项制定整改措施。全面排查基层干部不作为、乱作为等损害群众利益问题，开展专项整治。召开民主生活会，对照“不严不实”问题清单和整改措施进行党性分析，实施整改。

【多途径教育培养干部】 2015年，区委组织部通过竞争性选拔、挂职锻炼等多条途径培养干部：竞争性选拔6名“85后”区管副职预备人选，并提拔使用其中的2名；选派30名区管后备干部和优秀年轻干部到“三改一拆”“五水共治”、信访接待、城管执法等一线岗位挂职锻炼；派遣7名有发展潜力的区管干部到上海市直机关、市重大项目实施单位挂职学习；开办中青年干部、党外干部等专训班，开设生态建设、法治建设等专业课程，培训干部908人次。

【推进社区“微民生大服务”工作】 2015年，区委组织部会同区民政局推行社区“微民生大服务”工作，把群众“微民生”需求，细分成个体“微心愿”、百姓“微事务”、实事“微项目”三类，开展社区服务与居民需求的精准对接。按照民声收集、民情梳理、民事办理、民意反馈四个工作步骤，发动全区451名镇（街道）干部、712名村（社区）干部、7563名村（社区）党员走访群众2万余户，帮助解决“微心愿”1200余个，办结回复“微事务”3500余件，完成实事“微项目”120个。

【加强基层干部队伍建设和管理】 2015年，区委组织部加强农村、社区基层干部队伍建设和管理：提前调整10名村（社区）书记，选派3名区管副职后备干部到软弱落后村担任“第一书记”；常态化储备村后备干部53名；举办村（社区）书记、村（居）委会主任、村后备干部等培训班；选派26名城乡社工到外地和区内挂职锻炼。

【开展党员全过程管理】 2015年，区委组织部开展党员全过程管理：根据《发展党员工作细则》，制作《发展党员全程记实本》，规范发展党员流程；推行基层党组织生活日制度，明确每月10日或20日作为基层党组织固定活动日；深化党员“先锋指数”测评，推行半年亮绩、年底评议。

【改版电视“先锋”频道】 2015年，区委组织部在坚持“红色”定位基础上，吸收知名卫视做法经验，改版镇海电视台“先锋”频道：全新打造新辟《先锋俱乐部》《民生第1线》2档栏目，将党建宣传、党员教育融入互动型节目中；删减《党员之歌》等吸引力减弱的栏目。

【推进“两新”党建工作】 2015年，区委组织部采取多项措施，推进“两新”党建工作：制定“两新”①党组织责任清单、工作流程图和绩效对照表，推行“一单一图一表”②工作法，促进“两新”党组织规范化运

①“两新”：新经济组织和新社会组织的简称。新经济组织指各类非国有集体独资的其他各种所有制经济组织，新社会组织指社会团体和民办非企业单位。

②“一单一图一表”：指量化责任清单、绘制工作流程图、审核绩效对账表。

行；镇（街道、园区）“两新”工委搭建“党建论坛”比拼平台，“两新”党组织定期进行展示交流，培育“两新”党建示范群；组建“小微支部联合体”，梳理整合小微支部、临时支部、空壳支部，由镇（街道、园区）直接管理。

【整改干部超配】 2015年，区委组织部梳理省委巡视组和市委组织部专项检查巡视和检查中反馈的意见，会同区编委办、区人社局，研究提出规范干部人事编制宏观管理意见，制订整改方案，实施干部超配问题整改：消化超配职数12个，占巡视时超配职数总量的31.58%；减少机关超编人数4名；减少“混岗”人员10名，核减编外人员指标5%。

【发挥退出领导岗位干部作用】 2015年，区委组织部实施《关于退出领导岗位干部加强管理发挥作用的意见》，建立生态环境整治、安全生产督导等6个工作协理组，将全区89名区管局级非领导职务干部全员选派、编组设岗，参与区内各项工作监督，提出工作建议，发挥“退二线”干部作用。

（陈　璐）

宣传工作与精神文明建设

【概况】 2015年，全区宣传工作围绕实施“六大战略”、建设“六个示范区”中心，构建各级党委、政府部门齐抓共管的大宣传格局，营造良好的宣传舆论氛围。着力培育和践行社会主义核心价值观，继续实施建设“厚德镇海”三年行动计划。区委宣传部按照中央“四个全面”战略布局，推进“干部学坛”工作，指导各部门组织开展讲座培训等学习教育活动。开通“镇海学习文化网”，实现学习动态实时共享与学习成果在线分享。创立基层宣讲“点单制度”，推出年度宣讲课题35个，推动基层宣讲200多场次。举办第六届全民读书节，开展专题讲座、读书演讲、学习运动会等各类理论、社科普及活动132项。与宁波大学合作开展“厚德镇海”道德建设重点课题研究，形成初步成果。在《今日镇海》推出“理论窗”栏目11期，刊登理论、调研文章22篇。

实施《镇海区对外宣传工作通报机制实施办法（试行）》，建立对外宣传区内联动的工作机制，全年有2069篇稿件在中央、省、市级媒体刊播。在《今日镇海》、新闻网设立“行进镇海　精彩故事”等专栏，加强经济社会新常态下镇海发展的宣传报道。策划刘国娟先进人物推荐、建区三十周年、五代传承叶中央先进事迹等宣传报道，强化新闻宣传辐射力度。区级各媒体刊播原创新闻5521篇，65件作品在各级新闻节目评选中获奖，其中省县市区域报好新闻奖8件，市新闻奖28件，宁波广播电视政府奖20件。出台《区新闻中心关于进一步推进媒体融合的实施方案》，对各媒体采编资源进行整合，抽调28名采编人员组建全媒体采访部，全媒体采编取得突破。创新舆论监督，推出电视舆论监督栏目《直通车聚焦》，重点关注“三改一拆”“五水共治”等工作中存在的突出问题。

全面深化“厚德镇海”建设。制订实施《镇海区培育和践行社会主义核心价值观深化“厚德镇海”建设2015年行动方案》，健全道德典范全线育培选树机制，通过开展“发现身边好人”“最美家庭”等群众参与性活动和载体，挖掘各类爱心人物和典型事迹，刘国娟、叶中央家庭当选中国好人。继续开展志愿服务活动，推动群众广泛参与和服务优质。推进高水平文明城市创建，开展“五自觉一主动”文明交通行动[①]、“文明旅游，从我做起”行动。下发《2015年度文明城市创建重点工作考核细则》，将工作重点从城区向基础较为薄弱的农村延伸，以督查组专项督查、志愿者不定期巡查和第三方全面调查三类方式，对各镇街道和主要职能部门创建工作进行测评并落实整改。镇海区荣膺文明城市创建先进区，镇海炼化、十七房村分别获评全国文明单位、全国文明村。

【开展“厚德镇海”调研】 2015年，区委宣传部与宁波大学合作开展《“厚德镇海”——构筑区域社会发展的文明台基》调研，从理论层面对2014年以来全区实施“厚德镇海”的经验进行总结，提出“厚德”行动的纲领性思路，为构筑区域社会发展的文明台基打下理论基础，探索前进方向。

【市级以上媒体发表文稿两千余件】 2015年，区外宣工作成效明显，有2069篇稿件在中央、省、市级媒体刊播。其中，九龙湖（宁波）国际半程马拉松赛相关报道在《人民日报》刊登，《招宝山街道有“三宝”》《镇海14.3万居民喝上优质水库水》《镇海“一核两带”启航“宁波智谷”》等多条新闻分别在《浙江日报》《宁波日报》头版重要位置刊登。

【举办区第六届全民读书节】 10月10日，区第六届全民读书节暨2015年全民终身学习活动周、社会科学普及月活动启动仪式举行。该届全民读书节活动围绕“牢记新使命 续写新篇章——社会科学助推‘六个示范区’建设”主题，集中举办专题讲座、读书学习、演讲征文、学习竞赛、社科普及等活动132项，时间持续至11月中旬。

【“爱心妈妈”刘国娟获市委领导批示】 2015年，“爱心妈妈”刘国娟与其4个养女和2个亲生女儿的感人事迹，在社会上引起广泛关注和强烈反响。省委常委、市委书记刘奇在批示中指出，爱心妈妈刘国娟事迹令人感动，要大力宣传。市委副书记余红艺作出批示，称赞刘国娟是“尚德甬城”的榜样。

（裘贤君）

统一战线工作

【概况】 2015年，区委统战工作会议召开，区统一战线工作贯彻落实中央和省市委统战工作会议、《中国共产党统一战线工作条例（试行）》文件精神，团结民主党派、无党派、民族宗教、非公经济、港澳台及海外各界人士，发挥各界人士优势，投身家乡建设，为镇海经济社会发展作贡献。区委统战部组织各民主党派、统战性社团负责人等52名党外干部，参加在金华市社会主义学院举行的第九期党外代表人士培训班，启用党外代表人士服务中心。指导3个党派支部换届，组织76名民主党

①“五自觉一主动”文明交通行动：由市文明办于2015年提出，即自觉做到不车窗抛物、不随意变道加塞、不乱停车、不随意按喇叭、不滥用远光灯，主动礼让斑马线。

派人士赴杭州湾开展生态环境建设调研。举办、联办、协办各界人士参加的中秋茶话会、新春茶话会和各类学习报告会。

区民宗局开展民族团结进步宣传活动，推进民族工作进社区、进学校、进企业的“三进”活动，继续开展少数民族低收入群众增收帮扶行动，落实民族政策。与蛟川街道共同主办“相知相融”寻找舌尖上美味民族厨艺大赛，区籍及来自全国各地的近30名少数民族选手参赛。赴丽水少数民族结对村，慰问村委会及10户贫困家庭3万元，捐赠5万元帮助村道路硬化、设立健身广场。开展宗教界防范与抵御邪教宣传教育和基督教私设聚会点专项整治。举办以“寻梦中国、正言正行”为主题的系列宗教文化活动，开展民间信仰点信息化和登记编号管理，执行大型宗教场所活动提前报批制度，保障活动安全有序。指导宝陀禅寺、香山教寺创建市生态寺院。指导区基督教“两会”换届。

区侨办加强海内外双向交流，邀请环球教育集团总裁苏文骏等来自5个国家(地区)的海外英才参加第二届世界宁波华侨华人青年大会；邀请香港镇海青年联谊会会长顾东华及部分会员参加杭州、宁波、九龙湖国际马拉松赛；接待张培民、包素菊夫妇等港澳台及海外来宾25批181人次。承办为期10天、在宁波工程学院举行的2015澳门大专学生寻根之旅夏令营活动，38名澳门大学生体验镇海历史文化。开展“冬日暖阳”三送(夏送清凉冬送暖、春节慰问秋团聚)活动，深化“1+3”(1名空巢侨眷结对3名志愿者)归侨侨眷暖巢行动，探访区内50多名困难归侨侨眷、侨界空巢老人。提升“情系家乡”海外留学生活动品牌，在寒暑假开展“薪火甬寄”体验传统文化和“创新逐梦”激发创业梦想活动，组织三期侨务讲堂和资深律师宣讲侨法活动。指导香港镇海青年联谊会、侨企(留企)协会完成换届。指导后大街社区创建国侨办“暖侨敬老行动联系示范点”，庄市街道创建“浙江省最美侨乡”。

区台办召集各镇(街道)宣统委员和台联理事参加“习马会”主题学习会，以视频形式重温具有历史性意义的“习马会”过程。开展“台湾同学来我家”等活动，接待到镇海考察的高雄5个访问团101人。协助农业、教育、基层社区等4个团组因公赴台交流，指导台商联谊会完成换届。

【区党外代表人士服务中心启用】 1月，区党外代表人士服务中心启用。中心面积400余平方米，内设管理服务室、综合会议室等，可供各民主党派和统战性社团召开会议、组织学习、相互交流等活动。

【高雄市三个考察团到镇海交流访问】 1月，由台湾中华教育协会等16所学校及单位的校长、主任组成的高雄市教育考察团一行18人到镇海访问，与区内8所中学座谈交流，签订《镇台两地友好学校意向书》。5月，台湾高雄基层交流团一行27人到镇海，参观考察车站路、胜利路、总浦桥社区办事处和基础建设，进入居民家中作客，品尝当地小菜、年糕和杨梅酒。7月，高雄市两岸发展促进协会带领的16位高雄大学生参加区第四届“台湾大学生来我家”活动，参观镇海中学、台企金丰公司等，围绕大学生创业创新课题，与赴台

台湾客人到镇海居民家中作客

大学生、镇海中学学生开展座谈交流。

【港胞助建的图书馆和村桥落成】 1月，由香港宁波同乡会副会长金维明先生捐资15万元人民币助建的“追远桥”在九龙湖镇西严自然村落成，香港浙江省同乡会联合会会长李德麟等参加典礼。4月，由张培明、包素菊夫妇捐资1000万港币助建的培菊图书馆揭牌开馆，区委书记薛维海等区领导、张氏夫妇及亲属出席开馆仪式。

【庄市街道获省“最美侨乡”称号】 1月，庄市街道获得“浙江省最美侨乡”称号，是宁波市唯一一个获此称号的街道。庄市素有“宁波帮故里 科教文基地”称誉，孕育了叶澄衷、包玉刚、邵逸夫等著名宁波帮人士。街道内拥有丰富的侨务教育资源，宁波帮博物馆、叶氏义庄，包兆龙、邵逸夫等名人故居。

【区台商联谊会换届】 3月，区台商联谊会第四届会员代表大会召开，42家台商会员企业参加会议。会议选举产生新一届理事会和监事会。

【以请“神”入寺办法拆除民间信仰点】 4月，区民宗局与合法登记的宗教活动场所灵山寺协商沟通，研究决定采用“请神入寺”的办法，将位于骆驼街道方严村将洪庄庙信仰点内供奉的15尊大小不一的神像，请至灵山寺供奉，四五百个村民信众表示接受。洪庄庙信仰点占地面积约150平方米，根据城市建设需要列入拆除范围。

【香港镇海青联会换届大会在港举行】 5月，香港镇海青年联谊会进行第三次换届。区委副书记、区长魏祖民等赴港参加换届庆典活动。联谊会推举产生新一届理事会，顾东华继续担任新一届会长。香港浙江同乡会联合会会长李德麟，香港宁波同乡会会长、首任香港镇海青年联谊会会长赵亨文，兄弟县市区香港同乡社团代

香港镇海青联会换届大会在港举行

表到会祝贺。香港青年联谊会成员、香港镇海籍乡贤近百人参加活动。

【举行区统一战线践行社会主义核心价值观广场活动】 6月，全区统一战线践行社会主义核心价值观广场活动在人民大会堂广场举行。活动以文艺表演、图板展示等形式宣传统一战线，开展现场义诊服务、爱心义卖、无偿献血、小家电维修等活动，服务群众500余人。

【接受海外及港澳人士捐赠】 2015年，全

区海外及港澳人士捐赠5项，共613.66万元人民币（实际到位）。其中，张培明、包素菊夫妇捐资助建的镇海培菊图书馆资金到位402.3万元；港胞顾兆田夫妇出资120万人民币设立“顾兆田卞裘莉慈善基金”，用于安老助老、奖教奖学、应急帮扶等慈善公益项目，资助20名区内高中毕业的贫困大学生完成学业。

【处置涉及民族宗教矛盾的苗头性事件2起】 3月，区民宗局协助处理一起区内皮革公司与新疆商户的货款纠纷恐吓案件，多方协调最终化解矛盾。5月，协助处置一起宁波高教园区（北区）宁大步行街一披萨经营户非法售卖标有清真食品标识的食品案件，责令经营户整改。

（项宗剑）

调研与信息工作

【概况】 2015年，全区调研与信息工作围绕区委中心工作，完善调研课题统筹协调机制，完成区级重点调研课题48篇。区委区政府政策研究室督促落实区级重点调研课题的跟踪，宣传推介调研成果，将镇海区实施“六大战略”、建设“六个示范区”中创新平台建设、“五水共治”、转型升级、深化改革等经验做法和特色亮点以调研报告形式上报省、市党报和刊物。是年，区委办、区政策研究室上报的信息和各种材料，被中办《每日汇报》单条录用4篇、综合录用3篇；被省委办单条转报中办45篇（其中专件1篇）、综合转报中办9篇；被省委办《工作交流》录用1篇、《每日汇报》录用8篇；在市委办《工作交流》刊发7篇、《领导专报》刊发6篇、《每日汇报》采用87篇、《通报》采用29篇，其中33篇信息被市领导批示。全年编发《信息通报》23期、《领导专报》24期、《工作交流》3期、《信息快报》8期、《领导活动》225期、《镇海通讯》12期，转呈区领导信息85篇。完成紧急突发事件信息保障工作。

【多篇材料在省市党刊上发表】 2015年，区委办、区政策研究室多篇材料在省市党的内部刊物上发表：《镇海积极把握市场调节和政府调控促进经济持续健康发展》被《浙江政研》专报给省委书记、省长，《微民生里的大服务》书记署名文章在《今日浙江》上发表，《镇海：加快推进全域城市化》等书记署名文章4篇在省委办公厅主办的《政策瞭望》上发表，《解决农民建房难问题的实践与思考》等2篇调研材料在《宁波调研（决策参考）》发表，《勇当宁波“港口经济圈”建设的排头兵》等5篇在《宁波通讯》发表。

（王　磊　朱　聪）

保密工作

【概况】 2015年，区保密局利用领导学习、巡展巡讲、传统媒体和“互联网+”等平台，开展保密宣传，提高领导干部和重点涉密人员的保密意识。开展全区保密自查，配合市保密局检查部分区级机关保密工作。送销涉密电子办公设备及移动存储介质等非纸介质涉密载体616件，保密废纸154吨。开展全区保密意识和保密常识“两识”年度教育培训会，受训人员500余人。

（胡正洪）

党校教育

【概况】 2015年，区委党校贯彻落实党的十八届四中全会、《中国共产党党校工作条例》和《2010—2020年干部教育培训改革纲要》精神，围绕全区推进“六大战略”任务，开展党员干部教育培训、理论宣讲和教学科研，发挥党校的党员干部教育培训主阵地、党的哲学社会科学研究机构作用。

是年，党校协助区委纪委、区委组织部、区人社局等部门，举办区第十期中青年干部培训班、区第十期领导干部执政能力专题进修班、经济与金融专题研修班、生态文明建设专题研修班等10期主体班，培训党员干部759人次。承办区内外委托培训63班次，培训各类人员4800余人次。组织教师参加区委党的十八届三中、四中全会精神宣讲团，开展巡回宣讲。深入镇、街道、机关、学校、农村、社区等基层单位，宣讲党的理论、路线、方针和政策92场次，培训党员干部群众5000余人次。委派教师，为基层党校和农村社区提供教育培训上的帮助。按照省、市委党校的科研任务要求，结合“三严三实”专题教育和“连心解忧”活动，组织教科研人员，深入基层，调查研究，撰写相关调研文章，为党的理论创新、提高教学质量和党委政府决策服务。坚持“开门办学”，完善“专家学者”和“领导干部”上讲台制度，与省、市委党校和浙江大学等开展培训协作，邀请128名干部登台授课，增强教学的针对性和实效性。

【探索“党课众筹”培训模式】 2015年，区委党校探索“党课众筹”培训模式：在主体班办学中，收集、编辑《干部美文选读》，供作干部学习辅导资料。在中青年干部培训班中，组织学员以小组为单位，围绕产业转型、生态环境保护、新农村建设、文化提升等主题，设计推出干部体验教育线路，促进理论学习与实践体验的结合。

【建立开放式科研合作平台】 2015年，区委党校会同宣传部、区委政研室，建立开放式科研合作平台，进行专题调研和理论研究。协助区委组织部开展“基层领导干部为官不为问题”研究，列入区委组织部长的重点调研课题；协助区法制办开展“律师担任政府法律顾问制度”研究，作为重点调研信息上报市委办；协助企业家协会开展“转贷互助基金可复制性”调研分析，研究破解中小企业贷款难的对策。

【建立教学科研沙龙机制】 2015年，区委党校建立一季度一次教学科研沙龙机制，对党校教学、科研中的重大问题，开展集体研究探讨。沙龙在教学上集体备课、集体评课，科研上集体确定重大课题、集体研究调研方案。对推动教学为科研出题，科研为教学服务起到促进作用。

【调研文章参加省市级理论研讨并获奖】 2015年，区委党校撰写的《律师担任政府法律顾问制度研究——以宁波为例》《基层社区矫正研究：资源优化和模式构建》《转贷互助基金可复制性分析》等三篇论文参加省党校系统年度理论研讨，分别获得一、二、三等奖。其中，《律师担任政府法律顾问制度研究——以宁波为例》获省委党校课题立项，被宁波社科联评为优秀论文。论文《党代表首议制的实践与思考——以镇海为例》获市委党校立项。《加强地方政府债务管理的问题与对策》《转贷互助基金可复制性分析》《矫正人员学院模式教育工作的合作探究》入选年度市情重点调研课题。配合宣传部完成省第十届精神文明研讨会征稿，完成《重建家风必须趟过的几个“灾区”》《家训家风与法治文化构建》《传统家训中廉政文化的当代意义》3篇理论文章。

（孙厚清）

党史工作

【概况】 2015年，区委党史研究室继续党史基本著作编撰，完成《中共镇海历史》二卷（1949—1978）编纂，并通过市委党史研究室组织专家复审。完成《中共镇海历史党史三卷（1979—2002）大纲》，召开专题培训会，落实75个单位的编写任务，启动党史三卷编写工作。完成《中国共产党镇海历史大事记（1979—2002）》和《中共镇海县（区）委文件选编（1979—2002）》初稿。出版《宁波市镇海区抗日战争时期人口伤亡和财产损失》《铭史励志》。

是年，成立区党史宣讲团，到机关、部队、社区、学校宣讲95场。会同镇海口海防历史纪念馆、区新四军历史研究会举办抗日战争胜利暨世界反法西斯战争胜利70周年图片展览。联合上海市地下组织斗争史陈列馆，举办张困斋烈士100周年诞辰系列活动。继续开展革命遗址保护工作，联系有关部门落实九龙湖思源亭管理人员。

【印发区2016—2020年党史工作规划】 12月，区委办印发《宁波市镇海区2016—2020年党史工作规划》，明确“十三五”时期全区党史工作的主要任务：全面深化党史研究、广泛开展党史宣教、加大党史资料征编、加强党史遗址保护利用和纪念场馆建设。提出总体目标：到2020年，基本完成地方党史二卷、三卷为主要内容的党史基本著作编写出版，不断推出资政专题研究成果，推动重要文献选编、资料征编取得突破，加强革命文物和党史遗址遗迹的保护利用，逐步完善党史学习教育和宣传网络，进一步提高党史工作信息化水平。

【印发“中共镇海历史第三卷编写规划”】 11月24日，区委办印发《中国共产党镇海历史（1978—2002年）编写规划》，明确记述时段为1978—2002年，记述内容为镇海地方党组织领导镇海人民进行改革开放和社会主义现代化建设历程，完成终审稿时间为2020年6月底。

【《宁波市镇海区抗日战争时期人口伤亡和财产损失》出版】 9月10日，区委党史研究室编写的《宁波市镇海区抗日战争时期人口伤亡和财产损失》一书由中共党史出版社公开出版。全书分调研报告、档案资料、口述资料、相关连接、大事记和后记7个部分，17万字。首次系统记述日军入侵期间，镇海区人口伤亡和财产损失情况，填补了镇海地方抗战历史研究的空白。

【《铭史励志》出版】 区委党史研究室、区新四军历史研究会、区委老干部局和区关工委编纂的《铭史励志》出版，以纪念中国人民抗日战争暨世界反法西斯战争胜利70周年。全书收录区新四军历史研究会会员和区属机关离退休干部文章39篇，分铭记历史、镇海抗战、亲历亲闻、诗词、难点简释五部分。

（俞奇恩）

机关党务工作

【概况】 2015年，区机关党务工作把握

"服务中心、建设队伍"两大核心任务，开展"三严三实"专题教育，提高机关党建工作水平，为服务镇海经济社会发展提供思想、组织和作风保证。区直机关党工委出台《区直机关党组织书记抓基层党建述职评议工作实施意见》，首次对6家机关党组织书记进行集中述职评议。建立"镇海机关党建"APP平台，开展党员组织关系大梳理、"深改革 强规范 提能效"作风建设专项行动，举办区第十二届机关运动会。是年，镇海出入境检验检疫局党支部转入机关党工委统一管理，机关党工委管理服务的党支部达130个。

【开展作风建设专项行动】 2015年，区直机关党工委部署"深改革 强规范 提能效"作风建设专项行动：改进服务企业方式，党员干部采取走访、座谈、问卷调查等形式，深入了解企业发展面临的困难和问题，主动沟通联系、宣讲政策，帮助企业解决生存发展的难题。整合"连心解忧""双向三卡"等联系群众制度，落实量化责任，走访党员、困难群众1800余人次，送慰问金近80万元，帮助解决实事46件。配合纪工委实施"效能亮剑""正风肃纪"等检查，协助治理办事效率低问题。

党员干部慰问困难老人

【建立"机关党建"APP平台】 6月，镇海"机关党建"APP平台试运行，区直机关党工委可通过平台向基层党组织、党员提供政策解读、活动宣传等在线互动的党建服务。平台建设于2014年9月开始策划，通过委托第三方运营。

【开展党员组织关系大梳理】 10月，按照区委组织部部署，区直机关党工委组织开展党员组织关系大梳理。共梳理全区机关党员2322名，全面掌握党员流动、参加组织生活等情况。通过查阅人事档案、匹配社保卡号等途径，找回"失联"党员16名，并进行限期改正的教育。

（华 芳）

老干部工作

【概况】 2015年，区老干部局管理、服务的老干部337人（包括市管干部34人）。其中，区直管离休干部82人（包括区内安置外地干部3人，外地安置区内干部2人），区管退休干部255人（含1名外地安置干部）。全区老干部工作按照"政治上尊重、思想上关心、感情上贴近、生活上照顾"要求，落实老干部政治待遇、生活待遇。加强离退休干部思想政治建设、党支部建设和老干部服务管理，建设老干部活动中心、老年大学"两个阵地"。召开全区工作通报会2次，举行政治理论辅导专题报告会4次。区委、区政府在春节期间向区直管离休干部发放慰问金1000元/人和各类慰问品，区老干部局、老干部所在单位共慰问老干部1000余人次、200余万元。

是年，区召开离退休干部党支部工作会议，传达学习全国、全省老干部"双先"（离退休干部先进集体和先进个人）表彰会议精神。举办《学习贯彻全国两会精神,深入认识中国经济新常态》专题辅导报告会,传达全国“两会”精神。举办第十三期全区老干部党支部书记培训班。开展纪念抗战胜利70周年系列活动。

【老干部志愿者服务队成立】 6月25日,区老干部志愿者服务队成立暨“银辉献余热,服务在镇海”活动启动仪式在总浦桥社区举行,92名老干部组成8支志愿者服务队。老干部志愿者开展服务社区活动,为居民提供医疗咨询、科普宣传、剪纸表演、书法惠民等志愿服务。

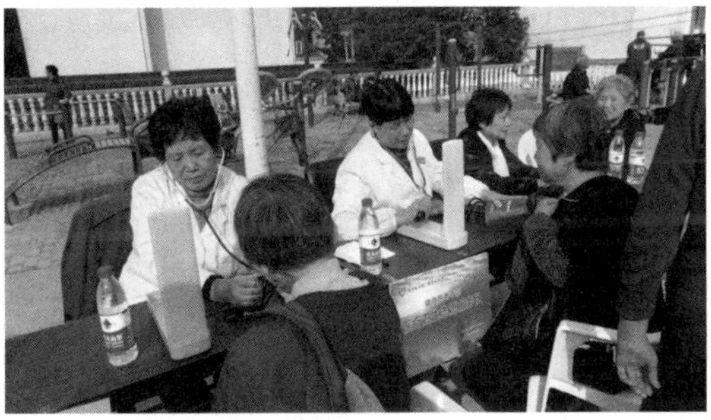

老干部志愿者在横溪村开展医疗咨询服务活动

【开展老干部“四大行动”】 2015年,区老干部局贯彻落实省委老干部局要求,在老干部中开展“四大行动”:“红色典藏”行动开展“宣、展、说、写、赛、演”活动,编印专辑书刊3本,制作电视专题片6部,专题报道5次。“走基层、看变化、促发展”行动组织老干部“走、看、促”活动130余次,参加活动2350余人次。“银色人才志愿”行动组织老干部志愿服务活动28次,参与者180余人,受益群众5000余人。“争做最美老干部”活动涌现出市离退休干部先进个人2人、市“最美老干部”1人、区机关事业基层党组织“好书记”2人。

【开展纪念抗战胜利70周年系列活动】 9月前后,区老干部局会同区新四军研究会开展纪念抗战胜利70周年系列活动:组织老干部开展“牢记历史、勿忘国耻、共筑中国梦”座谈会和专题讨论活动;举办抗战历史图片展和抗战历史宣讲活动,举办镇海抗战历史讲座40余场次;开展纪念抗战胜利70周年书画作品展,展出作品120余幅;组织知识竞赛活动,撰写纪念抗战文章、诗词50余篇;走访慰问抗战老干部和遗属15名。

(郭建华)

宁波市镇海区人民代表大会

区人民代表大会及常务委员会会议

【概况】 宁波市镇海区第十四届人民代表大会第一次会议有人大代表173名，选举产生常委会组成人员25名。2015年7月，孙孝法、洪裕军、胡友江、顾正纲、金燕辞去区十四届人大常委会委员职务，12月，高岭夏辞去区十四届人大常委会副主任职务。截至年底，区十四届人大有代表173名，常委会组成人员19名，成员为常委会主任张江华，副主任罗思维、王宏德、吴国平、高炳华，委员邓惠民、石建宇、刘继栋、江寅波、孙勇、杨虹（女）、杨金平、吴民丽（女）、沈尧华、陈曦、陈翠娣（女）、胡志平、胡舜颐、徐强。

【召开区十四届人大四次会议】 区十四届人民代表大会第四次会议于2015年1月27日至30日在人民大会堂召开。会议听取和审查区人民政府工作报告，审查镇海区2014年国民经济和社会发展计划执行情况与2015年国民经济和社会发展计

区十四届人大四次会议开幕

划、镇海区2014年财政预算执行情况和2015年财政预算，听取和审查区人大常委会工作报告、区人民法院工作报告、区人民检察院工作报告。会议批准上述报告并作出相应决议。会议收到代表10人以上联名提出的议案28件，建议、批评、意见121件，决定将28件议案作为代表建议、批评和意见处理。

【召开区十四届人大常委会会议8次】 2015年，区十四届人大常委会共召开8次会议。

第二十二次会议于3月3日召开，会期半天。会议分别审议通过区政府和区人大常委会主任会议提请的人事任免议案；审议通过2名区人大代表辞职事项。

第二十三次会议于3月27日召开，会期一天。会议审议通过《区人大常委会2015年工作要点》，书面审议区法院、检察院、公安分局、司法局四单位《关于贯彻实施〈刑事诉讼法〉工作情况报告审议意见的研究处理情况报告》和区政府《关于全面深化改革工作情况报告审议意见的研究处理情况报告》，审议通过区法院、区检察院提请的人事任免议案。

第二十四次会议于5月27日召开，会期半天。会议听取和审议区财政局《关于镇海区政府债务情况的报告》，听取和审议区政府办《关于新城区域城市管理体制工作情况的报告》，书面审议《关于全域城市化建设情况报告审议意见的研究处理情况的报告》和《区人大生态建设"两个决定"落实情况报告审议意见的研究处理情况的报告》，书面审议区人大常委会代表资格审查委员会《关于个别代表的代表资格的报告》，确认2名同志的区第十四届区人大代表资格有效，审议通过区法院、区检察院提请的人事任职议案。

第二十五次会议于6月19日召开，会期半天。会议听取和审议区政府《关于骆驼街道行政区划调整方案的议案》，作出《宁波市镇海区人民代表大会常务委员会关于骆驼街道行政区划调整的决议》。

第二十六次会议于7月27日召开，会期一天。会议听取和审议区政府《关于镇海区2014年财政决算草案的报告》《关于2014年度镇海区财政预算执行和其他财政收支的审计工作报告》，通过2014年区财政决算；听取和审议区政府《关于区2015年上半年国民经济和社会发展计划执行情况的报告》《关于区2015年上半年财政预算执行情况的报告》；听取和审议区政府《关于区公立医院运行情况报告》；听取和审议区长魏祖民提请的《关于镇海区土地利用总体规划调整完善的议案》，表决通过《关于镇海区土地利用总体规划调整完善的决议》，由区政府按照法定程序报批；审议通过区长魏祖民、区人大常委会主任会议分别提请的有关人事议案。

第二十七次会议于9月27日召开，会期一天。会议听取和审议区法院《关于民事执行工作情况的报告》；听取和审议区商务局《关于镇海区商务局依法行政工作开展情况的报告》；听取和审议区政府《区十四届人大四次会议代表建议、批评、意见办理情况报告》和区人大常委会代表工委《代表建议、批评、意见督办情况报告》；书面审议《关于区政府债务情况报告审议意见的研究处理情况的报告》《关于成立镇海区人大代表贯驷中心组工作方案》；审议通过区人大代表名额增拨事项议案；

审议通过区法院、区检察院、区人大常委会主任会议分别提请的有关人事任免议案。

第二十八次会议于11月26日召开，会期一天。会议听取和审议区政府《〈关于办理加快生态建设和环境保护要集中力量抓重点促成效议案的决定〉和〈强化化工产业布局管理加强环境保护推进生态文明建设的决定〉落实情况的报告》；听取和审议区政府《2015年我区财政收支预计完成情况和财政预算调整方案（草案）的报告》，通过关于批准2015年区财政预算调整方案的决议；审议通过《区人大常委会贵驷街道工作委员会委员名单（草案）》；审议通过区政府《关于申请镇海区澥浦镇湾塘岚山地块棚户区改造一期项目政府购买服务资金列入财政预算的报告》；书面审议《新城区域城市管理体制工作情况报告审议意见的研究处理情况的报告》《蛟川区域污水治理情况专题询问意见的研究处理情况的报告》《区人大常委会代表资格审查委员会关于个别代表的代表资格的报告》。

第二十九次会议于12月29日、30日召开，会期一天半。会议听取区政府办区政府工作报告起草工作的说明、区发改局关于2016年计划报告（草案）的说明、区财政局关于2016年财政预算报告（草案）的说明，对政府工作报告、2016年计划报告（草案）和2016年区财政预算报告（草案）进行初审；听取区人大常委会关于区十四届人大五次会议有关事项的说明，提出区十四届人大五次会议议程（草案）、主席团和秘书长名单（草案），表决通过各代表团召集人名单和列席人员名单，表决通过《关于召开区十四届人大五次会议的决定》；听取区人大办关于区人大常委会工作报告起草工作的说明，表决通过区人大常委会工作报告稿，决定提交区十四届人大五次会议审议；书面审议《区人大常委会代表资格审查委员会关于代表资变动情况的报告》《2015年规范性文件备案审查工作的报告》《2015年度宁波市人大代表镇海中心组集体述职报告》和各镇人大、区人大常委会各街道工委2015年工作总结；表决通过区人大常委会组成人员辞职事项；表决通过区长魏祖民提请的人事任免议案。

主要工作与活动

【概况】 2015年，区人大常委会以“四个全面”战略布局为引领，围绕全区实施“六大战略”、建设“六个示范区”，发挥地方权力机关作用。全年共听取和审议“一府两院”专项工作报告24项，做出决议决定7项，开展专题询问1次，听取专题汇报19个，组织视察6次，审查规范性文件28件。

【开展蛟川区域污水治理情况专题询问】 6月，区人大常委会召开蛟川区域污水治理情况专题询问会，区人大常委会组成人员和部分区人大代表围绕蛟川区域污水管网规划和建设、污水入厂处理、治污组织工作和资金保障、河道常态化管理、企业雨污分离、大工程单位污水治理和全区面上污水治理等情况，向区政府提出询问，区政府及区发改、规划、住建、环保等部门和蛟川街道负责人到会应询。会后，区人大常委会整理、形成意见。区政府和相关部门研究意见，完善《蛟川区域水环境治理实施方案》，计划投资1.94亿元，分三年实施蛟川区域水环境治理，并明确治水时间表和路线图。

【开展政府债务管理情况监督】 5月，区人大常委会听取和审议政府债务情况报告。提出强化统一领导，完善管理体系，实行债务统筹管理；制定规模限额，落实约束机制，确保债务负担适度；转变投资理念，完善决策评审，控制债务增长源头；加强监控预警，制定应急预案，谨防债务违约风险等审议意见。政府研究、采纳人大意见，制定、实施镇(街道)债务管理暂行办法和区国有企业投融资管理办法。

【关注区"十三五"规划编制】 10月、11月，区人大常委会相关工委以听取汇报、召开座谈会、走访等形式，对"十三五"经济社会发展规划纲要编制情况开展调研，重点听取和收集各镇、街道、园区、相关政府部门和部分人大代表对规划纲要初稿的修改意见。12月，常委会听取和讨论"十三五"规划纲要编制情况报告，提出要全面贯彻落实党的十八届五中全会精神、研判全区经济社会发展趋势、集思广益基础上科学编制的意见，和以提升环境质量为中心加快建设美丽镇海、以促进新城市经济发展为重点加快促进产城融合、以提高生活品质为核心加快打造品质城区等建议。

【开展法官检察官履职情况评议】 4月，区人大常委会成立评议工作小组，确定3名法官和3名检察官为对象，开展法官检察官履职情况评议。在座谈走访、组织干警测评、抽查评阅案卷的基础上，于10月召开主任会议，逐一听取评议对象履职情况汇报，提出履职评议意见。评议增强了法官、检察官自觉接受人大监督的意识，促进司法队伍建设。

【跟踪督查3件重点督办件】 3月，区人大常委会主任会议将"关于进一步加强招宝山街道文化阵地建设的建议""关于提升九龙湖医疗设施建设水平的议案"和"关于尽早打通断头路完善镇海新城庄市片交通网的议案"列为重点督办件。常委会通过组织实地察看、参与区政府领导现场办公等形式，跟踪督查重点督办件。8月，主任会议专题听取3件重点督办件办理情况汇报，对存在问题提出相关整改意见。人大代表对3件重点督办件办理结果均表示满意。

区人大常委会视察危运服务中心

人事任免

【概况】 2015年，区人大常委会依法履行人事任免权，共决定任免政府组成人员21人次，任免常委会工作机构人员28人次，任免审判、检察人员20人次；任免人民陪审员127人次。

表3 重要职务任免一览表

任免时间	任免会议名称	任免人员及职务
3.3	区十四届人大常委会第二十二次会议	免去王亚玉的区卫生局局长职务、刘义敏的区市场监督管理局局长职务、卢根权的区质量技术监督局局长职务，任命王亚玉为区卫生和计划生育局局长、刘义敏为新组建的区市场监督管理局局长。免去孙孝法的区人大常委会财经工作委员会主任职务、洪裕军的区人大常委会城建农资工作委员会主任职务、胡友江的区人大常委会生态环保工作委员会主任职务、任亚儿的区人大常委会代表工作委员会副主任职务、沈尧华的区人大常委会招宝山街道工作委员会主任职务、张菊芬的区人大常委会蛟川街道工作委员会主任职务，任命蔡军国为区人大常委会财经工作委员会主任、胡立群为区人大常委会城建农资工作委员会主任、吴长明为区人大常委会生态环保工作委员会主任、肖辉为区人大常委会办公室副主任、杨志为区人大常委会代表工作委员会副主任、吴冰为区人大常委会法制工作委员会副主任、陈晓为区人大常委会财经工作委员会副主任、卢根权为区人大常委会招宝山街道工作委员会主任、周国民为区人大常委会蛟川街道工作委员会主任
3.27	区十四届人大常委会第二十三次会议	免去胡乾锋的镇海区人民法院刑事审判庭副庭长职务，毛益波的镇海区人民法院民事审判第一庭副庭长职务，李辉的镇海区人民法院执行庭副庭长职务，谢朝宏的镇海区人民法院民事审判第三庭副庭长职务；任命胡乾锋为镇海区人民法院未成年人案件综合审判庭庭长，毛益波为镇海区人民法院民事审判第三庭副庭长，吴军为镇海区人民法院民事审判第一庭副庭长，张艳卿为镇海区人民法院刑事审判庭副庭长，罗伟为镇海区人民法院执行庭副庭长、审判员，谢国斌为镇海区人民法院民事审判第一庭副庭长，纪培福为镇海区人民法院审判员，贾毅飞为镇海区人民法院审判员，夏娇为镇海区人民法院审判员。免去胡赟的镇海区人民检察院检察委员会委员、检察员职务。任命刁刚美、王勇、王悦、王坚芬、王利海、王凯凯、王春丰、王姗姗、王素英、王恩龙、王焕轶、王婕妤、王燕红、毛学军、方侃、尹超华、石伟标、叶红娟、叶海章、包红波、包国君、冯雄斌、吕波、朱飞芬、朱光明、朱凌鹰、向阳、邬逸敏、刘彤、刘斌、刘群、刘丽芳、刘渊静、庄幼珍、庄绮芬、江和卫、许建永、孙叶、孙治国、孙霓蕉、杨栋、杨立军、杨存厚、杨佩荣、杨姣凤、杨静萍、李瑛、李建英、李鹏聪、吴银萍、吴程成、余晶晶、应晗颖、汪艳、沃亚飞、沈奇杰、张雯、张剑平、张美珍、阮捷、陈立、陈磊、陈世红、陈加慧、陈均国、陈海荣、陈善康、邵晓云、邵爱珍、郁振伟、罗武波、罗雪娣、罗惠君、金磊、金天国、周卢水、周惠蒙、郑生、郑瑶、郎云龙、项琼、柯纪定、胡晓州、胡海波、胡赛珍、胡燕波、赵红伟、赵爱霞、俞春耀、施境丹、洪汉炯、洪志远、姜申尧、姜素雅、姚声远、姚海伟、索东娜、顾倩、倪娜、徐宁、徐明霞、徐春燕、徐洁璐、徐荣燕、奚民伟、高茹云、唐向华、陶国联、黄杰、曹海潮、曹敏珍、戚志明、彭洁、葛过春、葛姣君、董宇、蒋丽、傅国君、谢建初、谭兵玉、戴列敏、戴保良、魏明珠等123名同志为镇海区人民法院人民陪审员

续表3

任免时间	任免会议名称	任免人员及职务
5.27	区十四届人大常委会第二十四次会议	任命陆志英为镇海区人民检察院检察委员会委员、检察员
7.27	区十四届人大会常委会第二十六次会议	任命洪世弈、吴伟刚为镇海区人民政府副区长，免去王兆波、林伟明、胡央娣的镇海区人民政府副区长职务。任命陈贤方为镇海区城市管理局(城市管理行政执法局)局长，孙泽洪为镇海区审计局局长；免去陈建江的镇海区城市管理局(城市管理行政执法局)局长职务，徐继伦的镇海区审计局局长职务。任命王志强为镇海区人大常委会贵驷街道工作委员会主任，许敏娜为镇海区人大常委会教科文卫工作委员会副主任
9.29	区十四届人大常委会第二十七次会议	任命张凯月为镇海区人民法院立案庭副庭长，免去包海军的镇海区人民法院审判员职务。任命方燕群、韩灿为镇海区人民法院人民陪审员，免去叶红娟、吴程成镇海区人民法院人民陪审员职务。任命钱俊军为镇海区人民检察院副检察长、检察委员会委员、检察员，免去王彦斌的镇海区人民检察院检察员、检察委员会委员、副检察长职务，史荣全的镇海区人民检察院检察员职务。接受孙孝法、洪裕军、胡友江、顾正纲、金燕辞去宁波市镇海区第十四届人民代表大会常务委员会委员职务
11.26	区十四届人大常委会第二十八次会议	任命高建民、林家奇、王光辉、王晓聪为镇海区第十四届人民代表大会常务委员会贵驷街道工作委员会委员
12.29	区十四届人大常委会第二十九次会议	任命黄向华为镇海区人民政府副区长。任命唐东海为镇海区人民政府办公室主任，毛志挺为镇海区教育局局长，金燕为镇海区民政局局长，顾舰为镇海区财政局局长，蒋士勇为镇海区人力资源和社会保障局局长。接受高岭夏提出的辞去区人大常委会副主任职务请求

镇人民代表大会和街道工作委员会

【概况】 2015年，澥浦、九龙湖2镇人大各召开3次会议。区人大常委会招宝山、蛟川、骆驼、庄市、贵驷(7月成立)5个街道工作委员会，履行人大常委会赋予的职权，依法承办人大常委会交办事项，为人大代表依法履职服务，为本辖区内人民群众服务。

【召开澥浦镇人民代表大会3次】 1月21日，澥浦镇第十七届人民代表大会第八次会议召开。会议听取和审查镇人民政府工作报告、镇人大主席团工作报告，审查、批准镇2014年财政预算执行情况及2015年财政预算，批准上述报告并作出相应决议，票决2015年镇拟实施实事工程和评测2014年镇实事工程。大会收到镇人大代表提出的建议、批评和意见9件。

5月12日，澥浦镇第十七届人民代表大会第九次会议召开。会议通过有关人事任免事项。

8月14日，澥浦镇第十七届人民代表大会第十次会议召开。会议听取和审查镇人民政府上半年工作报告、镇2014年财政决算和2015年上半年财政预算执行情况的报告，批准上述报告并作出相应决议；书面审查镇2015年实事工程实施情况；通过有关人事任免事项。

【召开九龙湖镇人民代表大会3次】 1月22日，九龙湖镇第三届人民代表大会第七次会议召开。会议听取和审查镇人民政府工作报告、镇人大主席团工作报告，审查、批准镇2014年财政预算执行情况及2015年财政预算，批准上述报告并作出相应决议，票决2015年镇拟实施实事工程和评测2014年镇实事工程。大会收到镇人大代表提出的建议、批评和意见6件。

3月20日，九龙湖镇第三届人民代表大会第八次会议召开。会议通过有关人事任免事项。

8月16日，九龙湖镇第三届人民代表大会第九次会议召开。会议听取和审查镇人民政府上半年工作报告、镇2014年财政决算和2015年上半年财政预算执行情况的报告，批准上述报告并作出相应决议。

（杨友华）

宁波市镇海区人民政府

主要会议

【区政府全体会议】 2015年，区政府共召开两次全体会议。

1月15日，第一次全体会议召开。会议审议2015年《政府工作报告》(审议稿)，研究部署区政府当前工作。

8月3日，第二次全体会议召开。会议学习贯彻区委十三届九次全会精神，总结上半年以来各项工作，部署推进"大走访、大帮扶、大招商"专项行动，服务实体经济发展。

【区政府常务会议】 2015年，区政府召开11次常务会议：

4月14日，召开第十六次常务会议。审议并原则同意区安监局提交的《关于调整镇海区安全生产委员会组成人员方案》(送审稿)、《关于成立油气管道等八个专业安全生产委员会方案》(送审稿)；听取区民政局关于镇海区社会救助"救急难"试点工作情况汇报，原则同意《镇海区城乡居民临时救助办法(试行)》《镇海区城乡困难家庭医疗救助实施意见》《镇海区关于社会救助联席会议制度》《镇海区重特大疾病事前(中)应急救助资金使用管理办法(试行)》。

6月17日，召开第十七次常务会议。审议并原则同意区政府办提交的《镇海区人民政府工作规则》；审议并原则同意区编委办提交的《镇海区卫生和计划生育局主要职责内设机构和人员编制规定》《镇海区市场监督管理局主要职责内设机构和人员编制规定》；原则同意区商务局提交的《镇海区工改商项目管理办法》等。

7月6日，召开第十八次常务会议。审议并原则同意区编委办提交的《中共宁波市镇海区委贵驷街道工作委员会宁波市镇海区人民政府贵驷街道办事处主要职责内设机构和人员编制规定》；听取区"三改一拆"办公室关于全区"三改一拆"工作情况汇报，原则同意《镇海区"三改一拆"工作整改落实报告》；听取区政府办关于消防安全工作情况汇报，原则同意《关于进一步明确消防安全岗位职责的意见》《镇海区消防安全两类责任追究暂行办法》。

7月22日，召开第十九次常务会议。审议并原则同意区住房建交局提交的《镇海区城市交通拥堵治理工作2015年实施方案》《2015年镇海区交通治堵有关项目推进方案》；听取区国土分局关于全区土地利用规划调整完善有关情况汇报；审议并原则同意区房屋征收办提交的《镇海区2015年度征迁工作考核办法》等。

8月12日，召开第二十次常务会议。

审议并原则同意区教育局提交的《镇海区第二轮学前教育提升行动计划》《镇海区住宅小区配套幼儿园规划建设及管理使用办法》；审议并原则同意区委组织部提交的《关于人才奖励评选政策调整方案》；审议并原则同意区政府办提交的《镇海区关于促进工业经济稳增长政策措施》等。

10月10日，召开第二十一次常务会议。审议并原则同意区科技局提交的《科技专营支行杭州银行宁波镇海支行第二轮合作方案》；审议并原则同意区编委办提交的《关于深化行政执法体制改革 全面推进综合行政执法的实施方案》；审议并原则同意区农业局提交的《关于加快推进山林生态保护的实施意见》等。

10月23日，召开第二十二次常务会议。听取骆驼街道区域经济社会发展汇报，原则同意加大对街道的人力、物力和政策支持，要求把握行政中心搬迁、新材料科技城建设、贵驷街道成立等契机，精准定位，科学布局，建管并举，不断提升核心竞争力，加快推进高品质现代化城区建设。与会人员现场考察四季永逸颐养院、骆驼老街、中大河沿线、盛世华庭小区等，了解棚户区改造、城市管理等工作。

10月29日，召开第二十三次常务会议。分别听取区发改局、区统计局、区经信局关于前三季度经济运行及年末工作措施相关情况汇报；审议并原则同意区经合局提交的《关于举办2015镇海区文化创意展暨2015中国烟雨江南婚庆博览会活动的请示》；审议并原则同意区民政局提交的《关于开展全省养老服务业综合改革试点工作实施方案》《关于深化完善居家养老服务工作的实施意见》等。

11月19日，召开第二十四次常务会议。审议并原则同意区财政局提交的《关于2015年我区财政收支预计完成情况和财政预算调整方案(草案)的报告》；听取区体育局关于要求将九龙湖(宁波)国际半程马拉松赛设为区常年传统赛事有关情况汇报，原则同意将该项比赛设为区常年传统赛事；审议并原则同意物流枢纽港管委会提交的《关于要求购置土地及地上建筑物的情况说明》等。

12月2日，召开第二十五次常务会议。审议并原则同意镇海农商银行提交的《关于通过金融扶持加快推进我区被征地人员土保转社保实施方案》；审议并原则同意区规划分局、区住房建交局提交的《镇海区公共交通专项规划》(简本)；审议并原则同意区规划分局、区商务局提交的《镇海区菜市场专项规划》(简本)等。

12月24日，召开第二十六次常务会议。听取区发改局关于镇海电厂整体搬迁项目规划选址情况汇报。

【区长办公会议】 2015年，区政府召开8次区长办公会议，主要研究镇海区农村土地承包经营权流转、成立八个专业安全生产委员会、2015镇海九龙湖(宁波)国际半程马拉松赛方案、深入开展"大走访、大帮扶、大招商"行动全力冲刺"十二五"目标的工作方案、关于进一步缓解农民住房困难工作的实施意见、政策性城镇居民住房保险方案、国有土地上房屋征收补偿补助奖励规定、2015年集体土地房屋拆迁商品住宅平均价格方案、镇海区创建省级农产品质量安全放心示范区实施方案、关于加强农产品质量安全监管推进农业绿色生产的意见、关于加快建设法治政府的意见等工作。

(朱建华)

政务办理和督查

【概况】 2015年，区政府办公室完善督促检查机制、落实责任制度、优化建议提案办理模式，提升政务督查工作服务区重大决策部署的效能。围绕《政府工作报告》任务，分半年度、11月初、年底3次督查，落实、督促各镇街道和各部门完成区政府重点工作任务。落实区发改局对《政府工作报告》确定的8件实事工程，每月汇总进展情况，适时组织相关部门及人大代表、政协委员实地督查，促进实事工程如期完成。办理市政务督查件31件，主要内容为贯彻落实市政府工作报告、市“两会”建议提案、市级实事工程、市重点项目等；办理市政府领导批示件356件，其中办件50件，主要内容涉及市级重点项目、安全生产、信访维稳等。办理区长批示417件，主要是群众来信反映的住房质量、城市管理、环境卫生等问题，办结率100%。

3月，区政府召开人大建议、政协提案交办会议，下发《关于认真做好2015年人大代表建议、政协提案办理工作的通知》，部署落实办理任务。完善交办、催办、答复、落实和网上办理等各项工作制度，规定重点督办件由承办单位“一把手”与人大代表、政协委员面商，建议答复件须经区政府牵头办理领导签发，办理结果抄送所在镇（街道）和各会办单位。区政府办对办理进展情况和办理质量进行协调督促。

是年，办理区十四届人大四次会议期间代表建议149件。解决或部分解决55件，占36.9%；正在解决或已列入计划解决的82件，占55.0%；留作参考的12件，占8.1%。代表反馈对办理结果表示满意的137件，占91.9%；基本满意的12件，占8.1%；承办闭会期间代表建议7件，解决4件，列入计划解决3件。代表反馈对办理结果均表示满意。办理区政协九届四次会议期间提出的政协提案190件。采纳并解决的116件，占61.1%；部分采纳54件，占28.4%；解释说明20件，占10.5%。委员对办理结果表示满意的174件，基本满意16件，满意和基本满意率100%。办理市政协提案8件。

【9项实事工程基本完成】 2015年，全区安排9项政府实事工程，涉及住房、河道治污、城区改造提升等。到年底，9项实事基本完成。

（刘　鹏）

表4　**2015年镇海区实事工程完成情况一览**

序号	项目名称	实施内容（责任单位）	完成情况
1	缓解农民住房难工程	1.全面摸清全区农村住房困难户的底数，对外公示并建立相关数据库。进一步明确规划控制区范围。（农办） 2.安排农村宅基地计划指标100亩，解决农村住房困难户的建房问题；调整土地利用总体规划统筹指标30亩；严格农民建房审批，提高建房审批透明度和效率，切实缓解农民建房难问题。（农办）	1.完成 2.大部分“三房户”（困难户、无房户、危房户）用地指标要借土地利用总体规划局部调整契机进行调整，年内《土地利用总体规划方案》报省政府审批

续表4

序号	项目名称	实施内容(责任单位)	完成情况
2	清水河道工程	1.选择20条左右河道,通过截污、畜禽关闭、清淤、河道保洁等方式基本解决黑臭河问题。(生态办) 2.完成14个自然村的生活污水治理。(农机局) 3.完成镇海污水处理厂二期建设,日均污水处理能力到6万吨,排放水质达到一级A标准,2015年6月通水试运行。(建交局)	1.完成 2.13个自然村已基本完工并投入试运行;里洞桥村因贵驷街道成立、工作移交而影响进度,管网铺设等主体工程基本完成 3.完成
3	福利关怀院迁建工程	年底前完成项目主体工程和外围配套设施建设。(民政局)	完成
4	招宝山城区提升工程	1.完成城河东路(后大街—钩金塘段)改造。(招宝山街道) 2.提升改造散居住宅楼20幢。(招宝山街道) 3.在招宝山街道的48个居民小区设立46个E邮柜。(商务局)	1.完成 2.基本完成 3.完成
5	公共租赁住房配租工程	实施廉租房、公租房政策并轨,推出公租房600套。对符合条件的家庭予以实物配租或租赁补贴,实行公共租赁住房申报工作常态化管理模式,当月申报,次月享受,实行公共租赁住房家庭年审制度。(建交局)	完成
6	区环卫保洁中心外来务工人员集中居住地工程	建成区环卫保洁中心外来务工人员集中居住地,其中宿舍楼4200平方米,满足102户入住需求。(建交局)	完成
7	义务教育提升工程	1.新建新城中学,42个班规模,年底前开工。(教育局) 2.扩建逸夫小学,达到42个班规模,年底前完工。(教育局)	1.如期开工 2.基本完成
8	新农合提升工程	1.继续加大财政投入,将新型农村合作医疗人均筹资标准从1300元提高到1500元。(人力社保局) 2.城乡居民大病保险:在一个医保年度内,参合人员因住院和特殊病种治疗发生的医疗费用,按基本医疗保险政策规定支付后,其个人累计负担的合规医疗费用超过大病保险补偿起付标准的部分,由大病保险按下列比例予以支付:2万元至5万元(含)部分,支付50%;5万元至10万元(含)部分,支付55%;10万元至50万元(含)部分,支付60%。大病保险的补偿起付标准为2万元;年度累计合规金额大小,给予50-60%的支付,医疗费用最高限额为50万元。(人力社保局)	完成
9	残障康复工疗站建设工程	1.在各镇、街道建立残障康复工疗站,按要求配置场所及工作人员,为智障人群提供综合康复服务。(残联) 2.开发残障人系列工疗产品,打造具有镇海特色的残障人工疗产品品牌。(残联)	完成

政务信息及信息公开

【概况】 2015年，区政府办编发《每日摘要》52期，反映全区工作新成效、新经验和出现的新情况、新问题，供区领导参阅。上报国务院和省、市政府办公厅信息1518余条，国务院办公厅录用28条、领导批示10条，省政府办公厅录用102条、领导批示15条，市政府办公厅录用417条、领导批示24条。开展政务信息员业务培训3次，邀请省、市政府信息写作专家授课，培训信息员300人次。完善信息直报、定期约稿等新制度，提高信息“快、准、精”效果。

是年，区政府信息公开工作按照建设法治政府、阳光政府目标，围绕公众关注热点，依法、及时、准确、全面公开群众普遍关心的政府信息。全年主动公开政府信息15299条，同比增长6.2%。受理依申请公开政府信息31件，内容主要涉及征地拆迁、经济政策、建设规划、住房保障、劳动就业等。全区因政府信息公开引起的行政复议3件，涉及环保行政处罚、征地拆迁等，经审理确认维持。是年，区政府办超额完成市政府信息考核任务，信息得分位列全市11个县市区第一，为历年最好名次，获省、市信息工作先进集体称号。在全市（县、区）政府信息公开年度考核评比中排名第二，被授予先进单位。

（陈海群　李　健）

【18条专报信息获省市领导批示】 2015年，区政府办上报的专报信息中，有18条获省、市政府领导肯定和批示。其中，《镇海区探索政保合作新模式的主要做法》《镇海区全力打造我省城市平原生态林带样板工程》作为省、市政务工作交流材料推广。

（陈海群）

【加大政府信息发布力度】 2015年，区政府加大信息发布力度，提高政府办事透明度。政府信息公开专栏首页开设问政问效、政策解读、政府常务会议直播三个子栏目，运用图片、图表、音视频等方式传输政府信息。全年发布各类信息300余条，网络实时直播涉及民生议题的政府常务会议4次，实行在线互动。对社会关注度高或专业性较强的重要政策法规进行解读。

【“双微”互动平台入选互联网政务优秀案例】 2015年，“镇海发布”政务“双微”凭借“政务应用移动化”的创新，入选2015中国“互联网+政务”优秀实践案例50强。是年，“镇海发布”微博发布3763条信息，排名全省政务微博影响力前六；“镇海发布”微信推送223期、970余条资讯。

【启动政府信息查阅点标准化建设】 2015年，区政府办启动政府信息公开查阅点标准化建设，建设内容包括在区档案馆、区行政服务中心等处配备电子触摸屏、信息阅览架等，《政府信息查阅须知》以图版形式上墙，以方便市民查阅政府信息。

（李　健）

人才工作

【概况】 2015年，镇海区人才工作围绕区委"六大战略",不断完善创新人才开发平台载体,加大政策落实力度,优化人才发展环境。坚持以产业人才开发为导向,以紧缺急需人才引进培养为重点,优先开发企业人才。全区企事业单位共引进各类人才6778人,其中,应届大中专毕业生2811人,硕士以上学历323人,海外留学人员60余名。自主申报入选国家"千人计划"人才1名,省"千人计划"人才2名,市"3315计划"[1]个人1名、团队项目2个。全区新培养高技能人才1129人,新增市、区两级技能大师工作室1家和2家。

是年,区人才办对接市人才新政,出台《关于大力推进海外高层次人才创业的实施办法》,调整完善"海创"政策,进一步明确高层次人才创业项目认定条款,细化创业扶持、平台奖励、引才荐才奖励等政策。推进国家级大学生创业园"涌创汇"、大学科技园"珍珠汇""洛客众创"、西电产业园"筋斗云"、清华校友创业创新基地等一批众创空间建设,为初创者提供低成本、便利化、开放式的创业平台。其中大学科技园"珍珠汇"、西电"筋斗云"获市首批"众创空间"称号。

【多名人才入选国家和省市区人才工程】 2015年,宁波晶钻工业科技有限公司的江南教授入选国家"千人计划",成为区内第一位创业类国千专家。宁波家联塑料科技有限公司董事长王熊入选国家创新人才"万人计划"。孙振蛟、王雷两人入选省"151"人才工程第三层次,其中孙振蛟获省3万元资助和市配套资助3万元。至年底,全区入选省"151"人才工程第二层次1人,第三层次9人。15名人才入选市领军和拔尖人才培养工程,其中第一层次4人,第二层次4人,第三层次7人。至年末,全区入选市领军和拔尖人才培养工程累计29人,其中第一层次6人、第二层次7人、第三层16人。42名人才入选区"121"[3]人才培养工程,其中第一层次5人,第二层次5人,第三层次32人。至年末,入选区"121"人才培养工程人才计114人,其中第一层次18人、第二层次24人、第三层次72人,累计发放学术科研津贴96万元。

(徐　璟　冯　婷)

【4家企业入选市级企业技术创新团队】 2015年,宁波夏厦齿轮有限公司、宁波达尔轴承有限公司、浙江野马电池有限公司、宁波金鑫粉末冶金有限公司等4家企业入选市级企业技术创新团队。至年末,全区有22家企业入选市级企业技术创新团队,35家企业入选区级企业技术创新团队。市、区两级合计发放奖励资金1258万元。

【评选表彰各类人才】 2015年,全区开展第二届人才评选,表彰3名杰出人才、10名优秀人才、4名优秀高技能人才和5名服务人才先进个人、5家服务人才先进单位、2家优秀科技创新平台,并分别给予3万~10万元的奖励。

(徐　璟)

【多个创业人才团队项目获奖】 2015年,区内多个创业人才团队和项目获市以上各种称号和奖励:希磁科技的毛思宁、井亿家的陈松标、首游网络的沈乐、中恒嘉业信息科技的朱国栋获"宁波十大创业英雄"称号,星宏智能科技的厉刚获"创业之星"奖;

叶欣的"新型生物诊断试剂的研发及商业化"项目和王科研的"基于视频分析的智能机器人"项目分获人社部留学人员回国创业启动支持优秀类资助和留学人员科技活动项目启动类的择优资助。夏厦齿轮日本专家吉田耕造荣获市十大优秀海外工程师称号,晶钻科技的"CVD金刚石超精密加工工具研发"项目获市十大优秀引智项目称号并获国家外专局资助。

【新建博士后工作站和院士工作站数家】 2015年,宁波中意液压马达有限公司、宁波明欣化工机械有限公司、宁波德泰化学有限公司、宁波达尔轴承有限公司等4家企业博士后工作站列为省"先设站后授牌"备案单位。至年末,全区累计建立博士后工作站8家,其中国家级1家、省级7家。新增一家市级院士工作站,全区院士工作站达到6家。

（徐　璟　冯　婷）

【开展区人才科技周活动】 10月,区人才科技周活动举行。其间,召开第二届全区人才工作表彰大会,举办全区技能人才职业技能大赛、3D打印挑战赛,镇海中学举行校友企业家联谊会成立仪式。与市"人才科技周"活动联动,承接2015年海外留学人才镇海行活动,来自美国、德国、加拿大等九个国家的近50名留学人才到镇海实地考察。

（冯　婷）

【开展企业技能人才自主评价】 2015年,全区在上年试点基础上,开展企业技能人才自主评价。11家企业作为首批示范参评企业,全年自主鉴定人才179人。其中,宁波明欣化工和石化建安2家公司被评为市技能人才自主评价优秀示范企业。企业技能人才自主评价工作2015年在全市全面推行,目的是把技能人才的评价权从各级人社部门逐步下放给企业,企业可采用理论考试与实际操作相结合的传统评价办法,也可采取工作业绩评定、现场作业评定、模拟仿真操作评定、产品抽样评定、组织专家答辩等办法实施考核鉴定。自主评价认定的技能人才更切合企业实际要求,其鉴定的人才可按规定认定为相应的职业技能等级。

【多名大学生创业者获市荣誉称号】 2015年,区内5名大学生创业者获评2014年度宁波市十佳大学生创业新秀,分别是格瑞特水产的韩明阳、三瑞国际贸易的龙跃辉、佳俊餐饮的徐锡俊、聚优文化的熊超群、壹错艺视觉艺术的魏睿,创业项目涵盖海洋经济、互联网、文化创意、医疗服务平台等多个领域。3名大学生创业者获"品牌宁波行业杰出人物",分别是格瑞特水产的韩明阳、风之翼视觉设计的葛宝军、易居环保科技的王招莹。格瑞特水产凭借软壳蟹养殖项目荣获"小平科技奖"和第四届中国创翼大赛华东赛区金翼奖;宁波星宏智能科技有限公司智能家居系统获全国创业创新大赛宁波赛区优胜奖,并获得全国互联网+大赛金奖。

（徐　璟）

【组建高层次助创团队服务人才创业】 8月,按照区人才办出台的《镇海区高层次人才助创专员队伍建设暂行办法》要求,从各镇(街道)、园区班子成员中选配"助创专员",并吸纳一批律师、天使投资人等社会志愿者组成"助创团队",为区高层次人才创业项目提供场地选择、企业注册、金融信贷、法律咨询、政策解读、知识产权、安全生产、劳动调解等“一对一”帮扶服务。

【新建韩国海外联络站】 5月，经与韩中文化与经济友好交流协会多次对接，镇海区在韩国首尔建立海外联络站，是为继美国、德国、日本、澳洲四个海外联络站后，区建立的第五个海外联络站。

（冯　婷）

政府法制工作

【概况】 2015年，区政府法制工作继续以依法治国为主线，推进依法行政，进一步规范行政机关合同管理、重大行政决策流程监管及行政规范性文件管理，建立健全政府法律顾问制度和运作机制，组织实施行政处罚结果信息公开，加强行政执法监督指导，提高行政复议、诉讼和裁决能力。优化依法行政目标管理考核体系，制定下发《关于开展2015年度法治政府建设推进工作考核评价的通知》，提高行政决策规程、行政合同合法性审查、行政应诉、行政调解等考核指标的比重。区法制办由原先1个科室增为法制综合科、复议应诉科两个科室，镇、街道设立法制机构，配置专职人员。

是年，收到各部门报送备案的行政规范性文件17件，向市法制办及区人大报送行政规范性文件28件，报备规范率、及时率均达到100%。收到复议申请15件，依法受理13件，其中维持7起，驳回复议申请3起，在审3起。受理行政裁决申请1件，以裁决方式结案。

【实行行政处罚结果信息公开】 2015年，按照省、市政府工作部署，区法制办与区政府办、区电子政务办、区监察局对接，组织实施行政处罚结果信息公开。是年，区各执法部门在省政务服务网上公开行政处罚信息4938条，并实时更新公开内容。

（俞　刚）

信访工作

【概况】 2015年，全区信访系统贯彻落实中央关于信访工作制度改革的一系列决策部署，以“法治信访”“阳光信访”“责任信访”建设为目标，打造联合接访平台，探索、实践出集法治化引领、规范化运行、联动化服务和信息化支撑为一体的信访工作新模式，各项工作走在省、市前列。是年，区处理信访突出问题及群体性事件联席会议更名为区信访工作联席会议，人员和职能相应调整。区信访局被省人社厅、省信访局授予全省信访系统先进集体称号，首次获省级荣誉。

是年，区本级受理群众来信来访2137件（人）次，同比上升18.59%。其中，办理群众来信177件，接待群众来访524批1960人次（其中集体访83批1295人次）。群众到市集体访3批410人次，赴省集体访为零，去京上访8人22人次。上访诉求主要涉及拆迁安置、劳资纠纷、涉农（含股份合作制改革）利益分配、征地补偿、违章搭建等。全年“区长电话”受理来电855件，“区长信箱”受理网上投诉499件。

【联合接访成为全省信访改革试点】 7月，区信访局迁址骆驼街道金华南路57号F座，新建1600平方米社会矛盾联合调处中心同时启用。新联调中心以集中入驻、轮换进驻、随叫随到三种形式，推动联合接访常态化和全覆盖。区信访联席会议印发《镇海区联合接访工作规范（试行）》《镇海区联合接访工作程序（试行）》两个文件，对联合接访工作进行规范。8月，全省信访改革推进会与会代表实地参观考察联调中心。9月，镇海联合接访工作被确定为全省信访工作改革十大试点项目之一。

部门接访窗口接待简易信访

【开展信访督查"百千万"专项行动】 7月，区信访工作领导小组、区委组织部联合部署，在全区"三严三实"专题教育中联动开展信访督查"百千万"专项行动。按照"省级100件、市级共千件、全省近万件"要求，全区建立65件信访案件督查项目库，其中"红色"（市重点督查项目）3件、"橙色"（区重点督查项目）14件、"黄色"（一般督查项目）48件。信访督查与积案化解协调推进，至年末，48件"黄色"项目全部整改办结，17件"红色"和"橙色"项目实际化解14起。

【开展"信访维稳百日攻坚大会战"】 8月，区信访工作联席会议部署"信访维稳百日攻坚大会战"，全区开展矛盾纠纷隐患排摸、信息研判预警、重点群体（人员）疏导稳控、值班备勤、劝返接回等工作。8月到12月的"'93阅兵""十八届五中全会""第二届世界互联网大会"期间，信访形势平稳。是年，在区党政机关搬迁、农村股份制改革推进、贵驷街道成立及托管、中金石化项目上马及"杜鹃"台风暴雨成灾等大事件中，没有发生大的信访问题。信访工作方法和成效获省委巡视组肯定和市委领导"点赞"。

【综合治理去京"非访"高发现象】 2014年下半年起，受区外老访户拉拢串联、"以老带新"、恶意点卯等影响，区内群众去京上访持续高发。2015年1—8月，去京上访8人22人次，其中非正常上访2人2人次、外围非访2人3人次，人数和次数为近年来最多。8月起，区信访局会同政法、公安等部门和镇（街道）开展去京非访[①]综合治理，采取化解、疏导、教育稳控和依法打击等多项措施，促使2名频繁去京非访户息诉停访，扭转非访高发局面。9—12月，全区实现零非访。

【镇海信访工作上"今日头条"】 12月，国家信访局"今日头条"号登载《浙江宁波镇海区：联合接访新模式架起党群连心

①去京非访：去北京非正常上访简称，是指到北京天安门地区、中南海周边、中央领导人驻地和外国驻华使馆等非信访接待场所进行"上访"的行为。非访已不属于法定意义上的上访，是违反法律和信访条例的行为。

桥》,镇海信访工作首次上"头条"。是年,区拍摄镇海信访工作制度改革专题宣传片,20多篇有关信访的稿件被区以上媒体录用、报道,省《信访与民情》杂志、"浙江信访"微博、中国宁波网等刊发区信访工作的稿件,宣传了镇海信访制度改革新模式。

(肖　锋)

外事工作

【概况】 2015年,区党政自组团组10批次,出国(境)90人次;教育、医疗、博物馆等组团组8批次,因公出国(境)40人次。

【越南西宁省政府考察团到访】 1月21日,由越南西宁省副省长陈刘光率领的省政府考察团到镇海区参加招商会,并赴百隆东方股份有限公司参观访问。这是继2014年镇海区区长率团赴越南进行项目投资合作访问后,越南方的首次回访。

【外国来宾到访镇海】 2015年,多名外国来宾到访镇海:4月9日,意大利金圆规奖主席顾拖乐到访,就意方与镇海建立深层次合作与区政府领导交换意见。10月23日,宁波市荣誉市民、鲁昂—宁波委员会主席勒马尚先生一行参观新城宁波植物园建设工地,听取镇海新城规划建设。12月14日,中联部邀请的由巴基斯坦穆斯林联盟(谢里夫派)秘书长、参议院水电委员会主席伊巴拉克·扎法尔·贾格拉和人民党秘书长拉蒂夫·科萨任团长的巴基斯坦友好交流考察团访问、参观区内创E慧谷和入驻企业,就创业创新发展进行座谈。

巴基斯坦友好交流考察团考察大学科技园

【政府组团出国开展经贸活动】 2015年,区政府多次组团出国开展经贸活动。9月14日—23日,区政府区长率镇海团赴意大利、法国、罗马尼亚,参加2015欧洲宁波周活动,开展招商推介、项目对接、经贸洽谈等活动。6月3日—12日,区政府常务副区长率团赴土耳其、以色列、捷克开展"一带一路"港口物流建设及经贸合作活动。

【教育访问团组6批次出国交流】 2015年,镇海区派出教育友好访问团组6批,28名教师和127名学生赴美国、新加坡、德国等国家进行交流学习。是年,全区新增与国外结对合作学校3对,分别是镇海立人中学和美国卡登乔木学校、镇海仁爱中学与美国南岸学校、镇海中心学校与新加坡中华小学。

(刘斯琮)

应急管理

【概况】 2015年,全区应急管理工作按照"党委领导、政府主导、依托公安、部门联动、社会参与"要求,创新应急机制,致力预防预警,提升全区风险防范和应急处置能力。各部门应急力量得到加强:区公安分局推进油气管道防控体系建设，形成立体化全覆盖；区消防大队、特勤二中队，镇海炼化消防队组成区域作战编组，走访重点化工企业，将进出危化物料、危险特性编制成册。区卫生局完善卫生应急指挥中心信息系统，实现与中国疾病预防控制系统的病例数据互通。区农业局新建5个水雨情遥测站点和3个水雨情遥测超短波备份站点。区电力部门开展电力应急专业抢险队实战能力训练。区民政局开展减灾示范社区创建活动，新申报各级综合减灾示范社区7个。区商务局增加生猪、蔬菜、豆制品原料豆等重点食品储备。区红十字会新建近500平方米备灾救灾仓库，海天户外应急救援队增添吊篮担架、发电机等装备。庄市街道试点建立应急综合指挥室，实现部门间资源互通和共享。

是年，区应急办修订金融、地质灾害、反恐、群体性事件等4个专项预案，新制订危化品道路运输、供水、辐射污染3个专项预案。召开全区应急联动重点单位联席会议和应急联动联络员会议，通报全区社会应急联动工作。调整区应急管理专家库，组成人员由40人扩充至90人。各镇（街道）及有关部门调整应急管理领导机构人员，明确分管领导和联络员。举办全区应急管理干部培训班，培训90余人。举办区首届红十字应急救援技能比赛和首届企业员工应急处置技能比武。以“防灾减灾日”“安全生产月”“平安镇海”等活动为契机，宣传应急救援知识。

【应急平台建成投用】 11月，区政府应急平台完成项目验收并投入使用。平台将全区应急基础数据汇集整合，具备数据共享、信息报告、应急值守、预案管理、指挥调度、后期处置、信息发布、协同会商和态势分析标绘等功能，提高应急管理信息化水平。平台还可调取区内6家单位监控点位的视频资源，并实现与省、市、其他区县及省水利系统的视频连接。

【开展政企联动应急演练】 2015年1月23日，区政府联合镇海炼化，开展油管泄漏应急演练。参演部门多，实战性强，这次镇海历史上规模最大的政企联动应急演练，磨合了区域应急联动机制。

油管泄漏应急演练

【开展危化应急领域“大练兵”】 2015年，区政府以天津港“8·12”爆炸事件为警示，开展两次危化事故应急处置“大练兵”：11月9日，组织危化品道路运输事故应急处置演练，加入反恐怖袭击内容。11月23日，开展镇海港区化工储罐大型火灾事故应急演练，港区与区安监、环保等部门协同对接，检验了港区与地方联动反应能力。

（舒建民）

区域合作与帮扶

【概况】 2015年，镇海区继续开展与定海、龙游的山海协作，对口帮扶贵州省普安县。区经合局负责具体实施舟山定海区、余姚梁弄镇和宁海县岔路镇政府项目的落实。

【深化镇海—龙游山海协作工作】 2015年,镇海—龙游山海协作产业园完成土地开发37.47公顷,引进项目6个,其中4个项目投资总额上亿元。截至年底,园区累计落实土地指标527.47公顷,整体开发建设量达81.1%。是年,两地区(县)委书记率团互访,部门和企业相互考察交流,镇海中学与龙游中学签署教育结对帮扶协议,"山海协作"不断深化。

【对口支援贵州普安县力度加大】 7月,区委副书记带队的镇海团,随同市党政代表团共赴贵州黔西南州,与普安县签订总额145万元的对口帮扶协议,落实长毛兔养殖产业示范推进和农特产品展销宣传项目。8月,按照市对口支援工作办公室要求,完成《镇海区对口帮扶普安县工作规划(2016—2020年)》报备案。9月,区举办黔西南州致富带头人培训班,55名学员参加培训并参观花木世界、飞洪蔬菜基地。

【对口帮扶舟山定海区6个项目】 2015年,镇海区对口帮扶舟山定海区6个政府项目,总投资90万元。项目为千岛社区同心路路灯安装、浬溪社区停车场建设、桥头社区岑港中心学校游泳池建造、新螺头社区跃进小区道路路面浇筑、大浦社区钟家岙排水渠及黄泥坎水库下池塘改造、大沙社区居家养老照料中心设施改造。

【对口帮扶余姚梁弄镇和宁海岔路镇】 2015年,区确定援助余姚梁弄镇项目资金110万元,援建梁弄镇中心卫生院住院部建设。确定帮扶宁海县岔路镇白溪水库水源地村资金150万元,组织下部开展"寻找饮水源、保护大水缸"行动,探访镇海区水源地白溪水库,查看2014年度上畈村环境整治工程清水河道建设项目。

(卫良志)

中国人民政治协商会议宁波市镇海区委员会

全体委员会议、常务委员会会议

【概况】 九届区政协委员会一次会议有委员176人，其中常委会组成人员33人。经历年几次调整，至2015年年末，区政协委员176人，常委会组成人员31人。常委会组成人员为区政协主席王悦，副主席柴鹏飞、胡文安、陈利华，秘书长顾其龙，常委叶俊杰、庄浪浪、严红霞、杨宇伟、余谷峰、汪亚仙、沈国强、沈道平、宋汉心、宋振纶、陈天云、陈志红、陈国荣、郑锋、郑志强、法正、胡明杰、胡金红、俞美蓉、姚晨江、顾燕华、唐小明、黄国龙、黄黎峰、梅法钗、傅文中。

【区政协九届四次会议召开】 1月26日

区政协九届四次会议召开

至29日，区政协九届四次会议在镇海九龙山庄召开。区委书记薛维海到会讲话，区政协主席王悦，副主席汪卫国、柴鹏飞、胡文安、石勇、陈利华和秘书长顾其龙出席会议，魏祖民、张江华、胡祖友、顾国芳、褚瑞根、李斌、王耀军、杨小平、俞泉云、洪世弈、邓伟余、戴凌云、王兆波、张颖、林伟明、包志安等区领导和在镇省、市政协委员应邀列席会议。大会应到委员174人，实到委员166人。会议听取并审议区政协主席王悦所做的常委会工作报告和区政协副主席陈利华所做的常委会提案工作报告。与会委员列席区第十四届人民代表大会。会议收到委员以提案形式提交的意见建议228件，经审查立案190件。有8名委员作大会发言，8名委员作书面发言，提出本区经济社会发展中的意见建议。会议审议通过区政协九届四次会议决议。

【区政协常委会议】 2015年，九届区政协共召开5次常委会议。

九届区政协第十八次常委会议于3月3日召开，会议审议通过区政协2015年工作要点。

九届区政协第十九次常委会议于7月9日召开，会议专题协商区“十三五”规划编制中需要重点关注的几个问题。

九届区政协第二十次常委会议于8月18日召开，会议审议通过有关人事事宜，跟踪监督“镇海油气管线安全”“城市经济发展”等区政协常委会重点调研课题所提建议的落实情况。

九届区政协第二十一次常委会议于9月7日召开，会议审议通过有关人事事宜，接受石勇同志提出的辞去区政协副主席职务的请求。

九届区政协第二十二次常委会议于12月29日召开，会议协商《政府工作报告（协商稿）》和十三五规划纲要（草案），审议通过有关人事事宜，接受汪卫国同志提出的辞去区政协副主席职务的请求。听取区政协九届五次会议筹备工作情况，审议通过关于召开区政协九届五次会议的决定、九届区政协常委会工作报告及报告人、区政协常委会提案工作报告及报告人、区政协九届五次会议议程（草案）和区政协九届五次会议大会副秘书长名单等。

主要工作与活动

【概况】 2015年，区政协履行政治协商、民主监督、参政议政职能，助推全区经济社会改革发展。政协主席会议就经济和社会发展、行政区划调整、基层社会治理等事宜与政府协商；视察区行政服务中心和部分政府实事工程，就改善民生福祉提出意见建议。政协专委会就社区发展规划、社区教育等与有关部门对口协商。6个政协工作联络委员会在各镇、街道开展民主监督、参政议政活动。10个界别工作委员会组织委员了解区情，反映民意，为促进经济社会发展建言献策。区政协举办、协办各界人士新春茶话会、中秋茶话会，视察宗教活动场所，编纂出版《镇海旧闻录》，加强与社会各界人士联络联谊，促进大团结、大联合。举办委员培训班、常委学习会，组织“界别活动周”、委员活动日，发挥委员履职主体作用。

区政协经科委视察西电产业园

【以主席会议形式开展协商和监督】2015年，九届区政协委员会召开第三十三次至四十二次共10次主席会议，会议采取听取通报、实地视察等不同形式，对《关于创新基层社会治理加强基层政权建设的决定(草案)》、全区经济社会发展、骆驼街道行政区划调整、党风廉政建设党委主体责任和纪委监督责任工作情况、环境功能区划修编、城乡卫生一体化改革、重点提案督办等事宜，进行政治协商和民主监督。

【加强政协协商民主建设】3月，区委召开全区政协工作会议，制定出台《关于完善和规范人民政协政治协商的办法》《关于加强人民政协民主监督的实施意见》。区委、区政府、区政协首次共同制定年度协商计划，推动协商民主广泛、多层、制度化发展。

【开展"十三五"规划编制专题调研】3月，区政协成立课题组，就区"十三五"规划编制建议开展调研。通过区内调研和赴外地学习考察，形成《关于我区"十三五"规划编制中经济发展需重点关注的几个问题》《关于我区"十三五"规划编制中社会发展需重点关注的几个问题》2篇专题调研文章。6月，区政协召开常委会，与区委、区政府进行专题协商，会后以政协建议案形式送区政府，相关建议被区"十三五"规划吸纳。

【民主监督"五水共治"】2015年，区政协开展"五水共治"长效机制专项集体民主监督。省、市、区三级政协委员投入"镇海江河四季访行动"和"走遍镇村促治水"活动，深入企业和村(社区)，查找问题，建言献策。全年召开座谈会21场，视察与专题调研28次，发现问题33个，提出意见建议43条，促进全区水环境质量改善。

【跟踪监督意见建议落实情况】8月，区政协召开常委会议，跟踪监督"镇海油气管线安全""城市经济发展"所提建议落实情况。会前，区政协数次组织视察、座谈和调研，了解到在城市经济三年发展和油气管线安全措施落实中，政协关于推进城市经济发展的意见建议被区政府制定的总部经济和楼宇经济发展政策吸收采纳，油气管线隐患和管廊布局的意见建议部分得到落实。会上，政协委员就完善管线安全、提升城市经济再提意见建议。

【政协界别工委和联委会开展各类活动】2015年，政协界别工作委员会、镇(街道)联络委员会开展形式多样的政协履职活动：工商联界别工委召开企业家座谈会加强政银企三方联动，社保社科界别工委开展法律服务工作协商，医卫、无党派界别工委开展义诊和健康咨询服务，澥浦镇联委会协商交流区域环境及乱搭乱建问题，九龙湖镇联委会巡查域内"五水共治"

情况，招宝山街道联委会建言促成部分机关腾空房划给街道用于社区公共事业，蛟川街道联委会跟踪督查青龙桥地块安置房建设，骆驼街道联委会调研宁波市北部商贸商务中心建设，庄市街道联委会建言基层法治网络建设。

提案与社情民意信息

【概况】 2015年，区政协委员以提案形式提交意见建议228件，经审查，不予立案25件，并案处理13件，最终立案190件。提案涉及经济科技方面的40件，占总数的21%，涉及城建环保方面的74件，占39%，涉及教文卫体方面的48件，占25%，涉及社会法制和其他方面的28件，占15%。提案交由政府及有关部门办理，办复率100%，满意率92%。全年收集社情民意340多条。

【主席会议督办4件重点提案】 2月，经区政协主席会议审定，《关于加大力度推进核心区商务楼群招商工作的建议》《关于重视货币安置 提升我区拆迁安置方式的建议》《关于加大骆驼片区教育投入力度的建议》《关于进一步加大弱势群体政府购买服务的建议》4件提案被列为2015年度重点提案，由主席会议督办。9月，4件提案得到办理落实。

【反映社情民意三百余条】 2015年，区政协向市政协、区委区政府报送各类社情民意信息340余条。其中，《建议尽快出台高校安全保卫工作条例》《建议ABS树脂行业暂缓执行丙烯腈排放新标准》等4条信息被全国政协单篇或综合录用。社情民意信息工作在全市政协系统名列第一。

（庄丽华　曹　斌）

人民武装

综述

2015年，镇海区人民武装工作以习近平主席强军实践要求为指引，贯彻落实省军区、军分区总体部署，深化军事斗争准备，强化后备力量建设，推进军民融合发展。区人武部围绕大规模作战能力实效建设要求，抓经常打基础、固强项补短板、讲创新求发展，完成各项军事斗争准备工作。细化梳理作战能力弱项问题，修订完成行动总案和配套方案。建设国防后备力量，继续开展民兵整组、分队演练和应急救援等训练，组织民兵分队接受市国动委考评。完善民兵信息网建设，升级改造民兵信息站，承担宁波民社情报知系统现场会的召开。开展“学习践行强军实践，做新一代革命军人”专题教育活动。组织舆论引导员和网络发言人开展“学国防、爱家乡”国防教育实践活动。开展网上兵役登记，完成年度夏秋季征兵。是年，区人武部党委获省军区先进团党委表彰。

部队建设和征兵

【概况】 2015年，区人武部投入50余万元对人武部作战室和作战值班室进行信息系统升级改造，更新补充指挥所装备物资，提高信息化指挥能力。贯彻预防为主的方针，开展5次安全大清查，消除事故隐患，实现全年无事故、无案件目标。普查全区国防坑道，掌握坑道现状。加强高校征兵宣传，实现兵员素质进一步提高。

【完成全区国防坑道普查】 2015年，区人武部在地方政府配合下，历时半个月，实地巡查统计区内国防坑道，勘察洞口地理位置及坑道设施、设备，收集资料、整理照片，全面掌握国防坑道设施基本情况。向坑道附近群众宣传《中华人民共和国国防法》《中华人民共和国军事设施保护法》等法律法规。

【大学生新兵比例再提高】 2015年，区人武部以微博、微信、校园QQ群和座谈会等形式，开展征兵宣传，邀请市征兵先进事迹宣讲团到浙江纺织学院宣讲。夏秋季征兵向部队输送的新兵，在读大学生比例占60%，兵员文化素质再提高。

国防教育

【概况】 2015年，全民国防教育活动结合抗战胜利70周年纪念日活动开展。区国防教育领导小组成员单位及联络员会议部署年度国防教育10项重点任务，利用区内海防历史纪念馆、防空博览园等国防教育基地，开展国防教育。组织骨干网民开展“学国防、爱家乡”教育活动。结合新兵欢送仪式，举办专题国防教育活动。镇海新闻网在“国防教育周”期间开展国防网络征文活动。

【举办“学国防、爱家乡”国防教育活动】 7月，区人武部联合区委宣传部等部门举办“学国防、爱家乡”镇海骨干网民国防教育实践活动，邀请60余名舆论引导员和网络发言人参加。国防讲师作军事及周边安全形势讲座，现场开展国防知识问答竞赛、军营生活体验活动等。

【举行新兵欢送仪式暨国防教育活动】 9月，新兵欢送仪式暨专题国防教育活动在龙赛中学举行，区委、区人大、区政府、区政协和驻镇部省属企业领导，大学、中学师生及社会各界代表等1500余人参加。新兵、新兵家长和老兵代表在会上发言，区政府区长作欢送新兵和国防动员讲话，全体与会人员进行“爱我国防，为新战士祝福”集体签名活动。

民兵预备役

【概况】 2015年，区人武部加强国防后备力量建设，夯实国防动员基础性工作，调整基干民兵、人防交战队伍和预备役部队。按照“建战一致、编用一致”的原则，开展民兵整组、民兵分队训练，训练课目合格率达98%。利用集训间隙举办8堂政治教育课，加强民兵预备役人员思想政治教育。开展民社情信息报知试点，接受市国防动员委武装动员建设情况综合考评。

【承办市民社情报知工作现场会】 4月，区人武部承办宁波市民社情报知工作现场会。宁波军分区和各县(市)区人武部听取区人武部关于民社情报知工作情况介绍，参观镇海民兵信息站办公室。

【开展民兵分队多项训练】 2015年，区人武部采取理论辅导和训练演练相结合的方式，组织6个镇(街道)民兵应急连开展多项专业集训：民兵营(连)长专项理论和指挥能力集训，民兵水上救援分队40名队员展开水上抢险救援强化训练，4支民兵协防分队开展重要目标协防任务对接和演练，防化分队赴奉化参加全市民兵应急连规范化建设现场观摩会课目演示。

【民兵参与台风抢险救灾】 9月末，“杜鹃”台风带来的强降水造成镇海部分地区严重内涝，区人武部出动机关干部与民兵分队100余人次，分赴骆驼街道、蛟川街道，转移被洪水围困群众200余人。

【市国动委考评组考评镇海武装动员建设情况】 11月，市国防动员考核评估组检查评估镇海区人民武装动员建设情况。考评组检查区人民武装动员台账资料，抽考专武干部与民兵连长武装动员理论，检查人武部兵器室。动态考核民兵应急连、油料支援保障分队的应急反应和支援保障能力，其中，应急连接受物资携带、轻武器分解实装操作、单兵掩体构筑及5公里徒步行军课目检验。

（谢　楠）

民兵应急连接受市国防动员考核评估组检查

人民防空

【概况】 2015年，镇海区人民防空工作继续以信息化建设和提高通信指挥能力为核心，新安装警报器2台，按计划完成指挥信息系统、网络升级和短波数传建设。试鸣“5·12”防空防灾警报，鸣响率100%。全区新竣工人防工程使用新型统一的标识标牌，已建工程标识标牌安装和更新达100%。全年共征收人防工程易地建设资金1751万元，征收平战（平时和战争）转换金1412万元、平战结合收入24万元。年末，全区已建成人防工程80个，建筑面积47万平方米。

【11个人防工程竣工】 2015年，全区11个人防结建工程竣工，分别是宁波大学科技园区创意产业基地、信兴大楼、区农村信用合作社办公楼、韵恒大厦、东威大厦、镇海新城东邑景苑拆迁安置小区、镇海航运大厦、中悦美林湾（香河湾）、保利城F1地块住宅项目、锦绣江南、尚海财富大厦，合计建筑面积 6万平方米。年末在建结建人防工程22个，计建筑面积13万平方米。

（董小萍）

治安　司法

综　述

2015年，全区政法工作着力构建社会治理新体系，继续推进平安镇海和法治镇海建设。开展"大走访、大排查、大化解、大整治"专项活动，走访基层群众18.7万户34.2万人次，排查矛盾纠纷760起，调解758起，调解成功率达99.7%。结合省委巡视组巡视中指出的问题，开展征地拆迁、劳资纠纷、环境污染、社会保障、房地产等领域的不稳定因素排摸，确定6件重点不稳定问题进行挂牌督办。落实重点时段、敏感节点和重点督查信访的维稳。对区领导包案的17起重大矛盾纠纷和信访突出问题，采取排摸、化解、稳控等具体措施，化解15起。开展"百日维稳攻坚大会战"活动，打击赴省进京非访违法行为，落实重点人员稳控措施。出台《打击非法金融活动专项行动工作方案》，开展打击逃废债专项行动，处置各类金融纠纷。

是年，全区划分治安管理网格712个，建立"一张网"网格管理体系。继续开展重大决策社会稳定风险评估，充实"稳评"专家库成员，培育第三方中介"稳评"机构，全年"稳评"事项35项，其中市级重点项目10项。开展群租房排查整治工作，排查群租房1286间4984人，确定整治问题32个，完成整治22个。按照"全面设防、一体运作，统筹推进、重点突破"的要求，推进立体化治安防控体系建设。开展街面武装巡逻，查获各类违法犯罪嫌疑人72人，其中逃犯15人，全区街面案件立案数同比下降23.5%。开展易肇事精神病患者和寄递行业整治专项行动。启动全区治安监控系统项目运维工作4年规划，落实资金2200万元，建设全域治安监控网，推进区社会治安动态防控联勤和区社会应急联动指挥"双联中心"建设。在小区物业、商户、企业班组、公共场所、寄递行业等开展平安创建活动。发放学生"十防十提醒"[①]宣传卡，开展暑期平安系列活

①"十防十提醒"："十防"指防交通事故、防食物中毒、防溺水、防盗窃、防绑架、防诈骗、防网络、防火、防抢、防黄防毒。"十提醒"是提醒不到江、河、湖、海边游泳，不闯红灯，不边走边嬉戏，注意用电、用火安全，过街要走斑马线，不与伙伴私自结伴游泳，出门要告知家长，旅游时要注意安全，不要给陌生人开门，不坐超载车。

动。委托电信部门开展平安“四率”[①]模拟测评，掌握工作动态。开展平安综治双月宣传，打造网络平安宣传阵地，“平安镇海”微信公众平台发布治安、维稳信息380条，年点击量230万人次。是年，人民群众安全感满意度、平安建设参与率和知晓率提升，严重刑事案件、重大群体性事件得到控制，全区未发生“一票否决”重大事件。镇海区连续第9年被省委、省政府命名为“平安县(市)区”，被授予“平安银鼎”。

“平安镇海”广场宣传活动

【完善多元化社会矛盾预防化解体系】 2015年，全区多元化社会矛盾预防化解体系进一步完善：7月起，新的区社会矛盾联合调处中心投入运行，在调处中心设立窗口的区属部门从原来的15个扩大到26个；完善区、镇(街道)、村(社区)、网格四级矛盾纠纷梯度防范化解体系，健全矛盾纠纷“四排查”[②]、“五星预警”[③]、群众满意度测评等机制，畅通诉调、检调、警调、访调、仲调“五调”对接机制。全区排查各类社会矛盾纠纷8870件，调解成功8830件，调处成功率99.5%。

【开展村规民约修订制定工】 2015年，全区89个村(社区)完成村规民约和社区公约制定修订工作。村规民约是村民(社区居民)自治中制定的约束规范行为的一种规章制度，镇海区46个村(社区)都有村规民约，但不能满足村民(居民)自治的进一步要求。此次修订由区综治办发起，按照“组建班子、发动宣传、草拟出稿、讨论修改、审核把关、表决通过、镇街备案、公布实施”八个步骤实施。

【开展“陈尸”专项清理行动】 2015年，全区发生“陈尸”行为9起，“陈尸”9具，主要由无人认领、重大矛盾纠纷、刑事案件待侦破等原因引起。区综合治理办公室开展“陈尸”专项清理行动，采取限期办结案件、调解矛盾等措施，妥善火化处置4具，剩余5具因刑事案件待侦破的原因尚未处置。

公　安

【概况】 2015年，全区各类刑事案件立案6423起，比上年上升117.29%(立案标准变化所致)；刑事案件破案1170起，同比下降33.89%。查处治安案件5297起，下降27.80%；抓获各类违法犯罪嫌疑人2259

①平安“四率”：指群众对“平安镇海”建设的满意率、知晓率、参与率和对党委政府开展平安工作的满意率。

②“四排查”：指日常排查、专项排查、舆情排查和重点排查。

③“五星预警”：《镇海区“星级”矛盾纠纷预警制实施办法》将矛盾纠纷危急程度和发展态势运用预警的形式确定为五个级别，一星最低，五星最高。

人，下降5.64%。

是年，区公安分局加大对严重刑事犯罪打击力度，破获命案3起，爆炸、投毒、放火、绑架、强奸等严重危害社会治安案件12起。开展涉黑涉恶犯罪势力摸排，破获涉黑涉恶案件21起。紧盯“两抢一盗”（抢劫、抢夺、盗窃）不放松，破获侵财刑事案件673起。严打民生领域犯罪，破获涉及食品药品安全、环境保护等案件16起，“黄赌毒”刑事案件48起。打击“非法集资”、制售“假冒伪劣”“逃废债”等犯罪，破获经济案件45起。加强网络管控，破获网络诈骗、贩毒、赌博等案46起，处置网络炒作、负面舆情事件十几起。实施“缉枪治爆”专项行动，查处非法携带管制器具案件11起。开展“暴恐活动严打年”专项行动，排查管控涉恐涉疆人员，落实散装汽油实名登记制度，联动相关部门加强邮件、快递和物流运输安全监管，开展学校、医院、水电油气等重点单位反恐怖防范检查34次。重视敏感时点、敏感事件维稳工作，妥善处置邪教“法轮功”闹事等事件多起。完善日分析、周会商、月研判工作机制，建设“大情报”系统，收集各类情报线索2705条，通过情报平台预警研判抓获逃犯23名。深化管教专业化和收押专职化，实施在押人员“三步矫治”①心理干预，区看守所获2013—2014年度全省政法系统先进集体和“省工人先锋号”称号。

是年，建立交通事故预警机制，采取细化勤务管理、隐患排查治理、重点车辆事故防控等措施，加强交通秩序管理，查处各类交通违法行为42.10万起。改造、新增高清“电子警察”61套、高清卡口101套、高清球机5套、灯控路口4个。开展夏季消防检查，检查单位2775家，督促整改火灾隐患2500余处，下发责令改正通知书1302份、行政处罚决定书131份，责令“三停”19家，罚款91.04万元，签订自查自纠责任书65份。开展消防应急演练350次，发放消防宣传资料2000余份。掌握各种影响社会稳定信息，化解环境污染、劳资、医患等矛盾纠纷90余起，处置群体性闹访事件20余起。接待来访群众279批次364人次，受理初信初访208件，办结202件。完成“两会”、节庆、九龙湖半程马拉松赛等60起大型安保任务和17批次警卫任务。开展学校、医院、金融机构、人员密集地等安全隐患排查，整改金融网点隐患30处。集中整治2个市级、7个区级治安挂牌乱点区域，改变挂牌小区社会治安形势。构筑输油气管道防控体系，落实管道安保责任，组织专职巡护、协警和沿线派出所民警安保巡查。

公安机关投入九龙湖半程马拉松赛安保

①三步矫治：即在羁押初期，矫治紧张、恐惧、失衡等心理；在羁押中期，矫治行为状态与负面情绪等；在羁押后期，矫治案件所反映出来的心理。

是年，受理公民出国出境申请26049人次、临时入境境外人员5576人次，报备法定不准出境人员1009人，查处违反出境入境管理案件19起。梳理行政许可30大项68子项，取消其中的19个子项，将临时身份证制作权下放到派出所。规范特种行业行政许可审批流程，落实便民措施，受理各类行政许可32226件。

【100%破获严重危害社会治安案件】 2015年，区公安分局破获凶杀、伤害致死、爆炸、投毒、放火、绑架、强奸等严重危害社会治安的“七类”案件15起，破获率100%。其中，“两类”命案3起，分别为：发生在骆驼街一家电子厂内的“07·15”命案，抓获21岁贵州籍男性故意杀人犯罪嫌疑人；发生在骆驼街道出租房的“07·18”命案，抓获32岁安徽籍男性故意杀人犯罪嫌疑人；发生在蛟川街道张陈傅村的“11·14”命案，抓获25岁四川籍男性报复杀人犯罪嫌疑人。爆炸、投毒、放火、绑架、强奸等严重“五类”案件12起，其中2起影响较大案件：澥浦镇棉海村一暂住房“06·15”扳断窗栅入室强奸案，抓获42岁湖南籍强奸犯罪嫌疑人，并一举破获区内该嫌疑人所作的8起强奸案；12月14日凌晨发生在骆驼街道的商铺纵火案，抓获25岁江西籍男性犯罪嫌疑人。是年，还破获9年前发生在骆驼街道抢劫轮奸积案，抓获重庆籍犯罪嫌疑人2名。

【破获涉黑涉恶案件21起】 2015年，区公安分局摸排梳理、串并分析涉黑涉恶犯罪案件，掌握黑恶势力头目和骨干成员，对列为刑嫌调控对象建立专档，适时开展集中“收网”。全年获取涉黑涉恶线索200余条，破获案件21起，打掉涉恶团伙13个，移送起诉团伙成员54人。其中，影响和危害较大的有：8月31日，打掉辖区2个涉恶团伙，缴获管制刀具2把，砍刀、钢叉7把。

警方缴获的管制刀具、砍刀和钢叉

【破获侵财刑事案件6百多起】 2015年，区公安分局破获侵财刑事案件673起，打掉犯罪团伙20个（其中利用伪基站实施诈骗团伙3个），移送起诉犯罪嫌疑人358人，追赃金额194万余元。其中两起恶性案件影响较大：1月13日晚，一名蒙面男子持枪进入骆驼街道“老凤祥银楼”，威胁营业员并用榔头敲碎玻璃柜面，抢走黄金项链25条，价值44万余元。专案组于次日晚抓获犯罪嫌疑人，追回全部被抢项链，查获作案工具仿真枪一支。5月29日凌晨，分局出动警力180余名，抓获犯罪嫌疑人23人，缴获作案工具小型面包车1辆、煤气瓶和灌装转换头各20余个。该犯罪团伙自2014年8月开始勾结运输煤气危化品驾驶员盗窃煤气，涉案价值达百万余元。

【破获“黄赌毒”案件48起】 2015年，区公安分局破获“黄赌毒”案件48起，抓获犯罪嫌疑人116人，其中涉毒案件28起、

62人。影响较大的有：涉及广东汕尾、浙江嘉兴和宁波奉化多地的贩卖毒品案，抓获犯罪嫌疑人16名，缴获毒品2.2公斤；在骆驼街道君来登宾馆、新创意网吧、阿三公寓等地破获的特大组织卖淫案，抓获违法犯罪嫌疑人40人。

【破获经济案件45起】 2015年，区公安分局开展打击“非法集资”“逃废债”、制作“假冒伪劣”等经济犯罪专项行动，破获经济案件45起(其中部督1起)，抓获犯罪嫌疑人29名，涉案价值5077.02万元。其中影响、危害较大的有：破获“5·12”特大非法拼装销售烟机案，捣毁制售假烟窝点多个。破获一起利用虚假过磅手段盗窃乙酸乙酯原材料14吨，价值8万余元的职务侵占案，抓获过磅员、司机、押运员3名犯罪嫌疑人。

破获“5·12”部督跨境非法制售烟机网络案

【破获网络犯罪案件数十起】 2015年，区公安分局破获网络诈骗案件29起、网络贩毒案件8起、网络赌博案件3起，网络传播淫秽物品案件4起，网络非法经营案2起，抓获犯罪嫌疑人69人。其中，影响和危害较大的有：辖区内连续发生10余起、骗取10余万元的电信积分兑换现金诈骗案，抓获犯罪嫌疑人3人，扣押作案车辆及伪基站设备一套；破获一起开设多个贸易诈骗网站，以低价诱惑受害人购买商品达数十万元的诈骗案，抓获犯罪嫌疑人5人。

【实施“缉枪治爆”专项行动】 2015年，区公安分局实施“缉枪治爆”专项行动，查处非法携带管制器具案件11起，处理涉案人员11人，收缴管制刀具36把、各类枪支6支、枪弹1544发、雷管1075枚、烟花爆竹670余箱。

【处置网络炒作和负面舆情等事件】 2015年，区公安分局妥善处置网上炒作和网络负面舆情10余起，影响较大的有“骆驼老凤祥被抢劫”“中金石化投产PX项目”等。处置各类网络安全事件4起，影响较大的是浙江纺院迎新网站被黑客攻击等。

【交通事故死亡二十余人】 2015年，区公安分局受理各类交通事故14538起，同比上升1.3%。交通安全事故四项指标为上报事故140起，死亡28人，受伤143人，直接经济损失21.56万元。

【发生火灾事故107起】 2015年，全区发生火灾107起，其中生产经营性火灾51起，无人员伤亡，直接经济损失1241.63万元。

【更换监控视频1000个】 2015年，区公安分局落实资金2200万元，将2008年建设投运的1000个监控视频更换为数字高清摄像机。投入资金450余万元，完成指挥中心大屏及配套设备改造，更新存储设备，进一步提升治安管理、警力指挥效能。

【深化应急联动机制】 2015年，区公安分局采取两项举措，深化应急联动工作：全区53家联动单位实行“一个中枢（应急联动指挥中心）、三级联动（53家联动单位分三个级别）、五项到位（组织领导、人员装备、工作措施、规章制度和物资保障）”的应急联动运作模式，保障群众报警求助及时处置；建设招宝山、骆驼、蛟川、庄市4个派出所的综合指挥室，推行五项基本功能集成的“5+X”联动运作。是年，通过分局指挥中心报警平台流转给联动单位的警情3278起。

【落实规范执法两项制度】 2015年，区公安分局落实两项制度，推进规范执法：建成综合指挥室的4个派出所建立执法办案、案件管理和物证管理“三位一体”机制，全流程监管警情、案件、涉案人员和物品，从源头上防范执法失误；落实案件五级审核制度，明确案件办理、审核终身负责制。

【维护执法权威和执法权益】 2015年，区公安分局依托网上督察、现场督察等手段，维护公安机关执法权威和公安民警执法权益。开展现场督察188次，发现、查纠各类问题153个；查处暴力袭警、阻碍执行公务等侵害民警正当执法权益案件11起，涉及民警11人，给予经济补偿1.8万元。

（乐俊凯）

检 察

【概况】 2015年，全区检察工作以规范司法行为、深化检务公开为重点开展。全年依法批准逮捕各类刑事犯罪案件288件410人，提起公诉780件1173人。

是年，区检察院依法打击海上货物运输环节系列犯罪、高利转贷、非法经营等破坏市场经济秩序犯罪，挪用资金、职务侵占等企业人员犯罪，拒不支付劳动报酬、非法吸收公众存款等恶意“逃废债”行为。审查逮捕上述各类刑事犯罪嫌疑人106人，审查起诉138人。加大反腐力度，立案查办城管、国土、拆迁等领域职务犯罪案件13件13人，均为涉案金额5万元以上大案。是年，在刑事诉讼监督中，依法不批准逮捕犯罪嫌疑人55人，不起诉56人，经羁押必要性审查变更强制措施10人。在侦查监督中，依法提前介入重大案件40余次，纠正违法10次，监督立案、撤案17人，追捕、追诉2人1单位。在民事审判、行政审判和行政执法监督中，发出检察建议15份，依法妥善处理相关来访60余人次。在财产刑执行监督中，督促执行财产刑13人。清理纠正审前未羁押、判实刑未交付执行等问题，监督交付执行4人、上网追逃2人。开展脱管、漏管专项检察，监督收监4人，促进社区矫正依法规范进行。

开展规范司法行为的专项整治，实时监控所有线上办理的1096件案件。严格办案工作区使用，实行同步录音录像制度。出台《涉案款物管理工作细则》规范涉案财物处理。查找职务犯罪侦查、侦查监督、公诉等不同环节的问题，落实措施整改。推进检务公开，举办第三个“检察开放日”，改版、开通官方微博、微信，依托各类信息平台，发布重大案件4件，公开法律文书520余份、案件信息1031余条。完善行贿档案查询制度，提供行贿档案查询2986人次，继续开展旁听庭审等活动。联合法院共同评查执行案卷8件。联合区纪委，在市民服务中心和各镇（街道）、园区开展为期三个月的廉政海报巡展。

【设立未成年人刑事检察办公室】 2015年，区检察院设立未成年人刑事检察办公室，专事涉案未成年人心理疏导工作。未检办建立企业、学校、社区“三位一体”帮教体系，在宁波凯亿轴承有限公司建立“新起点”未成年人观护基地，帮教涉案未成年人，帮助回归社会。是年，未检办获评市级“青少年维权岗”。

【推进律师信息互通共享】 2015年，区检察院联合公安、司法出台《关于促进律师信息共通及交流协作的意见》，建立案件信息共享机制，推进新型公、检、律关系良性互动。双向规范司法办案和律师执业，在侦查、审查逮捕等阶段听取律师意见，相互监督制约。建立数字化律师阅卷平台，实行“阅卷零等待”，自侦案件除须经许可外允许律师会见，保障律师执业权利。相关做法得到最高检肯定。

【建立羁押必要性审查机制】 8月，区检察院在全市率先出台《关于羁押必要性审查工作的实施办法（试行）》，建立羁押必要性审查机制，实行羁押审查由“办事”向“办案”转变。2015年发出变更强制措施检察建议（函）7份，均被办案单位采纳，改变强制措施后无影响诉讼的情况发生。区检察院一直重视羁押审查工作，2014年办理的一起羁押必要性审查案，入选高检院执检厅评选的十大典型案例。

【检察服务大厅投入运行】 12月初，检察院迁址庄市街道陈倪路99号，新的检察服务大厅同步投入运行。大厅内设四个综合服务窗口和律师阅卷室、远程接访室、心理疏导室、警务执勤室等，具有案件受理、律师接待、行贿犯罪档案查询、业务咨询、控申接待等对外服务功能。

检察服务大厅投入运行

【查办城管领域窝串案】 2014年下半年至2015年，区检察院集中查处城管行政执法领域职务犯罪案件9件9人（其中外部人员1件1人）。其中受贿6件6人，行贿1件1人（为非城管人员），玩忽职守、贪污1件1人，玩忽职守、受贿1件1人，涉案金额300多万元。主要集中在城市建筑垃圾运输业务监管及垃圾运输车辆执法管理两个环节。

（顾怡岚）

审　判

【概况】 2015年，区法院受理各类案件9916件，同比上升0.53%；结案8624件，同比下降4.32%，结案率86.97%；解决涉案标的47.43亿元，同比增长22.81%。一线法官人均结案193.17件。

是年，受理刑事案件626件，同比减少22.43%，结案594件，判处罪犯827人。其中，依法审结故意伤害、强奸和“两抢一盗”等严重暴力犯罪和侵犯财产犯罪案件174件268人，审结“黄赌毒”等严重妨害社会管理秩序案件58件151人。依法保障被告人诉讼权利，为161名刑事被告人指定辩护人，对其中可能判处三年以上有期徒刑而无辩护人的被告人指定辩护率为100%。

是年，受理民商事案件6154件，同比上升2.79%，结案5151件。重视以调解方式化解矛盾纠纷，民商事案件调撤率达到67.70%，位居全省法院第十二位。联合区妇联成立家事案件调解工作指导委员会，建立家事案件协同处理机制，处理家事纠纷359件，依法保护妇女儿童合法权利。公平保护各类市场主体经营权益，审结买卖、借款、租赁、建设工程等合同纠纷案件2048件。

是年，受理行政诉讼案件65件，同比增长51.16%，审结56件。其中，经协调和解原告撤诉16件，驳回原告起诉或诉讼请求30件，撤销被告行政行为4件，确认被告行政行为违法2件，其他4件。受理行政非诉审查案件83件，办结83件，其中裁定准许执行 81件，不准许执行1件，撤回申请1件。

是年，受理执行案件2988件，同比上升1.70%，结案2740件。平均执行天数32.35天，位居全省法院第一位；实际执行率54.56%，排名全省法院第十一位；实际执结标的额2亿元。惩戒拒不履行的被执行人：司法拘留37人，移送公安立案侦查1人，限制高消费1482人次，网络曝光1482人次，纳入失信被执行人名单1355人。

是年，区法院推动“阳光司法”工程建设，网上发布裁判文书8416份，官方微信推送信息32期50条。完成人民陪审员“倍增计划”，陪审员达到130名，参加审理案件1368件，普通程序案件陪审率达99.70%。组织编写《让我们的孩子远离犯罪——家庭生活中如何预防未成年人犯罪》手册，深入农村、社区，在外来务工人员中进行预防未成年人犯罪授课。法院干警在各类刊物上发表文章56篇，获奖49项。是年，区法院被评为全省“阳光司法”优秀法院、全市先进法院，立案庭被中华全国妇女联合会授予“全国巾帼文明岗”称号。

【着力维护区域金融环境秩序】 2015年，区法院多措并举，着力维护区域金融环境秩序：开展金融债权案件专项执行活动，办结金融债权执行案件207件，实现金融债权1.01亿元。召开涉金融案件审理、执行协调会议3次，推进银行不良资产处置。发布《2012—2015年涉银行业金融纠纷案件审判白皮书》，以讲课、研讨会等形式指导金融机构提高风险防范意识和化解能力。

【助推政府依法行政】 3月，区法院向区委、区政府报送《关于做好修订后的〈行政诉讼法〉贯彻实施工作的报告》，分析新法实施对依法行政带来的影响，提出对策建议。开展"新《行政诉讼法》巡回宣讲月"活动，培训各级干部670余名。

【被告人与律师同席而坐受审】 5月5日，区法院在落实被告人不穿囚服基础上，尝试被告人与律师同席而坐受审：将位于审判席对面的被告人席移至辩护人席旁边，变"四方格"庭审布局为"控辩审"的"三角形"，改变被告人在判决前就处于"受审"的不利地位。该庭审布局为全省首例，得到省高院齐奇院长批示肯定。

被告人和辩护律师同席而坐受审

【自拍首部微电影《较量》播出】 11月3日，区法院首部自编自演的微电影《较量》在腾讯视频上映，并通过官方微信向社会发布。影片根据区法院真实案例改编，讲述执行法官在与拖欠职工工资的建筑公司老板的较量中，采取夜间暗查、网络曝光等手段，最终查明公司隐匿财产，迫使老板支付欠薪，维护申请执行人合法权益和法律尊严。

（徐　静）

司法行政工作

【概况】 2015年，全区司法行政工作以贯彻党的十八届四中、五中全会精神为核心，以推进法治镇海、平安镇海建设为重点，完善区公共法律服务中心、镇（街道）公共法律服务站、村（社区）公共法律服务点三级公共法律服务体系。区司法局推进全区人民调解组织规范化建设，发挥调委会化解矛盾纠纷的作用。推进普法工作，完成"六五"普法考核验收。全区新创民主法治示范村（社区）7家，其中，市级3家，区级4家。

是年，全区各级116个人民调解委员会受理矛盾纠纷10043件，调处成功10030件，调处成功率99.9%，涉及金额14204.47万元。区法律援助中心受理、援助案件1633件，其中民事1347件、刑事285件，行政1件。接待来访法律咨询2913人次，接听并解答12348来电法律咨询2061人次。开展"追讨欠薪"专项维权，办理群体性法律援助案件29件，受援人数1113人，追讨欠薪1953.02万元。

是年，全区新增社区矫正对象214人，累计1344人，年末在册矫正对象164人。新增社区矫正对象中，缓刑195人、假释14人、暂予监外执行5人，无1人脱管、漏管。新增刑释解矫人员161人，累计在册列管期内刑释解教人员590人。帮教志愿者985人，帮教比例1:1.67。救济刑释解教人员38人次，救济金额5.14万元。

【"六五"普法通过考核验收】 2015年，全区"六五"普法通过市普法领导小组考核验收。2011年"六五"普法工作开展以来，区司法局结合“三改一拆”“五水共治”等省市重点工作，开展不同层面的专项宣传和普法活动。通过“一镇一品”工程，建成一批各具特色的法治文化广场、法治文化会所、法治文化公园、法治文化农家乐、法治文化一条街等法治文化阵地。五年中新创建各级“民主法治示范村（社区）”33个，其中，区级17个、市级10个、省级5个、国家级1个。

【社区矫正监管指挥中心落成】 7月，区社区矫正监管指挥中心在区司法行政法律服务中心落成并投入使用。中心运用信息化设备管理社区矫正人员档案，以GPS手机定位方式，实行矫正变动、短信互动、综合（指纹）报到等网上巡查和实时监控，掌握社区服刑人员行为轨迹，实现监管“人防”“技防”有机结合，保证重点社区服刑人员100%在管在控，避免脱管现象的发生。

【成立电子商务纠纷调解工作室】 10月，全市首家电子商务纠纷调解工作室“镇海区联合人民调解委员会电子商务纠纷调解工作室”在后海塘区域管委会成立。该调解室专门调处电子商贸交易平台与电子商贸交易企业之间所发生的服务纠纷、民商纠纷及其他纠纷，以解决电子商务发展中诚信体系、市场秩序不健全产生的矛盾。

【成立区公共法律服务志愿团】 3月，区公共法律服务志愿团成立，由司法行政干部、法律援助律师、公证员、专职调解员、“六五”普法讲师团、人民调解工作专家库6支队伍共210名成员组成，为各项公共法律提供志愿服务。尔后，志愿团还吸收多名律师，成立涉军、涉未成年人、涉外来务工人员的法律援助志愿者队伍。

【开展“学习宪法、尊法守法”主题教育活动】 12月，区开展“学习宪法、尊法守法”主题教育活动：20余家单位举行“弘扬宪法精神、推进法治镇海”国家宪法日大型广场宣传活动暨新任公务员宪法宣誓仪式，发放宣传资料千余份，解答法律咨询百余件；开展“我读宪法”征文活动，收到征文百余篇；印制发放《中华人民共和国宪法》手册万余册；在全区中小学、基层党员中开展不同形式的宪法宣传活动。

（王恺悦）

国家宪法日广场宣传活动

民主党派和人民团体

民主党派

【概况】 宁波市镇海区有中国国民党革命委员会、中国民主同盟、中国民主建国会、中国民主促进会、中国农工民主党、中国致公党、九三学社7个民主党派支部（总支）。2015年，党派成员251名，来自教育、卫生、金融单位、非公企业和机关事业等单位，其中担任单位中层以上职务者居多。民主党派人士中，省、市、区人大代表10人（兼任不重复计算，以下同），其中区人大常委1人；省、市、区政协委员34人，其中区政协常委9人。

表5　**各民主党派支部情况**

党派名称	成立时间	支部成员人数	负责人
民革镇海总支部	2015年12月	41	陈志红
民盟镇海总支部	2014年6月	55	胡金红
民建镇海支部	2002年6月	29	陈天云
民进镇海支部	2000年8月	28	董国军
农工党镇海支部	1986年11月	27	陆文良
致公党镇海支部	1989年10月	22	姚晨江
九三学社镇海支部	1993年11月	49	唐小明

注：人数和负责人为2015年年末情况

【民革镇海支部】 2015年发展新党员6名，共有党员41名。其中区政协委员4名、区人大代表1名。全年支部成员共提交政协提案5件，社情民意22条，其中《关于明确高新技术企业认定中职工总数标准的建议》等被省统战部录用，《建议多管齐下 确保乘坐安全电梯》被市政协录用并上报全国政协。开展“五水共治”“农产品可追溯体制”和“强化农业行政执法体系建设”等调研活动。向宁波大学2个贫困大学生捐助4000元。12月，召开支部换届暨总支部成立大会，选举新一届总支委员，下建三个支部。

【民盟镇海总支】 2015年发展新盟员2名，共有盟员55名。其中区人大代表1名、区政协委员4名，有博士1名、硕士1名、特级教师1名。开展"加入民盟为什么"等主题讨论活动，"盟员之家"在党外代表人士服务中心举行揭牌仪式，建立民盟镇海支部微信群和QQ群，定时定期推送学习内容。区"两会"期间，提交政协提案7件；18篇（件）稿件被盟省委、盟市委采用，其中《关于食药监体制改革的建议》被民盟中央采用。《打造招宝文化高地 创造城市文化品牌》在区人大十四届四次会议大会发言；承担盟市委省级社区治理调研课题，撰写《多方互动 协同治理》调研报告。

【民建镇海支部】 2015年发展新会员2人，支部成员29人，主要来自经济界和政府机关，成员中担任中层以上职务22人。会员中市政协委员1人，区人大代表1人，区政协委员7人（含1名市政协委员）。继支部成员QQ群后，又建立微信群，以及时通知会议、活动及民建各类信息。"两会"期间，提交人大建议、政协提案7件，其中《关于加快镇海新城商务楼开发建设的建议》引起众多政协委员共鸣。赴台州椒江考察当地金融环境，组织会员参加民建中央经济委员会副主任张兆安主讲的"当前经济形势与区域经济发展"专题讲座。

【民进镇海支部】 2015年发展新会员2人，因民进宁波经济支部解散转入5人，年末会员28人，主要来自教育、政府机关、民营企业。支部现有市人大常委、代表1人（兼任人大常委会副主任），区人大代表3人，区政协委员4人；有区副局长2人，中学校长2人，中学副校长2人，特级教师2名。区"两会"期间，提交《关于设立政府特别岗位解决特殊科技人才紧缺的建议》等人大建议、政协提案6件。12月，完成支部换届选举。

【农工党镇海支部】 2015年，新发展党员1名，年末党员27名，多数人从事医卫工作，有高级职称8名。党员中有市政协委员1名，区人大代表1名，区政协委员3名。8月，完成支部换届选举。支部党员向市、区政协会议提交提案6件，社情民意8条，赴桐庐县考察新农村建设。开展社区义诊服务活动6次，受益群众1200余名。支部两位党员获得农工党市委会岗位建功立业三等奖。

【致公党镇海支部】 2015年发展新党员1人，支部成员22人，为具有海外关系的代表性人士。党员中有省政协委员1名（兼任市政协委员），区政协委员6名；1人担任区人民政府副区长。全年向各级政协会议提出提案9件、社情民意25篇。其中，《关于加强我区规划管理的建议》提案，受到省、市、区各级政府和有关部门的重视。赴福建考察社会养老问题，撰写《政府购买服务在养老服务中的探索》等调研报告。

【九三学社镇海支社】 2015年发展社员2人，支社成员49人，在职成员占60%。成员中有区政协副主席1人、市人大代表1人、区人大代表1人、区政协委员3人。区"两会"期间，共提交议案、提案10余件，其中《为民治水，高度重视进村河道整治的思考》,得到有关方面肯定。参与区卫计局、庄市街道联合组织的爱国卫生月活动,推出广场健康知识宣传、义诊服务,参与环境卫生整洁行动。与江北区综合支社一起赴象山县鹤浦镇文山前村,考察当地新农村建设和农业发展情况。

(项宗剑)

宁波市镇海区总工会

【概况】 区总工会第十三届委员会由20名委员组成,设主席1名、副主席3名、常委9名。工会十三届经审委员会由5名人员组成。2015年,新组建工会36家,涵盖453家企业,新入会职工18697人。年末,全区单建基层工会数1656家、联合工会153家,覆盖企业7905家,工会会员221776人。区总工会直属工会20个,其中镇(街道)、石化经济开发区工会7个,系统工会13个。

是年,区总工会深化"工人先锋号"创建工作,区、镇(街道)两级举办"雄镇杯"职工技能比武55场,参与职工3万余人。开展"技术走亲"活动,组织"工会技师服务队"帮扶50余家企业解决难题。命名3个职工先进操作法,1家工作室获评市级劳模创新工作室。开展3年一轮的区级劳模评比,14名区级劳动模范和8个模范集体受到表彰。学习叶氏五代先进事迹,组织评选10个"职业道德建设十佳单位"和20名"十佳最美劳动者"。全区有 1个工程项目部获市重点工程立功竞赛先进集体,4人获市五一劳动奖章。

是年,区总工会策划、开展"法在我身边、法治促和谐"主题教育活动,开展50场普法宣讲,组织1万名职工参加工会劳动法律竞赛。开展以查事故隐患、保安全生产为主要内容的"安康杯"劳动保护专项行动,查找出各类安全隐患4115个。继续推进集体合同和工资集体协商,新签订企业集体合同24家,工资集体协商签订率达96.8%。发挥工会法律援助作用,区镇(街道)两级劳动调解组织调处劳动争议案件936件,达成调解协议836件。区总本级接待职工劳动法律法规咨询求助417件,免费提供法律援助32件,涉及职工经济权益982.5万元,维护职工合法权益。

【设立劳动人事争议仲裁工会派出庭】 12月,区劳动人事争议仲裁委员会工会派出庭(第一派出庭)在区工人文化宫设立。派出庭按照"统一指派、统一程序、统一归档"的模式,与镇(街道)劳动争议调解中心实现"调""裁"无缝对接,完善工会劳动争议调解仲裁工作网络和处理能力。至年末,工会派出庭审理劳动争议案件2起,调处2件,涉及职工经济权益19.53万元。

【镇海职工文化活动中心落成】 12月19日,地处骆驼街道伟峰集团内的镇海职工文化活动中心落成。中心集电影院、电子阅览室、健身舞蹈房、综合球馆等为一体,主要提供文化艺术、职工教育、体育健身等公益性服务。至年末,共举办7场活动,其中有5家公司举办年会。

【职工医疗互助保障参保人数继续位居全市第一】 2015年,全区职工医疗互助保障参保人数12.5万余人,同比增长17%,参保面达到85%,继续位居全市第一。是年，参保筹集资金743.22万元，兑付11622人次、777.46万元。收支差额34.24万元，由市总工会贴补。

【“5·1服务卡”新版换卡】 10月，区总工会启动“5·1服务卡”新版换卡，实现功能全面升级，合计换卡3万余张。新卡新增四项服务项目，可在市六区轨道交通、公交、咪表、出租车及公共自行车上使用，使用范围涉及全市商店、医院、影院、图书馆、旅游景点等81家特约商户和120个服务点。新卡还可申请“蓝领通”小额贷款。

【“五一”节前表彰一批区级劳模】 4月29日，全区召开庆祝“五一”国际劳动节暨劳动模范表彰大会，区委、区人大、区政府、区政协、石化开发区领导和各界群众800余人出席会议。区委书记薛维海讲话。14名来自各条战线的劳动模范和8家模范集体受到表彰。

劳动模范授奖

【“蓝领通”小额信用贷款项目启动】 11月，区总工会与镇海农商银行合作，推出“蓝领通”小额信用贷款项目。“蓝领通”小额贷款可为持有实名认证的“5·1服务卡”的工会会员提供小额信用贷款、会员创业创新基金贷款、会员其他贷款三类贷款项目。该项目在蛟川街道先行试点，至年末，“蓝领通”小额信用贷款2人35万元。

【召开学习叶中央先进事迹座谈会】 7月，召开全区工会系统学习叶中央先进事迹座谈会，动员全区职工学习叶中央五代坚守、百年传承的先进事迹，与会工会干部和职工代表发表感受。座谈会形成在全区职工中开展学习先进、立足本职、坚守岗位、恪尽职守的意见。

【命名3个职工先进操作法】 2015年，区总工会命名3个职工先进操作法：镇海区排水公司污水处理厂职工戴建江的城市污水管道“剂量筛查法”，区人民医院谭九根TEA TIME医患沟通法，龙赛中学何平运动技能课堂教学十法。至此，全区获各级工会命名的职工先进操作法共计32个，其中省总命名1个，市总命名5个，区总命名26个。

【评选出“职业道德建设十佳单位”】 2015年，区总工会组织评选出镇海区“职业道德建设十佳单位”，分别为镇海中学、宁波中鑫毛纺集团有限公司、镇海公安分局巡特警大队、镇海区炼化医院、镇海新闻中心骆驼广电站、招宝山街道康馨工疗站、工商银行镇海支行、邮政宁波市镇海区分公司、金丰（中国）机械工业有限公司、航标处镇海航标站七里屿灯塔。

【“镇海工会”微信号获两项大奖】 12月，在首届全国最有影响力工会新媒体论坛上，镇海区总工会官方微信公众号“镇海工会”排名全国县(市)区工会新媒体第三,获“全国最有影响力工会新媒体”“全国十佳人物宣传工会新媒体”两项大奖。“镇海工会”于6月29日试运营,下设“微”工会、“微”服务、“微”互动三大栏目,内含职场资讯、法律咨询、互动沟通、帮困解难等服务内容,结合5·1服务卡,定期推出会员普惠化服务活动。

(马凌云)

共青团宁波市镇海区委员会

【概况】 2015年,镇海团区委以团结带领全区青年助推区委“六大战略”实施为重点,履行组织青年、引导青年、服务青年、维护青少年合法权益的基本职能。推进“双网互动”和区域化团建工作,加强“两新”组织团建,新建非公企业团组织30家、新社会组织团组织6家,至年末,团区委所辖的各级团委、团支部(总支)组织1153个。全年新加入共青团组织的青年1368人,年末全区共青团员17152名。

是年,团区委开展青少年社会主义核心价值观宣传教育和实践活动,举办辩论演讲、知识竞赛、微型团课等活动130余次,评选“美德少年”。举行纪念反法西斯战争胜利70周年、建团93周年暨五四运动96周年主题活动。举办“创E 镇青春”青年创新创业思享汇,打造“青春镇海”网络互动平台,开通各级团属微信微博310个,“青春镇海”公众微信粉丝数达到3.9万余人。实施优秀蓝领青工培训开发计划,首批培训青工2000名。采取青年创业贷款、建立“慧谷青年”联盟和青年见习基地、开展青年就业创业培训等方法提升青年技能素质,促进青年创业就业。依托镇海新城青少年宫,建成区青少年综合服务平台;镇(街道)青少年综合服务站实现100%覆盖;村(社区)建成青少年综合服务站(点)248个。

【召开共青团宁波市镇海区第十七次代表大会】 8月25日,共青团宁波市镇海区召开第十七次代表大会。团区委书记作《改革引领新常态 干事创业镇青春 团结带领广大团员青年为基本建成现代化生态型港口强区贡献青春力量》工作报告。大会选举产生共青团宁波市镇海区第十七届委员会、团区委常务委员会组成人员11人,其中书记1名,副书记2名。

【促进青年就业创业】 2015年,团区委采取多项措施,促进青年就业创业:与金融机构开展合作,发放青年创业小额贷款232笔3885万元;在市大学科技园建立“慧谷青年”联盟,为青年创业就业提供技能提升、创新创业、交友娱乐、职业规划等服务;开展青年就业创业培训5780余人次,帮助840名青年实现就业;与区内职能部门、企业和社会组织合作,建立市、区两级青年见习基地四十余家,帮助青年提高技能素质。

【助推生态环境整治】 2015年,团区委组织广大青年参与生态环境整治:培训煤尘整治监督志愿者,开展煤尘监督78次;微博开设“煤尘整治监督员微记事”栏目,更新发布“微记事”31期,吸引网民浏览2.2万余次;组建青年环保社团联盟,开展“小鱼治水”专项行动,在《今日镇海》“小鱼治

环保达人开展“小鱼治水”行动

水日记”连载55期；联合区有关部门开展环保小达人、“清三河”微拍大赛，吸引1.9万余人次参加。

【开展各种志愿服务活动】 2015年，全区青年志愿服务活动蓬勃开展。“青春镇海”志愿服务驿站坚持每周六进小区开展便民服务，吸引“朝夕护足”“吾爱义剪”等青年社会组织加入，累计开展活动53场，服务群众6930余人次，品牌影响力扩大。深化青少年尊老敬老“朝夕行动”，组建服务团队39支，涵盖青少年志愿者1240名，以“微孝”为主题，为老人提供日常关爱服务；在区内青年和高校大学生中招募“九马志愿者”550余名，全方位参与九龙湖半程马拉松赛的赛事服务工作。

“青春镇海”志愿服务驿站志愿者开展健康咨询服务

【举办“镇海情”大红鹰玫瑰婚典】 2015年，团区委联合区总工会、区妇联举办2015宁波“镇海情”大红鹰玫瑰婚典，50对新人在古风婚典中体会镇海美丽风光。区长为新人证婚，区人大常委会主任主持送亲仪式。

【实施关爱青少年行动】 2015年，团区委继续推进“圆梦工程 关爱行动”，维护青少年合法权益。组织“圆梦工程”“暖阳护苗”行动和未成年人社会观护团等活动10余次，关爱帮扶青少年。继续开展流动青少年宫、爱心援教团走进外来务工人员子弟学校活动，免费培训4200余人次。发起“爱跑九龙湖 关爱困境儿童”活动，面向社会公开征集首批困难儿童30名，邀请3名爱心大使结对认领。

【推进“双网互动”和区域化团建工作】 2015年，团区委推进“双网互动”和区域化团建工作。搭建“青春镇海”网络互动平台，运用微博、微信、QQ群、手机报和网站等网络新媒体，构建“立体式”覆盖镇海区青年的24小时“服务响应体系”。全区划分团建网格312个，探索居住社区型、商圈楼宇型、商贸街区型、工业园区型和村居混合型等网格团建模式。

【发展青年社会组织】 2015年，“青春镇海”青年社会组织联盟注册成立，至年末，入驻联盟的青年社会组织8个，联系服务的青年社会组织320余个。联盟搭建青年社会组织孵化平台，至年末，成立镇(街道)级孵化站15个。

（李迪娅）

宁波市镇海区妇女联合会

【概况】 2015年，镇海区妇联工作按照年初执委会上提出的任务开展。推进基层“妇女之家”归并整合，创新妇女之家与文化礼堂相结合，镇海经验在全市农村文化礼堂妇女之家建设现场推进会上推广。全区创建成市妇女之家示范点3家、区妇女之家示范点20家，区、镇两级妇联创特色品牌项目9个。年末，全区拥有女性社会组织163家。

是年，区妇联开展美丽庭院创建、“清河护水·美丽镇海”巾帼行等活动，推出“最美”系列评选。举办各界妇女学习“爱心妈妈”刘国娟事迹座谈会、报告会，促进学做“好人”氛围形成。培育女性社会组织，首次立项9个首届妇女儿童家庭公益服务“微项目”予以资金扶持。以“提升品质·悦享书香”为主题，成立梓荫读书吧等，倡导妇女读书，开展女干部女职工及家庭“与书同行”系列讲座、捐书“漂流”等活动。成立4个家风家训传承示范点，征集治家故事、美德故事、治家格言、廉政亲情寄语，汇编《镇海最美家风》。在“三八”节、“5·15”国际家庭日期间，举办“书香伴成长”“孝德驻我家”等传家训家风亲子诵经典家庭文化活动84次、讲座179期，参与活动和培训的群众1.1万人次。编印梓荫女子系列读本10期2万册，发布信息、微博、微信1531条，全区拥有“妇联网”粉丝1627人。组织基层妇联工作者培训，86人取得资格证书。

是年，成立“镇海区女企业家爱心基金”，募集首批资金24.3万元。实施患病致困妇女“康乃馨”救助、全国福彩基金“慈妇”圆梦“三百行动”，各百余名贫困单亲母亲、家境困难儿童、离岗妇女主任共圆“微梦想”410个，获慰问金15.8万元。推进妇女健康促进工程，3.4万名户籍妇女接受妇女病普查和“两癌”筛查。对“两癌”患病妇女开展个案心理咨询、团队心理辅导。继续推进反家暴等妇女儿童维权工作，开展“律师普法进妇女之家”活动，化解40余对闹离婚夫妻的矛盾，接待处理妇女、家庭信访62件。各级妇联“六一”慰问学校61所。

是年，区妇联在全市率先实施“e时代巾帼创业创新三年行动计划”，成立区巾帼创业创新实践基地3个，建立“镇海区巾帼电子商务创业创新实践基地”，为3000多名创业女性提供信息、培训和科技服务。联合镇海农商银行推出每年发放“巾帼助创通”小额贴息贷款资金200万元，助推妇女创业。成立巾帼家政公益服务联盟，继续推动“镇海月嫂”巾帼家政服务品牌建设。举办各类家政服务培训班10期，共409名妇女参训，198人获得证书。制作“镇海月嫂”宣传资料2000份和实务培训操作光盘380份。女企业家联谊会举办企业管理论坛、经济政策解析会，学习考察金丰公司信息化管理经验。

【开展美丽庭院创建活动】 2015年，各级妇联开展美丽庭院创建活动，组织家庭和妇女参与美丽创建、志愿服务两大行动。发放家庭护绿倡议书，召开绿化经验交流会，成立家庭绿化指导服务队，举办家庭绿化盆景展等，营造人人护绿、家家扬绿氛围。是年，树立“美丽庭院”示范户（楼）244个、精品户（楼）104个。

妇女干部参观美丽庭院示范户

【开展"清河护水"巾帼行活动】 2015年，区妇联开展"清河护水·美丽镇海"巾帼行主题系列活动。全区成立84支巾帼志愿护水队，志愿者1345人。设定每月10日为巾帼护水日，以各镇(街道)为护水区域建立巾帼护水岗，开展河道漂浮物清理、沿河垃圾清扫、河边绿化美化等护水行动160次。

【推进家庭科学教子】 2015年，区妇联倡导并推进家庭科学教子：依托全国、市、区家庭教育讲师团，开展"家庭教育大篷车"进基层活动，举办家庭教育讲座43场，受教育家长3403人次。在宁波帮博物馆建立家庭教育亲子实践基地，组织6场轻陶泥、帆船、笔筒等亲子手工制作活动，有200个家庭参加。依托母亲素养工程实践基地，继续推进0~3岁早期家庭教育工作。在精英小学开展家庭教育创新试点课题展示，对外来务工人员家庭进行子女教育。举办亲子阅读PK赛、"树袋熊"故事会、科学启蒙流动课堂等10场活动，推进"悦享书香"亲子阅读。组织450名儿童200名家长参观宁波科技馆科学探索展览、212名儿童参加育乐湾职业体验，推进"悦享亲情"亲子实践。

【开展"最美"评选活动】 5月，以"家和万事兴"为主题，在广告栏、宣传栏进行"最美"系列主题宣传红五月活动。发放倡议书万份，掀起寻、学、评"最美家庭""最美女性""最美家风"活动。利用报纸、微信平台宣传展示"最美家庭"20户。是年，区内有1名女性获助人为乐"中国好人"，1户家庭获全国"最美家庭"提名奖，2户家庭荣获省"最美家庭"称号，100户家庭获评星级绿色家庭。

【扶持巾帼创业创新示范基地7个】 2015年，区妇联培育和扶持农家乐、"妇字号"来料加工基地等7个女性创业户为区巾帼创业创新示范基地，发放扶持资金10万元。是年，成立巾帼创业创新实践基地3个，九龙湖镇成立"九龙巧妇"农嫂俱乐部，为创业妇女搭建交流、学习平台，促进全区妇女创业创新。

【继续打造巾帼家政服务联盟】 2015年，区妇联依托"雄镇巧妇"实践基地，成立巾帼家政公益服务联盟，推进全区家政服务培训规范化建设。制作下发"镇海月嫂"宣传资料2000份、实务培训操作光盘380份，继续打造"镇海月嫂""海田阿姨""亲亲580"等巾帼家政服务品牌。是年，镇、街道妇联举办各类家政服务培训班10期，参训妇女409人，获"月子保姆"、家政服务员等证书198人。

【9个公益服务"微项目"立项】 11月，区首届妇女儿童家庭公益服务9个"微项目"创投签约，创投总额12.92万元，先期50%计6.46万元项目资金拨付到位。"两癌"妇女心健康关护、亲子经典诵读等"微项

目”,经筛选和专家评审立项,旨在培育发展服务妇女儿童和家庭的公益服务体系。

【劝和40余对闹离婚夫妇】 2015年,离婚劝和工作室着力婚姻家庭纠纷调解,劝和40余对闹离婚夫妇。是年,区妇联成立家事案件调解工作指导委员会,联合区法院建立家事案件审理工作机制,健全“大阿姐调解”运作机制,加强妇女维权工作。

（施　虹）

宁波市镇海区工商业联合会

【概况】 2015年,区工商联围绕中心,强化服务,推动非公经济健康发展。引导和组织工商联界别政协委员深入实际调研,撰写提案,完成《提振企业家信心 助推实体经济发展》调研。开展“教授/博士进商会(民企)”等调研和走访、帮扶、招商“三大行动”。密切与会员企业的联系,协调解决企业反映的困难、问题。会同检验检疫部门开展紧固件企业原产地证频遭退证查验问题的调研,研讨应对措施,签订《关于创建技术贸易综合服务合作机制备忘录》,帮助企业提升管理水平和产品质量,规避技术贸易壁垒影响。与区新闻中心合力打造《甬商·纵横》网络宣传平台,展示甬商智慧发展成果。邀请市工商联、高等院校、智库会和互联网专家组成联合课题组走进骆驼商会,召开“互联网+先进制造业”创新模式研讨会。与《南都周刊》《宁波商帮》共同举办“互联网+”名家论坛。保持与外地商会的友好往来与交流,相互学习借鉴工作经验。组织近20名“创二代”考察北仑海伯精密机械公司和吉利汽车北仑生产基地。

在全区非公企业中开展“守法诚信”为主题的理想信念教育实践活动,通过举办主题党课、“镇商好故事”网络直播、“微宣讲”等活动和创建党建示范基地,引导非公经济人士成为社会主义核心价值观践行者、镇商精神传承者。7家爱心商会、2家创二代联谊会与10个志愿服务团队签订《商会公益+志愿服务项目共建协议书》,履行商会企业的社会责任。20多家会员企业参加区统一战线践行社会主义核心价值观广场活动,爱心义卖所得1.1万余元捐区慈善总会。省道德模范、商界人士刘国娟携骆驼商会创二代与骆驼敬老院老人共度中秋。庄市商会一如既往开展助学活动。

是年6月,骆驼商会新建企业(党员)服务中心,提升服务会员企业的水平。8月,在骆驼商会召开的全市商会协会承接政府职能转移工作座谈会上,骆驼商会和区紧固件行业协会交流经验,受到市工商联肯定。11月,招宝山商会企业转贷互助资金成立。骆驼商会创建成省工商联规范化建设示范商会,蛟川商会创建成市示范商会。

【开展企业融资服务】 2015年,全区5家商会企业转贷互助资金为355家企业转贷1055次,转贷金额30.28亿元。区联合担保公司为30多家企业融资担保及自有资金投资约2.3亿元。小微企业互助促进会①“提款”户数413户,“提款”总额最多

①小微企业互助促进会:成立于2013年9月,是由区工商联、民生银行镇海支行、市小微企业互助服务有限公司共同发起成立的社会团体,为区内小微企业融资服务。

时达4.02亿元。区工商联与工商银行签订面向中小微企业融资5亿元的合作协议，对接建设银行面向小微企业推出“城乡小额贷—甬商贷”产品。

【成立商会法律服务中心】 8月，区工商联（总商会）法律服务中心成立，下属8个商（协）会法律服务中心（站）同时成立，镇海成为全市首个基层商会（协会）法律服务全覆盖的地区。中心搭建法律沟通、联系平台，聘请浙江同舟律师事务所为顾问单位，建立健全联系制度和协作办法，打造会员企业法律需求“直通车”。至年末，9个法律服务中心（站）共接待咨询200余人次，代理诉讼案件10余起，涉案标的5600多万元，挽回损失1000多万元。

商（协）会法律服务中心（站）授牌仪式

【商会开展人民调解工作】 8月，区紧固件行业协会人民调解委员会成立，全区商会调解委员会2家。其中，2014年全区首家成立、列入市首批示范点的骆驼商会人民调解委员会，在2015年受理纠纷48个，调解成功45个，调解标的金额59.8万元。

（虞春娜）

宁波市镇海区残疾人联合会

【概况】 2015年，全区新增残疾人610人，累计7206人。其中，肢体残疾3805人，言语听力残疾1178人，视力残疾701人，精神残疾844人，智力残疾556人，多重残疾122人。

是年，区残联对1210名纳入低保、基本生活保障范围的残疾人发放生活保障金610万元。对800余名男满60周岁女满50周岁、收入较低残疾人，给予每月100元的生活补助，补助金额100万元。向52名原违法运行的残疾车主发放生活补助5万元、社会保险补助27.11万元。向255名残疾学生和残疾人子女，提供助学补助50万元。临时救助300名贫困残疾人家庭39万元，补助43名安置在绿化、保洁等岗位的残疾人26.1万元，补助552名参加养老保险或一次性补缴养老保险的残疾人206万元，补助1712名三、四级残疾人医疗费158.82万元，补助11名申请省爱心助残特殊救助的残疾人13万元，为552名参加养老保险或一次性补缴养老保险的残疾人提供补助206万元。走访慰问贫困残疾人500余户，发放慰问金20万元。

是年，实施残疾人白内障复明手术等阳光品质康复工程项目24个，1793名贫困残疾人得到康复救助和免费康复服务。残疾人康复服务指导中心举办康复培训班12次，开展115次康复服务活动，为1000余名残疾人进行康复服务。全区用于残疾人康复的资金190万元。庄市街道万事徐社区康复站创建成为省康复示范站。

是年，区残联开展一系列活动：爱耳

日举行安全用耳广场宣传活动和听力知识讲座。助残日举办慈善阳光助残广场活动，启动爱心助残“送干爽行动”①公益项目，开展残疾人工疗产品认购和“微心愿”②认领。举办“慈善杯”残疾人文艺会演。承办省市2015年世界精神卫生日活动。

【新增103名残疾人就业】 2015年，全区残疾人就业103人。其中，按比例就业（指按单位职工总数1.5%比例安排就业）25人，福利企业安排就业28人，自谋职业14人，居家灵活就业14人，扶贫基地就业14人，公益性岗位就业8人，完成就业任务指标的120%。区残联组织160多名残疾人参加省、市、区残疾人职业技能和实用技术培训，输送9名残疾人工作者参加国家就业指导员培训。

【7个残疾人工疗站建成投运】 9月底前，全区7个残疾人工疗站全部建成并投入运行，204名智障残疾人参加手工劳作治疗。其中，招宝山街道康馨工疗站申请注册“福儿梦”商标。“智障工疗站建设”为区政府2015年实事工程项目，具有智障残疾人康复、教育、托养等功能。区残联会同有关部门出台《镇海区残疾人工疗站建设运行规范》及其考核办法，对工疗对象、建设要求、安全措施、运行管理等作出规定。

【开展“康复进家庭”服务活动】 自2014年12月起，区残联联合区卫生局启动“康复进家庭”服务活动，为符合条件且本人有康复需求的“三瘫一截”（指偏瘫、截瘫、脑瘫和截肢）和骨关节疾患的病残者提供康复服务。2015年，全区列入康复进家庭的服务对象22名，区康复督导服务组和镇、街道康复指导服务组编发康复知识丛书，向服务对象配发价值1.5万元的四角拐杖、助行器、轮椅等康复器具15件，设置无障碍设施，开展入户训练指导、中期效果跟踪和末期成效评估。年末，16名已完成评估的对象康复效果良好。

【开展多项残疾人体育比赛】 2015年，区残体协继续依托企业冠名的模式，开展跳棋比赛、第二届“航海杯”门球比赛、“海达杯”特奥趣味运动会、“金点杯”残疾人羽毛球赛、“玻璃杯”残疾人飞镖比赛、“中平杯”健身走比赛等残疾人体育活动。参赛500余人。

“金点杯”残疾人羽毛球赛

①“送干爽行动”：指为长期卧床或其他需要清洁护理的各类残疾人捐赠卫生护垫。

②“微心愿”：指残疾人的微小心愿通过媒体发出，由爱心人士及单位出资购买“心愿”所需物品等，再由残疾人认领的活动。

【张路在残运会获金牌】 4月，镇海残疾人运动员张路在全国第九届残疾人运动会暨第六届特殊奥林匹克运动会上，荣获女子个人复合弓W1级淘汰赛金牌、女子个人复合弓W1级双轮赛银牌，并成为复合弓混合团体W1级的金牌获得者。实现镇海籍残疾人运动员在全国残运会上金牌“零的突破”。

【残疾人职业技能大赛获佳绩】 12月，在2015年度宁波市残疾人职业技能大赛上，镇海区选送的参赛残疾人在美甲和编织比赛中取得第一名，另有2个残疾人获得第二名。

（殷晓华）

宁波市镇海区红十字会

【概况】 2015年，区内新成立3家学校红十字会、10个村（社区）红十字会员小组。年末，全区学校红十字会28个，红十字会员小组34个，招宝山街道、澥浦镇实现村（社区）红十字会员小组全覆盖。

是年，红十字募集款物82.8万元，其中，镇（街道）和村（社区）募集捐款32.3万元，爱心单位和个人捐赠款物50.5万元。博爱基金救助682人40.7万元。新建“博爱慈善阳光基金”，救助2人4万元。由LG甬兴化工捐资30万元设立的“博爱天使基金”，帮助1名先天性心脏病患儿完成手术，使之成为2010年基金成立以来第10位受益患儿。区红十字会举办救护员培训43期，培训2050人；举办救护知识普及培训91期，培训11030人次。举办首届红十字应急救援技能比赛，编制发放《化工急救手册》和《心理健康手册》1万册。新建500平方米备灾救灾仓库。

是年，全区新增造血干细胞捐献志愿者86人，累计654人；新增器官捐献登记6例，累计24例；新增遗体（角膜）捐献登记17例，累计91例。4名区籍和流动人员去世后捐献肝脏和双肾，移植到患者身上，1名区籍去世老人捐献遗体供医学教研使用。

【举办首届红十字应急救援技能比赛】 9月，区首届红十字应急救援技能比赛在镇海新城市民广场举行，比赛设橡皮艇物资运输、抽水机排水、油桶灭火、伤员搬运、发电机发电及救灾帐篷搭建6个项目，来自各镇（街道）及化工企业的15支救援队共90人参赛。经过半天角逐，镇海炼化获团体技能比赛一等奖。

【成立博爱慈善阳光基金】 9月，区红十字会与区慈善总会共同建立“博爱慈善阳光基金”。该基金规模100万元，当年到位资金10万元，计划2016—2018年每年到位30万元。基金专项用于救助区内因器官（角膜）移植、患白血病等重特大疾病引发生活困难的人群。当年救助2人4万元。

【召开第六次会员代表大会】 9月7日，镇海区红十字会第六次会员代表大会召开。会议总结区红十字会第五届理事会5年以来工作，选举产生由55人组成的新一届理事会。聘请区委书记、区政府区长为名誉会长。

【海天户外救援队参加抗台】 9月29日，台风“杜鹃”影响全区。区红十字会海天户外救援队20人分赴区内灾情严重地，投入转移群众、抢救物资等抗台。12支村（社区）红十字赈灾救援小分队活跃在救灾一线。

（陈彦翰）

宁波市镇海区关心下一代工作委员会

【概况】 2015年，全区关心下一代工作以培育和践行社会主义核心价值观为目标，营造青少年健康成长的良好环境，为促进青少年成长、成才、成功服务。

是年，区关工委宣讲团深入学校、社区、农村，举办青少年“三爱”(爱学习、爱劳动、爱祖国)、法治、励志、心理健康等各类宣传教育讲座74场次，受教育青少年12446人次。关爱工作团开展挽救失足未成年人的教育、感化工作，结对帮教失足未成年人20名，受理司法机关委托的社会观护工作89件次，涉及未成年犯33名。文化市场“五老”义务监督队按区域分组，亮证监督网吧等文化市场400余家次，劝导和制止不利于青少年健康成长的经营违规行为。区关工委联合区民政局在“六一”前夕实施“关爱春苗”特别行动，出资5万元资助100名孤儿及经济困难的单亲家庭子女。基层关工委在清明前后开展革命传统教育活动，在暑假期间开展“法治伴我行，‘三爱’见行动”校外教育活动，受教育青少年40000余人次。打造“学生开心、家长称心、社会放心”的“三心”假日学校，暑期中有98所假日学校开展活动，参加教学与管理的各类志愿者1306人。

【顾秀莲考察社区关心下一代工作】 5月20日，全国人大常委会原副委员长、中国关工委主任顾秀莲到骆驼街道南一社区，实地考察城乡接合部社区关心下一代工作。她称赞社区关工委“工作好、管理好、活动好、办法好、效果好、经验好”，关心下一代工作有载体和内涵，特色鲜明。

【开展纪念抗战胜利七十周年教育活动】 8月，区关工委联合区教育局等部门，开展纪念抗战胜利七十周年教育活动：举行“镇海区老少纪念抗战胜利七十周年”座谈会，老同志向青少年讲述抗战历史及英烈事迹，青少年表达努力学习、报效祖国的决心；组织青少年参观学习“中国美术学院师生校友抗战主题美术作品展”，感受艺术正能量。

青少年参观抗战主题美术作品展

【开展青少年法治教育活动】 2015年，区关工委联合区有关部门，开展青少年“法在我心中，法治促成长”主题教育活动：编印、下发《“法在我心中，法治促成长”主题教育活动学习资料》200份，举行“关爱明天，普法先行”法治宣传咨询广场活动，举办“学法知法守法，法治促我成长”青少年法律知识竞赛，引导青少年学法、知法、守法，增强法治观念。

(余维静)

宁波市镇海区科学技术协会

【概况】 2015年，区科学技术协会下属6个镇(街道)科协和21个区级学会(协会)，全区93个村(社区)都成立科普分会和科普志愿者服务站。是年，西电宁波产业园科协成立，全区企业科协总数达16家。各级科协坚持服务经济、服务科普、服务科技人员和加强科协自身建设“三服务一加强”工作定位，为经济转型、科技创新做贡献。

是年，区科协参与国家级学会引智工作，组织、协助举办各类学术交流活动，完成“公民科学素质”镇海区调查，实施五类重点人群科学素质提升行动。推动区税务学会、老科技工作者协会、癌症康复协会等5家AAAA级以上学会承接政府转移职能。组织科技工作者开展课题调研31项，交流论文86篇，向区委、区政府提交建言11篇，获区主要领导批示10条。继续打造“科学·茶座”沙龙，开展“日日有咖啡、周周有沙龙、月月有思享汇”等学术交流活动76次。完成第四批科普大使聘任，聘任的科普大使达30名。举办三期科技创新能力提升研修班，培训科技人员160人。核准工程系列中级职称申报材料157份，推荐高级职称48人。评选2013—2014年度区级优秀自然科学论文24篇。组织“科技活动周”广场活动、区第二届幼儿“七巧科技”创意拼图大奖赛，举办科普讲座10余场、科普知识竞赛20余场次，参与活动人数近万人次。在市公民科学素质知识网络竞赛中，镇海获奖人数列各县市区第二。开展以自然环境、食品安全、环保化工、工业设计为主题的科普宣传，联合媒体举办公民科学素质知识“微竞猜”互动活动，参与人数超过6000人次。区科协连续第三年获全省科协工作先进单位。

【加强与上级学会对接交流】 2015年，区科协参与学会引智工作，一批国家级学会到访镇海、参与对接服务：镇海装备制造产业协作联盟与中国机械工程学会工业设计分会签署协议，成立区内首家国家级学会服务站；在全国学会专家镇海行活动中，中国机械工程学会工业设计分会、铸造分会、自动化学会专家对接企业，指导服务；九龙湖紧固件企业与国家级学会开展合作；中国电子学会宁波行活动中，专家到镇海考察。

【包为民院士工作站建立】 10月，西安电子科技大学宁波信息技术研究院包为民院士工作站授牌，全区院士工作站达到6家。包为民是中国科学院院士，从事航天运载器及控制系统领域的研究。是年，“院士镇海行”等活动，先后有汪燮卿、顾玉东、陈恕行等7位院士到访镇海，开展学术交流，指导、帮助企业解决技术难题。

【举办各类学术交流活动】 2015年，区举办各类学术交流活动，其中，具一定规模和影响力的有：2015中国(宁波)“创新设计”高峰论坛暨第十届“镇海杯”国际创新设计大赛颁奖仪式、“全国周围神经损伤诊治与手外科新技术国家级继续医学教育学习班”和“2015中国手外科论坛”。

【多家农业企业获评科普示范和先进】 2015年，庄市街道繁荣瓜果蔬菜试验示范场被评为国家级科普示范基地。是年，科奥农业、康得助农庄获评市级基层科普行动计划先进单位。

【具备科学素养的居民占比10%】 2015年，区科协完成2015年“浙江省公民科学素质调查”镇海区的调查工作。调查显示，全区具备科学素养的居民比例达10.42%，远高于6.2%的全国平均水平。制订《全民科学素质行动计划纲要》年度工作要点，推进科普各项工作。

【开展五类重点人群科学素质提升行动】 2015年，区科协开展未成年人、农民、城镇劳动者、城镇居民、领导干部和公务员五类重点人群科学素质提升行动：激发未成年人创新热情，组织第五届青少年科技创新大赛、区中小学生科普征文大赛、青少年科技体育竞赛活动三项大赛，开展青少年科学嘉年华、科技新苗培养计划等活动，编印《2013—2014年镇海区青少年优秀科普征文集》，举办中美科普连线活动“骨关节置换手术现场直播”，开展地震科普知识校园巡展活动等。科技培训推进农民实用技能提升，开办种植技术培训20余场，组织农函大培训27班，实施普网工程培训1300人。编发自然环境、食品安全、应急救护科普简报3期，发放3万份。会同区流管办推出《镇海区流动人员积分制申请优质科普体验项目操作办法（试行）》。开展“百场科普报告进企业”“讲理想、比贡献”等活动，邀请3名教授作北斗卫星导航系统讲座。

【各级科普教育基地开展各类科普活动】 2015年，全区12家科普基地开展科学普及活动：海防馆举办“航海日”科普展活动，宁波帮博物馆举办“指南针·青少年探索体验活动”，区图书馆举办“树袋熊科普动手少儿”等活动。是年，7家基地通过2011—2015年度宁波市科普教育基地综合评估和认定。区防空博览园、区图书馆新认定为省、市级科普教育基地。胜利路社区、海防馆、宁波帮博物馆获市科协科普项目立项资助。

【吴祖泽获小行星命名】 11月，解放军军事医学科学院在京举行“吴祖泽星”命名仪式。镇海籍院士吴祖泽获小行星命名之际，区委、区政府、区科协第一时间发去贺信祝贺。吴祖泽系中科院院士、军事医学科学院研究员，中国实验血液学研究的先驱，被誉为“中国造血干细胞之父”。

（周德敏）

宁波市镇海区文学艺术界联合会

【概况】 2015年，区文学艺术界联合会有团体会员12家，其中专业协会10家，基本涵盖各个艺术领域；另有高校分会2家，街道文联1家。区文联专业协会会员人数700余名，其中，国家级文艺家协会会员32名，省级90名。全年发表（展出）、获奖作品400余部（件），其中，获省、市级奖项150余部（件）。是年，区文联组织“送欢乐·下基层”“藏画于民·书画惠民”等文艺活动10余场；举办“纪念抗日战争胜利70周年”书画作品展等美术、书法、摄影作品展示活动20余场。开展《镇海潮》春季笔会，儿童长篇小说《你好，年少时光》改稿会，摄影、书画研讨会，创作笔会等活动30余场。

【成立区互联网文化协会】 11月18日，镇海区互联网文化协会成立大会在镇海培菊图书馆举行。协会将发挥社会组织行业自律、网络秩序维护作用，促进互联网文化事业健康向上、互联网文化产业发展。

【李浙东摄影工作室揭牌】 9月29日，在镇海吴杰故居内“李浙东摄影艺术工作室”揭牌，并举行《凡人凡影——李浙东摄影集》首发式。李浙东是区摄影协会主席，退休后创办的工作室开展摄影创作工作，指导、带领中青年摄影工作者、爱好者创作摄影艺术作品。

【召开儿童长篇小说《你好，年少时光》审稿会】 8月，儿童长篇小说《你好，年少时光》审稿会召开，省、市、区专家为镇海儿童文学作家袁晓君的新作《你好，年少时光》“号脉开方”、研讨打磨。该小说是一部少年心灵成长小说，讲述两个少年探寻和发现生命意义的故事，唤起青少年对生命尊重和敬畏。

（袁贤君）

社团登记

【概况】 2015年，全区新登记社会组织50家。年末，区民政局登记在册的社会组织342家，镇街道备案造册的基层社会组织1162家，每万人拥有的社会组织数达35.06家。区社会组织公益服务中心二期建成，6个镇街道社会组织服务中心建成，19个社区建成社会组织服务站。

【完成社会组织评估】 2015年年底，区民政局完成全区社会组织评估，14家社会组织获星级称号。其中AAAAA级社会组织2家、AAAA级4家、AAA级5家，AA级3家，评估等级有效期5年。有效期内，AAA以上的社会组织可优先接受政府职能转移、购买服务，享受政府公益性捐赠税前扣除等有关政策。AAAA以上可获资金奖励和年度免检。是年，社会组织评估体系调整，新增体育类社会团体和民政事业类民办非企业单位两类社会组织，提高制度、党建、业务及诚信等指标评分比重。

【区社会组织公益服务中心二期启用】 8月，地处沿江东路618号、建筑面积3000平方米的区社会组织公益服务中心二期投入使用。中心各项设施和制度不断完善，对基层社会组织的孵化带动、示范引领作用凸显。年底，中心入驻团队28家，开展志愿服务洽谈会、“爱心集市”、新媒体运营培训班等各类活动140余场，服务群众上万人次。

【推动社会组织发展】 2015年，全区以社会组织“扩面、提质、增效”为目标，采取建设社会组织公益服务中心(站)、建立服务项目“购买+补助”机制等措施，推动社会组织发展。全年新登记社会组织50家(社团20家，“民非”30家)，增幅17.12%。

【首次开展政府购买服务资质认定】 7月，区民政局首次开展社会组织接纳政府职能转移和购买服务的资质认定。经申报、审核并公示，核定29家社会组织具备资质。

（黄超梅　赵　彬）

农 业

综 述

2015年，镇海区农业以现代农业园区建设、蔬菜应急保障基地建设、新型经营主体培育、品牌品质提升、休闲渔业发展、种畜禽能力建设六大主线为重点，以“生态、高效、保障、安全”为目标，按照“一带三区五基地”的产业布局，加快农业产业化发展。继续建设粮食功能区，巩固“森林镇海”成果，推进“五水共治”和“治水强基”，努力实现农业增效、农民增收。

是年，全区实现农林牧渔业总产值11.33亿元，同比增长1.4%。总产值中，种植农业产值占比81.2%，主要由粮食4443万元、蔬菜29780万元，花卉园艺34173万元、水果12869万元构成。林业主要为生态建设服务，产值占比仅为2.9%。牧业产值占比11.7%，主要由生猪养殖3093万元、家禽饲养1429万元和活畜禽产品3010万元构成。渔业产值占比最小，仅为1.2%，以淡水养殖为主。

表6　2014—2015年全区农业产值对比情况

单位：万元

项目/年份	农业	林业	畜牧业	渔业	农林牧渔服务业	农林畜渔业合计
2014年	87016	2600	17304	1775	3025	111720
2015年	92229	3243	13264	1361	3208	113305

农业经营方式和产业化

【概况】 2015年，区农业局按照“一带三区五基地”定位，巩固生态林带建设成果，加大粮食功能区、现代农业产业园区、生态农业休闲区“三区”投入，推进葡萄、草莓、蔬菜、花卉、淡水养殖“五基地”建设，完成农业产业化项目36个。

继续推进农业经营方式转变，重新认定2013年之前认定的区级农业龙头企业14家，在企业申报、镇（街道）推荐和审核基础上，新认定1家公司、1家农场为区级农业龙头企业，新增家庭农场11家。至年底，全区拥有市、区两级龙头企业16家，年销售额达5.52亿元；家庭农场145

家，从业人员763人；农民专业合作社67家，其中国家级农民专业合作社1家，市级规范性合作社11家；农家乐休闲旅游点30个，其中市级农家乐示范点8个。全区拥有种植1.33公顷以上的种粮大户263户、葡萄专业户46户，年出栏50头以上生猪的规模养殖户77户，年出栏2000只以上的肉禽规模养殖场51家。形成以农业企业和大农场为龙头，家庭农场、农民专业合作社和种养殖大户为补充的专业化、规模化农业经营方式。“龙头企业+基地+农户”经营体系向“中介组织+农户”“农业科技机构+农户”“农产品市场+农户”等多样化合作形式并存转变，有分工有合作的生产、加工、营销、科研农业产业化经营体系在政府指导服务、市场“磨合”运行下发展。农业产业向休闲、绿色、生态方向发展。

表7　**2015年农业龙头企业生产经营情况**

企业名称	经营类型	主营产品	资产总额（万元）	销售额（万元）	备注
宁波海龙罐头食品有限公司	加工基地型	糖水橘子罐头、糖水黄桃罐头	5400	5019	市级龙头（2002年）
宁波启盛生物食品发展有限公司	加工基地型	水煮笋	9413	6885	市级龙头（2007年）
宁波飞洪生态农业发展有限公司	加工基地型	精品蔬菜	4465	4977	市级龙头（2007年）
宁波市巨高兔业发展有限公司	种子种苗型	浙系长毛兔、美系獭兔	13143	7125	市级龙头（2010年）
宁波市镇海德信兔毛加工厂	加工基地型	兔毛、兔绒产品	5015	4650	市级龙头（2012年）
宁波甬洋食品有限公司	加工基地型	虾仁、宠物食品	5340	3142	市级龙头（2004年）
浙江青青实业有限公司	加工基地型	南北干货、食用菌、蜜饯、炒货	2800	3300	市级龙头（2008年）
宁波佳绿食品有限公司	加工基地型	冷冻蔬菜	2017	1089	区级龙头
宁波市镇海江南家禽育种有限公司	种子种苗型	青壳系列鸭蛋、鸭苗	401	440	区级龙头
宁波花无缺花木有限公司	加工基地型	花卉、盆景、绿化苗木	11951	3086	区级龙头
宁波合一生态农业开发有限公司	加工基地型	草莓、苗木	1121	2093	区级龙头
宁波天一家饰用品有限公司	加工基地型	藤席、草席、保健枕	332	532	区级龙头
宁波北大荒物流集团股份有限公司	市场流通型	五谷杂粮、食用菌、豆油	234688	9697	区级龙头
宁波市镇海九龙湖种苗培育有限公司	种子种苗型	花卉种苗、水稻、蔬菜种苗	1142	945	区级龙头
宁波市镇海绿安菜篮子配送有限公司	市场流通型	蔬菜、水果、生鲜肉、豆油	970	1700	区级龙头
宁波市镇海繁荣瓜果蔬菜试验示范场	种子种苗型	小西瓜、葡萄、蔬菜	1943	574	区级龙头

【实施36个农业产业化项目】 2015年，区农业局实施农业产业化项目36个，带动投资5400余万元。涉及农田基础设施建设、新品种新技术引进、生产设施提升等。其中较大项目有：万润休闲农场建设、万亩粮食基地基础设施建设（觉渡、清水湖、田杨陈）。年内大部分项目竣工。

【推进粮食功能区土地流转】 2015年，区农业局实施粮食功能核心区土地流转三年（2015—2017）行动，将农户自行耕作或分散转包的二轮承包土地经营权先流转给村经济合作社，再由村社统一转租给承租人从事粮食生产，以提升粮食功能区规模化、集约化、专业化发展水平。是年，流转土地161.2公顷，其中田杨陈村41.3公顷、觉渡村65.2公顷、清水湖村54.7公顷。土地流出农户享受3500元/亩的社会保险补贴。

【新增2家区级龙头企业】 6月，区农业局评定绿安菜篮子配送有限公司、繁荣瓜果蔬菜试验示范场为区级农业龙头企业。绿安公司注册资金1000万元，建有蔬菜肉类保鲜库1500立方米，冷藏库2000立方米，设蔬菜加工、肉类分割、水产加工3个车间。2015年销售区内生产的蔬菜104吨。繁荣试验场种植规模113.3公顷，建有大棚智能喷滴管系统、智能喷滴灌控制室、测土配方实验室、保鲜冷库等。主要种植小西瓜（拿比特）、美国红提、镇红一号葡萄、日本小青菜、白玉春萝卜等农产品。2015年瓜果产量390余万千克、蔬菜1200余万千克。

蔬果试验场草莓长势良好

【2家农民专业合作社通过提质项目验收】 10月，镇海绿丰农产品专业合作社、大丰蔬菜专业合作社通过市级合作社提质项目验收。绿丰合作社有社员140名，主要从事蔬菜水果种植，2015年投资105万元，用于购置农残检测仪器、配送车和冷库建造。大丰合作社有社员88名，主要从事蔬菜种植，2015投资52.6万元，购置配送车、农产品初加工和包装设备、农残检测仪，建设低温冷库。

【15家家庭农场获评示范性家庭农场】 2015年，开展区示范性家庭农场创建评选，按照区农业局制定出台的《关于开展镇海区示范性家庭农场评选工作的通知》文件，在业主申报、镇（街道）推荐和区验收并公示基础上，认定13家区级示范性家庭农场。是年，至源家庭农场、家圆家庭农场被评为市级示范性家庭农场。至年底，全区拥有各级示范性家庭农场为：省级2家、市级7家、区级13家。22家农场年销售农产品1.6亿元。

【2015年浙江迎春花展在花木世界举行】 1月31日—2月15日，由省花卉协会、市林

业局和区政府联合主办的2015年浙江迎春花展在骆驼街道的宁波花木世界举行。展区面积8万平方米，由3个馆内外展示区、2个馆内外展销区组成，60余户商家参加展示、展销，参展花卉近200种。吸引观赏、购买市民3万余人次，销售额约350万元。

农业科技

【概况】 2015年，区农业局推进传统农业与高新技术的结合，继续科技兴农。开展“三品一标”认证，推广节水灌溉，首次进行无人机统防统治作业。是年，3个种养殖基地通过无公害产地认证，2家市农业龙头企业完成技改项目。

【2家市级农业龙头企业完成技改项目】 2015年，启盛生物食品发展有限公司投资251万元、海龙罐头食品有限公司投资238万元，完成机器换人、节能环保等技改。两家公司分别获市区两级补助28.56万元、30.14万元。

【3家种养殖基地获无公害产地认证】 12月，镇海阿四农场的桃子、骆驼冯记家禽养殖场的活鸡和骆驼至源生态农场的稻谷，经市农产品安全工作协调小组办公室审核，符合无公害农产品产地相关标准，被认定为市无公害农产品产地。至2015年年底，全区无公害蔬菜、水果基地达到22家。

【首次实行无人机统防统治作业】 9月，区内金泰惠多利植保专业合作社，利用无人机对粮食功能区0.67公顷晚稻进行统防统治作业。是为区农业技术总站首次推广无人机喷药。

【完成5个农业节水灌溉工程】 2015年，区农业局继续推广节水灌溉，验收通过应用微灌技术高效节水项目5个，合计灌溉面积34.7公顷：澥浦海田蔬菜专业合作社投资24.5万元，新增节水灌溉面积8公顷；九龙湖镇滴翠园农场、科奥农业技术有限公司分别投资18万元、23万元，新增节水面积6.7公顷；庄市街道繁荣瓜果蔬菜试验示范场、光明新丰绿色农场分别投资29.5万元、31.3万元，新增节水面积7.3公顷、6公顷。

农业管理与服务

【概况】 2015年，区农业局加强农产品质量安全监管，引入第三方共建区农产品检测站，首次举行农产品质量安全突发事件应急演练。继续实施“肥药双控”，防止农业面源污染治理，推进绿色防控示范点建设。制订出台《创建省级农产品质量安全放心示范区实施方案》和“加强农产品质量安全监管”意见，成立创建领导小组，推行绿色生产，开展省级农产品质量安全放心示范区创建。举办绿色证书培训19期、实用技术培训36期，组织农业经营者赴浙江农林大学专题培训农产品质量安全，合计培训农民3218人次。出台《镇海区农村土地流转服务站标准化建设考评办法》，开展工作实绩考评，核定沙河、清水湖、万市徐、觉渡、田杨陈5个村的土地流转服务站为区第一批标准化站。实施农业政策性保险，全区参保水稻1216.87公顷、小麦62.47公顷、公益林1320.13公顷、大棚12.27公顷、能繁母猪24头，首次开展农业从业人员人身意外伤害保险。开展农产品定量检测453批次、定性检测1万余批次，总体抽检合格率达98%以上。立案查处农资违法案件3起，涉案金额3.8万余元。

【规范产业化项目管理】 2015年，区农业局制定出台《镇海区农业产业化项目管理办法》，规范项目资金管理，落实资金使用责任，实行项目绩效考核。项目建设过程，建立《农业产业化项目明白册》，落实项目农技责任人，跟进农技帮扶和项目监管；项目完成后，图片、账单等依据"留证"，实现项目实施过程可追溯。是年，完成30个项目绩效评价，涉及补助资金500余万元。

【开展农产品质量安全突发事件应急演练】 10月，区农业局首次组织农产品质量安全突发事件应急演练。演练围绕紧急部署、执法询问、抽检送样、结果处置等环节开展，参演32人次。演练检验了应对农产品质量安全突发事件的组织指挥、协调配合、反应处置能力。

【合作共建区农产品质量检测中心】 9月，区农业局与宁波正明检测有限公司签约，共建镇海区农产品质量检测中心，旨在提升农产品质量安全风险监测能力。"正明检测"是一家专业从事食品、农产品质量安全检测的公司，具独立出具第三方检测报告资质。中心建立至年末，完成农产品定量监测300批次。

【新建千余公顷绿色防控示范区】 2015年，区农业局继续推进病虫害绿色防控示范点建设，新建11个绿色防控示范区，涉及果树20公顷、蔬菜500公顷、水稻433.3公顷。至年底，全区绿色防控示范区面积达1233.3公顷。

【继续推进"肥药双控"】 2015年，区农业局继续推进"肥药双控"，实施农业面源污染治理。是年，发布病虫情报9期，实施用药量控制的统防统治7次，实现农药减量29.1吨。测土配方蔬菜瓜果种植施肥4666.7公顷，推广应用配方肥169.5吨、有机肥3536.5吨，实现肥料使用总量控制。

【农民获政策性保险赔偿数百万元】 2015年，区内农民在各级财政补贴98.21万元、自主交费13.56万元、保费总额111.77万元的政策性保险中得到实惠：受"灿鸿"台风影响，早稻理赔148万元，大棚理赔15.2万元；受"杜鹃"台风影响，水稻理赔214万元，大棚理赔1.5万元。

种植业

【概况】 2015年，全区农作物播种面积9676公顷，主要种植粮食、蔬菜、水果和花卉。粮食作物播种面积3319公顷，总产量21006吨，同比减少14.09%。其中谷物2609公顷，产量18228吨。蔬菜（含菜用瓜）种植面积3275公顷，总产量88828吨，同比增加9.09%，主要品种有大白菜、青菜、甘蓝、花菜、绿花菜、番茄、黄瓜等。水果种植面积（含果用瓜）1618公顷，总产量55672吨；其中，果园面积798公顷，果树产水果34528吨，主要品种是葡萄6759吨、柑橘4087吨，另有梨、杨梅、桃子、柚的产量各数百吨；果用瓜种植面积820公顷，产量21144吨，主要品种有西瓜12983吨、甜瓜1760吨、草莓2798吨。花卉苗木种植面积1587公顷，其中花卉616公顷，观赏和绿化苗木911公顷，草皮

60公顷。茶园总面积81公顷，茶叶产量107吨。

是年，受"灿鸿"和"杜鹃"台风影响，全区种植业损失严重。区农业局按照"灾后无大疫、无大乱、有大建"的工作要求，搭建"技术、资金、心理"三个帮扶平台，开展抗台救灾工作。组建107名"农技指导员+农民技术员"为主力的蔬菜、草莓、葡萄等技术小组，指导帮助农户开展灾损农田、作物、农用设施补救修复和受灾场所防病消杀。落实草莓苗120万株、蔬菜种子850千克，发放消杀药品2.7吨。会同财政、民政等部门联合制定抗灾救灾专项补助政策，下拨救灾补助资金200万元，重点扶持蔬菜应急保障和农田水利设施恢复性建设。将1.33公顷以上早稻种植补贴从80元/亩提高到150元/亩。对实施中受灾的农业产业化项目，提前下拨项目补助资金100万元。畅通灾后社情民意反馈渠道，组建7个灾后"连心解忧"工作小组，深入各镇（街道）农业经营主体350余人次。

表8　**粮食播种面积和产量**

指标名称	播种面积（公顷）	公顷单产（公斤）	总产量（吨）
粮食	3319	6258	20771
1. 谷物	2609	6950	18132
其中：稻谷	2364	7110	16808
按季节分：早稻	724	5189	3757
单季稻	845	8812	7446
连作晚稻	795	7050	5605
2. 豆类	419	2948	1235
3. 薯类	291	4825	1404

【两次台风种植业损失严重】 2015年，全区遭受"灿鸿"和"杜鹃"台风两次袭击，种植业损失严重。"灿鸿"台风受淹农田1173.3公顷，成灾1020公顷，绝收153.3公顷，直接经济损失6700余万元。"杜鹃"台风农作物受淹面积超3200公顷，分别为水稻约1466.7公顷、蔬菜约733.3公顷、葡萄约333.3公顷、草莓约133.3公顷，直接经济损失1亿元以上。

杜鹃台风侵袭下的受淹农田

【沙河粮食基地稳产改造项目完工】 11月，投资360万元的沙河粮食基地稳产改造项目完工验收。工程历时近3个月，新建进水渠3490米、排水沟3498米、混凝土道路12087米、农桥二座，维修机耕路5695米，铺设地下水管，修复水泥墩、窨井、泵房等。是年，该基地产粮350吨。

【围垦农田地质提升项目通过质量认定】 10月，滨海耕地一期围垦农田土地质量提升项目通过省耕地质量认定，达到标准农田质量标准。其中，二等农田32.3公顷，三等农田33.6公顷。地质提升项目于2011年启动，实施施撒畜禽粪便、消纳废弃秸秆、轮种豆麦作物等方法促进土地生态改良。期间还新建沟、渠、路和林网绿化等基础设施。

【完成滨海耕地二期开垦项目】 12月，滨海耕地二期开垦项目通过区农业和国土部门验收，新增耕地65.79公顷。项目始于2014年1月，对74.29公顷围垦地实施改造，投入资金6000余万元，新建沟渠17.37千米、道路9.83千米、排灌泵站2座。2015年年初，落实2户种植户试种水稻15.33公顷、冬小麦65.33公顷，产水稻60余吨、小麦438吨。二期项目的建成，缓解全区耕地占补平衡，拓展农业发展空间。

畜牧业

【概况】 2015年，区农业局继续推进畜牧业环境整治，关闭小规模养殖场，全区畜禽养殖户从222家缩减至157家。是年，肉类总产量2704吨，同比下降40.3%。其中猪肉1114吨，下降59.4%；牛肉97吨，增长131.0%；羊肉32吨，下降44.8%；兔肉197吨，减少10%；禽肉50吨，下降96.3%。其他畜牧产品中，禽蛋2621吨，同比下降10.4%；牛奶667吨，下降2.1%；另有少量蜂蜜、兔毛等。

是年，区建立畜禽屠宰管理联席会议制度，加强屠宰加工关键点监管。区畜牧兽医总站常态化防控口蹄疫、高致病性禽流感、高致病性猪蓝耳病等重大动物疫病，免疫家禽禽流感71.18万羽、牲畜口蹄疫2.95万头、高致病性蓝耳病0.95万头、狂犬病1.72万只，三类重大动物疫病和犬类狂犬病免疫率分别达100%和90%。采集各类动物血清1159份，抗体监测结果均达到规定标准的70%以上，全年未发生重大动物疫情。规范动物及其产品的调运监管，全区产地检疫生猪1.39万头、家禽22.57万羽，备案省外动物调运1652次，报验通过1255次，调入动物产品137.30吨。处理病死猪1069头、家禽7100羽，其他动物内脏20余吨，合计91吨，遏制病死动物流向市场。

表9 2015年主要畜牧品种生产情况

	计量单位	2015年	同比增幅+%
一、年末生猪存栏量	万头	0.35	-69.0
年内生猪出栏量	万头	1.03	-65.1
二、年末家禽存栏量	万只	24.4	-32.7
其中：肉禽	万只	15.45	-4.3
蛋禽	万只	8.95	-55.6
年内家禽出栏量	万只	38.63	-32.1
三、年末兔存栏量	万只	5.74	-40
其中：獭兔	万只	4.51	-48
长毛兔	万只	1.23	32
年内兔出栏量	万只	12.82	-10

注：数据来自农业局

【关闭养殖场65家】 2015年，区农业局按照“禁养、控量、提质、增效”原则，继续实施规模较小、污染较大养殖场关闭。以政府给予转产转业补贴的办法，关闭养殖场65家，其中生猪31家、家禽30家，兔4家，合计补助养殖农户1102.9万元。2014年至2015年年底，全区累计关闭污染畜禽场145家。年末，全区养殖场缩减至157家。

【建立畜禽屠宰管理联席会议制度】 2015年，区农业局牵头建立由13个部门组成的畜禽屠宰管理联席会议制度，明确各部门在畜禽养殖、流通、加工等三个环节中的工作职责，强化防疫、检疫、运输、屠宰、加工、经营六个关键点监管，形成畜禽屠宰协同配合、齐抓共管机制。是年，联合出动执法人员120余人次，在重大节假日开展私屠滥宰、病死猪交易等专项检查，共查处私屠滥宰、贩卖白板肉等行为15起，取缔私屠窝点2个。

【实施兽药首用及备案制度试点】 2015年，区畜牧兽医总站选取12家规模养殖场、5家动物诊疗机构，开展兽药首用及备案制度试点。规范兽药购入验货、贮存和使用环节，实行兽药供货商授权书等资料备案。

林 业

【概况】 2015年，镇海区有林业用地5658.9公顷。其中，林地面积4841.5公顷，灌木林地面积596.4公顷，无立木林地184.7公顷，宜林地面积21.9公顷，苗圃地14.4公顷。全区森林覆盖率27.7%，林木绿化率29.1%，活立木总蓄积量176867立方米。自然分布的主要是马尾松和阔叶树次生林，人工栽培的有杉木林、马尾松林、竹林及茶叶、杨梅、柑橘等经济林。区农业局继续实施河道绿化、村庄绿化，完善林带管护体制，保护森林资源，加快"森林镇海"建设步伐。林业对全区城市绿化、生态环境和水果生产、休闲旅游作出贡献外，自身产值3243万元，由人造林木生长490万元、林产品363万元、竹木采运569万元和野生植物采集1821万元四类构成。

是年，区农业局完成7个森林基金补助项目，推进清水河道两岸生态绿化建设。实施林带管养机制改革，落实镇(街道)属地管理职责，全面推行市场化、专业化养护，制定养护技术标准、绩效评价办法，将考核结果与资金拨付挂钩，实现科学养护、常态监管。召开林带"三乱"整治现场会，治理林带乱倾倒、乱种植、乱搭建现象，清理林带内菜地50.3公顷、垃圾2000吨，拆除违章建筑41处1322平方米，补植空地23.3公顷。开展"雷霆"1至3号林区清火、林区禁种铲毒、打击破坏森林和野生动物资源违法犯罪的专项行动，出动警力400余人次，查处行政案件4起、刑事案件1起，清退林地0.67余公顷，罚款44872元。是年11月，原森林警察大队变更为区农业局直属的宁波市镇海区森林公安局。

【完成七个森林基金补助项目】 2015年，全区投入5178万元，森林基金补助300万元，完成庙曲路绿化工程、海天林带二期沙河段的生态林带提升工程、万市徐村绿化提升工程、东外环两侧(含清风林带)绿化工程、舟山大桥下庄俞公路沿线绿化景观项目、滨海耕地(一期)农田防护林建设工程等7个森林基金项目，新增绿化面积42.3公顷。

【新增3个省、市级森林村庄】 2015年，区农业局继续开展森林村庄创建，推进朝阳村森林彩化示范村建设，投入280万元，完成村庄绿化面积3.3公顷。是年，九龙湖镇九龙湖村、骆驼街道朝阳村创建成省级森林村庄，九龙湖镇中心村创建成市级森林村庄。全区省、市级森林村庄增至41个次。

【首次实现松材线虫病零疫情】 2015年，区农业局在林木虫害监测中未发现松材线虫病，首次实现松材线虫病零疫情。按照国家林业局规定，基本具备松材线虫病疫点“拔除”(指从疫点名册中消除)条件。自1997年以来，区农业局运用生化等技术，对全区1466.7公顷松林连年实施综合治理，累计注射松材线虫免疫制剂近400万毫升，无害化处理疫木近2.2万吨。同时采取绿化补植、森林抚育、林相改造等措施，防治松材线虫病取得成效，疫情逐年下降。

【实施“引水上山”森林消防工程】 2015年，九龙湖村、杜夹岙村布设森林消防蓄水桶20个；大同公墓布设蓄水桶16个，铺设输水管550米，设置出水接口10个，购置便携式消防泵3台。年底，全区建有森林消防蓄水池6座，布设蓄水桶82个，配备便携式消防泵8台。区森林消防“引水上山”工程通过市森林消防办验收。

【查处擅自开垦林地案】 3月，区农业局森林警察立案调查九龙湖镇梅月岙北侧山林开垦改种杨梅事件，作出罚款27232元、责令补种树木5133株的处罚。西河村林地承包者在未办理林木采伐许可证情况下，砍伐毛竹1711株，开垦林地8790平方米改种杨梅，触犯《中华人民共和国森林法》。

渔　业

【概况】 2015年，全区水产品总量584吨，其中海水产品产量极少。区农业局全面取缔涉渔“三无”船舶，加大捕鱼伏休执法检查，整治滩涂海域违规渔网具布设。安排资金20万元，继续生态鱼苗放养，投放鲢、鳙、鲫鱼苗750余万尾，河道放养水面400公顷。

【全面取缔涉渔“三无”船舶】 2015年，全区开展无船名号、无船籍港、无船舶证书的涉渔“三无”船舶取缔，依法取缔“三无”船91艘，拆解其中的88艘，转产3艘。区农业局核实船舶拆解，检查各镇(街道)专项补助金发放情况，调查转产转业渔船，建立“一船一档一册”。

【强化伏期休渔和滩涂渔网具管理】 6月1日到9月15日，区农业局加大捕鱼伏休执法检查力度，每周2次海域巡航。查获违规捕鱼船6艘，其中，没收拆解“三无”渔船2艘，行政处罚1艘，移交注册地政府部门处理3艘。继续实施滩涂海域违规渔网具整治，出动90余航次，清理串网12000多米、地笼网250顶、鳗苗网630顶。

水　利

【概况】 2015年，区农业局继续开展以“治水强基”和“五水共治”为主要内容的民生水利建设。推进骨干河道工程建设，实现姚江东排镇海段全线贯通，完成镇海东排南线工程箭港至郭家港段、中大河至清排大河段6.6千米河道整治。推进“三河”治理，实施蛟川片区水环境治理，完成7.76千米清水河道治理和38千米河道清淤。推行河道保洁市场化、标准化、常态化，完成九龙湖镇、澥浦镇河道保洁市场化，实施甬江塘分段保洁和养护，提升8小时动态保洁水平。开展水资源管理专项整治，落实最严格的水资源管理制度。

强化“三防”能力建设，应对“灿鸿”和“杜鹃”台风。是年，全区完成水利投资5.67亿元（含围垦工程1.09亿元），其中，重点工程完成投资5.13亿元，面上水利工程完成投资0.54亿元。区农业局被评为市“五水共治”先进集体。

【台风暴雨造成严重水灾】 7月10日至12日，台风“灿鸿”带来的暴雨，导致内河水位（骆驼桥水位）超警戒时续30小时，受上游泄洪影响，姚江东排流域低洼地区受淹时间长达3天3夜。“灿鸿”造成全区3.25万人受灾，房屋倒塌8处，75家石化企业减产停产，转移安置群众4420人，全区直接经济损失约2.57亿元。9月29日至30日，受台风“杜鹃”和强对流天气影响，全区遭受自1971年有气象记录以来日降雨最大的暴雨，内河水位（骆驼桥水位）在29日23时至30日7时快速上涨至2.41米，与1963年有记录的历史最高水位持平。暴雨造成7.33万人受灾，受水淹而减产停业企业377家，损毁道路5000余米、堤岸1520余米、桥梁6座、水闸1座、泵站18座、水电站1座、灌溉设施21处，直接经济损失约3.66亿元。

【完成镇海东排南线工程2个标段建设】 2015年，镇海东排南线工程II期I标（箭港至郭家港段）、II期II标（中大河至清排大河段）2个标段河道建设完工，完成年度投资3.04亿元。至年底，南线工程累计完成建设长度22.3公里，占治理总长度的92%，累计投资近15.55亿元，占总投资87.6%。

【姚江东排镇海段整治工程（三期）全线贯通】 12月，姚江东排镇海段整治工程上河严至方针村段3.1千米河道整治完成，河道主体全线贯通。姚江东排镇海段整治工程（三期）治理总长度8.5千米，累计投资约5.16亿元。

【完成7.76千米河道综合整治】 2015年，区农业局继续实施以护岸驳坎、清淤疏浚、两岸绿化为主的河道综合整治，合计投资4968万元，完成长度7.76千米：九龙湖镇整治大严河、秦山溪坑及汶溪村、杜夹岙村、中心村境内河道3.83千米，投资1603万元；澥浦镇整治觉渡新村境内河道及十八湾河5.89千米，投资1346万元；蛟川街道整治威海河及孙家港等河道1.15千米，投资942万元；庄市街道整治董家河等河道0.39千米，投资430万元；骆驼街道整治新河等河道1.40千米，投资647万元。

【完成47条38千米的河道清淤】 2015年，区农业局投入1519万元，实施47条约38千米河道清淤疏浚，完成清淤总量约31.18万立方米。其中，蛟川街道清淤9条河道长度7.98千米，骆驼街道清淤7条6.78千米，庄市街道清淤4条5.04千米，贵驷街道清淤12条8.14千米，澥浦镇清淤3条4.21千米，九龙湖镇清淤12条5.89千米。

【新泓口泵站完工】 1月，投入6459万元的新泓口泵站完工并通过市水利工程质量与安全监督站验收，质量达到优良标准。作为市“五水共治”重点工程的新泓口泵站是全市五大应急泵站之一，其建设和管理获太湖流域管理局、“五水共治”省委巡视组肯定。在“灿鸿”和“杜鹃”台风中，泵站强排水1400万立方米，缓解内涝压力。

新建的新泓口泵站竣工

【推进最严格水资源管理】 2015年，区农业局按照省、市“最严格水资源管理制度”要求，强化水资源管理，全面停止水费征收打折。是年，核发取水许可证15本、取水许可量2721.56万立方米。完成5家年许可取水量5万立方米以上企业的取水在线监控安装、14家取水户计量器具安装，启动未按规定安装计量器具企业的执法程序。取水量2638万立方米，收缴水费1561万元、水资源费300.07万元。

【十字路水库自动化监测系统建成】 11月，十字路水库管理处自动化监测系统通过市水利局验收。监测系统建设于2014年8月启动，投资170万元，由中控室、视频监测、移动巡查及机房组成，用于汛情监测、运行监控和水利信息统计分析。标志着集分析、预警、决策于一体的水利综合信息平台初步形成。

【继续开展涉水“清障拆违”专项行动】 2015年，区农业局根据“五水共治”“三改一拆”整体工作部署，继续推进涉水“清障拆违”专项行动。排摸涉水违章建筑30处3万平方米，拆除29处2.9万平方米。

【362千米河道实行保洁】 2015年，全区列入保洁的河道总长362.76千米、水面面积683.78万平方米。全区河道保洁人员共147名，分21组，有保洁船100只。蛟川、骆驼、庄市保洁主体为街道办事处，九龙湖、澥浦两镇实行保洁市场化运行，镇政府监管。区农业局落实8小时动态保洁责任，制定河道保洁作业标准和考核标准，实行一日一查、一月一考、一季一通报制度。是年，在河道保洁中，打捞沉船125只，清理地龙网800余顶、拦河竹坝30余道、垃圾20余吨，基本实现河面无漂浮物、河中无障碍物、河岸无垃圾的“三无”目标。

【实行甬江塘市场化保洁】 2015年，区农业局根据《三江河道堤防管理和河道保洁考核办法》，投入保洁资金26.2万元，将全长12.6千米的甬江塘保洁分城区、农村两段推向市场，落实保洁单位，实行季度考核、绩效管理，并巡查、维修和养护，使江塘面貌有较大改观。

（俞明敏）

农业机械化

【概况】 2015年，全区机播面积1473公顷，机割面积2673公顷，镇海区创建成市级水稻生产全程机械化示范区。7月，区撤销区农业机械化管理局，其行政职能、农业机械化管理站归并区农业局。区农机管理站继续推进农村环境生态化、农业生产机械化、农机安全监管常态化和农机队伍专业化。会同交警部门开展联合执法32次，检查拖拉机195台次，处罚违章行为12起，宣传教育拖拉机手120人次，全年未发生一起农机安全死亡事故。

是年，全区新增手扶插秧机、高速插秧机、插秧施肥一体机等新型农机具228台（套）。年末，农机总动力6.72万千瓦，主要包括耕作机械3199千瓦、运输机械4493千瓦、收获机械2537千瓦、排管机械6820千瓦、种植机械1148千瓦和农田基本建设机械24370千瓦。

【农机补贴支持农户购买农机】 2015年，全区农民和服务组织购置各类农业机械工具228台（套），主要有耕整地机械25台，种植施肥机械36台，收获机械6台，动力机械12台。购机资金1265.77万元，其中农民和服务组织购机款707.80万元。按照《镇海区2015年—2017年度农机购置补贴政策实施方案》，各级财政补贴金额为：中央271.64万元、市41.92万元、区244.41万元。

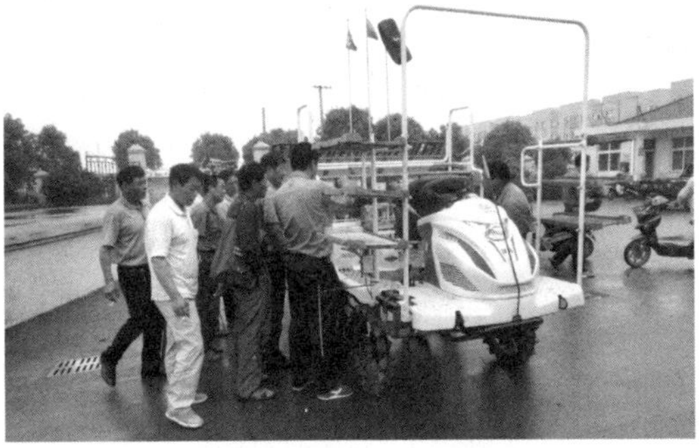

新购的插秧机到了

【推进设施农业建设】 2015年，全区新建设施农业20.74万平方米，其中单栋大棚140000平方米，连栋大棚67350平方米。至年底，全区设施农业面积52.84万平方米，主要为种植蔬菜、花卉、水果等农作物所用。

【建成市级水稻生产全程机械化示范区】 12月，经市农机服务总站验收，镇海区创建成市级水稻全程机械化示范区。2015年，全区水稻机插面积1473.3公顷，机插率78.4%；水稻机耕率、机收率、机植保率均在99.7%以上；水稻工厂化育秧率55%。

【实施“智慧”农机应用试验】 2015年，区农机管理站在庄市万市徐精品蔬果园、澥浦瑞雪花卉园等安装精准农业设施，进行农业定量遥感管理的试验；在育秧中心、烘谷中心等安装视频监测系统、物联网监管系统，进行生产实时监管试验。

（俞明敏）

村集体资产改革和管理

【概况】 2015年，区农业局全面推进村级集体经济改革，全区绝大多数村的集体资产完成股份合作制改革。加强农村集体资产和村经济合作社的监督管理，强化村级现金和银行存款、收入和支出、债权债务等管理，严格控制村级各类非生产性开支，规范“三资”管理。

【全面推进村级集体经济改革】 2015年，区继续全面推进自2014年7月开始的村级集体经济改革。至年底，累计完成61个行政村（含村改居）村级集体经济股份合作制改革，量化资产总额12.33亿元，股东总数129858人。其中，2014年之前完成股份合作制改革的有张鑑碶、后施、虹桥、五里牌、庄市、西盛6个村（全部村改居）；曙光村计划实施资产量化到人。2015年完成股份合作制改革的有田杨陈、杜夹岙、

十七房村股份合作制改革动员会

长宏、西河、西经堂、长石、汶溪、田顾、中心、九龙湖、河头、澥浦、余严、十七房、岚山、庙戴、觉渡、沿山、湾塘、余三、东邑、董家畈、骆驼、金东、清水湖、朝阳、尚志、敬德、联勤、金华、骆兴、贵驷、里洞桥、东钱、沙河、兴丰、妙胜寺、民联、水璩王、中官路、渡驾桥、中一、南洪、棉丰、清水浦、沿江、迎周、陈家、永旺、汤家、钟包、勤勇、万市徐、汉塘、光明55个行政村；庄市街道联兴村表决通过终止改革决议。至2015年年末，除因城市化推进中村庄、土地大部分被征拆，计划或部分已实施资产量化到人的曙光和联兴2个村之外，全区尚有石塘下、俞范和团桥3个行政村因人员构成复杂、资产规模大或原合并村之间资产不平衡而未完成改革。

【新增1个市级农村集体“三资”代理标准化服务中心】 12月，蛟川街道农村集体“三资”代理服务中心，获市农业局农村集体“三资”代理标准化服务中心认定。至2015年年底，全区市级农村集体“三资”代理标准化服务中心4个。

【完成25个村集体经济审计】 2015年，区农业局完成25个村集体经济“三年一轮审”，审核资金2.98亿元。“三年一轮审”按照省政府办公厅《关于加强农村集体经济审计工作意见的通知》精神，主要开展村财务收支审计、村干部经济责任审计与离任审计、村级项目建设审计等。

（俞明敏）

工　业

综　述

2015年，受国内整体经济增速放缓影响，镇海区工业经济遇到严峻考验，省部属工业产值严重下滑，致全区工业产值下滑明显。全社会工业产值第一季度同比下降8.6%，第二季度降速有所放缓，三、四季度降幅扩大到超过17%，致全年产值同比下降12.8%。

表10　2014—2015年各季度全社会工业产值对比情况

单位：万元

季度	2014年	2015年	增减(%)
第一季度	5549264	5070388	-8.6
第二季度	6047358	5728107	-5.3
第三季度	6479481	5337006	-17.6
第四季度	8220641	6786787	-17.4

是年，全区共有工业企业2539家，实现全社会工业产值2292.23亿元，较上年下降12.8%。其中部省属企业1144.21亿元，同比下降24.2%。全社会工业企业实现主营业务收入1976.24亿元，同比下降15.2%；利润总额129.2亿元，增长94.9%；出口交货值186.31亿元，同比下降6.6%，其中部省属企业1.67亿元，同比增长6.5%。固定资产投资329.74亿元，同比增长15.7%。全社会规模以上（年主营业务收入2000万元以上）工业企业574家，实现工业总产值2186.61亿元，同比下降13.1%；实现出口交货值171.16亿元，同比下降6.7%；主营业务收入1873.44亿元，同比下降15.5%；利润总额129.83亿元，同比增长98.0%。规上工业企业资产总计1474.92亿元（其中固定资产788.26亿元，流动资产686.66亿元），同比增长9.3%；负债合计840.88亿元，同比增长8.7%。年末全社会拥有年产值超亿元的工业企业165家，其中年产值超十亿元的工业企业21家。

是年，全社会能耗总量899.3万吨标准煤，同比上升9.8%；其中工业能耗826.5万吨标煤，同比上升9.6%，占能耗总量的91.9%。能耗高度集中在化学原料及化学制品制造业、石油加工及炼焦业、电力热力的生产和供应，三个高能耗行业占全区规上工业企业能耗总量的83.3%。全社会用电量74.89亿千瓦时，同比上升8.4%，其中工业用电量占比88%，达65.92亿千瓦时，同比上升8.8%。

区属工业企业

【概况】 2015年,受国内外经济形势不景气影响,全区工业经济下行压力增大,部分企业陷入困境。在此背景下,区属工业实现总产值1148.02亿元,比上年增长2.4%。工业产值四个季度的变化情况为一季度同比增长9.6%,第二、三季度分别下降1.4%和2%,第四季开始反弹,同比增长4.1%。区属工业总体上没有出现全社会那样的负增长,主要得益于占区属工业比例达35.0%石化开发区产值增长37.1%。各镇街道的工业产值,除澥浦镇增长2.3%以外,其余5个都出现不同程度的负增长。区属工业实现主营业务收入995.24亿元,下降7.9%;利润总额16.97亿元,下降31.6%。

表11 2014—2015年各季度区属工业产值对比情况

单位:万元

季度	2014年	2015年	增减(%)
第一季度	2328801	2553044	9.6
第二季度	2751767	2714279	-1.4
第三季度	2757670	2701762	-2.0
第四季度	3372420	3511090	4.1

表12 2015年区属工业产销利情况

单位:万元

指标	工业总产值	同比增长(%)	销售收入	同比增长(%)	利润总额	同比增长(%)
澥浦镇	638320	2.3	549741	-5	3608	-58.9
九龙湖镇	665942	-12.4	562834	-20.2	7972	-42.1
招宝山街道	821985	-22.6	790688	-26.2	-12632	28.9
蛟川街道	2775507	-9.6	2697648	-12.9	140022	-0.5
骆驼街道	1985547	-9.2	1717346	-11.1	48821	-34.1
庄市街道	510083	-5	481289	-6.2	7010	-36.2
石化区	4014212	37.1	3084275	7.5	-10161	-146.5

注:1. 表格数据为《统计年鉴》快报数,总数与概况表述的数据有差异,仅供查阅区域数据做参考。
2. 骆驼街道数据包括新成立的贵驷街道

是年,区属规模以上企业569家,实现工业总产值1042.4亿元,比上年增长3.3%。规上工业实现主营业务收入892.45亿元,同比增长-7.6%;利润总额17.6亿元,增长-26.9%;四个季度亏损率分别为49.5%、40.9%、40.5%和38.5%,亏损率逐季收窄。规上工业产销衔接不佳,全年销售产值938.8亿元,同比下降2.6%,低于产值增速5.9个百分点。规上工业企业实现出口交货值169.6亿元,同比下降6.8%;四个季度出口交货值增速分别为0.8%、-0.6%、-2.8%、-6.8%,从增幅回落到负增长,持续回落。

面对严峻的经济形势和区属工业经济

状况，区经信局开展“大走访、细排查、化企难、解企忧”专项活动，开展“一企一策”帮扶，累计走访企业70多家次，协调或帮助解决问题40多个次。强化政银企联动，防范资金链、担保链风险。实行经济指标完成情况月通报制度，建立产值预报制度，提前掌握工业生产情况。区落实企业服务责任人218名，265人次进入“企服云”平台，流转企业困难(问题)40余个。继续实施“小升规”、高成长、初创期和创新成长型梯队企业培育，打造“亿元”级企业。

【实行工业企业绩效分类评价管理】 2015年，区经信局根据区属517家规上工业企业2014年度有关经济指标，公布全区工业企业绩效平均值：销售收入460.3万元/亩，税收13.5万元/亩，全员劳动生产率13.6万元/人，增加值能耗1.66吨标准煤/万元，吨排污权税收153.1万元/吨。8月起，按各企业评价结果，对全区规上工业企业实施分类管理。其中，A类企业120家优先扶持，B类企业204家重点帮扶，C类企业112家政策资金减半，D类企业64家不能享受区内各项扶持政策。

【“亿元”级企业发挥支柱作用】 2015年，全区年产值超亿元企业160家，完成产值873.9亿元，占规上工业产值的83.8%，“亿元”级企业在区属工业经济中继续发挥支柱作用。但在经济低迷情况下，160家企业有90家出现主营业务收入下滑，总体下降2.9%。

表13 **2015年度区属工业销售收入前百名企业**

单位：万元

名次	企业名称	销售收入	同比增幅(%)	属地
1	宁波乐金甬兴化工有限公司	873134	-20.3	蛟川街道
2	宁波富德能源有限公司	522502	-28.0	石化区
3	百隆东方股份有限公司	366349	4.2	骆驼街道
4	宁波中金石化有限公司	284022	—	石化区
5	道达尔石化(宁波)有限公司	195289	—	石化区
6	恒河材料科技股份有限公司	150194	21.5	石化区
7	宁波阿尔卑斯电子有限公司	147124	-19.5	蛟川街道
8	宁波市镇海天地特种钢有限公司	121782	-5.8	招宝山街道
9	宁波新福钛白粉有限公司	110953	15.1	澥浦镇
10	宁波市镇海盛发铜业有限公司	105681	-14.7	澥浦镇
11	爱敬(宁波)化工有限公司	98487	-26.7	石化区
12	宁波市金龙铜业有限公司	98007	-5.5	庄市街道
13	宁波埃美柯铜阀门有限公司	96660	3.8	骆驼街道
14	浙江杭州湾腈纶有限公司	91213	-19.8	石化区
15	宁波久丰热电有限公司	89435	59.7	石化区
16	宁波杜亚机电技术有限公司	86560	5.9	骆驼街道

续表13

名次	企业名称	销售收入	同比增幅(%)	属地
17	宁波巨化化工科技有限公司	82867	-0.9	石化区
18	宁波市野马电池有限公司	82520	2.5	骆驼街道
19	宁波浙铁江宁化工有限公司	80277	-11.7	石化区
20	宁波市镇海泰达化工有限公司	80227	-30.3	石化区
21	约翰迪尔(宁波)农业机械有限公司	75082	9.0	骆驼街道
22	宁波镇洋化工发展有限公司	73614	-20.5	石化区
23	宁波金海晨光化学股份有限公司	71277	-21.8	石化区
24	宁波盈展精密薄板有限公司	70965	4.8	石化区
25	金丰(中国)机械工业有限公司	68632	-14.3	蛟川街道
26	镇海石化工业贸易有限责任公司	68603	-10.4	蛟川街道
27	阿克苏诺贝尔化学品(宁波)有限公司	67765	6.6	石化区
28	宁波伟峰影像设备集团有限公司	66616	-0.8	骆驼街道
29	阿克苏诺贝尔乙烯胺(宁波)有限公司	64541	-33.4	石化区
30	宁波大安化学工业有限公司	64131	-8.0	蛟川街道
31	宁波金鼎紧固件有限公司	60380	-14.1	九龙湖镇
32	宁波金亿合金材料有限公司	59469	-4.4	澥浦镇
33	宁波中鑫毛纺集团公司	55344	-12.7	骆驼街道
34	宁波家联塑料科技有限公司	55250	3.6	石化区
35	宁波达尔轴承有限公司	53702	15.7	骆驼街道
36	宁波特艾科机械制造有限公司	49753	10.0	蛟川街道
37	宁波浙铁大风化工有限公司	48756	—	石化区
38	宁波人健医药化工有限公司	45211	33.1	石化区
39	宁波三江益农化学有限公司	43365	8.3	石化区
40	宁波市镇海泰纳化工有限公司	42598	-41.0	蛟川街道
41	宁波富邦精业集团股份有限公司	42285	-0.8	骆驼街道
42	阿克苏诺贝尔过氧化物(宁波)有限公司	42204	-24.8	招宝山街道
43	宁波市海达塑料机械有限公司	38564	-15.8	蛟川街道
44	华美线业有限公司	37895	-1.2	庄市街道
45	宁波陆霖机械铸造有限公司	37728	21.6	招宝山街道
46	宁波甬兴化工有限公司	37475	-33.9	蛟川街道
47	宁波市镇海银球轴承有限公司?	34781	36.2	蛟川街道
48	宁波天翼石化重型设备制造有限公司	34323	-26.1	蛟川街道
49	福安药业集团宁波天衡制药有限公司	33533	15.5	庄市街道

续表13

名次	企业名称	销售收入	同比增幅(%)	属地
50	宁波龙欣精细化工有限公司	33253	5.8	石化区
51	宁波宁力高强度紧固件有限公司	32338	−40.3	九龙湖镇
52	宁波市成龙机械有限公司	32319	−6.8	蛟川街道
53	宁波连通设备制造有限公司	32032	−1.6	蛟川街道
54	阿克苏诺贝尔聚合物化学(宁波)有限公司	31886	2.6	石化区
55	宁波招宝磁业有限公司	29506	−12.3	招宝山街道
56	宁波甬华树脂有限公司	29130	25.7	石化区
57	浙江鑫甬生物化工股份有限公司	29080	−21.6	石化区
58	宁波佳信旅游用品有限公司	28735	5.9	蛟川街道
59	宁波四明化工有限公司	28313	8.3	石化区
60	镇海光鑫铸业有限公司	27243	13.9	九龙湖镇
61	宁波汉博贵金属合金有限公司	26996	−28.6	蛟川街道
62	宁波萌恒线业有限公司	26546	5.7	石化区
63	九龙混凝土有限公司	26222	30.1	九龙湖镇
64	宁波市镇海热力有限责任公司	26084	5.9	蛟川街道
65	宁波凯达汽车部件有限公司	25714	18.9	骆驼街道
66	宁波中江高强螺栓有限公司	25570	−30.5	九龙湖镇
67	镇海九龙紧固件制造有限公司	25503	−8.9	九龙湖镇
68	宁波华一包装有限公司	25418	−0.4	骆驼街道
69	宁波市镇海创业电镀有限公司	25355	6.6	石化区
70	宁波新福化工科技有限公司	25154	15.5	石化区
71	宁波争光树脂有限公司	25077	9.7	石化区
72	宁波德泰化学有限公司	24930	−37.9	石化区
73	宁波富海环保科技有限公司	24695	6.6	石化区
74	宁波顺泽橡胶有限公司	24432	−29.2	石化区
75	宁波明欣化工机械有限责任公司	24172	−33.4	骆驼街道
76	宁波万盛智能科技股份有限公司	22979	9.1	蛟川街道
77	宁波市镇海永大构件有限公司	21839	−25.4	骆驼街道
78	瑞麦(宁波)机械设计制造有限公司	21838	−10.8	蛟川街道
79	宁波爱思开合成橡胶有限公司	21302	—	石化区
80	宁波先安化工有限公司	21261	−17.3	石化区
81	宁波广昌达石油化工有限公司	21218	−2.9	石化区
82	宁波博汇化工科技股份有限公司	20689	−16.0	石化区

续表13

名次	企业名称	销售收入	同比增幅(%)	属地
83	宁波市镇海海德生化科技有限公司	20627	18.6	石化区
84	宁波海德针织漂染有限公司	20291	0.0	石化区
85	宁波华通电器集团股份有限公司	20079	−11.2	庄市街道
86	宁波天益齿轴齿轮有限公司	19498	−6.6	骆驼街道
87	宁波金海电子有限公司	19115	−25.6	骆驼街道
88	宁波理想轻工工业有限公司	18825	15.3	庄市街道
89	宁波立华植物提取技术有限公司	18736	−18.4	石化区
90	宁波宏都投资集团有限公司	18709	−17.9	骆驼街道
91	海发(宁波)办公设备有限公司	18358	−19.6	蛟川街道
92	宁波夏厦齿轮有限公司	17617	13.4	骆驼街道
93	宁波永顺精细化工有限公司	17504	−32.8	石化区
94	宁波市镇海美锌美金属制品有限公司	17373	19.4	澥浦镇
95	宁波蛟川构件有限公司	17196	−31.2	蛟川街道
96	奇隆电子制造(宁波)有限公司	17080	9.2	蛟川街道
97	浙江金乐太阳能科技有限公司	16993	30.5	庄市街道
98	金利合金制造工业(宁波)有限公司	16921	−6.7	澥浦镇
99	奥乐农用机械(宁波)有限公司	16628	8.3	蛟川街道
100	宁波三合钢管有限公司	16380	49.9	蛟川街道

注：本表及概况中规上企业数来自《镇海区2015工业家底》

【28家企业列入“两创”培育计划】 2015年，区经信局将28家工业企业列入全区“两创”培育计划。其中，精机液压件、美生医疗器材、达利音响、万冠电机、海成机械、宝盛新能源、艾格玛机电、嘉丰精密铸造、正度传动、承迪文具、恒升电气、新玮诺防护、弗瑞斯阀门、金越电器、腾飞不锈钢、鸿凯工艺品、大田紧固件、王兴工艺品、腾泽制衣、固安力机械等20家企业为创新成长型企业，名家房车、行泰环保、黑马旅游、欧梵卫浴、奥普玛衡器、恒通诺达液压、菲尔格机电、祢若电子科技等8家企业为初创型企业。28家企业属新兴产业和装备制造业，成长性较好，大部分设工程技术中心、拥有自主品牌。是年，20家创新成长型企业销售收入15亿元，8家初创期企业销售收入1.3亿元。列入“两创”培育计划的企业享受不超过3年的贷款贴息、担保费补助等扶持政策，区财政每年安排750万元专项资金。

【新增46家“小升规”企业】 2015年，区内有46家小规模企业升为规模以上企业。至此，自2013年起实施培育扶持的“小升规”企业达146家。“小升规”指年销售收入新上2000万元及以上的企业，市财政每年在中小企业发展专项资金中安排1500万元，对上年度销售首次上规模的小微企业每家奖励2万元，区配套奖励2万元。“小升规”企业还能在房产税、城镇土地使用税，企业基本养老保险、基本医疗保险，地方水利建设基金等方面享受优惠政策。

【推进“四换工程”】 2015年，区经信局根据省、市统一部署，在全区工业企业中全面实施“四换工程”。“腾笼换鸟”淘汰15个落后产能项目，涉及化工、铸造、塑料行业。其中，4家企业整体关停，腾出用能空间4.6万吨标煤。淘汰、更新23家铸造行业企业39台无磁轭铝壳中频炉；改造旧厂区项目28个、面积30.2万平方米。实施“机器换人”项目105个，其中64个列为重点。组织30余家企业参加省、市“机器换人专家行”系列活动，开展现场观摩、集中讲解和上门指导服务。“空间换地”对工业企业实施绩效评价管理，扶优汰劣，淘汰落后产能及企业。“电商换市”按照“政府倡导、联盟引导、企业主导、电商指导”模式，通过政策激励、赴外考察、专题辅导、技术支撑等方式，推进“阿里巴巴·镇海装备制造产业带”建设，电商产业园新增入驻企业55家，网络销售周均流量达41万余人次。

【工业品价格持续下降】 2015年，原油等大宗商品价格波动大，起落中总体下跌，导致与原油或其他原材料相关的产品也相应下跌。典型的有部省属企业镇海炼化，93号、97号汽油出厂价格同比下降30%左右；区内企业金海晨光，产品异戊二烯价格下降近一半。是年，工业品出厂价格指数同比下降5.2%，加剧企业生产经营风险，压缩利润空间，影响企业家的投资信心。

【建立企业风险预警监测平台】 2015年，区建立由金融、工商、财税、经信等部门组成的企业“两链”风险预警监测平台，对企业资金周转、融资担保、股权转让、能耗功耗等指标进行动态监测与异动风险评估。将资产负债率超85%、连续亏损一年以上企业列入“预警清单”实施跟踪，制定“一企一策”重点帮扶办法。用“政保贷”形式向8家帮扶企业发放贷款910万元，缓解企业资金短缺。

【完成“旧厂区”改造30万平方米】 2015年，区经信局按照全区“三改一拆”工作部署，推进“旧厂区”改造，完成旧厂区改造项目28个、面积30.2万平方米。

【整治提升“低小散”块状工业】 2015年，区经信局推进“低小散”块状工业的整治提升，淘汰不达标、违法生产企业（作坊）218家，促进全区工业企业规模和要素利用效率提升。年末，区属规上工业企业从业人员8.95万人，同比下降3.0%；全员劳动生产率16.4万元/人，同比增长16.8%；区属规上工业增加值能耗同比下降3.6%。

【一批企业停产或难以为继】 2015年，区内15家规上工业企业产值为0，处于停产状态。其中，金属园区内有华治、通宝、钢源、志达、和裕、有田、欧华、海富、明辉、正大、华亨等11家再生资源企业，因金属材料等“大宗商品价格深度下跌”造成企业亏损、资金周转出问题而停产。科光机电等4家企业因担保链拖累、资金链断裂、企业搬迁及产品市场需求不足等原因而停产。在总体经济走势下行压力下，因投资失误、资金失衡而难以为继的还有“亿元级”企业，典型的有产值断崖式下降的康兴电缆（从上年5.9亿元下降到2亿元）和摩士集团（1.8亿元到0.74亿元）。

区属工业行业

【概况】 2015年，区属29个大类行业中，化学原料和化学制品制造业，通用设备制造业，石油加工、炼焦和核燃料加工业三个行业的比重最大，分别占比34%、11.2%和8.5%，产值增加值率分别为10.29%、22.5%和17.77%。29个行业中19个行业产值出现负增长，其中，产值居前十的行业中，除石油加工业增长1081.2%外，其他9个行业均负增长。

是年，区属战略性新兴产业和高新技术产业分别实现增加值42.36亿元和75.98亿元，占规上工业增加值的比重分别为28.9%和51.9%。新兴产业和高新技术产业占规上工业增加值的比例，分别高出全市平均水平6.2个和14.9个百分点。

表14　2015年度区属规上工业分行业经济指标

单位：万元、%

行业名称	产值	增速	比重	增加值率
化学原料和化学制品制造业	3542023	-2.0	34.0	10.29
通用设备制造业	1170357	-4.3	11.2	22.5
石油加工、炼焦和核燃料加工业	885587	1081.2	8.5	17.78
纺织业	579904	-6.3	5.6	20.59
废弃资源综合利用业	564593	-22.9	5.4	0.5
有色金属冶炼和压延加工业	493870	-1.4	4.7	6.36
电气机械和器材制造业	398289	-13.3	3.8	18.37
黑色金属冶炼和压延加工业	371401	-15.6	3.6	12.86
专用设备制造业	341369	-8.4	3.3	24.91
计算机、通信和其他电子设备制造业	285235	-13.5	2.7	15.22
金属制品业	284201	-16.4	2.7	19.71
橡胶和塑料制品业	240406	13.1	2.3	20.61
非金属矿物制品业	221250	24.4	2.1	18.36
电力、热力的生产和供应业	193508	62.2	1.9	30.66
化学纤维制造业	190162	5.3	1.8	8.87
汽车制造业	138936	-5.8	1.3	22.41
医药制造业	127330	14.1	1.2	23.88
文教、工美、体育和娱乐用品制造业	76407	-11.8	0.7	19.63
铁路、船舶、航空航天和其他运输设备制造业	66804	11.2	0.6	15.74

续表14

行业名称	产值	增速	比重	增加值率
纺织服装、服饰业	61995	-19.9	0.6	24.31
印刷和记录媒介复制业	37027	-23.5	0.4	20.41
食品制造业	36131	-0.9	0.3	18.6
其他制造业	23304	-29.0	0.2	21.89
皮革、毛皮、羽毛及其制品和制鞋业	22857	37.8	0.2	20.37
仪器仪表制造业	21900	21.8	0.2	24.94
家具制造业	16614	-8.9	0.2	19.88
水的生产和供应业	16170	15.3	0.2	51.47
金属制品、机械和设备修理业	8489	-6.0	0.1	42.71
造纸及纸制品业	7886	-47.3	0.1	15.35
合计	10424004	3.3	100	14

注：数据来自经信局，与《统计年鉴》有差异

【石油化工制造企业产值占比超四成】 2015年，区属石油化工制造行业产值442.76亿元，占工业总产值的42.5%，是为区属工业的支柱行业。其中，石油加工、炼焦和核燃料加工业产值354.2亿元，占比34%。石油化工制造业随着石化开发区的扩展而发展，行业中产值上10亿元的企业有9家，以乐金甬兴化工有限公司、中金石化有限公司和富德能源有限公司为代表，主要生产ABS树脂、芳烃、聚丙烯、乙二醇等产品。

【纺织服装行业继续保持传统支柱产业地位】 2015年，规模以上纺织服装业（包括纺织业、化学纤维制造业、纺织服装、服饰业和皮革、毛皮、羽毛及其制品和制鞋业）产值85.5亿元，占规上工业总产值的8.2%。纺织业中，2015年全区纳税十强企业百隆东方有限公司规模最大。

【战略性新兴产业占比19%】 2015年，区属战略性新兴产业实现增加值61.6亿元，占规上工业增加值的19%。宁波市于2014年开始致力于发展战略性新兴产业，其新兴产业目录中，区属工业中有新材料、新能源、新装备、新一代信息技术、节能环保、生命健康、海洋高技术和工业设计与创意。

区属工业投入与技术改造

【概况】 2015年，区属工业投资125.7亿元，同比增长26.2%，其中工业技改投资51.8亿元，同比增长70%。是年，区属累计（含跨年度投资）完成投资额在3000万元以上的项目37个，计划总投资192.38亿元，其中本年投资总额106.56亿元。

表15　　2015年度3000万元以上工业投资项目

单位：万元

序号	单位名称	项目名称	计划总投资	历年累计投资	本年累计投资
1	宁波中金石化有限公司	年产200万吨芳烃项目	909805	1030384	564102
2	宁波中金石化有限公司	泥螺山动力站项目(供热)	85601	85966	85966
3	宁波中金石化有限公司	减压焦化联合装置	91170	62123	62123
4	朗盛(宁波)颜料有限公司	7万吨/年无机颜料项目	47184	53875	35560
5	宁波新福钛白粉有限公司	年产5万吨高档专用型钛白粉扩建技改项目	32380	32295	32295
6	宁波浙铁大风化工有限公司	10万吨/年非光气法聚碳酸酯联合装置工程	177168	194156	26556
7	中国电信股份有限公司宁波镇海区分公司	云计算宁波分中心项目一期(中国电信)	34651	28724	22736
8	阿克苏诺贝尔过氧化物(宁波)有限公司	年产50000吨过氧化物搬迁扩建项目	36855	22221	22221
9	宁波昊德化学工业股份有限公司	化学深加工项目一期(4.7万吨/年高纯异丁烯装置)	24616	25158	20984
10	宁波爱思开合成橡胶有限公司	年产5万吨乙丙橡胶项目	157824	152262	16026
11	宁波华清环保技术有限公司	污泥处置工程项目	17488	17527	13684
12	宁波正度传动电器有限公司	年产机械件100万根、传动电器总成20万套(正度2)	9850	11703	11703
13	宁波肯特机械有限公司	年组装缝纫机挑线部件400万件项目(肯特)	9800	11662	11662
14	宁波正度传动电器有限公司	年产机械件100万根、传动电器总成30万套项目(正度)	9510	11303	11303
15	宁波青盛达新材料科技有限公司	年产1万吨热塑性弹性体项目(青盛达)	11931	10815	10232
16	宁波碧源供水有限公司	6万吨/日工业水厂工程	19822	9506	9506
17	阿克苏诺贝尔化学品(宁波)有限公司	年产18000吨烷氧基化合物项目	13786	8448	8448
18	宁波中科绿色电力有限公司	炉排炉工程项目	24007	8352	8352
19	宁波金海晨光化学股份有限公司	年产5万吨弹性体项目	40472	8312	8312
20	宁波家联塑料科技有限公司	年产9600吨生物全降解材料餐具项目	25600	16144	8271
21	宁波市镇海造漆厂	年产60万套五金件项目(造漆厂)	9770	8255	8255

续表15

序号	单位名称	项目名称	计划总投资	历年累计投资	本年累计投资
22	宁波市城市排水有限公司镇海区排水分公司	镇海污水处理厂二期扩建及一期提标改造工程	8882	9324	5976
23	宁波市金龙铜业有限公司	扩建年产20000吨、迁建生产60000吨铜棒加工生产线项目(金龙)	25000	26295	5527
24	宁波宇达汽车部件有限公司	新建年产100万套各类汽车零部件项目(宇达)	9437	8100	5382
25	浙江泰阳建设有限公司	年产8000吨钢结构产品项目	7500	5236	5236
26	浙江恒河石油化工股份有限公司	15000吨/年三元乙丙橡胶助剂(ENB)及12000立方碳五仓储项目	10989	10936	5176
27	宁波渤川废液处置有限公司	废液回收处置循环利用项目	8500	5247	4397
28	宁波广昌达石油化工有限公司	年产1万吨石油化工添加剂项目	8408	4207	4207
29	宁波镇洋化工发展有限公司	氯碱装置错峰填谷节能增效技改项目	5270	4025	4025
30	宁波金海晨光化学股份有限公司	橡胶装置技改项目	1658	3885	3885
31	宁波市友茂纺织品有限公司	印染生产线异地搬迁技改项目	4338	3671	3671
32	埃美柯集团有限公司	扩建年产2500万只阀门、1000万只水暖件、100万只水表项目(埃美柯)	17600	14816	3600
33	宁波天胜传动件有限公司	年产10万套汽车提升装置项目(天胜)	8420	3500	3500
34	宁波大安化学工业有限公司	常规性能维护项目(年产3万吨二醋酸纤维素)	3500	3489	3489
35	宁波振辉机械工业有限公司	年产100万套汽车天窗滑轨生产线技改项目(振辉)	5000	3150	3150
36	宁波和创机械设备科技有限公司	年产350台机械设备,100万套汽车配件项目	7000	9409	3057
37	宁波乐金甬兴化工有限公司	ABS常规性能技术改进项目(乐金甬兴)	3000	3027	3027
		合计	1923792	1927508	1065602

【中金石化芳烃生产能力增至200万吨/年】 2015年,中金石化90万吨/年芳烃项目投产,在原项目的基础上,芳烃生产能力达到200万吨/年。该项目生产工艺引进美国UOP公司芳烃工艺专利技术及大型机泵、反应器内件等国外先进设备,可实现芳烃工程副产的富氢气体和石油焦综合利用,达到降低污染物排放、循环利用芳烃原料的目的。

节能降耗与循环经济

【概况】 2015年,区实行工业项目能耗审查、竣工项目节能评估,全年审查能评项目57个，平均工业增加值能耗低于控制目标；审查验收竣工企业31家，全部符合能耗控制指标。推进技术改造，完成节能技改项目65个，年节能量9.07万吨标煤。推进清洁生产，22家企业通过清洁生产审核。5家企业创建成市工业循环经济示范企业。整治6个“低小散”行业，改造提升88条酸洗生产线，争取上级资金1300万元。对28家企业开展能源监察（审计）。开展节能宣传月活动，倡导“节能低碳、践行有我”理念。初步编制《镇海区全面推进工业园区（集聚区）内工业企业雨污分流专项改造工作方案》，基本查清工业污水排放情况，实施工业企业雨污分流改造。是年，全区综合节能14.5万吨标煤，区属规上工业增加值能耗同比下降3.6%。

表16　**2015年度全社会综合能耗10万吨标煤以上企业**

序号	企业名称	属地	等价值(吨标煤)
1	中国石油化工股份有限公司镇海炼化分公司	省部属	6285603
2	宁波镇海炼化利安德化学有限公司	省部属	422209
3	宁波富德能源有限公司	石化区	402211
4	宁波中金石化有限公司	石化区	263932
5	宁波镇洋化工发展有限公司	石化区	191231
6	浙江浙能镇海发电有限责任公司	省部属	146882
7	宁波乐金甬兴化工有限公司	蛟川街道	127770
8	宁波四明化工有限公司	石化区	107738

【5家企业创建成市工业循环经济示范企业】　2015年，全区5家企业创建成市工业循环经济示范企业，分别为宁波乐金甬兴化工有限公司、宁波镇海炼化利安德化学有限公司、宁波甬华树脂有限公司、宁波华东二氧化碳有限责任公司和浙江鑫甬生物化工股份有限公司。

【22家企业通过清洁生产审核】　2015年，全区22家企业通过清洁生产审核：久吉滑动轴承、正元铜合金、中力螺栓、甬鼎紧固件、山外山大酒店、特艾科机械、创世轴业、根德轴承、阿尔卑斯电子、金海电子、天益齿轴齿轮、达尔轴承、中威特钢、瑞丽洗涤、萌恒线业、三江益农化学、北区污水处理、立华植物提取、博帆卫浴、新明化工、顺帆净水剂、天衡制药。

（余雷鸣）

【石化开发区开展循环经济改造试点】　2015年，石化开发区管委会着力推进园区循环化改造试点，实施园区内污染集中防治设施建设及升级改造、副产物综合利用、污染物零排放、资源共享设施建设、能量阶梯利用、产业链延伸、关键链接等7大类共22个项目，投资总额近80亿元。重点实施“物质流、资源流、能源流、信息流”循环化改造，构建“四链、双环、一优化”的循环经济网络体系。是年，企业完成循环化改造投资6.6亿元，获国家下拨循改专项资金5656万元。

（许华锋）

【开展重点用能单位能管员培训】 2015年，区开展重点用能单位能管员培训，66家重点用能单位的125名能管员参加培训，其中116人考试合格获得证书，包括36人获得省证、80人获得市证。培训首创“省市区”三位一体的培训模式，内容包括：节能形势分析及对策、节能政策及法规、能源计量与统计等。对21家新列入的重点用能企业，开展能源管理信息系统入网知识培训。

【开展节能诊断专家团入企服务活动】 2015年，区经信局邀请市能源检测有限公司、浙大宁波理工学院、市环科院等专家深入企业，开展“节能诊断进企业”活动，为区内重点用能企业提供免费节能诊断服务。帮助企业改进节能技术，改善节能管理，挖掘节能潜力，促进企业节能增效。

（余雷鸣）

专家进企业开展节能“诊断”服务

产 业 园 区

综　述

2015年，宁波石化经济开发区在经济形势复杂严峻情况下，保持高速发展，成为全区工业经济新的增长点和化工制造业基地。镇海经济开发区与蛟川街道合署多年，继续发挥开发区功能。镇海物流枢纽港在大宗生产资料交易中心建成投运后发展迅速，成为区内大宗商品交易最大的专业市场。市大学科技园在引进发展文创产业中取得突破，成为区内文化创意类产业为主导的城市经济集聚区。

（编辑部）

宁波石化经济技术开发区

【概况】 2015年，宁波石化经济技术开发区完成工业总产值1639.08亿元，比上年增长-13.81%。开发区管委会管理区域内的121家企业实现工业总产值401.42亿元，增长36.81%。其中100家规模以上工业企业实现产值396.1亿元。园区实现财政一般预算收入11.3亿元，增长20.06%，完成固定资产投资94.18亿元，增长26.77%。新批外商投资企业13家；合同利用外资1.71亿美元，增长21.2%；实际利用外资1.12亿美元，增长-14.19%。完成外贸进出口总额9.12亿美元，增长17.85%。高新技术企业产值81.97亿元。

是年，石化开发区管委会着力构建石化集群化大产业，坚持招大引强选优的发展战略，举办2015园区发展论坛，参加2015“欧美·宁波”等外事活动，赴美、加、欧、南非、韩、日等开展招商项目洽谈，推进落户企业“二次招商”，并在浙洽会期间签署三个项目重大投资协议。跟踪落实金海晨光、巨化科技、江宁化工等落户企业的后续项目，推进6个市级重点工程。持续推进企业科技创新和技术改造，园区内企业获批省级高新技术研发中心2家，新设省级博士后工作站1家，获评市级科技创新团队1个、市级创新型初创企业2家、市级工程中心2家。规上企业科技活动经费支出2.7亿元，R&D（研究与试验发展）投入2亿元，专利授权196件，其中发明专利授权39件。

是年，石化开发区澥浦片局部调整和湾塘新区控规编制获市政府批复，完成规划一张图试用版编制，开展基础设施专项规划编制，整合已编制完成的片区控规及基础地理、规划编制、规划审批数据。配合开展镇海—北仑化工管廊带规划方案研究，参与过江管线方案论证和前期工作。统筹基础设施配套建设，推进“五水共治”，完成澥浦片雨水泵站外接管网和企业内部污水管网改造，推进华清环保污泥处置、一般工业固废填埋场和工业水厂扩建等环保项目建设。实施提升园区形象三年行动计划，完成舟山连岛大桥沿线约12万平方米及澥浦大河西侧约4.5万平方米景观绿化。园区获评市“无违建”先进单位。

推进园区循环化改造试点，实施污染集中防治设施建设及升级改造、副产物综合利用、污染物零排放、资源共享设施建设、能量阶梯利用、产业链延伸、关键链接等七大类项目，16家企业的22个循环化改造项目投资总额近80亿元，申报并获得1.5亿元循环经济专项资金。重点实施“物质流、资源流、能源流、信息流”循环化改造，着力构建“四链、双环、一优化”的循环经济网络体系。是年，企业完成循环化改造投资6.6亿元，国家下拨循改专项资金5656万元。

实施澥浦西片区块整治提升，查出24家企业各类问题63项，下发整改通知；启动蛟川区块的联合执法检查。引导企业淘汰落后产能，19家企业实施自愿性清洁审核。整体关停企业1家，淘汰硫化床锅炉1台、燃油锅炉5台，实施蛟川区块天然气管道铺设，为更换天然气锅炉做准备。吸取天津“8·12”爆炸事故教训，开展百日安全生产攻坚大会战，重点督查企业仓库和危险化学品罐区安全管理情况。开展石油化工企业安全隐患专项整治、“查隐患、抓整改、保安全”督查、“三场所一企业”专项整治和保险粉仓库专项整治等行动。继续推进第三方安全技术服务监管，第三方技术服务机构累计巡检企业1035家次，提供安全技术服务395次，查出安全隐患1790项，隐患按期整改率100%，此项工作获省市领导批示肯定。开展安全生产互助平台试点，将园区32家企业按照生产工艺、产业类型进行划分，成立“炼化关联企业平台”“精细化工企业平台”“化工较大企业平台”三个互助平台。全面开展LDAR①工作，辖区内51家企业完成第一轮检测，开始第二轮检测。聘请美国赛默飞公司，选取部分企业进行复测，并首次采用图像建档这一先进手段开展LDAR监测。

【阿克苏诺贝尔烷氧基化合物项目奠基】 2月6日，阿克苏诺贝尔18000吨/年烷氧基化合物项目举行奠基仪式。项目总投资3600万美元，将配备最先进的生产工艺设备和高标准的节能减排环保设施。阿克苏诺贝尔公司于2007年6月与宁波化工区签署投资框架协议之后，相继投资建设螯合剂项目、乙烯胺项目、废水预处理和过氧化物工程项目。至年末，投资总额约3.36亿美元。

烷氧基化合物项目奠基

①LDAR：泄漏检测和修复的英文缩写。

【浙洽会签约3个重大投资项目】 6月9日，在镇海举行的第十七届浙洽会镇海分团投资项目签约仪式上，宁波石化开发区签约项目3个。其中，来自法国和中国香港的商人投资项目2个，分别为道达尔聚丙烯树脂基复合材料项目、香港盛晖精对苯二甲酸项目，总投资约100亿元，协议利用外资1.55亿美元；国企内资项目1个，浙铁大风非光气法聚碳酸酯二期，总投资36亿元。

聚丙烯树脂基复合材料项目签约

【德泰化学博士后工作站开题】 11月4日，宁波德泰化学有限公司博士后工作站开题。卢传君博士进站，开展以“负载型碳基催化剂及在精细化工合成中应用研究”为课题的研究，为提高德泰化学炭黑产品的应用性和下游精细化工产品生产提供技术指导。德泰化学博士后工作站是园区内首家由企业设立、获省批准的“先设站后授牌”单位，也是继管委会设立国家级博士后工作站之后的第二家博士后科研工作站。

【华清污泥处置项目焚烧系统点火成功】 11月20日10时18分，宁波华清华环保技术有限公司污泥处置项目焚烧系统点火成功，为联动试车打下基础。以“技术先进、操作可靠”为目标的污泥处置项目，为园区2013年重点工程，一期投资约1.9亿元，主要处置工业污水处理过程产生的污泥和园区内危废污泥，日处理3万立方米。

【朗盛7万吨无机颜料项目调试成功】 12月，朗盛(宁波)颜料有限公司年产7万吨无机颜料生产装置完成调试，两条拼混碾磨生产线投料试生产。该项目为2015年市重点工程，总投资4.7亿元，包括一条2.5万吨/年初级氧化铁红生产线，四条总计7万吨/年拼混碾磨生产线。氧化部分采用经过优化的彭尼曼红(Penniman Red)工艺，能耗、污染物排放大幅降低，水的重复利用率大幅提高。

【一批项目正在实施中】 2015年，石化开发区一批项目正在实施：总投资约105亿元、年产量从90万吨调整为200万吨的中金石化芳烃生产项目，处于试生产调试阶段；总投资3.7亿元的阿克苏诺贝尔年产5万吨过氧化物搬迁扩建项目完成土建，开始工程设备安装；总投资1.8亿元的阿克苏诺贝尔1.8万吨/年烷氧基化合物生产项目，完成土建施工量的95%、安装工程的80%；总投资3.3亿元的昊德化工化学深加工项目一期完成全部设备安装工程和土建工程量的98%；总投资2.2亿元的华清环保污泥处置项目，单机试车基本完成，准备联动试车。

(许华锋)

镇海经济开发区

【概况】 2015年，镇海经济开发区601家工业企业完成工业总产值277.55亿元，其中，160家规上企业产值247.69亿元。固定资产投资28.24亿元，其中工业投资7.52亿元（技术改造5.96亿元），服务业投资20.5亿元。合同利用外资5373.22万美元，实际利用外资5040.06万美元，引进市外内资4.15亿元。进出口总额22.77万美元，其中出口额13.32万美元。园区内工业企业重视科技创新、人才引进和品牌建设：银球轴承创建省级工程（技术）中心，恺丰文具和万盛智能科技创建市级工程（技术）中心，中意液压创建省级博士后工作站；3家企业创市名牌产品1个、市知名商标2个。3家企业完成新三板上市。

是年，经济开发区注重经济转型，发展三产服务业、文化创意产业：引进海外高层次人才创业项目7个；以世贸广场、区创业创新基地、西电产业园为平台，引进文化创意企业35家（其中注册500万元以上12家），合计注册资金14000万元。园区内黄金物流仓储项目于7月开工，年末货车库房及办公楼的主体工程完工；金恒德汽车后服务广场项目方案报批通过一汽大众中、德方审核，开始施工图设计。液化市场商务圈集聚化工经营户400余家，实现销售收入约156.5亿元。

是年，经济开发区管委会（蛟川街道办事处）推进节能减排治污和落后产能淘汰工作。完成32家企业36条酸洗生产线整治、4个区域“低、小、散”企业的清理整治，淘汰7个落后产能项目；实施节能项目34个，10家企业通过清洁生产审核；开展企业环境隐患排查，启动实施8个区域工业企业污水治理三年行动方案，完成623家黄标车淘汰；开展违建违规项目清理。强化安全生产监管，开展安全隐患排查、重点行业及食品安全督查，110余家企业建立安全标准化体系。调解劳动纠纷147件，涉及企业103家、人员243人，处理纠纷标的638万元。开发区商会帮助49家企业转贷130次，转贷金额3.56亿元。

【北欧工业园成为首批省国际合作产业园】 2015年，北欧工业园被评为省首批国际合作产业园。园区于2002年由挪威Styrbjørn家族企业创立，2013年8月由银茂集团收购接管。占地526万平方米，拥有18万平方米高端办公楼和定制厂房，年末有入园企业58家，均为外资中小企业，80%以上来自挪威、丹麦、瑞典等北欧国家。园区以北欧风情浓、发展质量优而闻名。

北欧工业园

【文创产业形成亮点】 2015年，经济开发区文创产业在发展中形成亮点，涌现出创智动画、状元朗智慧教育、鼎元国学文化、蒋思豫艺术展览等一批区内较有名气的文化产业公司和机构。

（张　三）

宁波(镇海)大宗货物海铁联运物流枢纽港

【概况】 2015年，物流枢纽港管委会围绕现代化生态型港口强区建设目标，推进“贸易港”“物流港”和“智慧港”建设。引进企业337家，注册资金16.2亿元，其中市外内资4.42亿元，完成服务业投资4.53亿元。大宗生产资料交易中心现货交易额565.23亿元、网上交易额110亿元。

是年，保税物流中心通过国家四部委联合验收，车辆服务中心二期项目交付使用，城市物流孵化区(一期)完成土地收购。园区获“中国商品交易市场百强”称号。

【车辆服务中心二期项目投用】 6月5日，车辆服务中心二期项目投用。项目投资近1000万元，主要功能是为车辆服务中心一期提供办公及后勤服务。

【举办城市物流发展论坛】 11月26日，物流枢纽港管理委员会举办城市物流发展论坛。“互联网+”背景下的本次论坛，主题为“汇聚改变城市力量”，邀请国内外知名物流服务机构、零售与电子商务机构、物流研究机构、供应链管理机构等，就经济“新常态”下物流业发展战略、物流互联网创新和风险管控、供应链创新与电商物流发展等议题进行探讨。

【镇海保税物流中心封关验收通过】 12月16日，宁波镇海保税物流中心通过由海关总署、财政部、国税总局、国家外汇管理局四部委的联合验收，成为全国唯一的、以经营液化品为主的保税物流中心。中心实行“境内关外”运作模式，进口货物进入中心享受“免证、免税、保税”，国内货物进入中心享受“出口退税”。

镇海保税物流中心

【完成城市物流孵化区一期土地收购】 2015年，物流枢纽港完成城市物流孵化区(一期)19153平方米土地收购，启动城市物流功能区一期道路建设前期工作。是年，城市物流功能区规划用地调整，控制性详细规划完成批前公示，开展城市物流功能区生态绿化方案编制。

【金属园区继续推进转型升级】 2015年，金属园区继续采取关闭产能落后企业、推行机械化拆解和注重进口再生金属品质提高等措施，促进转型升级。是年，关停企业8家，搬迁(A区到C区)3家，列入关停企业3家。至年末，再生金属机械化拆解率提高到45%，园区从业人员由2012年的7760人减少到到4800人，高品质再生金属进口比重由原来的37.1%提高到71.6%，用集装箱装箱的再生资源进口比例明显增加。

(王莞乔)

宁波市大学科技园

【概况】 2015年，宁波市大学科技园新引进文化创意企业171家，同比增长41.32%。引进市外省内资金3.62亿元，引进省外资金2.6亿元，同比增长49.45%。截至12月底，核心区入驻企业达到690家，形成以设计服务、信息服务、软件服务、动漫游戏、影视传媒、智能硬件等文化创意类项目为主导的城市经济集聚区。

是年，园区管委会参加2015武汉·宁波周文化产业推介洽谈会，就文化产业合作做专题招商推介，与武汉江通动画传媒有限公司签订项目落户意向书。应邀参加首届长江流域园区展与产业合作对接会并获"最佳展示奖"。园区新引进各类文创产业人才424人、海外留学人才18人、硕士及副高以上人才45人，引进高层次人才创业项目5个。1人入选国家"千人计划"，1人入选市领军拔尖人才第一层次；3名创业者分获"宁波十大创业英雄""创业之星"称号。园区内企业实现营业收入21.38亿元，同比增长239.4%，其中营业收入上亿企业6家。有3家企业挂牌"新三板"。

是年，园区接待各级领导47次。省委书记夏宝龙、省政府副省长郑继伟到园区调研；文化部文化市场司、团省委考察、调研园区发展情况；巴基斯坦交流考察团到访。全区重点科技平台推进工作座谈会在园区召开，"创E·镇青春"青年创新创业思享汇在扬帆楼报告厅举行。《人民日报》、新华社、光明网、中新网及省市媒体报道园区100余次。园区获国家级"科技孵化器"和"众创空间"，市首批"众创空间"、首家"市版权示范园区"和"十大文化创新空间"称号。

【通过市级版权示范园区专家组评】 4月，市知识产权局、市版权示范园区评估组综合考评大学科技园创建市版权示范园区工作。评估组听取汇报、书面审查、实地走访，一致认为园区版权制度建设、版权管理保护、版权运用等主要指标均达到要求，大学科技园被评定为"宁波市版权示范园区"。

【省委书记夏宝龙到园区调研】 6月15日下午，省委书记、省人大常委会主任夏宝龙一行莅临大学科技园调研。省委常委、省委秘书长赵一德，省委常委、宁波市委书记刘奇等陪同调研。夏宝龙书记听取大学科技园管委会关于园区发展情况的汇报，考察浙江首游网络科技有限公司、宁波洛可可创意咨询顾问有限公司，鼓励公司在转型升级的创新过程中再创新的佳绩。

省委书记夏宝龙考察园区企业

【举办2015"奇思甬动"中国创客大赛】 4月15日，面向全国创客的2015"奇思涌动"中国创客大赛在线上线下同步启动。大赛吸引北京、上海、深圳、杭州等21个省35个城市的400多名创客参加。8月12日，大赛颁奖典礼暨创客作品展在区文化艺术中心举行。"柔性监护电极及其可穿戴系统"获大赛金奖,"WATCH MEN智能输液监控系统""基于脑机接口的在线行走康复系统"两个项目获银奖,3个项目获铜奖。

举办"奇思甬动"中国创客大赛作品展

【"珍珠汇"众创空间揭牌】 11月27日,"珍珠汇"(Pearl Space)众创空间揭牌运营,这是大学科技园整合社会资源打造的具专业化服务能力的众创服务平台。平台入驻创客团队39个,集聚创客138人。计划通过5年发展,打造拥有500个创客团队、10000名创客的宁波国际创客中心。

珍珠汇(Pearl Space)众创空间揭牌

【"洛客众创"平台上线落户园区】 12月7日下午,开放式互联网众创平台——"洛客众创"发布暨签约仪式在市行政会议中心举行,省委常委、市委书记刘奇与洛可可集团董事长贾伟共同启动"洛客众创"平台上线,洛客项目正式落户宁波市国家大学科技园。坐落于市大学科技园核心区的洛可可宁波公司,于2015年1月注册成立,"洛客众创"项目旨在打造能供创客发布产品设计、技术创新并提供技术交易、科研合作的开放式互联网众创平台。

洛客平台签约仪式

【3家企业"新三板"挂牌】 2015年,大学科技园内有3家企业登陆全国中小企业股份转让系统,挂牌"新三板",分别是南自股份,证券代码835145;迈新科技,834743;睿易教育,证券代码835705。

(方剑君)

驻镇部省属单位

综　述

2015年，驻镇部省属企业共24家，行业分类有石油化工、电力等工业，建筑、安装等建筑业，港口、海陆运输以及大宗商品贸易、仓储等服务业。是年，驻镇省部属企业工业总产值1144亿元，占全社会工业总产值近50%。

（俞　晴）

中国石油化工股份有限公司镇海炼化分公司

【概况】 中国石油化工股份有限公司镇海炼化分公司（简称镇海炼化）集2300万吨/年原油加工能力、100万吨/年乙烯生产能力、4500万吨/年深水海运码头吞吐能力，以及超过350万立方米的罐储能力为一体，是国内最大的炼化一体化企业，集中代表国内炼油化工行业先进水平，并向“建设世界级炼化一体化标志性企业”目标迈进。2015年，镇海炼化主要生产各种规格的汽油、柴油、3号喷气燃料、液化气、道路沥青、乙烯、苯类、丁二烯、环氧乙烷、乙二醇、环氧丙烷、苯乙烯、聚丙烯树脂、聚乙烯树脂等50多种优质石油化工产品，产成品油全面达到国Ⅴ质量标准。公司道路沥青产量连续6年突破100万吨，生物航煤获适航批准进行商业载客飞行，高熔体强度聚丙烯、高熔指聚丙烯纤维料、高熔指抗冲击共聚聚丙烯、超薄BOPP专用料等高端产品成为市场标杆。

2015年是公司创业40周年，镇海炼化加工原油2180.32万吨，同比增长4.09%，生产汽煤柴油1188.40万吨；生产乙烯113.14万吨，同比增长16.52%，实现营业收入943.37亿元，利税344.72亿元，利润108.41亿元。公司荣获“全国文明单位”“中国石油和化工行业‘十二五’十佳企业”“‘十二五’全国石油和化学工业环境保护先进单位”，入选首批全国高校实践育人创新创业基地。公司党委获“中央企业先进基层党组织”“浙江省思想政治工作优秀单位”等荣誉。

【实现“十二五”完美收官】 “十二五”期间，镇海炼化累计加工原油1.07亿吨，生产乙烯542.4万吨，实现营业收入6217.8亿元、利税1165.9亿元、利润301.4亿元，纳税规模从184.42亿元提高到241.77亿元，增长31.1%。

【再登宁波市“纳税50强”榜首】 4月24

日，宁波市发布2014年度创业创新风云榜，镇海炼化再次荣登“纳税50强”榜首，连续六年纳税超百亿元。

市委书记刘奇向镇海炼化总经理张玉明颁发奖牌

【连续十一年荣登上市“综合百强企业”榜首】 7月16日，宁波市2015年“百强企业”榜出炉，镇海炼化获“综合百强企业”第一名，连续第十一年荣登“综合百强企业”榜首位置。中国石化委托镇海炼化管理的宁波明港液化气有限公司以41.9亿元的营业收入，位列2015宁波市综合百强企业第69名、宁波市服务业百强企业第24名。

【通过两化融合管理体系评估审核】 2月4日，工业和信息化部电子工业标准化研究院在镇海炼化召开两化融合管理体系评估审核末次会议。镇海炼化两化融合管理体系通过工信部电子工业标准化研究院评估审核，成为中国石化首家通过该院评估审核的企业。

【获全国文明单位荣誉称号】 2月28日，中央精神文明建设指导委员会公布《关于表彰第四届全国文明城市（区）、文明村镇、文明单位的决定》，镇海炼化获全国文明单位荣誉称号。在4月9日举行的宁波市深入推进全国文明城市创建工作动员大会上和7月23日举行的中央企业精神文明建设工作推进会上，镇海炼化分别接受授牌、表彰。

【镇海炼化首获全国无偿献血促进奖单位奖】 9月24日，宁波市献血办向镇海炼化颁发“2012—2013年度全国无偿献血促进奖单位奖”奖牌，公司成为该次宁波市唯一一家获此荣誉单位。同时，公司有8位献血志愿者获“全国无偿献血奉献奖”荣誉证书。1997年以来，公司累计组织10000余人次参加献血，献血量达到240多万毫升。

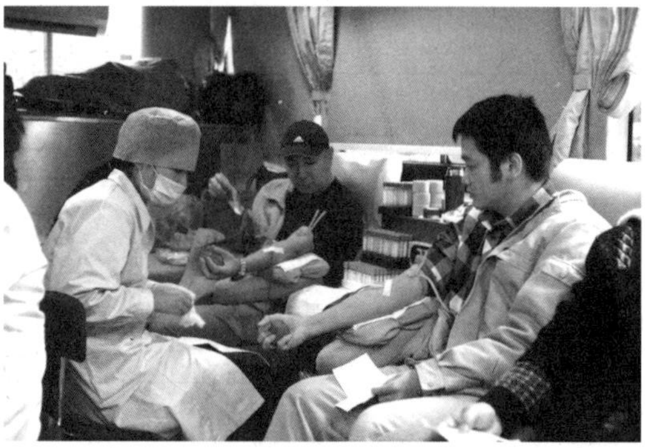

职工进行无偿献血

【获第一届全国危险化学品救援技术竞赛团体亚军】 10月21日至22日，由国家安全监管总局、中华全国总工会、共青团中央和浙江省人民政府联合主办，中国石油化工集团公司承办的第一届全国危险化学品救援技术竞赛在镇海炼化举办。来自全国30个省（自治区、直辖市）及中央企业的34支代表队、近400名选手参加比赛。镇海炼化作为特邀参赛队伍一举获得团体亚军，同时被授予最佳组织奖。

参赛人员进行危险化学品槽车堵漏演练

【镇海炼化获市专职消防队业务技能比武竞赛23连冠】 11月10日，来自宁波港、北仑台塑、镇海电厂、北仑沙湾、镇海炼化等8家专职消防队伍参加"宁波市专职消防队业务技能比武竞赛"。镇海炼化消防支队取得团体总分第一，蝉联市专职消防队业务技能比武竞赛23连冠。

【生物航煤完成首次商业载客飞行】 3月21日，由镇海炼化生产的中国石化1号生物航煤的首次商业载客飞行取得圆满成功，标志着中国成为继美国、法国、芬兰之后全球第四个拥有生物航煤自主研发生产技术并商业化的国家，中国石化成为国内首家拥有生物航煤自主研发生产技术并成功投入商业化应用的企业。

商业载客飞机准备加注炼化生产的生物航空煤油

【新型白土使命寿命创出新纪录】 3月底，自2014年11月27日投用的保护剂普通白土和中海油天津化工研究院脱烯烃催化剂连续运行近4个月，使用寿命远超一般工业白土使用寿命15~20天的纪录。镇海炼化芳烃联合装置"减少装置白土使用量"，节能减排降本增效项目取得成效。

【标准喷嘴流量计测量天然气流量技术研究填补国内空白】 11月24日，镇海炼化组织召开《标准喷嘴流量计测量天然气流量技术研究》研究开发项目(合同)验收会，项目验收专家组认为该技术解决天然气实流标准装置难以满足天然气计量表的检定需求等问题；填补国内用标准喷嘴流量计测量天然气流量的空白。

【炼油老区结构调整提质升级项目获批】 7月28日，镇海炼化炼油老区结构调整项目获集团公司批复。该项目预计总投资37亿元，主要包括新建沸腾床渣油加氢、硫黄污水汽提、Ⅱ催化扩能改造以及相关的系统配套等内容，项目预计2017年底中交，2018年上半年全面投用。项目完成后，在原油加工总量不变的情况下，公司焦炭产量有望下降40万吨/年，轻油总量将增加90万吨/年，轻油收率可上升4个百分点，油品质量全部满足国家和地方最新标准。12月28日，公司炼油老区结构调整提质升级项目管理部成立。

【300万吨/年柴油加氢项目开工建设】 9月21日，镇海炼化300万吨/年柴油加氢(简称VII加氢)项目打桩。VII加氢装置及系统配套是公司柴油质量升级总体部署中的关键项目之一，计划于2016年11

月30日建成中交。

【北仑段石油化工管线安全隐患整改局部迁改工程开工】 12月31日，“中石化北仑段石油化工管线安全隐患整改局部迁改工程”动工。该项目包含分属中石化3家单位的17根输油管线的局部迁改，迁改范围从镇海炼化江南工作井至通途路北延段老鹰山东侧，全长8.5千米，建设总投资6.23亿元，计划于2017年9月30日建成中交。项目不仅能消除现有的管线运行安全隐患，还有利于北仑区滨江新城的建设。

【开展纪念创业40周年系列活动】 5月23日，镇海炼化在体育馆举行“明天会更好”——公司创业四十周年故事会、知识竞赛、道德模范表彰暨原创节目展示活动，将纪念创业40周年系列活动推向高潮。是年，公司还先后组织开展职工优秀书画展、“足迹”征文、老同志文艺演出、大众体育比赛、健身操展示等纪念活动。

镇海炼化创业四十周年《明天会更好》活动现场

【国际气候先锋队走进镇海炼化】 6月24日上午，参与国际气候先锋队项目的20多名德国亚琛彼尤斯中学和宁波外事学校师生走进镇海炼化，了解和体验石化企业环保工作。

【战胜严重内涝灾害】 受第21号台风“杜鹃”环流和强对流系统共同影响，9月29日夜间至30日凌晨，镇海炼化所处地域雨量达329毫米，加上天文大潮，遭遇公司史上最严重内涝灾害。大灾面前，公司2000余名干部职工坚守岗位，以沙包筑坝、抽水排涝、涉水巡检，保生产正常运行。台风期间未发生一起装置停工和环境污染事件。

职工在积水中巡检

【提前完成油品质量升级任务】 10月14日，镇海炼化出厂汽柴油质量全部升级到国Ⅴ标准，提前一个半月完成油品质量升级任务，为浙江省2016年1月1日起汽柴油质量全面升级到国Ⅴ打下基础。浙江省由此成为继北京、上海之后第三个汽柴油质量全面升级到国Ⅴ标准的地区。2015年，公司累计产销国Ⅴ标准汽油175.90万吨、柴油78.66万吨。

【召开第六次党代会】 11月18日至19日，镇海炼化召开第六次党代会。大会回顾总结过去七年公司党委的工作，确定今后五年的奋斗目标和重点工作，选举产生公司第六届党委会委员和纪律监督检查委员会委员。

【供应周边企业物料增加】 2015年，镇海炼化有22个品种、近200万吨物料供宁波石化经济开发区企业，供料总量比上年增长12%。

【主动援助地方建设】 2015年，镇海炼化向杭州市康桥街道综治委（派出所）、余姚市鹿亭乡、丽水市缙云县东渡镇、北仑边防检查站等捐赠314.04万元，用于帮助上述地方及单位增强治安能力、开展基层党建工作及公共基础设施建设。是年，无偿将后施菜场资产捐赠给镇海区。

（李勤勇）

浙江浙能镇海发电有限责任公司

【概况】 浙能镇海发电有限责任公司（简称镇电公司）与浙能镇海天然气发电有限责任公司（简称天然气发电公司）、浙能镇海燃气热电有限责任公司（简称燃气热电公司），实行3块牌子、一套班子。公司拥有燃煤机组4台、9F燃气机组2台、联合循环机组2套，装机总容量233万千瓦，主营业务向浙江电网供电、向石化经济开发区及周边厂家供热。2015年，公司坚持“安全第一，预防为主，齐抓共管”的安全生产方针，实现3个百日安全生产无事故，截至年末，连续安全生产日达到4615日。

是年，镇电公司4台煤机完成发电量36.84亿千瓦时，发电利用小时4283.92小时，供电标准煤耗322克/千瓦时。天然气公司2台9F燃机完成发电量18.87亿千瓦时，发电利用小时2390.93小时，供电标准煤耗229.29克/千瓦时，发电燃气耗率0.20立方米／千瓦时。燃气热电公司2套联合循环机组完成发电量4.56亿千瓦时，发电利用小时669.04小时，供电标准煤耗238.81克/千瓦时，发电燃气耗率0.19立方米／千瓦时。3家公司全年营业收入分别为14.6亿元、12.8亿元、6.8亿元。

【天然气热电联产工程通过竣工验收】 12月11日，浙能宁波镇海动力中心天然气热电联产工程通过省发改委组织的竣工验收。工程总投资45亿元，于2012年5月获省发改委批复核准后动工兴建。

【烟气脱硝改造竣工】 9月1日，镇电公司4台21.5万千瓦燃煤机组烟气脱硝改造工程通过竣工验收。工程动态投资28064万元，于2012年6月开工，2014年4月25日完成168小时满负荷试运行后投产，运行稳定、良好，每年可减排氮氧化物4213吨，显著改善周边环境质量。2015年，4台燃煤机组运行中，烟气均符合国家排放标准。

4号机组脱硝工程

【两项科研项目获奖】 2015年，镇电公司两项科研项目通过浙能集团鉴定并获奖，研究成果均处于国内领先水平："锅炉低氮燃烧控制技术研究"优化了锅炉的经济、环保运行，获浙江能源科学技术奖三等奖；"两炉一塔脱硫无烟气旁路系统控制技术研究"把脱硫系统直接纳入到主机控制，实现机组安全控制、停风机不停炉，获浙江电力科学技术奖二等奖与优秀奖。

（陈宏福）

浙江浙能镇海联合发电有限公司

【概况】 浙江浙能镇海联合发电有限公司（简称联合发电公司）拥有3套共344兆瓦发电设备（机组）。2015年，发电116331.28万千瓦时，与上年基本持平；供电煤耗278.83克/千瓦时。实现营业收入4.58亿元，比上年减少49.98%；利润总额836万元。安全生产保持稳定局面，全年未发生人身、设备、环保、信息网络等事故。

是年，公司控制检修费用，压缩财务费用，节约生产成本。修订完善生产承包合同条款，严格承包考核，推进节能降耗。完成各类重点检修技改项目15个，提升设备可靠性。强化安全生产防范措施，完善事故应急预案，解决7号燃机透平一级后轮间温度超限、9号汽机启动负差胀数值偏大等设备难题，提高设备安全可靠性。公司通过安全生产标准化二级达标企业的复审。根据省、市政府关于镇海电厂区域整体搬迁要求，开展厂址选择论证的前期工作。

【采取节能节水多项措施】 2015年，联合发电公司采取多项措施，取得节能节水效果：推进节能监管，将节能考核指标层层分解落实；整治机组循环水冷却系统设备，耗水量从每月的10000多吨下降至5000吨左右；实行节能降耗监督和对标管理，供电煤耗从280克/千瓦时下降至278.02克/千瓦时。是年，公司被评为"宁波市绿色企业"。

（宋青青）

浙江省二建建设集团有限公司

【概况】 浙江省二建建设集团有限公司（简称浙江二建）拥有建筑工程施工总承包特级资质，下有12家土建分公司和7家专业公司。2015年，浙江二建提升市场经营、项目管控、风险防范和企业盈利能力，新签合同额96.87亿元，实现产值111.55亿元、营业收入76.15亿元。是年，中标集团首个PPP项目浙江自然博物园核心馆区工程，首次承接轨道交通项目宁波轨道交通3号线一期地下土建标段，首次承接宁波大型市政项目三官堂大桥连接线一标段工程，外向度首次突破40%。集团入选省、市工程总承包第一批试点企业，所属钢结构公司被列入全国钢结构企业建筑施工总承包试点。

二建工人在浙江自然博物园核心馆区施工现场作业

是年，浙江二建科技创新取得进展，获中施企协科学技术奖科技创新成果二等奖1项、国家级工法4项、省级工法4项，获国家专利授权3项。“产学研合作”科技部科研项目通过验收和技术鉴定，1项省级绿色施工示范工程通过验收。参与编制行业标准3项、省级地方标准1项。集团获全国优秀施工企业、全国科学技术奖科技创新先进企业、省先进建筑业企业、市综合百强企业等称号。

【加强BIM技术研究和应用】 2015年，浙江二建加强BIM技术研究和应用，培养BIM技术队伍："BIM[①]技术在双曲空心屋面楼盖施工体系中的应用课题"获得省住建厅立项，主编《浙江省建筑企业BIM（技术）应用基础教程》，参与编制《宁波市建设系统BIM技术应用规划》，新取得8个BIM一级建模师证书。

【多项工程获工程质量奖】 2015年，浙江二建多项工程获奖：浙江浙能六横电厂新建工程（2×1000兆瓦）、哈密南—郑州±800千伏特高压直流输电工程、市妇女儿童医院北部院区一期项目获国家优质工程金奖，输电工程还获中国电力优质工程奖。宁波嘉裕酒店钢结构工程获中国钢结构金奖，镇海文化艺术中心安装工程获"中国安装之星"和省"钱江杯"优质工程，阿克苏浙江产业实训基地和阿克苏高级中学图书科技楼获新疆维吾尔自治区"天山杯"奖。所获奖项还有：湖北省结构优质工程1项，省钢结构金钢奖1项，省安装行业样板工程1项，省优秀安装质量奖1项，省优秀装饰工程奖1项，市优质工程7项。

（秦善东）

中交第三航务工程局有限公司宁波分公司

【概述】 中交第三航务工程局有限公司宁波分公司（简称三航宁波分公司），资质为港口与航道工程施工总承包特级，主要承接港口与航道、铁路、公路、桥梁、风电、船坞、市政、海堤等工程施工，航务工程设计和技术咨询。2015年，公司施工项目53个，其中新建30项，续建23项，完成施工产值38.3亿元，利润2.7亿元，保持稳健发展态势。

是年，公司新签合同额64.49亿元。其中，宁波—舟山港梅山港区6—10号集装箱码头工程水工、房建及道堆工程金额达22.01亿元，创公司有史以来中标最大项目。公司承接的钱塘江衢江段航运开发工程游埠枢纽及船闸施工进展顺利，嘉兴港海盐港区C区5号、6号多用途泊位工程竣工，中广核三门龙母山风电场工程进度快。"大型海洋潮流发电机组基础结构及施工技术研究"获中交重大研发、局A类科研立项。申报国家专利9项，其中发明专利5项，实用新型专利4项。质量管理产生QC成果48项，其中国家级优秀QC小组奖1项，省、部级奖37项。公司连续八年保持"全国水运工程建设优秀施工企业"称号，获"全国用户满意企业"；东海大桥海上风电工程项目经理部获"中国交建品牌团队"称号。

①BIM：建筑信息模型，是以建筑工程项目的信息数据为模型基础，建立建筑模型，通过数字信息仿真模拟建筑物。

【承建工程荣获国家、省部级多项奖】 2015年，三航宁波分公司承建的工程获国家、省部级多项奖：宁波—舟山港穿山港区中宅煤炭码头水工工程获国家优质工程奖，温州港乐清港区一期工程码头及引桥工程获省"钱江杯"优质工程奖，宁波—舟山港北仑港区五期集装箱码头工程、梅山保税港区3—5号泊位工程、温州浅滩一期用海区填筑工程Ⅰ标段、长兴开发区发展大道东延伸线工程、中国港湾槟城第二跨海大桥项目(三工区)获中交优质工程奖。

(茅 君)

中交上航局航道建设有限公司

【概况】 2015年，中交上航局航道建设有限公司(简称上航建设公司)面对水运市场持续萎缩的严峻形势，适时调整经营策略，全面实施"进城下海"战略，新签合同额43.98亿元，比2014年增长85.6%。是年，全公司在建项目34个，其中新开工项目12个，已完工项目17个。公司施工区域遍布东南沿海和三个海外国家，涉砂涉水项目占96%，高峰期现场作业人员达1850人左右，各类作业船舶近110艘，作业机械设备近350台套，施工运输车辆450余辆。全公司实现营业收入32.02亿元、利润总额3.58亿元，分别增长48.1%、51.1%，经营指标逆势上扬，再创历史新高。是年，公司蝉联全国优秀施工企业、浙江省文明单位、宁波市综合百强企业等荣誉，新海虎9轮获省"工人先锋号"称号。

【加大重点和海外工程推进力度】 2015年，上航建设公司采取多项举措，保障重点工程推进：统筹安排人、财、物资源，推进台州、苍南、惠安等局重点项目，保障梅山、舟山等项目按时开工；成立舟山、浙南、福建、南方、广西五大区域公司，完善区域经营机制、薪酬激励机制和动态调整机制，为区域重点工程推进注入活力；实施标准化检查、管理，以保证工程质量；推出海外船舶"四班三运转"机制，将船舶换员时间由9个月换班1次调整为4个月循环1次，调动员工生产积极性，推动喀麦隆、阿根廷、乌拉圭工程完成各施工节点。

【加强施工过程安全管控】 2015年，上航建设公司针对工程分布广、现场作业人员多、船舶设备车辆运转忙局面，加强施工过程安全管控：严格落实安全责任制，与项目部、船舶单位签订安全责任书41份，与分包协作单位、租赁船舶签订安全管理协议71份，签订租船、修船、管线民工劳务安全管理协议6份，保障远海工程航行与施工安全；在调遣大型非自航绞吸船累计总航程12000海里过程中，通过上船检查封舱情况、召开航前会议等措施，保证船舶通信设备、动力设备、应急设备、封舱绑扎等处于适航状态；落实各项防台措施，在"灿鸿""莲花""杜鹃"等台风影响期间，撤离现场作业人员近2500人次、施工船舶155艘次，实现"人员零伤亡、财产少损失"。公司创第三十个"安全年"，获全国"安康杯"竞赛优胜单位十一连冠。

【技术创新出成果】 2015年，上航建设公司加快技术创新点向工法和专利的转化，取得成果：《沿海滩涂围吹软土一次成陆施工工法》获中交集团工法及省级工法，

《大面积吹填质量控制施工工法》《带马腿结构的实心方块制安工艺工法》获省公路水运工法。申请实用新型专利5项、发明专利3项、软件著作权1项，其中3项获实用新型专利授权。

（张 虎）

宁波港股份有限公司镇海港埠分公司

【概况】 2015年，宁波港股份有限公司镇海港埠分公司镇海港区（简称镇海港区）拥有生产泊位25座，其中5万吨级5座、万吨级10座，年货物吞吐能力6000万吨以上。具备堆场、仓库面积96万平方米，液化油品储罐总容量108余万立方米及各种配套设施设备，基本形成"华东地区主要煤炭物流体系、全国主要的液体化工物流体系、宁波港内贸集装箱物流体系、浙江省主要钢材物流体系"格局。

是年，镇海港埠分公司完成货物吞吐量4394.4万吨，同比减少5.4%；集装箱吞吐量620540标准箱，减少6.6%。实现营业收入7.64亿元，同比减少9.10%；利润总额1.32亿元，减少17.64%。工程技术部流机修理班获全国交通运输行业"2015年全国质量信得过班组"称号。

【海铁联运能力上新台阶】 2015年3月，镇海港区疏港铁路专用线M1、M2改造集装箱、杂件通用设施主体工程完工。港区海铁联运"最后一米"的打通，实现国铁新货运站到镇海港区的无缝链接，可将海铁联运年接发送能力提增至10 万标准箱。是年11月，镇海港区海铁联运首次突破1万标准箱，同比增幅达85%。

【省人大常委会副主任到镇海港区调研】

6月，省人大常委会副主任毛光烈一行在甬调研大气污染防治工作时，到镇海港区视察煤尘整治等工作。在了解到港区5年内建成围绕煤炭堆场的大型防风网等一系列环保举措后，毛光烈副主任对这些卓有成效的环保措施表示肯定。

省人大常委会副主任毛光烈（左一）到镇海港区调研

【实现港区煤场防风网合围】 4月，镇海港区5期防风网主体结构完成，实现港区煤场封闭合围。防风网合围、加设喷淋系统和码头作业环节全程监控等措施，抑制煤炭扬尘的治理起到作用，月降尘量下降到每平方公里5.3吨，远低于省每平方公里8吨的控制标准。

【杭甬运河宁波段试航400吨级船舶】 6月17日，装载着400吨货物的内河散货船"天统3号"轮从镇海港区始发，试航杭甬运河宁波段，并顺利通过姚江船闸。此次通航测试的成功，标志着杭甬运河宁波段通航能力已提升至400吨，为日后镇海港区开辟内河500吨级以下船舶通航积累经验。

（王 勇）

载重量400吨的的内河散货船驶离镇海港区

宁波港铁路有限公司

【概况】 宁波港铁路有限公司(简称港铁公司)主要经营场所为洪镇铁路线和北仑、镇海两港区铁路。2015年,铁路线全长54.5千米,其中洪镇铁路正线7.3千米、北仑港区铁路14.3千米,镇海站区32.9千米。公司拥有道岔108组,信号机186架,机车8台。

是年,公司利用铁路直通码头前沿优势,实现一趟专列"二次转关""铁水铁"联运、"金融物流"海铁联运等运输方式的突破,开通宁波港至安徽合肥海铁联运班列,推进南昌至宁波港海铁联运发展,新增两条盐业铁路专用线,与中海、中远等6家航运公司开展合作。江西分公司开展东北地区集装箱海铁联运自营揽货业务,新增牡丹江、佳木斯、辽阳、四平等货源地,开始自主操作外贸进口箱海铁联运业务。公司着力打造以矿石、煤炭、成品油、杂货疏运为主的"宁波港铁路直通车"专列运输品牌,实现港口到企业(点到点)的快速、高效、便捷的货物专列运输。全年完成货运量2016.2万吨,其中集疏港1783.6万吨,占总运量88.5%。完成集装箱海铁联运箱量17万标准箱,同比增长26.4%。完成主要货物运输量铁矿石1129.5万吨、煤炭366.6万吨、成品油188.5万吨。

是年,公司被评为全国地方铁路先进单位,QC成果《机车换油机的研制》获省质量协会2014年度QC成果一等奖,电务工区在安全竞赛活动中获"全国水运系统安全优秀班组"称号,北仑港站(铁路)经铁路总公司批准成为国内第七个可以直接国际中转的铁路港站。

【实现一趟专列"二次转关"】 1月20日,港铁公司一批4标准箱国际海铁联运集装箱专列由宁波大榭海关转关山东营口,再由营口转关至满洲里出境,发往俄罗斯莫斯科昆采沃站。标志着公司以一趟专列"二次转关"的模式开展国际海铁联运业务获成功。

【首次尝试"铁水铁"联运】 2月,港铁公司完成东北到浙西22个标准箱的粮食运输,这是公司首次尝试从东北地区出发,经铁路、海路、再铁路的长距离"铁水铁"货物运输模式。

【打通镇海港区海铁联运专用线】 3月19日,港铁公司镇海港区疏港铁路专用线M1、M2改造集装箱、杂件通用设施主体工程完工,打通港区海铁联运"最后一米",实现国铁新货运站到镇海港区的无缝衔接。至此,镇海港区海铁联运年接发能力由原来的3万标准箱提高到10万标准箱。7月9日,载有24个氧化铝的集装箱从镇海港区始发新疆,标志着集装箱专用线改造完成后的镇海港区海铁联运业务开启。

镇海港区海铁联运专用线直通码头

【海陆"丝绸之路"实现"批量中转"】 4月1日，北仑港区站接4个从泰国林查班港启运、经"21世纪海上丝绸之路"运抵宁波港的集装箱，发往"丝绸之路经济带"的重要节点城市西安，标志着宁波港海铁联运"批量中转"运作成功，使进口箱平均在港时间从15天缩短为1天。

【"金融物流"海铁联运运作】 2015年年初，港铁公司牵头，与国际贸易公司、宁波通商银行等单位开展合作，以"回购担保融资+海铁联运"方式与新疆客户签订合作协议，旨在依托海铁联运物流平台实现物流、金融、客户"三赢"。4月13日，首批267个标准箱氧化铝从钦州港运抵宁波港，再由海铁联运专列发往新疆。这是宁波港首次以"金融物流"模式开展的海铁联运业务。

【西北地区果汁经海铁联运运至美国】 5月9日，来自西安的12个标准箱果汁从远东公司码头发往美国迈阿密港，这是宁波港首次以海铁联运方式出口西北地区果汁至美国。

（疏　影）

交通运输部东海航海保障中心宁波航标处

【概况】 交通运输部东海航海保障中心宁波航标处（简称宁波航标处）为公益性事业单位，主要承担浙江沿海南起三门湾、北到长江口海域的国家公用干线航标管理和养护工作，并依法行使航标监管。2015年，航标处发布航标动态报告138次，通报准确率100%。维护航标508240座天，航标正常率99.95%、维护正常率100%，可用性99.95%，修复率100%，内在失常率0.06%。所辖海域没有因航标失常而发生水上交通事故。

是年，"浙东沿海百年灯塔中英文网站"开通。航标处新增排水量1750吨的大型航标船，"改进型航标船灯浮抛设作业辅助设备"获国家知识产权局实用新型专利证书。至年末，全处设立、管理的航标1422座，其中公用航标654座，专用航标768座。

【凤凰台播出灯塔工纪录片】 3月，香港凤凰电视台首播《寻找中国时代样本——发现坚守的力量》纪录片。影片以全国劳模叶中央的孙子、第五代继承人叶超群为拍摄对象，记录灯塔工以灯塔为伴、长年累月的海岛工作和生活，反映叶家五代"坚守的力量"。该片于是年1月由凤凰网策划，在宁波航标处开拍。

【"浙东沿海百年灯塔中英文网站"开通】 1月，"浙东沿海百年灯塔中英文网站"正式开通。网站以图片和中、英文两种语言，向国内外展示东海航海保障中心管辖范围内的东海海域百年历史文物灯塔。宁波航标处管辖的花鸟山灯塔、白节山灯塔、半洋礁灯塔、鱼腥脑岛灯塔、小龟山（小板山）灯塔、洛伽山灯塔、东亭山（外洋鞍岛）、太平山（大鹏山）灯塔、七里屿灯塔、东门灯塔尽列其中。

（贯贵娟）

国家物资储备局浙江八三七处

【概况】 国家物资储备局浙江八三七处（简称八三七处）拥有库房44000平方米，堆场68000平方米，配有铁路专用线等设备设施，仓储能力20万吨，年物资吞吐能力超过120万吨。仓储品种有黑色金属、有色金属、固体化工等。下辖镇海钢材市场有限公司，浙江国储物流有限公司。有公用型保税仓库，郑州商品交易所PTA指定交割仓库，大连商品交易所PVC、PP和LLDPE指定交割仓库，上海期货交易所铝、锌、铅、铜指定交割仓库，天津渤海商品交易所和华商商品交易所化工产品现货交割库。2015年，销售钢材40.1万吨，成交额9.22亿元。是年8月，完成国家物资储备局的一批国储物资收储任务。

【获批镍指定交割仓库】 3月20日，上海期货交易所批复浙江八三七处为上海期货交易所镍指定交割仓库，核定库容2000吨。这是八三七处继铝、锌、铅、铜指定交割库之后的第五个有色金属品种。

【成为塑料城指定交货仓库】 9月30日，八三七处与浙江塑料城网上交易市场签订仓储协议，成为塑料城指定交货仓库。

（林　涛）

建筑业　房地产业

建筑业

【概况】 2015年，镇海区建筑业在经济下行压力加大情况下，继续保持平稳增长。全区完成建筑业总产值351.9亿元，比2014年增长11.5%，其中省外建筑业产值134.63亿元，增长40.14%。上缴税收（地税）约5.44亿元。年末全区拥有资质等级建筑施工企业77家。建筑企业新签合同313.9亿元，同比增长8.7%。区住房建交局全年办理建设工程招标项目160项，中标金额13.07亿，同比减少71.17%。其中区内企业中标合同金额5.65亿元，本地市场占有率43.23%。全区受监工程191个，在建建筑工程总面积540万平方米，其中新开工105个、140万平方米。区内建筑工程获"钱江杯"奖1项、"甬江杯"奖4项，绍兴商会大厦、庄市小学（暂名）、瑞丰国际商贸城二期B区、骆驼实验学校、镇海航运大厦13和2号楼共5个工程获评市建设工程结构优质奖。

是年，召开建筑领域安全生产文明施工暨防汛防台观摩会，推动全区建设工程文明施工。区住房建交局印发"建筑工程变形检测规定"暂行通知，规定高层住宅及部分工程委托第三方检测须开展沉降观测、垂直倾斜测量。出台"塔式起重机使用安全监控系统"管理实施办法，限制违规冒险操作，推进塔吊安全使用。继续开展始于2014年的工程质量治理两年行动，执法检查在建工程勘察设计质量、质量责任落实及施工现场安全管理等66次，出具工程质量治理专项检查整改通知书41份。在两次强台风袭击中，通知督促各建筑工地停工，要求采取严防围墙基坑沟槽坍塌、设备倾覆和触电等措施，建筑工地无一事故发生。换发新版建筑业企业资质证书11份。

【13家骨干企业产值占比90.7%】 2015年，全区产值超5亿元的13家建筑施工骨干企业完成产值319.3亿元，占全区建筑业总产值的90.7%以上。其中浙江二建公司、上航局航道建设公司2家部省属企业完成产值149.96亿元，占总产值的42.6%。

表17　　2015年镇海区骨干建筑企业经济指标

单位：万元

单位详细名称	建筑业总产值	利润总额	营业税金及附加
中交上航局航道建设有限公司	384114.6	33015	7041.5
天鸿建设集团有限公司	173920	6129.9	4983.9
宁波市第四建筑工程公司	248000	2083.2	2567.2
浙江省二建建设集团有限公司	1115504.4	10870.5	18035.7
中亿建业集团有限公司	241956.3	5531.6	4318.9
浙江省二建建设集团安装有限公司	126120.9	1128.5	2629.5
浙江省二建钢结构有限公司	70456.2	701.6	318.4
宁波市华欣建设工程有限公司	103832.5	2468.2	3048.3
浙江民欣建设有限公司	58779.6	584.4	2931.1
浙江泰阳建设集团有限公司	249986.2	7021.6	3779.6
镇海建设集团有限公司	261259.1	5477	4217.4
宁波市镇海天然园林装饰工程有限公司	102945.8	4771	4120
宁波巨兴建安景观工程有限公司	56034.5	2623.4	1385.2

【镇海文化艺术中心工程获“钱江杯”奖】 7月，由省二建建设集团有限公司承建、同济大学建筑设计研究院（集团）有限公司设计、宁波市宏宝工程监理有限公司监理的镇海海雄文化投资发展有限公司建设的镇海文化艺术中心工程获评2015年度省建设工程“钱江杯”优质工程奖。

【5个工程获“甬江建设杯”优质工程奖】 3月，市建设工程评奖揭晓，区内5个工程获2014年度宁波市“甬江杯”优质工程奖：由中鑫建设集团有限公司建造的镇海人民医院二期工程、泰阳建设有限公司建造的镇海大宗生产资料交易中心配套用房二期工程、省二建建设集团有限公司建造的镇海文化艺术中心、宁波市第四建筑工程公司建造的镇海新城东邑阳光保障房地块工程1号—16号楼、宁波锦绣建设投资有限公司建设的镇海大道三期工程。

【建筑工人参加市技能竞赛获奖】 11月，区内建筑业企业在参加“行行出状元”市“大荣杯”建筑业青年技能大赛中总分第一，获团体优秀奖；市第四建筑工程公司职工获“优秀青年岗位能手”称号；浙江二建职工获优秀个人奖。在市“建设杯”建筑砌筑工技能竞赛上，市四建公司选手获三等奖。

镇海企业获市建筑业青年技能赛团体优秀奖

【一家建筑企业“新三板”上市】 12月17日，浙江迈新科技股份有限公司登陆全国中小企业股份转让系统，这是区内第一家挂牌“新三板”的建筑施工企业。证券代码834743，名称迈新科技。

（董小萍）

房地产业

【概况】 2015年，镇海区新增房地产开发企业5家，年末注册登记的房地产企业68家。资质情况为一级1家、二级3家、三级27家，余为暂三级或四级。是年，全区共有13个房地产项目竣工交付备案，总建筑面积118.76万平方米。其中住宅6968套68.77万平方米，同比分别下降35.5%、45.5%。有19个商品房项目新领预售许可证，总建筑面积77.45万平方米，其中住宅5973套70.17万平方米。

表18 **2015年新增商品房预售项目**

序号	项目名称	总建筑面积（平方米）	住宅面积（平方米）	住宅套数（套）	发证日期
1	恒大山水城·西苑三期	23582.15	19866.95	219	2015.2.12
2	开元九龙湖畔二期(E区-1)25幢低层住宅	20280.42	20280.42	25	2015.3.13
3	众望风景御园三期	24686.35	24686.35	242	2015.4.14
4	张鑑碶庙前路西区旧村改造项目	3509.84	3509.84	29	2015.4.24
5	万科城·东郡一期	47941.62	46307.44	424	2015.5.15
6	开元九龙湖畔二期(E区-2)30幢住宅	22689.05	22689.05	30	2015.6.12
7	众望风景御园四期	54153.92	52714	519	2015.7.08
8	万科城·东郡二期	34281.02	24018.94	216	2015.7.16
9	恒大山水城·东苑二期	42959.80	42959.80	450	2015.7.24
10	开元九龙湖畔·春漫里一期住宅	21379.32	21379.32	144	2015.7.28
11	公元世家三期	224936.35	203884.73	1666	2015.9.17
12	万科城·东郡三期	21383.96	21383.96	204	2015.9.23
13	恒大山水城·东苑三期	36208.45	24585.74	230	2015.9.25
14	众望风景御园五期	56620.33	38594.17	391	2015.10.15
15	红星都会广场	41652.39	38547.26	372	2015.11.27
16	万科城·东郡四期	30647.24	30647.24	288	2015.12.11
17	开元九龙湖畔·春漫里二期住宅	8529.82	8529.82	56	2015.12.16
18	吾悦广场一期-1	35386.38	33440.09	308	2015.12.24
19	万科城·堂院一期	23666.58	23666.58	160	2015.12.29
	合计	774494.99	701691.7	5973	

是年，楼市企稳回暖，区内商品房交易除价格下跌外，成交量和金额全面增长，但库存量较大。全区商品房成交7650套（签订售房合同），同比增长30.97%；成交面积75.12万平方米，增长约50%；成交金额66.27亿元，增长42%；成交均价8408.91元/平方米，下降10.47%。成交的7650套商品房中，住宅成交5369套、面积66.54万平方米、金额51.7亿元，同比分别增长65%、65.9%、41%；成交均价9018.74元/平方米，下降5.7%。年末全区可供销售的商品住房6839套、面积约89.74万平方米，按每月销售500套计算，商品房去库存约需14个月。

全年办结房地产买卖15738件，其中商品房交易10506件，存量房（二手房）交易5232件（首次上市的房改房交易524件）。办结房地产抵押登记8890件。办理、发放房屋所有权证35954本（其中初始登记发放房屋所有权证15149本）、他项权证8781本，办理产权注销登记536件、抵押注销登记5441件。

【存量房交易大幅增长】 2015年，全区存量房（二手房）交易大幅增长：成交量5232件，同比增加41.14%，成交面积70.61万平方米，增长44.81%，成交金额33.86亿元，增长48.51%。成交均价4795.35元元/平方米，增长2.56%。

【房改房上市交易5百余件】 2015年，全区首次上市的房改房（指当年度首次上市）成交524件，面积3.49万平方米，金额1.74亿元。房改房是职工根据城镇住房制度改革政策规定，按照成本价或标准价购买的已建公有住房。按成本价购买的，房屋所有权归职工个人所有；按标准价购买的，职工拥有部分房屋所有权，一般在5年后归职工个人所有。职工取得房屋所有权满5年后可上市交易。

（董小萍）

商贸服务业

综　述

2015年，镇海区商贸服务业呈现平稳较快发展的良好态势，实现社会消费品零售总额142.3亿元，比上年增长12.4%；完成服务业(含非商贸业)固定资产投资192.1亿元，同比增长17.4%。宁波金恒德人·车·生活商业广场、新城吾悦广场等项目签约落户，万科1902广场建设持续推进，瑞丰国际商博城、红星国际广场等骆驼商贸市场集群，以城市综合体为中心的现代商贸圈逐渐形成，现代服务业进一步提升。新建世创电商园和镇海跨境电商园，谋划筹建宁波阳光跨境电商园，实施“互联网+商贸”战略，拓展商贸业态。

是年，全区限额以上批发和零售业企业247家，其中批发业企业217家，零售业企业30家。限额以上批发零售企业全年商品销售额577.32亿元，其中批发额528.08亿元，零售49.24元。按批发行业商品分类，矿产品、建材及化工产品销售额468.77亿元，占绝对多数。其他销售额上亿的商品：农畜产品7.43亿元，纺织服装及家庭日用品10.48亿元，文化体育用品及器材11.77亿元，机械设备、五金交电及电子产品6.12亿元。按零售行业商品分类，汽车、摩托车、燃料及零配件销售额41.21亿元，占限额以上零售业企业商品销售额的绝对多数，其中汽车销售额34.84亿元，机动车燃料销售额6.37亿元，汽车零售已成为区内限额以上零售行业的主体，并带动石油制品类销售同步趋旺。其他销售额上亿的商品还有医药及医疗器械2.92亿元。(来源《镇海统计年鉴2016》)

是年，区商务局出台促进现代服务业发展、扶持电子商务专项资金管理办法，修订民生商贸政策，推动商贸服务业提质增效、行业电商发展，改善商贸发展环境。镇海区获市商贸管理优胜奖、市商贸民生发展奖两项铜奖。

表19　**2015年社会消费品零售总额完成情况**

单位：万元

指标名称	2015年完成情况
社会消费品零售总额	1423082
1. 批发和零售业	1305771
限额以上	647299
限额以下	658472
2. 住宿和餐饮业	117311
限额以上	31404
限额以下	95807

零售业

【概况】 2015年,全区不含住宿餐饮业的社会消费品零售额119.43亿元,同比增长13.8%。其中占比较大的4S店汽车销售额37.87亿元,下降3.86%。

是年,区商务局围绕"拓市场、促销费、扩投资、创优势、有服务",推进商贸项目建设,完善商贸流通网络。加快发展"月光"经济,提高城市生活品质,满足市民和游客夜间消费需求。推进"电商换市"①、电商产业园区建设,发展电子商务,推广电子商务进农村。开展创建"平安商场"、商场超市安全生产标准化建设,鼓励商贸企业节能改造和清洁生产。加强与成品油供应企业的联系和监控,保障区内成品油供应稳定。

表20　　2015年全区重点零售企业销售情况表

单位:万元

企业名称	全年销售额	同比增减%
三江超市西街店	15621	-9.5
三江超市顺隆店	5193	4.7
三江超市骆驼店	5384	2.8
三江超市棉丰店	5108	-3.3
三江超市庄市店	5042	9.5
三江超市蛟川店	7475	8.5
加贝购物大卖场	5193	-4.7
加贝超市骆驼店	2346	-12.8
加贝超市庄市店	2275	0
欧尚超市镇海店	16635	-4.5

续表20

企业名称	全年销售额	同比增减%
华润超市镇海店	9643	4.5
乐购超市镇海店	10539	8.6
苏宁电器镇海店	4058	10
国美家电镇海店	3665	43.8
医药公司	27775	-15.4
新华书店	3046	4.1
合计	129205	-6.2

【宁波世创电商园镇海开园】 4月1日,宁波世创电商园开园暨发布会举行。地处镇海新城民和路的电商园由宁波世创投资管理有限公司投资并运营,一期占地12000平方米,集办公、仓储于一体,是环境优美、交通便捷的区内首个电子商务创业指导和孵化基地。至2015年年底,有66家电子商贸企业入驻。

【开展让利展示促销活动】 4月到5月上旬,全区各大超市、家电卖场瞄准清明、"五一"两大节日,开展各种让利和展示活动,以促进市场活跃,拉动居民消费,扩大企业知名度。其中,各大汽车4S店纷纷开展春季团购会和客户答谢会,完成销售5.3亿元,同比增长10%。

【上海湾风情商业街开街】 5月31日,宁波·广洋上海湾风情商业街在招宝山街道沿江西路开街。"上海湾风情"商业街定位为集特色餐饮、休闲娱乐、教育培训、金融服务为一体的商业综合街。风情商业街具规模适度、配套设施齐全、业态集中特

①电商换市:以电子商务手段开辟新的销售渠道,实现商业模式的创新和提升。

色，旨在开辟一块消费、休闲新场所。

【举办第三届购物节】 7月24日至8月9日，第三届宁波（镇海）购物节举行。购物节以“畅享购物、休闲生活”为主题，由“汽车总动员”精品汽车展、邻里文化节、海鲜啤酒美食节、雪花勇闯天涯文艺晚会、“镇海生活、生活镇海”商超折扣季等活动组成。其中，汽车4S店、购物广场、超市、餐饮等200余家企业实现营业额2.5亿元。

【“十一”黄金周消费市场销售下降】 国庆黄金周，区内消费市场依然繁荣，但销售额下降：16家重点商贸企业实现销售额3198.7万元，同比下降3.87%，其中欧尚、华润万家、乐购、三江超市西街店、三江超市蛟川店和加贝购物广场6家超市销售1533.2万元，与上年同期持平；开元华城度假村、招宝山饭店、九龙山庄、石浦大酒店、曙光丽亭酒店、海尚大酒店和四季永逸酒店等8家住宿餐饮企业实现营业额1364.5万元，同比下降12.81%；国美家电和苏宁电器等家电企业实现销售额301万元，同比下降28%。

【“名品惠生活”巡展镇海首秀】 10月16日至25日，“名品惠生活”巡展在镇海鼓楼广场举行。展会以“名品荟萃、惠享生活”为主题，设标准展位200个，其中镇海本土“老底子”手工坊、俏橄榄进口食品、科奥农业、野马电池等10余家企业参展。10天吸引购物者6.5万余人次，销售额超过1000万元。

【宁波保税区进口商品镇海直销中心开业】 12月，落户镇海新城的宁波保税区进口商品镇海直销中心开业，成为区内唯一进口商品直销中心。中心占地1300平方米，设有生鲜、水果、母婴、日用百货和保健食品、红酒、烘焙生鲜加工、跨境购物、食品8大销售区块，汇聚20多个国家和地区的近6000种全进口商品。

【农村电商快速兴起】 2015年，区商务局推进“电子商务进万村”工程，农村电商以两种模式快速兴起。一种是建农村电商网点，实行统一店招设置，统一配货渠道，年末达到115家。另一种以小商超为阵地，借助邮政线上平台邮乐网，实现线上代购和会员制管理服务。农村电商拉动商贸营业额增长，成为农村居民消费新的增长点。

【汽车零售销售额下降】 2015年，全区销售汽车1780辆，销售额37.87亿元，同比下降2.6%，15家汽车4S店有6家销售额出现负增长。汽车销售占全区社会消费品零售额的比重达四分之一，2014年前，奔驰、路虎等高端品牌带动效应明显。随着周边县（市区）高端品牌4S店的陆续进驻，区域竞争加剧，区内高端品牌汽车销售市场份额萎缩。其中，销售排名第二的天华路虎全年销售额6.6亿元，同比下降38.6%。

表21　**2015年全区汽车4S店销售情况**

单位：万元

企业名称	全年销售额	同比增减%
天华路虎	66054	−38.6
宁兴新宇	80768	7.0
中升汽车	28012	17.5
腾峰4S店	33447	−15.3

续表21

企业名称	全年销售额	同比增减%
腾峰耀华	23881	-23.4
康桥澳美	43685	79.2
英菲尼迪	18106	-19.4
名爵汽车	9122	14.9
海景汽车	6944	-23.2
腾峰锦华	4215	-48.2
马自达汽车	9896	28.3
腾峰致华	7877	100.3
中升博勒	21470	25.6
康桥涌恒	8087	52.5
锦福明海	17100	218.2
合计	378664	-2.6

注：概况及本表的汽车销售额包括汽车及零配件批发和零售

【成品油零售汽油增柴油降】 2015年，全区加油站和加油点销售成品油16万吨，同比增长3.2%。其中汽油8.5万吨，同比增长13%；柴油7.5万吨，同比下降6.2%。成品油销售总额12亿元，同比增长3.2%。年末，全区成品油经营企业39家，其中零售34家，批发仓储5家。

住宿餐饮

【概况】 2015年，全区住宿餐饮业实现营业额11.73亿元，其中，限额以上住宿餐饮企业营业额3.14亿元。区内重点住宿餐饮企业受成本上升、区行政中心搬迁和公务消费抑制等影响，多数业绩下滑，限额以上住宿餐饮企业营业额同比减少1.4%；部分重点企业调整经营思路，主动放下身价，走“亲民路线”，拓展大众市场，业绩上升。中小餐饮企业迎合大众餐饮消费趋势，业绩增长。

表22 2015年部分重点住宿餐饮业经营情况

单位：万元

企业名称	床位数（个）	客房出租率（%）	年营业额	同比增减%
开元大酒店	553	35.22	7771	5.3
四季永逸大酒店	450	42	4542	-10.1
招宝山饭店	235	47.08	2424	-17
九龙山庄	288	44.6	3797	1.4
曙光丽亭大酒店	202	57	3180	-2.7
石浦大酒店			2318	11
山外山酒楼	36	60	2106	30.7
海尚大酒店	197	52.32	3329	-7.6
雄镇大酒店	209	80.03	1092	-24.4
合计	2170		30599	-2.7

【两家酒店被授予中国绿色饭店】 10月20日，中国绿色饭店评审会宁波分会授予雄镇大酒店三叶级中国绿色饭店称号，授予海尚大酒店四叶级中国绿色饭店。绿色饭店分为五个等级，用银杏叶标识，分一到五叶，五叶级为最高等级。

专业市场

【概况】 2015年，在国际国内市场需求不旺、“大宗商品价格深度下跌”背景下，区内煤炭、液化品、钢材、再生资源等专业市场营业额全线下挫。区加快以大宗商品交易平台为重点的港航物流体系建设，开发建材、蔬菜水果等生活资料专业市场，营造新的亮点。全区11家重点专业市场进场企业总数1605家，实现营业额1009.46亿元，同比增长15.1%，总体上继续保持稳中向好的发展态势。

表23　**2015年专业市场营业额情况**

单位：亿元

序号	市场名称	营业额	同比增减(%)
1	大宗生产资料交易中心	565.23	88.7
2	液化市场	156.5	-14.1
3	煤炭市场	98.88	-40.7
4	金属园区	44	-41.7
5	厚恒物资城	56.12	-34.7
6	有色金属市场	20.57	-14.4
7	八三七处钢材市场	10.68	-20.9
8	货运市场	9.81	-8.7
9	泰莱模具城	17.65	-6.5
10	其他市场(建材、蔬果)	30.02	306.8
合计		1009.46	15.1

注：专业市场的划定和指标口径与《统计年鉴》不同。金属园区、货运市场等不属于商贸业

【大宗生产资料交易中心快速发展】 于2011年建成投用的宁波镇海大宗生产资料交易中心，已发展成为占地3.4万平方米，建筑面积6万平方米的综合性交易市场，集“市场货物交易、公共物流信息服务、物流中介服务、口岸及商务管理服务”四大功能于一体。2015年年末，进场企业达到580家，主要经营煤炭等大宗商品。实现销售额565.23亿元，同比增长88.7%。

【传统专业市场营业额全面下降】 2015年，受经济不景气、生产资料需求不足、价格全线下挫影响，区内传统生产资料专业市场经营业绩全面下滑。其中，煤炭、再生金属资源市场下降40%以上，钢材、有色金属和液体化工下降34%到14%，模具、货运也受到影响而业绩下滑。

【建材和蔬果市场形成规模】 投资近3亿元、建筑面积7.5万平方米的骆驼街道宁波东州商城，于2013年开业。主营板材批发，兼有家具、卫浴、陶瓷、地板、门窗等批发零售商，2015年，实现销售16亿元，同比增长334%。投资1.5亿元、占地1.65万平方米骆驼蔬果交易市场于2014年开业，已形成设有外地蔬菜、水产、肉类、粮油禽蛋及干货、熟食6个交易区，75个摊位、64间商铺的规模，24小时营业。是年，实现销售13.96亿元，同比增长277%。

菜篮子工程

【概况】 2015年，全区24个菜市场（城镇中心菜场7个，农村菜场17个）销售总额约13亿元。“菜篮子”工程以蔬菜安全、供需平稳为目标，继续在保供应、稳物价、促民生方面发挥作用。区商务局按照“政府引导、业主负责、部门参与、属地管理”原则，推进汇源、中官路等2家菜市场改造提升工程；开展省级生鲜超市“放心柜”和“放心农贸市场”创建工作，2家菜场、3家超市创建成功；全面运行肉类蔬菜流通追溯体系，生猪跨区域供应模式有序运行，肉品市场运行安全平稳。加强菜市场蔬菜农残监测，更新部分菜场监测设备，为2家配送企业新建蔬菜农残监测室。

巩固“菜篮子”基地,提升地产蔬菜在区内市场的自给能力,全区有8个蔬菜基地成为市级“菜篮子”基地。

【继续推进菜市场改造提升】 2015年,区继续推进菜市场改造提升事实工程。12月,澥浦镇汇源菜场改造启动,计划投入650万元,改造面积3770平方米;中官路菜场迁建提升项目开工,计划投入2000余万元,建筑面积约9300平方米;新建石塘下菜场的前期工作开始。

【5家菜场超市创建成省级“放心市场(柜)”】 2015年,区创建省“放心市场”“放心柜”工作取得成效:招宝山街道西门农贸市场、蛟川街道炼化后施菜场创建成省级“放心农贸市场”;三江超市蛟川卖场、三江超市骆驼卖场、三江超市庄市卖场通过省级城镇超市生鲜农产品“放心柜”验收。

【第十三届春节年货展销会举行】 1月30日至2月3日,区第十三届春节年货展销会在招宝山街道鼓楼广场举行。展销会设160个展位,130余家企业和经销商参展,品种有传统年货、各地特色食品及进口食品500余种。进场购买年货的市民10万余人次,成交额650万元。

【菜市场蔬菜肉品总体安全】 2015年,全区各菜场农残监测点抽检各类蔬菜样品86789个,合格率99.9%;抽检“六合一”(针对甲醛、亚硝酸盐、二氧化硫、吊白块、硼砂、双氧水含量的检测)样品25400个,合格率99.7%。从蔬菜和“六合一”样品抽检情况看,全区蔬菜肉品总体安全。

【菜市场专项规划通过区政府常务会议审议】 12月,“菜市场专项规划”获区政府常务会议原则通过。全区菜市场规划布局共41个(不含贵驷街道),其中城区22个,农村19个。招宝山街道增加后海塘菜场,从3家增至4家;澥浦镇增加觉渡、沿山2个,拟撤销岚山、湾塘两处,4个菜市场保持不变;九龙湖镇迁建河头菜场,增加秦山、西河、杜夹岙3个,菜市场从4家增至7家;蛟川街道增加金丰、石塘下2个城区片区菜场和迎周、清水浦2个农村菜场,菜市场从4家增至8家;骆驼街道迁建团桥菜场,新建南二路、保利城、盛家社区3个,菜市场从4家增加到7家;庄市街道迁建钟包村菜场,在联兴小区、公园世家、宁大花园、康宁医院周边新建4个城区菜场,菜市场从7家增至11家。

【六家菜市场获评区级文明菜市场】 12月,蛟川街道五里牌菜市场、俞范菜市场,招宝山街道南街菜场,骆驼街道骆驼菜场,庄市街道陈倪菜场、庄市菜场被评为2015年度区级文明菜市场。获评的5家菜市场在三个方面达到文明菜市场要求:消费环境方面,摊位布局与卫生、消防通道畅通;食品安全方面,每日检测样品不少于15批次、检测经营户数不少于8%,向消费者提供免费检测服务;规范管理方面,熟食摊位严控灰尘,营业员穿戴白色衣帽、口罩等。

粮油购销

【概况】 2015年,全区因轮换和出库需要销售的粮油情况为销售地方储备粮11228吨,其中早籼谷3910吨、晚粳谷6018吨、晚粳米1300吨；销售出库区级周转储备粮5437吨，其中早籼谷2898吨、晚粳谷891吨、晚籼谷1648吨；销售出库储备食用油脂275吨，品种全部为2013年产四级大豆油。

是年，收购地产粮食9123吨，其中小麦468吨、早稻2431吨、晚稻6224吨，订单履约率88.40%。完成上级下达的新增储备粮13200吨的任务，借机优化储备粮结构，新增早籼谷17500吨、晚粳谷17100吨、晚籼谷3000吨、小麦2100吨，占比分别为44.08%、43.07%、7.56%和5.29%，储粮结构更加合理。轮入当年产小包装调和油275吨。

是年，实施贵驷粮站危仓老库维修改造工程，申请到中央财政危仓老库维修改造补贴资金28万元，完成投资额70%计86万元的工程量。巩固星级粮库创建成果，长石、贵驷、觉渡3个粮站通过省二星级粮库复评。中心粮库争创省三星级粮库。

【中心粮库完成智能化建设】 2015年，区中心粮库一期信息智能化系统建成投用。该系统投入207万元（含库区办公场地设施），主要功能为智能化测温和粮食进出库智能化计量。

【省粮食集团镇海粮库扩建工程开工】 5月，省粮食集团有限公司镇海粮库扩建项目启动，用地23751平方米，建筑面积14536平方米，仓容10.59万吨。项目总投资13658万元，2015年完成投资额的52%，计7077万元。

【粮食购销合同签订顺利】 5月，全区粮食购销合同签订工作顺利推进，共签订农户数188户，订单粮食播种面积1742.4公顷。粮食订单总量10320吨，其中早稻数量3143吨，晚稻6690吨，小麦487吨。

供销合作社

【概况】 2015年，区供销合作社在澥浦、蛟川街道建立2家基层供销社，基层供销合作社达到6家，另有蔬菜、土产日杂两家公司。全系统实现销售总额1.46亿元，利润总额252万元。其中，骆驼、庄市、贵驷3家基层社销售总额5944万元，利润总额146万元。

是年，区供销社系统优化连锁配送经营，配送化肥2300多吨、农药860多万元，保障区内农业生产需求。继续实施农资淡季储备及应急供应，储备化肥700吨、农药40万元、农膜100吨。参与现代农业项目和农资试验推广，统防统治水稻533.33公顷。储备防汛麻袋14500条、钢管200根、铅丝500公斤，在“灿鸿”“杜鹃”台风期间调用麻袋1260条。指导绿安菜篮子配送中心规范经营，承担五十余所中小学、十多家企业食堂的农副产品供应，日均配送10多万元。组织10余家农副产品生产、流通企业参加年货展销会、九龙湖葡萄特卖会等活动。

是年，吸纳农庄、合作社等经济组织，成立镇海区供销合作社联合社，建立“三会”制度。推进区供销社全资公司改制，实现政企分开。组建农产品供销专业合作社联合社1家，设立区农事服务中心，新开农产品社区直营店3家，设立供销便利直营店1家、加盟店4家。组建镇海农友农产品电子商务有限公司，搭建农产品网络营销平台。开展农民资金互助试点。

【构建“三会”治理机制】 7月，根据供销社综合改革“县级以上供销社必须全面恢复建立联合社体制下的三会领导管理体制”的要求，区供销合作社联合社第一次社员代表大会召开。选举产生联合社第一届理事会、监事会，全面恢复联合社体制下的“三会”治理机制，为维护供销合作社体系完整和出资者合法权益，优化为农服务夯实组织保障。

【社有企业按社企分离原则改制】 2015年，宁波财茂实业公司改制为宁波市镇海供销有限公司，并确立其代表区供销联社履行社有企业出资人职责。按照社企分离原则，理清区供销联社机关与有限公司的职责。是年，区供销社下属的蔬菜、土产日杂两家公司，改制为镇海蔬菜有限公司和镇海土产日杂有限公司，授权开展自主经营。

【新建2家新型基层社】 2015年，区供销社以农民专业合作社、村级服务社、家庭农场等农民合作组织为投资主体，新建澥浦、蛟川2家基层供销社，注册资本分别为50万元、60万元。与传统基层社不同，2家新型基层社投资主体来自农业、农民组织，经营上体现“农”字特征，通过农业技术、农产品业务和农业信息等合作，实现互利共赢；管理上建立“三会”制度，体现民主，通过开放办社、能人管理，促进管理模式的转变。

【首家农民专业合作社联合社成立】 6月，镇海九龙湖农产品供销专业合作社联合社成立。联合社由新建的九龙湖供销社占股30%，联合九龙湖镇果蔬、农机、林特三类四家农民专业合作社入股，组建地域性农产品产销、服务联合体。主要收购、销售成员社农产品，为成员社提供农资、农业新技术、农机维护与推广、新品种引进应用等服务。

【绿丰专业合作社获评国家级示范社】 1月，庄市街道绿丰农产品合作社被农业部评为国家级示范社，是为区内首家。“绿丰”注册资金120万元，由区供销社参股12%，主要从事蔬菜、瓜果及各类时令水果的种植、销售。2011年创办以来，改造万市徐生产基地基础设施，推广有机肥施用和杀虫灯物理防治技术，减少化学防治，降低农药成本，引进先进技术，种植西瓜、番茄、青菜等优良新品种，示范田试验面积80公顷。

【新建3家社区直营店】 2015年，区供销社在庄市、贵驷两地，新建农产品社区直营店3家。直营店统一设计店面，统一装饰和标牌，统一检测标准，以“前店后院”的模式经营，将“地头”蔬菜直供居民和客户。市政府副市长林静国作出批示推广。

（许晓彤）

烟草专卖

【概况】 2015年，镇海区烟草分公司实现卷烟销量2.38万箱，同比减少5.58%；销售额（含税）9.71亿元，同比增长5.41%；毛利2.51亿元，同比增长15.67%。加大重点品牌卷烟培育力度，销售品牌卷烟2.08万箱，占比87.3%。开展200～600元省外品牌培育，实现单箱销售额4.07万元。是年，《降低NC预算信息系统报销单退单率》项目获省烟草优秀QC成果一等奖，“提速”QC小组获中国质量协会2015年全国优秀质量管理小组称号。

是年，区烟草专卖局查获各类案件184起，涉案卷烟1.28万条。其中5万元以上真烟案件25起，列全市第一。与公安部门经侦、技侦合作，破获“5·12”特大跨国网络部督案。区烟草专卖局被评为“浙江省卷烟打假工作成绩突出集体”。

【破获“5·12”特大非法拼装销售烟机案】 9月15日，由区烟草专卖局、区公安分局组成的“5·12”专案组85人，分两组在浙江宁波、广东深圳8个布控点同步实施抓捕行动。共抓获犯罪嫌疑人15人，捣毁制售假烟窝点4个，现场查获非法生产的中华、广东双喜等10余个卷烟品牌4292条、烟丝12880公斤、滤嘴棒1046.5万支及其他大量加工材料。此后，相继在安徽、云南、福建等地抓获犯罪嫌疑人21人，捣毁生产窝点1个，查获非法生产卷烟2849条。该案于2014年5月12日立案侦查，涉及印尼、阿联酋等国，案值6000万元，实现了对烟机、烟机配件以及烟丝、滤嘴棒、水松纸等原辅材料的生产、供应、运输、销售环节的全环节打击。被国家烟草专卖局、公安部认定为履行知识产权保护、打击国际非法贸易的经典案件。

（岑海荣）

再生资源回收

【概况】 2015年，镇海再生资源行业协会有会员126家，其中生产性（指对再生资源作加工处理）98家，生活性（指回收居民或单位的废旧物资）28家。年底，回收废旧物资约18万吨，销售额3.48亿元。

（史鑫鑫）

外向型经济

综　述

2015年，全区进出口总额60.72亿美元，比上年下降4.5%。其中，出口34.65亿美元，比上年增长5%；进口26.07亿美元，同比下降14.8%。引进外商投资项目27个，总投资额7.53亿美元，合同利用外资4.46亿美元。对外合作营业额2.14亿美元，境外投资2.73亿美元。服务外包执行额9.82亿元，其中服务业外包离岸执行额9058万美元。对外贸易在国际国内宏观经济影响下，相对低速、平稳发展。区属经济对外贸易依存度达101.8%。

是年，区外向型经济面临较大压力。全召开开放型经济发展大会，鼓励企业利用31个市级以上、41个区级出口名牌，扩大出口，拓展对外经济合作领域。引进先进制造业、现代服务业，将外资引进指标分解落实到各镇（街道）、产业园区，实行目标责任制考核。区商务局组织区内企业参加广交会、华交会等国内重点展会，鼓励和引导企业赴境外参展。提升对外联络、涉外商事法律服务能力，发展镇海区贸促支会和镇海国际商会会员达62家。依托市外经贸培训中心，开展进口贸易实务、电子商务、外贸单证、报关报检等培训。继续利用“镇海外贸咨询台”QQ群，宣传、解读外经贸政策。会同区经合局开展招商活动，引进萌恒总部、1688新青年广场等项目落户。是年，镇海区获市开放型经济工作银奖等奖项。

【设计研发占服务外包执行总额70%以上】 2015年，全区完成服务外包执行总额9.82亿元中，同比增长25.1%。以工业设计、工程设计、动漫及网游设计研发为主的KPO[①]达6.98亿元，同比增长56.5%，成为服务外包新的增长点。以设计研发为主的KPO和以人力资源数据库服务为主的BPO[②]分别占服务外包执行总额的71.1%、21.1%，成为全区服务业外包新兴行业。是年，全区新认定服务外包企业14家，累计103家。

对外贸易

【概况】 2015年，全区在进出口总额同比

①KPO：英语知识流程外包简称。

②BPO：英语业务流程外包简称。

下降4.5%的情况下，出口保持5%的逆势增长。34.65亿美元的出口额中，最大的美国8.09亿美元，占30.91%，排在第二、三位的是越南和日本。26.07亿美元进口额，最多的也是美国，达4.92亿美元，占比21.35%，排名第二、三的是日本和韩国。是年，全区共有进出口贸易实绩企业867家，其中出口实绩企业369家。年度进出口额上千万美元企业99家，其中自营进出口生产企业482家，外商投资企业302家，外贸公司64家；年度进出口额上亿美元企业10家。与镇海有直接贸易往来的国家（地区）197个，贸易额超亿美元国家（地区）发展到20个。

是年，出口企业依托广交会、华交会、消博会和新加坡宁波商品展等境内外展会平台，利用境外营销网络，继续巩固欧盟、美国、日本等传统市场，努力保持东盟、中东、非洲、拉丁美洲等新兴市场。是年，新兴市场进出口贸易额19.4亿美元，同比增长12.57，占比31.39%。

表24

2015年镇海区商品进出口情况

单位：万美元

		出口			进口		
		实绩	增长率（%）	比重（%）	实绩	增长率（%）	比重（%）
合计		346486	5.00	57.06	260712	-14.83	42.94
商品构成	初级产品	14435	-45.03	4.17	106270	-9.94	40.76
	工业制成品	332051	9.33	95.38	154442	-17.91	59.24
按企业类别分	外贸公司	47862	727.78	13.81	13656	-9.62	5.24
	自营进出口生产企业	121976	-9.98	35.20	125097	-2.10	47.98
	外商投资企业	174924	-6.44	50.49	120464	-25.26	46.21
	其他企业	1724	-0.86	0.50	1495	-27.46	0.57
按贸易方式分	一般贸易	287199	14.40	82.89	184137	-10.05	70.63
	加工贸易	48781	-10.95	14.08	27518	-15.16	10.55
	其中：来料加工	709	-52.38	0.20	423	0.00	0.16
	进料加工	48072	-9.79	13.87	27095	-15.37	10.39
	其他贸易	10506	-56.52	3.03	49057	-28.88	18.82
	其中：外商投资进口的设备	—	—	—	138	-90.85	0.05
按商品大类分	机电产品	196937	6.20	56.84	26958	-18.75	10.34
	高新技术	35935	8.94	10.37	17731	-0.90	6.80

表25　　2015年镇海区进出口额前10位商品情况

单位：万美元

	排名	商品名称	总额	比重%	增长率%
出口	1	金属制品	44935	12.97	10.97
	2	电力机械、器具及其电气零	37324	10.77	19.54
	3	杂项制品	35555	10.26	16.8
	4	通用工业机械设备及零件	26218	7.57	-3.16
	5	纺纱、织物、制成品及有关	25267	7.29	9.54
	6	电信及声音的录制及重放装	21840	6.3	0.34
	7	有机化学品	21375	6.17	-5.82
	8	动力机械及设备	19893	5.74	6.69
	9	服装及衣着附件	14612	4.22	8.97
	10	陆路车辆(包括气垫式)	14088	4.07	-2.71
	合计		261107	75.36	6.12
进口	1	有机化学品	90593	34.75	-22.23
	2	金属矿砂及金属废料	61378	23.54	-34.13
	3	石油、石油产品及有关原料	24618	9.44	926.18
	4	软木及木材	12355	4.74	15.56
	5	纺纱、织物、制成品及有关	12058	4.63	112.36
	6	初级形状的塑料	11590	4.45	-30.33
	7	电信及声音的录制及重放装	11504	4.41	4.84
	8	其他化学原料及产品	8191	3.14	174.41
	9	通用工业机械设备及零件	4260	1.63	-44.59
	10	专业、科学及控制用仪器和	4062	1.56	-26.99
	合计		240609	92.29	107.5

【对外贸易经营者备案登记证书完成第一单发放】 1月，区商务局向宁波市诺汀翰信息科技有限公司发放对外贸易经营者备案登记证书，这是商务部对外贸易经营者备案登记权限下放后，镇海区核准发放的第一单证书。外贸经营者备案登记权限下放后，企业只需进入商务部在线办事系统网站进行网上申报，完成审核后即可携带相关资料到区行政审批服务中心商务局窗口直接办理《对外贸易经营者备案登记表》，并可凭对外贸易经营者备案登记证书在区内各部门完成自营出口前工商、税务、商务、外管、海关及商检的全部备案和登记手续。

【第25届华交会镇海分团成交额减少35%】 3月，在上海新国际博览中心举行的第25届中国华东进出口商品交易会上，镇海分团15家企业设摊位18个，成交额2091万美元，同比减少35%。参展企业以家居用品、电子消费品和服装为主。成交客户的70%来自日本、中国香港和东南亚，订单以小单、短单为主，其中三个月内的短单占到80%以上。

【两届广交会镇海企业成交近2.8亿美元】 2015年，在第117、118届广交会上，镇海区106家(次)企业参展，展位数192个。订单成交和意向成交额合计2.8亿美元，略有下降。订单客户主要来自欧盟、北美、中东、东南亚等地区。

（史鑫鑫）

引进外资

【概况】 2015年，全区新批准外商投资企业27家、增资扩股企业33家，总投资75279.47万美元。实现合同外资44607.79万美元，同比增长10.61%；实际利用外资31709.65万美元，同比增长2.54%。年末，区内注册的主营业务2000万元以上外商投资企业182家(含港、澳、台商投资企业87家)，外商投资规上企业家数、产值、营业收入、出口额和纳税总额分别占全区相应数据的34.20%、22.86%、25.07%、64.38%和12.67%。是年，镇海区获评市开放型经济国际招商银奖，石化经济开发区获评A类重点开发区国际招商银奖，北欧工业园成为省首批、市独家国际产业合作园。

【4家重点外资企业增资】 2015年，区内4家重点外资企业完成增资手续：百隆东方通过定向增发，增加注册资本1.27亿美元，实际利用外资9527.09万美元；乐金甬兴当期增加注册资本1000万美元；阿克苏过氧化物通过增加注册资本和借外债方式到位外资4495.83万美元；阿克苏化学品通过借外债方式到位外资5002.97万美元。

【浙洽会签约外资项目11个】 2015年的浙洽会期间，镇海分团签约外资项目11个，协议外资3.16亿美元。其中协议外资1000万美元及以上项目6个，分别为吾悦广场商业综合体项目、炼化空分项目、楠山贸易项目、爱妻集团项目、华美线业并购项目、进口牛肉贸易项目，6个项目外资额占项目总数的54.55%。

【两家外商投资企业登上市纳税十强榜单】 2015年，区属两家外商投资企业荣登2014年度市外资企业纳税十强榜单：宁波乐金甬兴化工有限公司实现销售收入109.59亿元，纳税总额4.64亿元；宁波镇海炼化利安德化学有限公司，实现销售收入81.35亿元，纳税总额2.98亿元。

【外商投资企业联合年报汇总】 6—9月，区经合局组织实施全区2014年度外商投资企业联合年报申报和汇总：应报541家，参报443家，参报率81.89%，年报合格率为96.84%。参加年报的443家外商投资企业，总投资50.14亿美元，注册资本26.06亿美元，累计出资26.91亿美元，出资率92.70%。其中，合同外资25.21亿美元，外方累计出资22.07亿美元。联合年报基本反映全区外资企业截至2014年年底的出资、注册及运营发展等情况。

（卫良志）

对外经济合作

【概况】 2015年,镇海区新批境外投资20家,核准中方投资额2.73亿美元,实际中方投资额1.45亿美元。是年,新增境外投资企业10家,至年底,区内企业在境外设立的投资机构(含办事处)88家。全区完成境外承包劳务合作营业额2.14亿美元,同比增长15.05%。主要依托中交上航局航道建设有限公司、中交三航宁波分公司等省部属企业在海外承揽、拓展的项目业务。

【百隆(越南)有限公司增资5200万美元】 2015年,区内境外最大投资项目百隆(越南)有限公司增资5200万美元,总投资额达到3亿美元。该公司于2012年12月在越南西宁省福东工业园区成立,主要从事各类纱线及其副产品生产、加工、销售。

(史鑫鑫)

交通运输与邮政业

综　述

2015年，全区实现旅客运输量134万人次，旅客周转量0.97亿人千米；货运量5834万吨，货运周转量3860387万吨千米。年末拥有营运性公路运输工具4792辆。全年新增3条公交线路，新建公共自行车网点27个，投放公共自行车900辆。轨道交通2号线一期开通运营，镇海迈入轨道交通时代。交通网络更加完善，物流枢纽港“贸易港”“物流港”和“智慧港”“三位一体”港航物流服务体系进一步形成。邮政业实现业务总量6638万元。

备注：营运性公路运输工具、新建公共自行车网点为年末数。

道路运输

【概况】 2015年，全区道路客运量113万人，客运周转量9681万人千米。道路货运量1207万吨，货运周转量176723万吨千米。道路货运经营业户2475家，拥有营运货车4263辆、载重量60746吨。有长途客运班线24条，班车32辆。有公交线路36条，车辆389辆。有区域出租车100辆、市出租车1辆、旅游包车7辆。全区机动车维修企业225家。机动车驾驶员培训学校6家，模拟驾驶培训1家，教练车211辆。

是年，全区开展“道路运输平安年”活动，打造“平安交通”。区道路运输管理所与公安、安监部门联动，开展“铁腕”治超专项行动和天津“8·12”事故警示下的道路危化品运输专项整治。

【危化品产业链安全论坛参会者到镇海考察】 1月12日，“中国危化品产业链安全论坛暨2014新领军者年会”参会嘉宾考察镇海区危化品运输综合服务中心、道路运输安全稽查大队、金洋化工运输公司。考察人员与区内物流企业和监管部门交流危险品运输行业安全运行和监督管理经验。

【继续开展“铁腕”治超专项行动】 2015年，区路政大队根据市治超办统一部署，组织开展“铁腕”治超专项行动：4月27日至30日的“铁腕二号”行动，查处超限超载车辆45辆，卸载车辆37辆计1111.63吨。10月12日至31日的“铁腕三号”专项行动，查处超限车辆140辆次，卸载131辆次计3759.7吨。

【交通运输部调研道路危险品运输监管】 6月,交通运输部安监司10余人考察宁波永天化工物流有限公司。考察组对镇海区在道路危险品运输管理中采取动态监控措施表示肯定,强调要加强异地经营监管和从业人员管理。

【举行危化品道路运输事故应急演练】 6月19日,由市运管局和市危化品运输协会主办、镇海石化物流有限公司承办的危化品道路运输泄漏应急救援演练在镇海举行。演练以货车"追尾"危化品罐车造成罐体侧翻破损、苯乙烯泄漏着火为假设,组织疏散人员、临时管制、喷洒稀释泄漏物、监测周围环境和实施槽罐车堵漏、倒罐、扶正作业。区环保、安稽、交警、炼化消防等单位参演,区内危运、客运企业现场观摩。演练检验了应急救援体系成员单位实战操作能力和现场处置能力。

区危化品道路运输事故应急救援演练

【开展汲取天津特大爆炸事故教训的危运整治】 天津"8·12"特大爆炸事故发生后,区召开汲取事故教训的安全分析会议,就"危运"中存在的车辆新增、停放、报废洗消、维修和异地经营等问题,作出开展为时三个月专项整治部署,进一步明确联合执法、应急救援机制。成立区"危运"行业安全生产隐患排查整治领导小组,梳理、排查一批"危运"行业运营、监管中的历史遗留问题,落实整改措施。区委书记、区长等领导参加危运企业现场检查。

【"掌上驾培"开始实行】 9月23日,镇海"掌上驾培"APP(驾驶学员预约培训系统)上线,汽车驾驶员培训模式改革。全区6家驾驶员培训学校211辆教练车全部上线,参训学员可自主约驾、自主计录培训时间。"掌上驾培"不仅使学员能自主安排培训时间,还可对教练服务态度、教学水平、教练车状况作出评价,促进驾培行业改善服务。

【81890救援网络平台加盟企业达到12家】 9月,宁波天华、宁波腾峰锦华2家4S店加入81890汽车维修救援网络平台。至此,区内共有12家企业加盟汽车维修救援网络平台。

【数字公路路网管理中心投入运行】 9月,镇海数字公路外场设施通过验收并投入运行。中心建设总投资291.05万元,新建成固定监控19个、可变情报板5块、交通流量观测站4个。全区形成拥有固定监控29个、可变情报板10块、交通流量观测站6个的数字公路网。

(董小萍)

水路运输

【概况】 2015年,受经济大环境影响,国内外水运市场萧条，航运价格常年徘徊在5万吨船舶20元左右/吨千米、2万吨船舶23元～24元/吨千米的低迷状态，船舶等资产价格严重贬值。区属水路运输企业面临低价竞争、融资及资金周转等困难，经营维艰。年内新增1家航运企业，3家航运企业“失联”（其中1家注销），1家被兼并（部分运力转移，未注销）。年末，区内注册的航运企业保持24家，正常营运企业21家；水路总运力786849吨，比上年减少215034吨；船舶78艘（其中沿海货船69艘）比上年减少16艘。是年，水路旅客运输量20.51万人，旅客运输周转量49.22万人千米；货运量4627.26万吨，货运周转量3683663.80万吨千米。

区港航所对全区水运企业实现分级评定、动态管理，引导、督促建立安全生产运行体系，与21家企业签订安全生产责任书。开展水运企业安全生产隐患大排查，检查企业82家（次），查出一般隐患236条，整改率100%。

【分级评定水运企业】 2015年，区港航所根据《宁波市水运企业分级分类管理办法》，对全区21家企业进行分级评定。评定为AAA级的企业6家、AA级9家、A级4家，B级2家。督促A级、B级企业查找差距，健全管理制度，提升安全运行的水平。

【水运市场低迷导致航运企业出现非常现象】 2015年，受全球经济低迷、需求疲软影响，区内正常营运的21家水运企业有10家出现亏损，亏损面 47.6%，亏损额2300多万元。部分企业采取应对措施和极端行为，航运业出现一些反常现象：天盛海运公司拆解90932载重吨“天盛16”、97728载重吨的“天盛17”两艘航船，合计减少运力188660吨；注册在镇海的联合集装箱海运公司被宁波远洋集团兼并，区内流失运力56250 吨；3家航运企业“失联”，船舶去向不明，导致许可证、营运证失效，其中1家企业、1艘1.7万吨船舶非正常注销。

（董小萍）

注：水路旅客运输量、周转量统计口径2013年开始变化，船舶数含非机动船。

城市公交

【概况】 2015年，宁波栎社国际机场到镇海清水浦的市轨道交通2号线一期投入试运营。区新辟396路、399路、827路三条公交线路，每条线路日均客流约1100人次。优化公交线路6条，临时改道调整线路21批次。新增车辆9辆，报废7辆。新建公共自行车服务网点27个，投入自行车900辆，年末服务网点120个、公共自行车3000辆。是年，受强台风影响，区内公交线路临时停开、调整。

【新开通3条公交线路】 3月，招宝山至骆驼中心站的公交396路开通，起始25个站点。4月，骆驼中心站至市中医院的公交399路开通，起始23个站点。9月，招宝山至清水浦的公交827路开通，起始14个站点。

【两条市际客运班线停运】 5月，镇海骆驼至温岭、镇海至诸暨两条市际客运班线，因高速铁路开通、客运量大幅下降而停运注销。

【轨道交通2号线运营】 9月，市轨道交通2号线一期投入试运营，是为区内第一条“轻轨”。2号线一期起点为宁波栎社国际机场站，终点站镇海清水浦，线路全长28.35千米，设22个车站。10月，“轻轨”正式运行，首末班时间为6:30～22:00。新建清水浦公交车站，开通清水浦村至招宝山的827路，方便区内旅客乘坐轨道交通。

镇海居民坐上“轻轨”列车

【区内黄标车全部淘汰】 2015年年末，全区完成黄标车淘汰任务，共淘汰车辆2690辆车（含“失联”自行报废淘汰车辆60辆）。“黄标车”是废气排放达不到国Ⅰ标准的汽油车和达不到国Ⅲ标准的柴油车，淘汰黄标车工作起自2014年。

【台风影响区内公交运行】 9月29日，受“杜鹃”强台风影响，终点站为秦山、横溪、毛力水库山区的382、381、383支线全部停开，其他线路班次相应减少。30日，因龙山站、化工区一带积水严重，公交378、370临时调整线路；公交75路临时停开一天。

（董小萍）

邮　政

【概况】 2015年，受经济下滑、政务市场空间压缩等因素影响，镇海邮政业务总收入7647万元，同比下降5.50%，位列全省73个分公司第26位。其中，完成代理金融类业务收入4432万元（其中代理保险业务收入1167.3万元），同比增长9.84%；包裹快递业务收入1657万元（其中国际小包业务收入1284.57万元），下降28.04%；报刊订销量2841万份，下降7.9%。

注：邮政收入及比较数据为年末调整数。

表26　　邮政业务量

指标名称	计量单位	指标值
邮政业务总量	元	66381045
国内平常函件	件	454021
国内平常信件	件	284472
国内平常印刷品	件	169549
国内挂号信件	件	69616
国际及港澳台出口平常函件	件	231966
邮送广告	件	1028599
国内大宗函件	件	300404
国内包裹（含快递）	件	36543
国内异地和同城特快信件	件	37206
国际及港澳特快信件	万元	200
国内汇票金额	元	57581579
兑付国内汇票金额	元	12124547
报纸累计份数	份	27912312
杂志累计份数	份	496919
集邮业务	枚	1417961

注：数据来源于区邮政局

是年，区邮政分公司推进金融网点第三方合作，以点带面推进金融网点转型，推动邮政金融业务。承办政府推进的区(跨境)电子商务产业园建设，将包裹业务中心迁至园内，加大与电商企业间的融合度。发展包裹快递新客户，开通国际小包线上营销收寄渠道，建设营揽投站，增加人员、车辆、信息化设备投入，打造包裹快递新型投递网。

【开展农村电商渠道建设】 2015年，区邮政分公司按照浙江邮政部署，开辟以小商超为主的农村电商渠道。建成"村邮乐购"农村电商服务点115个、A类站点85个。"邮掌柜"网络代购交易订单数达3000余笔，交易金额33万元。

【促进封片业务转型发展】 2015年，区邮政分公司着力促进日常封片业务转型发展：开展学校、广场的现场宣传活动，应用微信、二维码技术，实现线上线下互动营销；发挥DIY明信片吸粉纳流、互动性强优点，开展15场次打印活动；利用抗战70周年、中法战争胜利130周年及"9·27"轨道交通2号线一期开通试运营等社会热点印制邮资片，刻制纪念戳；承接区新农村建设成果宣传画制作。

【实施集邮业务新的营销模式】 2015年，区邮政分公司继续开发集邮市场：顺应微营销和"粉丝经济"趋势，开通集邮微信公众号和微店，形成线上线下相结合的零售新模式，微店产生营业额20万元；利用生肖邮票首发及集邮进社区活动，扩大集邮业务在社会的影响力；开展第二届"中国集邮文化季"活动，实现销售额70.68万元。

【多举措推进报刊业务】 2015年，区邮政分公司采取多项措施，开发报刊市场、推进报刊业务：借助区内推广"全民阅读"时机，联合《意林》《医食参考》等报刊社进学校、社区等，推介报纸杂志，促进私费订阅；与区总工会、区文广新局共同开展"温暖回家路，报刊伴您行"春运公益期刊赠阅活动，实现流转额5万元；开展《中国大阅兵》营销活动，实行报刊、集邮联动，销售《中国大阅兵》580册，产生报刊流转额9.74万元、集邮收入1.74万元。是年，在纸质媒体市场不断压缩情况下，完成报刊业务收入542万元，同比下降2.91%。

【继续推进5.1邮政e站和E邮柜便民服务设施建设】 2015年，区邮政分公司在区政府支持下，建设"5·1"邮政e站29个。全年发生交易笔数3608笔、金额31.13万元。是年，与区政府共同投入，在各小区设置E邮柜69个，其中招宝山街道49个。全区累计建成E邮柜75个，转投各类邮件24.8万件。电子商务终端服务柜的设置，缓解了快递包裹"投递难"、用户"收件难"问题。

(蔡东升)

邮政投递员邮件投入"E邮柜"

信息业和信息技术推广

综　述

2015年，镇海区以国家智慧城市试点为契机，推进"光网城市""无线城市"建设，加大信息基础设施投入，完善基础通信网络体系。全区电信、有线电视发展平稳，农村应急广播体系全面建成。宽带用户数超过16万户，家庭宽带用户平均接入能力达到20兆，部分城区试点接入能力100兆。建有通信基站670余个，实现2G、3G、4G网络全覆盖。公共WIFI网络建设统一接入I—ningbo平台，开放AP点450多个。在致力发展文化创意产业背景下，软件和信息技术服务业发展势头良好。

是年，围绕打造先进制造业基地目标，推进工业化和信息化融合发展。全区信息化发展指数达到1.060，位列全省各县(市、区)信息化发展指数分类(一类)第五；两化融合发展指数达到76.86，位列全省一类地区第八。

(余雷鸣)

电信、广播电视传输和互联网

【概况】 2015年，全区电信业实现业务收入6.45亿元，比上年增长0.5%，年末拥有固定电话用户13.63万户、移动电话用户80.82万户，互联网用户16.78万户。电信镇海分公司开展4G大规模建设，开通151个室外基站，年末基站总数达273个。与庄市街道合作，打造"庄市平安e通"治安监控网项目，在全区推广；与区总工会合作，发展"五一星空"ITV网络电视用户近2000户。镇海移动公司聚焦党政、教育、卫生、金融等信息化建设，提升ICT项目引入能力，推广"大智移云"四大产品线业务，在移动办公、智慧旅游、智慧公路、智慧环保、智慧安监、智慧医疗、智慧校园、4G城管、4G警务、4G执法、流量统付取得成效。全区数字电视用户总量约10.6万户，有线电视营业收入5190万元。区新闻中心完善数字电视网络建设和客户服务，受理广电业务咨询55130件。

(余雷鸣　李君欣　陈文嫣　倪寅初)

【完成农村应急广播体系建设】 6月底，区内农村应急广播体系建设工程完工并投入试运行。作为省政府2014年十件民生实事项目之一，区新闻中心承担该项目设计与施工，于2014年11月启动，共安装应急广播点位393个。应急广播体系可加快气象等信息传递速率，提高自然灾害、事故灾难应急保障能力。平时可传输公共信息,满足村民生产生活资讯需求。

(倪寅初)

【打造“智慧旅游”大数据平台】 2015年,镇海移动公司与区旅游局合作,打造“智慧旅游”大数据平台。移动网络覆盖区内招宝山风景区、九龙湖风景区、十七房景区和宁波帮文化旅游区等景点,对景区客流量信息进行大数据分析,为旅游接待服务和开发决策提供参考。

(陈文嫣)

软件和信息技术服务

【概况】 2015年,全区软件产业规模总量扩大,软件业务收入9亿元,同比增长30%以上。其中,软件及信息服务业收入3.32亿元,同比增长147%;嵌入式系统软件收入5.78亿元,同比增长3.2%。全年新增软件产品31个,软件产业结构明显改善。

是年,在全区致力发展文化创意产业背景下,信息产业发展势头良好,并向市大学科技园集聚。全区新引进软件和信息服务企业43家,其中注册500万元以上21家。总投资5.8亿元的浙江电信宁波云计算项目开工建设。宁波西电信息技术研究院和中国电子科技集团公司合作成立“中海电——西电宁波研究院智慧海洋联合实验室”揭牌。

是年,镇海区智慧基础设施进一步提升。建立住宅小区和商住楼驻地网共建共享制度,成立驻地网建设项目评审和验收工作小组,明确验收流程。农村和工业园区光纤改造全部完成,农村光宽带实现村村通。公共WIFI①网络建设接入全市统一平台,开放AP点②450多个。镇海电信建成LTE③基站134个、LTE室分系统128个;镇海移动建成宏站143个、室分系统50个,新增光纤覆盖用户5万户,扩容用户2万户;镇海联通新建LTE基站40个、WCDMA④基站站点70个。宁波铁塔公司镇海办事处开展全区的通信基础设施专项规划和选址,新建室外基站(铁塔及机房)100个。

智慧城区建设与“两化融合”

【概况】 2015年,全区推进智慧城区基础设施建设,实施政务信息资源整合和共享利用。智慧产业快速发展,信息安全、政务信息化得到提升,镇海区在全市加快推进智慧城市建设考核中位列第五。按照“政府推动、市场主导”原则,组建“智慧城市”运营商——镇海智慧城市运营科技有限公司。加快国家智慧城市试点创建,智慧环保等7个项目建设基本完成。

是年,区经信局开展规上工业企业“两化深度融合”情况普查,发放560份调查问卷,回收300余份,建立全区工业企业两化融合情况数据库。实施《镇海区推进信息

①WIFI:一种允许电子设备连接到一个无线局域网(WLAN)的技术。

②AP点:移动计算机用户进入有线以太网骨干的接入点。

③LTE:第四代网络制式技术。

④WCDMA:第三代网络制式技术。

化和工业化深度融合专项行动实施方案(2014—2018)》,实施“机器换人、电商换市、信息化普及、公共平台培育”等八大工程。镇海区“两化”融合发展水平总指数达76.86,成为省“两化深度融合国家示范区”。举办信息经济和工业4.0战略、装备制造企业电子商务等培训班,各镇街道、园区和企业管理人员参训学员280人次。

【智慧水务建设走在全省前列】 2015年,区加快智慧水务试点建设,制订《镇海智慧水务总体设计及一期建设方案》,投资3600多万元,引入PPP模式[①]探索项目建设新模式,完成平台软硬件设施建设,并开始试运行,实现与智慧环保平台信息资源的整合。智慧水务采用可视化方式有机整合供排水设施,形成“城市水务物联网”,通过数采仪、无线网络、水质水压表等在线监测设备,实时感知城市供排水系统运行状态,分析与处理海量水务信息,并做出相应处理的辅助决策建议。镇海区的智慧水务建设走在全省前列。

【推进国家智慧城市试点】 2015年,按照国家智慧城市试点要求,区加快15个创建任务建设。其中,7个智慧系统完成平台软硬件设施建设,分别是海达塑机PLM项目、东毓公司信息化改造升级[ERP(GP)+ SFT+PLM+加密系统]、达尔协同办公管理平台、金蝶ERP系统条码开发、条码管理系统、宁波SK MES系统、冲压钢片车间MES建设。其余8个项目正在有序推进,分别是浙铁大风智能工厂项目、海山克尔两化融合应用开发、杜亚机电物联网协同制造、金亿企业ERP管理信息化项目、达尔轴承信息化集成系统项目、富德能源SAP ERP信息化项目、鸿雁包装智能管控系统以及海达塑料加工中心车间MES建设。

【镇海区成为“两化融合”国家示范区】 11月,镇海区创建成“两化融合”国家示范区。镇海把“智慧制造”作为智慧城市建设着眼点,制订出台《镇海区工业化和信息化深度融合专项行动实施方案(2014—2018)》,确立推进智慧制造方向,围绕打造先进制造业基地,采取政策引导、培训交流、专家指导、以点拓面和培育智慧制造试点示范企业等措施,提升“两化融合”水平。全区“两化融合”指数[②]从2012年的53.96提高到2013年的63.54再到2014年的76.86,实现三级跳。巨化化工和埃美柯铜阀门2家企业成为区首批智慧制造示范企业。

【基层社会管理服务综合信息系统成为全市典型】 11月,在全市创新基层社会治理体系现场推进会上,镇海区基层社会治理体系试点成果获高度肯定,成为全市典型。镇海区于2014年在综治平安E通[③]基

①PPP模式:指政府与私人组织之间,以特许权协议为基础形成的合作关系,并通过签署合同来明确双方的权利和义务。

②“两化融合”指数:指综合评定城市“两化融合”实施情况的指标数值,由基础环境、工业应用、应用效益三类共23项指标构成评价体系。分值越大,融合水平越高。

③平安E通:区自行开发的安全生产网格化管理综合网上平台。

础上，结合街道工作实际，开发“基层社会管理服务综合信息系统”，将各级各部门“下沉”到基层的条线网格进行全面整合，按照“1+1+1+X”（即一位网格长、一批网格员、一批网格指导员和若干网格志愿者）配置专兼职人员，开展社会治理网格管理服务。经过一年多试点，基层社会治理工作取得显著成效，获省、市委领导批示推广。

【实施政府投资的信息化项目32个】 2015年，区智慧城区工作领导小组办公室编制创建行动年度计划，并会同电子政务办和财政部门进行年度建设项目申报、评审和建设管理。全年实施政府投资信息化项目32个，投资总额4354万元，其中新建项目18个，续建项目11个，运维、管理类3个。智慧教育、智慧健康保障、智慧空间等项目主动与市级部门对接。

【智慧教育项目获优秀实践奖】 2015年，镇海区获得首届“全国教育信息化创新应用典范区域”优秀实践奖，区域教学信息化案例《技术融合教学智慧引领课堂——以数字化教与学推进区域智慧教育建设》参加全国中小学教学信息化应用展览活动。是年，全区36所学校实现网络千兆到校、百兆到班和办公室，并建有网络图书馆和无线校园网络，其中33所学校通过市数字化校园达标验收。区内学校的省教育资源网教师空间开通率100%，人均活跃度148；宁波智慧学习平台机构空间开通率、教师空间开通率100%，师训平台人数3528个（含幼儿园教师），晒课数818课。蛟川书院和艺术实验小学成为宁波首批智慧教育试点学校。

【推进政务信息化建设】 2015年，区推进政务数据整合，建设政务资源信息共享交换平台，开始部署人口、法人、经济、地理空间等基础数据域。在企业信用建设中，区市场监管局、区环保局、区监察局、区编办、区民政局等完成法人综合库相关数据交换和共享。在社会综合治理网格化管理中，完成市云计算中心办公室（包括安监、公安、质监、住建、卫计、政法、组织等部门）综合治理相关数据的交换和共享。在经济管理服务中，完成统计部门年度规上工业企业、住宿餐饮业、银行业、小服务业、批发零售业、服务业非企业、建筑业企业、房地产企业经济数据的接入和共享。建立数字镇海地理空间共享服务平台，为公众和各部门提供服务。

（余雷鸣）

旅 游 业

综 述

2015年,区召开第三届旅游发展大会,出台《关于进一步加快假日休闲旅游目的地建设的意见》和《关于加快乡村旅游发展推动美丽乡村建设的实施意见》。成立区旅游发展委员会,明确各成员单位旅游工作职能,建立健全工作制度、协调机制和旅游工作目标管理考核办法。建立旅游业发展基金,增加年度旅游发展专项资金500万元,专项资金规模达1200万元。全区旅游发展工作和城市化发展、经济转型升级、生态环境建设同步推进,打造"慢生活、亲山水、品乡愁"的宁波假日休闲旅游目的地。启动国家研学旅游目的地申报程序,提出创建省旅游发展示范区目标。是年,国家旅游局副局长吴文学赴郑氏十七房景区调研景区发展情况。省政协副主席、省委统战部部长孙文友一行赴宁波帮博物馆考察。市旅游局、区政府、区政协等多次专题调研镇海旅游工作,旅游业成为全区经济工作的重点发展行业。

是年,区旅游局完成《镇海区旅游业"十三五"规划》。协调各镇(街道)和景区管委会开展旅游营销,举办各种旅游活动。加强旅游形象宣传,策划拍摄《萌娃去旅行》《妈妈去哪儿》等专题片,投入旅游广告60余万元。推进旅游行业品质提升,优化旅游环境,建立乡村旅游游客动态监测平台。镇海旅游官方微信粉丝数量19000余人、微博粉丝7000余人。开展旅游行业安全生产月和节能减排宣传月等活动,实施节日常规检查4次、专项检查5次,无旅游行政处罚案件和旅游安全事故发生。组织各类旅游专业培训,参训1534人次。开展旅游局机关"金牌导游"素质提升工程,举办导游词演讲比赛,区内导游参加市导游大赛获团体三等奖。区旅游协会召开第四届会员代表大会,换届选举产生由22人组成的新一届理事会。

是年,全区接待国内外游客695.12万人次,实现旅游总收入①35.11亿元,同比增长8.27%和13.22%。其中,国内旅游人数690.4万人次,收入33.76亿元;入境游客4.72万人次,外汇收入2167.78万美元。实

①旅游总收入:也称旅游综合收入,指基本旅游收入和非基本旅游收入之和。基本旅游收入是提供旅游设施、旅游物品和旅游服务等所获收入总和,包括交通费、食宿费、游览费等。非基本旅游收入是旅游过程中可能发生的消费支出,如邮电通讯费、医疗保健费、修理费、咨询费及购物费用等。

现旅游直接收入[①]6.1亿元，同比增长8.58%。年底，全区有旅游星级饭店8家，其中五星级1家、四星级3家、三星级3家、二星级1家；另有花级酒店[②]2家（四花、三花级各1家）。有横溪村向石头农家乐、横溪人家农家乐、惠英农家乐、制高点农家乐和十七房村云图原乡枕水民宿5家乡村民宿。有AAAA级旅游景区4家，其收费标准为：宁波帮博物馆免费开放，招宝山景区门票60元，九龙湖景区联票80元，十七房景区门票20元。有旅行社5家，分社5家（其中三星级3家），旅游服务网点19家。全区10家旅行社（分社）共接待游客3.32万人次，实现营业收入2796万元。

【一批旅游单位品质提升】 2015年，区旅游局着力推进行业品质提升，打造优质旅游环境，一批旅游景点、旅游饭店等打造品牌，保持或取得各种品质性称号：江南第一学堂AAA级旅游景区创建进入评定阶段，九龙湖景区、招宝山景区通过AAAA级二次评定，招宝山景区、宁波帮博物馆景区入选“全国旅游价格信得过景区”名录，镇海旅游服务公司在《旅行社管理与服务规范》考评中达标，中国防空博览园创建成为市主题娱乐休闲旅游基地，康得助农庄获首批省级果蔬采摘旅游基地称号，十七房开元度假村创建成省金鼎级特色文化主题饭店，云图原乡枕水民宿创建成市五叶级特色客栈，开元九龙湖度假村、九龙山庄和曙光丽亭酒店创建成宁波市“平安饭店”，四季永逸大饭店和海尚大酒店完成镇海区Ⅰ类标准酒店的认定。

【举办各种旅游节庆活动】 2015年，全区各镇（街道）、景区管委会举办各种旅游节庆活动，促进旅游营销。其中，镇海金秋旅游节、乡村休闲旅游节、2015九龙湖（宁波）国际半程马拉松赛、开元宁波流行音乐节、招宝山帐篷文化节、首届房车露营节、中国·镇海首届唱游节、第八届九龙湖葡萄节、“吉羊鸣盛·美丽镇海”2015招宝元宵花车行、江南第一学堂第六届开笔礼等活动有一定规模和影响。“开元”音乐节、“九龙湖音悦汇·暴走汪星人”分获社会办节二、三等奖。

【举办首届镇海唱游节】 11—12月，区内外举办主题为“为你而来”的首届镇海唱游节。唱游节从宁波南塘老街首发，由九龙湖旅游度假区的流行乡村民谣音乐会、招宝山景区的“简单爱”音乐会和十七房景区的“那些年我们一起听过”音乐会4场组成，展示镇海旅游景点新貌。唱游节吸引游客5000余人次，制作、发放《唱游手册》3500余份。

首届镇海唱游节

①旅游直接收入：指区域内旅游企业收入，包括宾馆、旅行社、景点等营业收入。

②花级酒店：是由宁波市旅游局与市质监局共同制订的经济型酒店等级评定标准，从低到高分一花至五花五个等级。其特点是专注于客房和早餐，忽略会务、餐饮和康乐设施，可为游客提供住宿成本参考。

【进行涉旅厕所排查改造】 2015年，区旅游局会同有关部门排查全区涉旅厕所63座，做出新建3座、改建8座的决定，以改善旅游基础设施。是年，投入353.3万元，完成新建、改建厕所11座，其中7座达到AA标准。

【拍摄《萌娃去旅行》专题片】 2015年，区旅游局和宁波烟雨江南文化创意有限公司联合，拍摄《萌娃去旅行》。将镇海具有的优质教育资源与旅游资源相融合，以幼儿成长真人秀的形式讲述孩子成长蜕变的故事，起到推广镇海、打造城市品牌形象作用。

《萌娃去旅行》专题片

【完成旅游业五年规划编制】 2015年，区旅游局完成《镇海区旅游业“十三五”规划》，提出创建省旅游发展示范县(区)的愿景、打造假日休闲旅游目的地的目标定位。到2020年，把镇海建设成为省全域旅游示范区、全国旅游与重化工融合发展的典型，力争打造百亿元收入的旅游大产业。

【半程马拉松赛扩大九龙湖风景区的知名度】 4月，九龙湖畔举行“2015年镇海九龙湖国际半程马拉松赛”，约4500名来自海内外的运动员和长跑爱好者沿九龙大道和九龙湖畔跑步，近800名志愿者全程服务。赛后参赛运动员在镇海旅游。《人民日报》、新华社、中央人民广播电台、中央电视台、《光明日报》、《文汇报》等主流媒体的记者90余人参与赛事报道，搜狐跑步、凤凰体育等知名媒体也对赛事进行报道。半程马拉松赛扩大了举办地九龙湖风景区的知名度，取得体育运动与镇海旅游双赢效果。

2015九龙湖国际半程马拉松赛

【举办首届房车露营节】 10月17日，九龙湖旅游度假区举办首届镇海房车露营节，来自全省各地的房车“发烧友”驾驶8辆款式各异的房车参加。此次房车露营节推出房车展示、自行车环湖骑行、篝火烧烤、露天电影等活动，让游客深度体验露营旅游资源，以吸引游客开房车到镇海旅游。

首届房车露营节

【开展各类旅游营销活动】 2015年，区旅游局加强区域合作，组织区内景区、酒店等旅游企业赴上海、舟山、江西、江苏等地开展旅游专场推介会，并参加长三角休闲农业与乡村旅游博览会、宁波国际旅游展、上海世界旅游博览会、中国国际旅游交易会、宁波旅游日韩推广、上海宁波周推介会、武汉·宁波周“香约宁波”展会等活动。组团赴上海、苏州、无锡、舟山等地开展小规模旅游营销活动，推出古村文化游、农家采摘游、滨海度假游等旅游项目。投入旅游广告60余万元，在杭州、宁波地铁车厢，公交候车亭等设置灯箱广告，在宁波地铁1号、2号线命名“海丝文明”号、旅游六色专列。与浙江运通旅行社等10家旅游企业签订战略合作协议。与省信息中心、凤凰网、《悠游浙江》等20多家媒体签订宣传镇海旅游等合作协议。

（黄　山）

招宝山旅游风景区

【概况】 2015年，招宝山旅游风景区接待游客155.8万人次，实现旅游总收入834万元，其中门票收入632.4万元。是年，吸取上海“12·31”外滩踩踏事件教训，停办传统招宝灯会，转而举办“吉羊鸣盛”招宝花车会。街道内还举行“分享经典”甬剧专场演出、精品杂技秀《DLEGM餐厅》、“梨园盛会”小百花越剧专场演出等活动。

【举行“吉羊鸣盛·美丽镇海”2015招宝花车会】 3月4日下午，招宝山街道举行“吉羊鸣盛·美丽镇海”2015招宝花车会。7辆花车主题分别为“吉羊鸣盛·美丽镇海”“万事福地·宜游招宝”“百花乐园·文化招宝”“滨海古城·风情招宝”“和美家园·绿色招宝”“海天雄镇·魅力招宝”“欢乐元宵·首福招宝”，每辆花车之后紧随一个百人演出方阵。花车队沿着沿江路经南大街、后大街游行，吸引当地群众沿街围观。

“吉羊鸣盛·美丽镇海”2015招宝花车会

【举办首届招宝山休闲帐篷音乐节】 7月18日，招宝山风景旅游区举办首届招宝山休闲帐篷音乐节。活动设皮划艇比赛、户外聚餐、荧光泼水节、篝火音乐露营会等，200多户家庭参加。

休闲帐篷音乐节

【举办第28届镇海金秋菊展】 10月28日至11月27日，第28届镇海金秋菊展举行。设镇海文化广场与招宝山旅游风景区两大展区，共展出25000盆菊花。该届菊展突出“节俭办展”“全民参与”，以评选奖励等办法鼓励小区居民、商家和企事业单位参与，吸引405户居民、商户参展。菊展期间向居民提供免费培训指导和种苗工具，带动庭院绿化6520平方米、垂直绿化4371米。

（翁　侃）

九龙湖旅游度假区

【概况】 2015年，九龙湖旅游度假区内的景区、开元酒店、九龙山庄和横溪农家乐接待游客148.32万人次，实现旅游收入13280万元。其中景区接待游客114.4万人次，增长7.6%，景区营业收入881.4万元，增长14%。度假区完成服务业投资约9.72亿元，同比增长14.4%。是年，九龙湖（宁波）国际半程马拉松赛大部分赛段和终点设在九龙湖畔，度假区管委会获得赛事“优秀组织奖”。景区先后开展九龙湖文化艺术节、采摘节、彩虹跑、登山节等各种旅游节庆活动十余项。度假区管委会与浙江远洋渔业有限公司签订九龙湖老年养护养老建设项目投资开发协议，完成地块规划设计方案，拆迁工作开始推进。

是年，度假区先后被授予省帆船休闲运动镇海九龙湖基地、省四星级生态休闲健身点，景区获评市“优秀旅游景区”“平安景区”“消费者信得过单位”，度假区内的森林和登山游步道分别获得市“最美森林”和“最美森林古道”称号。

【团队游客数量大增】 2015年，九龙湖景区接待团队游客30.3万人次，同比增长20%，团队收入346.2万元，大增29%。是年，度假区管委会旅游省外营销采取线上售票、线下旅游推介等措施，取得效果。旅游团队大部分来自上海、苏州等地，反映了九龙湖景区的知名度、影响力扩大到邻省（市）地区。

旅游团队排队候船去猴岛

【举办“音悦汇”活动】 10月，九龙湖旅游度假区管委会举办“音悦汇”活动，将“音乐”和“宠物”有趣结合，倡导“文明养宠，健康生活”。

（张　放）

郑氏十七房旅游景区

【概况】 占地6.66万余平方米、建筑面积4万余平方米的郑氏十七房，大部分为清乾隆至光绪年间建筑。2012年12月开元旅业集团签约取得经营权后，着手打造十七房·开元项目，并于2014年7月开业。2015年，十七房·开元接待游客约5万人次，营业收入近2300万元，其中客房营收1500万元，餐饮营收670万元，旅游景区门票收入81万元。是年，十七房·开元获得金鼎级“主题文化酒店”、环球旅游金奖“杰出文化主题酒店”称号。

【举办冬至民俗文化活动】 12月12日，澥浦镇第六届冬至民俗文化大展演在郑氏十七房景区举行。各村、社区及幼儿园分别有一个表演队伍参加展演，共有舞龙、打年糕等歌舞节目12个，展示澥浦风情民俗文化。活动还展出澥浦农民画20余幅。

景区举办冬至民俗文化活动

【举办职工联谊活动】 8月19日，澥浦镇团委联合十七房景区启动“玫瑰之约，缘来是你”职工联谊活动，40余名单身青年男女参加相亲，促成5对青年男女牵手。

【十七房开元度假村获评省金鼎级特色文化主题饭店】 12月24日，宁波郑氏十七房开元度假村被省特色文化主题饭店推进与评定委员评定为省金鼎级特色文化主题饭店，成为宁波首家特色文化主题饭店。开元旅业集团于2012年年底与澥浦镇签约经营十七房景区后，将十七房·开元项目打造成全市首家博物式文化主题酒店。2015年接待游客5万人次。

（王艺融）

宁波帮文化旅游区

【概况】 2015年，宁波帮文化旅游区继续以江南第一学堂、宁波帮名人故居、宁波帮博物馆等景点为亮点，打造“高品质人文旅游区”“宁波帮商学文化旅游示范区”“宁波人文情怀体验地”等旅游教育综合体。宁波帮博物馆举办“岁月流痕——民国时期风物展”“求索——民建先贤包达三特展”“追梦——陈逸飞艺术人生特别展”和“德厚流光——王宽诚教育基金会三十周年特别展”。博物馆获评国家AAAA级景区，成为国家旅游局首批“全国承诺旅游价格信得过景区”，并在第三届旅游业融合与创新（中国·延边）论坛上获“最美中国·文化魅力、特色魅力旅游目的地景区”称号。是年，文化旅游区游客92.27万人次，其中宁波帮博物馆接待游客57.79万人次。

（周　颖）

【宁波帮博物馆获评国家AAAA级景区】 1月，宁波帮博物馆通过国家景区评定检查验收组的评定验收，创建成AAAA级景区。博物馆于2013年下半年提出创建目标后，采取标识系统提升、硬件设施改造、引进人才、强化管理和服务、拓展展览项目等措施，全面提升博物馆。2015年，博物馆接待游客50万余人次。

（裘贤君）

旅游团赴宁波帮博物馆参观

【江南第一学堂举办旅游活动】 5月31日，江南第一学堂举办第六届开笔礼大典，二百名儿童，参照古时开笔礼，体验启蒙教育、学习国学经典文化。7月，《萌娃去旅行》在江南第一学堂录制，记录父母视野外孩子们的成长蜕变过程，打造本土萌娃真人秀。

（周　颖）

百名儿童齐聚第六届开笔礼

【王宽诚教育基金会三十周年特别展开展】 9月20日，德厚流光——王宽诚教育基金会三十周年特别展在宁波帮博物馆开展。展览回顾王宽诚教育基金会创立和运作三十年的成就，缅怀创办人王宽诚先生生平，展示王宽诚教育基金会的社会影响和王宽诚先生财富观念、爱国爱港爱乡桑梓情怀和倾力慈善的博爱善心。

（周　颖）

乡村休闲旅游

【概况】 2015年，区推进乡村旅游发展，完成《镇海乡村旅游项目招商手册》和《乡村旅游招商宣传片》编制。实施村庄环境整治，设置乡村旅游标志标识，启动配套停车场、游客服务中心建设。区旅游局组织旅游企业参加上海“长三角乡村旅游博览会”，围绕宁波“美丽乡村”旅游推广年主题，开发“梨花节”“挖笋节”等特色乡村体验活动。举办镇海乡村旅游专题招商会，与国内知名民宿投资商对接，寻求合作意向；促成开元集团对斗鸡岙地块、十七房二期投资。组织乡村旅游专题培训班，参训56人次。

是年，全区乡村旅游接待游客250.6万人次，实现营业收入11602.5万元，同比增长17.65%和21%。十七房村入选“全国特色景观旅游名镇名村”，6家乡村农家乐经营户获评“中国乡村旅游金牌农家乐”，5位经营户主获评“中国乡村致富带头人”称号，4个景点入选“宁波最美乡村旅游景点”。

【4个景点获市“最美乡村旅游景点”各类称号】 2015年，在市旅游局主办的首届

“宁波最美乡村旅游景点评选”活动中，镇海4个景点入选：九龙湖旅游度假区获评十佳“休闲度假区”，九龙湖镇康得助农庄、庄市街道光明村梨花园获评十佳“休闲观光地”，澥浦镇泥螺山获评市“特色美村镇”最具发展潜力奖。

【康得助农庄获省级果蔬采摘旅游基地称号】 2015年，九龙湖镇康得助农庄获首批省级果蔬采摘旅游基地称号。“康得助”是集休闲、旅游、观光、生产于一体的综合性农庄，种植葡萄、草莓等水果蔬菜计20公顷，每年时令蔬果上市时，吸引镇海、宁波市区和周边城市约5万人次观光、采摘。庄园通过改造提升和丰富旅游元素，成为首批省级果蔬采摘基地。

【乡村旅游项目投入四百多万元】 2015年，全区安排乡村旅游发展资金367.6万元，获上级乡村旅游项目补助资金53.4万元(加上区级补助资金，总计64.4万元)。合计400多万元的资金用于乡村旅游规划编制、乡村旅游从业人员培训、乡村旅游基础设施和旅游项目建设，为乡村旅游发展打基础。

【举办第二届镇海光明梨花周】 4月，庄市街道举办以“世外梨花·香满园”为主题的第二届镇海光明梨花周。推出光明村农产品集市、草莓采摘、“爱”心传递、时尚滑板骑行体验、“非遗”秀剪纸中国结等文化民俗活动，吸引大量游客和周边居民参加。

【十七房村入选“特色景观旅游名镇名村”】 2015年，澥浦镇十七房村仰仗郑氏十七房独特的明清古建筑群，入选第三批“全国特色景观旅游名镇名村”，是为区内唯一获得全国性旅游名村称号。

【6家农家乐经获评“中国金牌农家乐”】 2015年，区内6家乡村农家乐经营户获评“中国金牌农家乐”，分别为康德助农庄、湾塘农庄、明星湾生态农庄、阿二农庄、龙居农家乐、龙悦农家乐。

(黄　山)

金融业

综述

2015年,全区深化金融生态示范区创建工作。区金融办加强金融风险防控,继续帮扶困难贷款企业,协助银行分类处理企业债务问题。开展打击非法金融活动专项行动,按照各镇(街道)属地管理原则,对辖内356家投资、理财类公司开展排查,打击恶意逃废金融债务等行为,遏制非法金融活动多发势头。通过电台、报纸等媒体,开展防范和打击非法集资宣传教育活动,各镇(街道)及区内金融机构深入社区、村宣传,发放防范非法集资、提示金融产品风险的资料12000余份。

区金融办引导金融机构加大对中小微企业的资金支持,开展多种形式的政银企对接活动,帮助区内企业拓宽融资渠道,重点支持区内科技型、初创型企业和文创企业融资。继续开展利用多层次资本市场融资工作,通过“大走访”活动,完善拟上市企业网上数据库和上市企业后备梯队。是年,全区有5家企业“新三板”挂牌,分别是鑫甬生物、恒通液压、鼎宏保险、迈新科技、南自智能。至年底,全区有主板上市企业2家,“新三板”挂牌企业7家,浙江股权交易中心挂牌企业13家。

(俞秀玲)

【开展农村信用信息采集】 9月,区金融办会同区委农办、区农业局,开展农户信用信息采集工作。镇海农商行深入各村,共完成37859户农户的信用信息采集,并建立档案。

【2家“新三板”挂牌企业融资4000余万元】 2015年,博汇石油成为宁波市首家开展做市商业务[①]的新三板挂牌公司,并获得建行宁波市分行2000万元无抵押信用贷款。瑞丽洗涤和天星资本签订定向增发协议、增发420万股,实现融资2310万元。

【引进股权投资机构10家】 2015年,全

①做市商业务:指在证券市场上,由独立证券经营法人作为特许交易商,不断向公众投资者报出特定证券的买卖价格,并在该价位上接受公众投资者的买卖要求,以其自有资金和证券与投资者进行证券交易。

区引进各类创业投资、股权投资、证券投资企业10家,引进资金5.79亿元。截至12月底,落户区内的各类投资企业达22家,管理资金规模16.85亿元。

【开展投资机构与区内企业对接活动】2015年,区组织区内企业赴北京与清华校友会投资行业协会对接;邀请风投机构到镇海考察,对接区内上市重点培育企业,拓展企业直接融资渠道。是年,全区共有27家企业引进各类风险投资4.07亿元。

银行业

【概况】 2015年,镇海区新开办银行1家,总数达到20家,从业人员1827人。至年底,全区银行机构本外币存款余额622.69亿元,同比增长3.6%,其中居民储蓄存款余额285.92亿元,同比增长2.0%。本外币贷款余额644.23亿元,同比增长7.7%,其中中长期贷款266亿元,同比增长6.31%。年末,不良贷款余额21.62亿元,不良率3.32%。

表27 2015年全区银行存贷款情况

单位:亿元

名称	本外币存款	同比增长%	本外币贷款	同比增长%
工商银行	64.14	-9.2	83.13	-11.5
石化工行	40.77	14.9	63.76	4.5
农业银行	62.78	9.4	56.77	-6.1
中国银行	69.83	12.7	132.22	45.3
建设银行	84.36	6.6	73.96	2.8
农发银行	1.38	97.2	5.20	15.8
交通银行	30.27	-4.6	31.92	5.1
中信银行	9.86	-5.1	8.89	6.7
光大银行	18.93	0.1	17.09	15.7
深发银行	10.58	-19.4	12.49	-1.6
招商银行	8.74	41.6	9.08	45.0
浦发银行	24.43	-3.6	25.64	-2.5
兴业银行	16.13	50.2	17.25	13.1
民生银行	3.68	-66.5	9.22	41.6
宁波银行	54.57	4.2	29.80	-11.3
杭州银行	9.90	39.9	5.38	27.3
民泰银行	1.98	-	1.55	-
农商银行	67.53	5.5	48.55	4.5
富登村镇银行	1.51	36.1	1.86	51.0
邮储银行	38.54	8.2	10.49	15.0
合计	622.69	3.6	644.23	7.7

人行北仑支行密切关注法人机构流动性变动，以法人金融机构季度例会形式，按季布置信贷投放。强化金融业重大事项和风险报告制度，提高风险监测的前瞻性和有效性。加大不良贷款核销力度，全区商业银行年核销约12亿元。运用再贴现、再贷款等政策工具，引导金融机构降低企业成本，以支持中小企业和文创企业发展。建设助农金融服务点，发展农村地区普惠金融，区内无银行网点的行政村助农金融服务点覆盖率100%，建立“助农金融服务示范点”1个。完善助农取款、现金汇款、转账汇款、代理缴费等基础功能。拓展货币反假及兑换、农村信用体系建设、金融消费权益保护、金融稳定和金融宣传等8大类附加功能，打造助农金融服务升级版。在光大银行和农商银行布设硬币自助兑换机，回笼硬币40.45万枚。

开发区银监办配合区委区政府，建设金融示范区，通过内外联动、标本兼治，维护区域金融生态稳定。制定出台《开发区银行业关于开展打击非法金融活动专项工作的通知》，开展防范和打击非法集资宣传教育活动，加强各类账户监测管理，排查授信客户参与非法集资活动风险，建设财富公司、P2P平台之间的风险“防火墙”，严防外部风险向银行业传染。联合公安、市场监管等部门走访检查区内9家财富公司。对招宝山街道的各社区主任进行互联网金融知识宣传。指导全区银行业金融机构依照实事求是、客观公正的原则收集相关线索，配合公安、司法等部门锁定“打逃”目标，开展“打逃防赖”。引导区内银行在《宁波银行业加强失信客户授信管理自律公约》的框架下，利用现有平台，加大对失信客户信息的报送、查询力度。

（汪梓雯　夏晓迪）

【民泰银行镇海支行开业】 2月11日，地处庄市街道的浙江民泰商业银行宁波镇海小微企业专营支行开业，员工31人，是为民泰银行在宁波地区的第八家支行。开业后相继推出“金百合”存款产品和“微贷卡”“薪乐贷”“电商贷”“租金贷”等一系列贷款产品，服务小微企业。

（陈　飞）

【支持地方重大项目建设】 2015年，区内银行支持地方重点项目：工行镇海支行向区“五水共治”项目之一、新城水环境整治工程投放贷款3.28亿元。浦发银行向招宝山大桥连接线及定海路拓宽改建工程项目投放贷款2亿元、向石化开发区工业水厂二期扩建及配套输水工程投放3亿元、向九龙湖旅游投资有限公司贷款3000万元，年底政府性贷款余额达13.97亿元。交通银行向新农村建设项目发放贷款2亿元，对危旧房改造项目授信8亿元。农发银行镇海支行向区城乡污水处理系统改造工程发放贷款1亿元。

（谢隆亮　郑超颖　刘　进　徐燕燕）

【支持小微企业发展】 2015年，各商业银行支持地方小微企业发展：6月，由区政府牵头，建行镇海支行与区装备制造产业协作联盟、人保镇海支公司、太平洋财险镇海支公司分别签订《小微企业“政保贷”业务合作协议》，达成由银行向企业提供贷款、保险公司提供贷款保险、风险共担的三方共识。建行镇海支行成为全市建行系统首家签订“政保贷”协议的银行。

工行镇海支行与区工商联合作，整合双方资源优势，工行承诺给予小微企业最高5亿元的各类融资服务。农商银行与杭州丝客微公司（SBC）合作，引进德国先进小微贷技术，设立小微贷中心，初步形成符合镇海特点的小微贷解决方案，并向人行申请到区内首笔、额度1亿元的“支小”再贷款，专项用于向小微企业发放贷款。兴业银行镇海支行重点投资政府扶持企业，全年投资1.5亿元。招商银行镇海支行采取借新还旧，授信展期一系列措施，缓解到期客户转贷压力，转化到期小微贷款金额1000多万元。

（黄梦恒　谢隆亮　王瑞斌　严　涛　郑天城）

【推出各种产品服务“三农”】 2015年，区内各银行推出各种产品服务“三农”：中银富登村镇银行新设“三农”金融部，专营农业、农村、农民的金融服务。推出乐家贷，宜居贷，欣农贷（普惠），欣农贷（水产），欣农贷（家庭农场）等特色产品。全年涉农贷款413万元。农商银行支持“土保转社保”，推出幸福养老贷业务，为原参加被征地人员养老保障的人员一次性补交城镇职工养老保险提供贷款3557人20570万元。实施新一轮“三信工程”建设，评定信用镇1个，信用村49个，信用户10425个，向6762家农业经营户累计放贷111619万元。邮储银行镇海支行开发粮食订单贷款、农业产业链贷款、家庭农场（农业大户）贷款一系列“新型农业经营主体”金融产品，全年发放助农贷款141万元。

（何靓靓　王瑞斌　胡芳芳）

【外币和国际业务开展良好】 2015年，区内各银行外币和国际业务开展良好：中行镇海支行办理国际结算业务30.15亿美元，同比增长32.39%，创历史新高；办理跨境人民币结算37.76亿元，同比增长193.95%。全年新增外币贷款1.39亿美元，外币贷款余额达3.86亿美元；发放镇海区第一笔个人外币贷款14万美元。工行石化支行实现外币折人民币存款余额12.22亿元，增幅达905.5%。为企业提供本外币掉期、外汇买卖、外币融资与远期结售汇等国际业务，国际业务融资量达6亿美元；首次办理利率互换业务，交易外币折人民币1000万元。工行镇海支行运用内保外贷、境外放款等各类创新产品，全年办理国际结算22.50亿美元、结售汇10.50亿美元、跨境人民币37.80亿元。宁波银行镇海支行实现惠存盈业务2500万美元，利用人民币对外币的掉期点差提升客户外币存款收益。

（周化伟　赵敖杰　谢隆亮　刘海波）

【个人贷款业务大幅增长】 2015年，工行镇海支行新增个人贷款3.21亿元，增幅超过35%。年末，个人贷款余额11.99亿元，主要用于个人住房、消费和经营性贷款。招商银行镇海支行发展房贷业务，当年新发放房贷金额近3亿元。

（谢隆亮　郑天城）

【私人银行客户发展快】 2015年，工行镇海支行新增金融资产800万元以上的私人银行客户21户，合格私人银行客户达到36户。全年累计销售私人银行产品7.29亿元。

【新增代发工资4.45亿元】 2015年，工行镇海支行新增代发工资单位67家、客户18779户,新增代发工资4.45亿元。全年代发工资超过30亿元。

【信用卡购车分期付款业务超20亿元】 2015年,工行镇海支行办理信用卡购车分期付款2.75万笔,达23.37亿元。该业务拓展到省外,主要来自重庆、安徽等多个省市。

【配备网点智能设备】 年末,工行镇海支行在营业部配备产品领取机2台、智能终端1台。网点客户可以通过这些智能设备办理开户、电子银行、转账、卡片启用、补登折、工银信使等非现金业务。

【识别并制止一起大额电信诈骗】 上半年,工行镇海支行利用外部欺诈风险信息系统成功识别一起大额电信诈骗,并和区公安分局一起制止这起金额达10.7万元的电信诈骗。银警联动防范和制止大额电信诈骗的信息,被浙江电视台《小强热线》和宁波电视台《讲大道》节目宣传报道。

(谢隆亮)

【理财产品销售创历史新高】 2015年,光大银行陆续推出A计划、T计划、盈系列、稳健一号等不同收益、不同风险级别的理财产品,全年销售理财产品达44.2亿元,创历史新高。

(周文涛)

【发行"甬惠卡"6000张】 5月,民生银行发行"甬惠卡"6000余张,凭卡可在全市300余家商户享受消费优惠。在镇海新发展特惠商户7家,改变了优惠商户全部集中在宁波市区现象。

(成嘉露)

【贴现业务大增】 2015年,宁波银行贴现业务大幅增长。其中,直贴量30亿元,比2014年增长137%。工行镇海支行办理承兑汇票贴现5.63亿元,同比增长160%。

(刘海波 谢隆亮)

【推出各类优势产品】 2015年,农行镇海支行发展银团贷款、短期融资券、中期票据、农银基金等高附加值的投行业务,实现宁波基金融资4.5亿元,理财融资4.1亿元,短期融资券18亿元。浦发银行镇海支行推出利率低、办理手续方便"融资易""现金贷"等优势新产品,现金放贷750万元,融资放款1000多万元,住宅按揭2200万元。

(李 逸 郑超颖)

【个人金融资产超10亿元】 浦发银行镇海支行个人金融资产首次超过10亿元。比上一年增加3.2亿元,增幅47.06%。

(郑超颖)

【独家办理房产和物业两项业务】 2015年,建行镇海支行在房产和物业市场赢得两项业务:8月,经区财政局认定,独家承办区购房契税补贴代发业务;11月,中标区物业专项维修资金专户开户。

(黄梦恒)

【开办首笔千万元大额存单】 2015年,中行镇海支行为区内1名客户开办支行首笔大额存单业务,金额人民币1000万元整。存期六个月,存款利率2.87%。

(周化伟)

【办理首笔存款质押和物业抵押贷款】 4月,中信银行镇海支行办理首笔对公人民币结构性存款质押业务2400万元。5月，办理首笔8000万元的经营性物业抵押贷款业务。以存款和物业作为抵押物予以贷款，开支行先例。

（张　宏）

保险业

【概况】 2015年，全区各级各类保险机构26家，其中支公司15家、营业部1家、营销服务部10家，保险从业人员1440人。是年，镇海区探索政保合作模式，推进保险业主动参与公共和社会风险管理，加快推广政策性、行业性保险业务，开启全国首例城镇居民住房综合保险。至年末，全区实现保费收入107690.7万元，其中财产险收入47970.26万元，人身险收入59719.43万元。赔付总额38371.51万元。

（俞秀玲）

【签署全国首例城镇居民住房综合保险】 6月，区政府与人保财险镇海支公司和太保产险镇海支公司签署镇海区城镇居民住房综合保险合同，是为全国首例区域性城镇居民住房综合保险。该保险由区财政出资204万元，保险的责任范围由城镇居民住房保险和公众责任保险两部分组成，保额分别为93.45亿元和4000万元。

（李银萍　张朝君）

【全区第一个军人保险项目签订】 3月，人保财险镇海支公司与武警浙江省边防总队海警第二支队签订远离边防医疗机构部队人员商业医疗保险合同，这是区内第一个军人保险项目。按照协议，自3月10日起，人保财险对浙江海警二支队的400余名现役海警、随军家属和在编职工，在保险期间内因发生意外伤害、患疾病或身体检查，在指定医院产生的合理医疗费用，给付医疗保险金。

（李银萍）

【区首单科技保证保险贷款签发】 7月，人保财险镇海支公司联合杭州银行镇海支行为宁波正明检测有限公司发放400万元的保证保险贷款，这是全区发放的首笔科技保证保险贷款。该保险项目在取得贷款的公司不能还贷时，由区政府、银行、保险公司共同担责。10月，浙商保险镇海公司联合杭州银行镇海支行为宁波行泰环保科技有限公司发放100万元保证保险贷款。

（李银萍　陆声远）

【区首单水稻种植业雇主责任保险签订】 4月，人保财险镇海支公司与区农业局签订水稻种植业雇主责任险保险单，保费9.2万元由区财政支付。区内从事水稻种植或与之有关的务农人员，在从事生产过程中出现意外人身伤害可获保险理赔。其中，意外死亡或伤残每人赔偿限额为10万元，医疗费每人赔偿限额2万元；暂时丧失工作能力超过5天的，按50元/天标准赔偿。

（李银萍）

【首次启动巨灾保险理赔】 7月、9月，受强台风“灿鸿”“杜鹃”影响，全区共有84个村（社区）18000多户居民房屋进水。各相关保险公司首次紧急启动巨灾保险预案，及时派出人员查勘，核实受损情况，发放理赔款。太保产险镇海支公司支付1817.56

万元;人保财险镇海支公司支付573.25万元;阳光财险镇海支公司支付281万元;平安产险镇海支公司支付247.5万元。

（张朝君　李银萍　邱丹琰　柴艳琴）

【小微企业出口贸易信用保险第一单签发】 1月,太保产险镇海支公司向镇海银球轴承公司签发小微企业出口贸易信用保险第一单。保额131.29万元,保费2.63万元。小微企业出口贸易信用保险对象是出口额在500万美元以下应收账款,当投保企业无法收回应收账款,由保险公司赔付,保险公司获得权益转让后再向买方追讨。截至年底,签约25家企业,共计保费57万元。

（张朝君）

【运用云商务平台拓展业务】 1月,太保产险镇海支公司在云商务平台签发第一笔直销车险,保费7169元。4月,支公司签发第一笔财产一切险,保费26.75万元;第一笔机器损坏险,保费4万元;第一笔码头营运人责任险,保费10万元。

（张朝君）

【启用新一代车险理赔核心系统】 11月底,太保产险镇海支公司启用新一代车险理赔核心系统(M6)。该系统实行对话式界面,增加车险案件收单、出险案件关联、自动理算、特殊案件增补等多种功能,简化理赔过程,提高理赔速度,为商业车险改革打基础。

（张朝君）

【支付火灾损失大额赔款】 6月,永安财险镇海支公司支付宁波诚邦办公设备有限公司赔款855万元。被保单位于6月1日发生火灾,一栋4层车间被烧毁,另一栋受损严重,几条生产流水线被毁,仓库、车间中大量成品半成品烧毁,直接损失超1000万元。永安支公司经查勘确定后及时赔款。7月,太保产险镇海支公司支付镇海棉花加工有限公司赔款99.84万元。获赔公司因24日雷击起火,造成仓库内存货受损,经评估公司评估,火灾损失百万元。

（朱久安　张朝君）

【推出年金保险】 11月,人寿镇海支公司推出"国寿鑫福年年"养老年金保险和"国寿鑫福年年"年金保险组合。该保险新品融合费率市场化、商业养老、拓宽投资渠道诸多有利条件,涵盖保险保障、养老,具快速返还、客户利益稳定特点。

（张春琴）

证券业

【概况】 2015年,全区共2家证券营业部。上半年,证券市场回暖、交易活跃,融资融券等新业务快速发展。下半年,行情大幅回落,账户亏损情况增多,但交易仍然活跃。全年新开股票账户8147户,年末证券投资者开户数4.52万户,其中A股开户数4.42万户。证券交易额2399.74亿元,比上一年增加265.1%。其中股票成交额2132.60亿元。融资额高峰59777.09万元,年末40266.96万元。

（周琳琳　韩燕燕）

【骆驼街道首家券商落户】 12月,原位于招宝山街道的财通证券镇海营业部,搬迁到骆驼街道营业，是为落户该街道的首家券商。为该街道及周边企业和个人提供更加便捷的投资通道。

（韩燕燕）

【光大证券镇海营业部盈利近亿元】 2015年，光大证券镇海营业部融资融券等新业务快速发展，公司成立财富经理团队，以“富尊会”“金阳光”等优质服务产品为工具，推进高端客户资产配置。开通网上自助开户业务，缩减柜台办理流程，便捷交易。全年实现利润9604.14万元，上缴税金1210.91万元。

（周琳琳）

注：概况中年末证券开户数、全年证券交易额和增幅等数据来自《统计公报》

其他金融和商务服务

【概况】 2015年，全区小额贷款公司仍为2家，合计发放贷款172466万元，与2014年相比，发放的贷款总额减少46.14%。年末贷款余额合计83331.78万元。在市金融办的年度监管评级中，两家小贷公司均为A级。

是年，区内新增招宝山商会企业转贷互助资金，加上原成立的澥浦、九龙湖、蛟川、骆驼和庄市商会的5家企业转贷互助资金，全区商会转贷互助资金达到6家。2014年年底之前成立的5家商会企业转贷互助资金，全年为355家企业转贷1055次，累计转贷金额30.28亿元。创立于2013年的宁波市小微企业互助促进会镇海分会，继续发挥助力小微企业融资的作用，全年企业“提款”户数413户，“提款”总额最多时达4.02亿元。区联合担保公司稳步开展业务，为区内30多家企业进行担保及自有资金投资，全年担保额和自有资金投资累计约2.3亿元。

（施蓓瑾　杨姝瑜　虞春娜）

【小贷公司应对经营困难】 2015年，在经济形势低迷情况下，区内2家小贷公司相继采取应对措施：本盛小额贷款公司发生不良贷款余额1142万元，与人保财险签订《城乡小额贷款保证保险业务合作协议》，开展小额贷款“金贝壳”信用保险合作；开天小额贷款公司贷款额同比减少38.04%，向中国银行镇海支行融资1.5亿元，全年亏损207.23万元。

（施蓓瑾　杨姝瑜）

综合经济管理

主要经济指标完成情况

【概况】 2015年，国际环境复杂严峻，世界经济增速为6年来最低，国际贸易增速更低，大宗商品价格深度下跌，国际金融市场震荡加剧，对国内经济造成直接冲击和影响。在此背景下，镇海区主动适应，积极应对，全区经济运行总体平稳。全社会实现生产总值(GDP)663.87亿元，按可比价格计算，比上年增长8.1%，其中，第一产业增加值6.64亿元，增长0.6%；第二产业增加值478.51亿元，增长7.6%；第三产业增加值178.72亿元，增长10.0%。三次产业增加值的比重由2014年的1.0∶73.4∶25.6调整为2015年的1.0∶72.1∶26.9。按户籍人口计算，全社会人均生产总值达28.43万元(按年平均汇率折算为4.56万美元)。

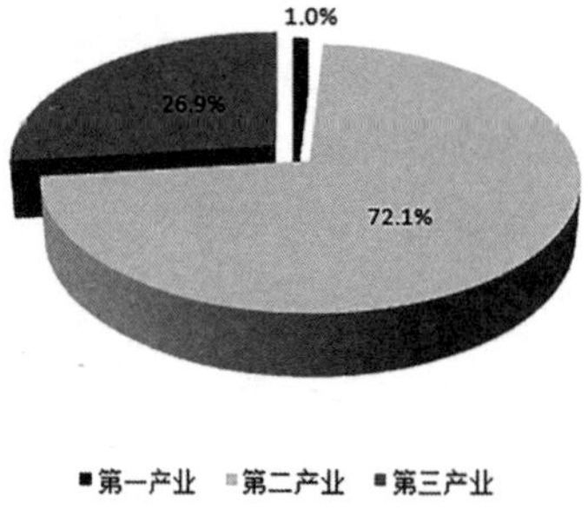

全社会三次产业构成

是年，区属生产总值375.83亿元，按可比价格计算，比上年增长8.5%，其中，第一产业增加值6.64亿元，增长0.6%；第二产业增加值190.47亿元，增长7.8%；第三产业增加值178.72亿元，增长10.0%。三次产业增加值的比重由2014年的1.9∶52.0∶46.1调整为2015年的1.8∶50.7∶47.5。按户籍人口计算，区属人均生产总值达20.25万元(按年平均汇率折算为3.25万美元)。

是年，全区实现财政总收入102.00亿元，比上年增长8.2%，其中，一般公共预算收入58.92亿元，增长9.8%。在一般公共预算收入中，地方税收收入45.75亿元，增长6.4%。

【固定资产投资规模继续扩大】 2015年，全社会完成固定资产投资总额329.74亿元，比上年增长15.7%。从产业投向看，第二产业投资137.62亿元，比上年增长13.3%；第三产业投资192.12亿元，比上年增长17.4%。从投资主体看，国有投资124.53亿元，比上年增长9.8%；非国有投资205.21亿元，比上年增长19.5%，其中，民间投资176.42亿元，增长26.9%。区属完成固定资产投资总额312.04亿元，比上年增长18.5%。

(俞　晴)

【内外资引进齐头并进】 2015年，全区引进外商投资项目27个，总投资额7.53亿美元，投资额增长78.2%。合同利用外资4.46亿美元，实际利用外资3.17亿美元，比上年分别增长10.6%、2.5%。全区引进市外内资项目（含增资）139个、资金总额92.53亿元，同比增长1.34%。其中新建项目129个，引进资金32.82亿元；续建项目10个，资金总额59.71亿元。

（俞　晴　卫良志）

【工业经济全社会下降区属增长】 2015年，全社会实现工业总产值2292.23亿元，比上年下降12.8%，其中规模以上工业企业实现工业总产值2186.61亿元，下降13.1%。实现利润总额129.20亿元，比上年增长94.9%，规模以上工业企业实现利润总额129.83亿元，增长98.0%。是年，区属实现工业总产值1148.02亿元，比上年增长2.4%，其中，规模以上工业企业实现工业总产值1042.40亿元，增长3.3%。全年实现利润总额16.97亿元，比上年下降31.6%，其中，规模以上工业企业实现利润总额17.60亿元，下降26.9%。

【建筑业稳步发展】 2015年，全区实现建筑业总产值351.94亿元，比上年增长11.5%。建筑业企业完成房屋建筑施工面积1772.84万平方米，比上年增长18.7%；房屋建筑竣工面积666.39万平方米，比上年增长51.8%。年末全区拥有资质等级建筑施工企业77家。

【农业生产总体平稳】 2015年，全区实现农林牧渔业总产值11.33亿元，比上年增长1.4%，其中畜牧业和渔业下降幅度较大。各业构成：农业产值9.22亿元，林业0.32亿元，畜牧业1.33亿元，渔业0.14亿元。农作物播种面积9673公顷，粮食和蔬菜产量分别为2.1万吨、8.9万吨。

【消费品市场运行良好】 2015年，全区实现社会消费品零售总额142.31亿元，比上年增长12.4%。其中，批发和零售业继续发挥主导作用，实现零售额130.58亿元，增长13.0%；住宿和餐饮业实现零售额11.73亿元，增长5.9%。

【外贸进口下降出口微增】 2015年，全区实现外贸自营进出口总额60.72亿美元，比上年下降4.5%。其中，进口总额26.07亿美元，下降14.8%；出口总额34.65亿美元，增长5.0%。

【楼市企稳回暖】 2015年，全区商品房销售面积75.12万平方米，比上年增长38.2%。其中住宅销售面积66.54万平方米，增长65.9%，占全部商品房销售面积的88.6%。

【交通运输业稳步发展】 2015年，镇海区实现旅客运输量134万人次，旅客周转量0.97亿人公里；货运量5834万吨，货运周转量386.04亿吨公里。

（俞　晴）

【文化创意产业快速发展】 2015年，全区新引进文化创意企业352家，同比增长20.14%，合计注册资金17.77亿元，同比增长35.42%。其中，注册资金在500万元至1000万元项目63个，注册资金在1000万元以上项目74个。引进的项目主要由信息服务、设计服务、软件服务、影视传媒和动漫游戏等构成。

（卫良志）

【金融业保持稳定】 2015年年末，镇海区金融机构人民币各项存款余额576.03亿元，比上年增长1.0%。其中，住户存款余额283.56亿元，增长1.7%；非金融企业存款余额210.77亿元，下降2.2%。金融机构人民币各项贷款余额582.15亿元，比上年增长8.8%，其中住户贷款余额104.80亿元，增长25.8%；非金融企业等贷款余额477.32亿元吗，增长5.6%。

【旅游业健康发展】 2015年，全区旅游综合收入35.11亿元，比上年增长13.2%。其中，国内旅游收入33.76亿元，增长13.3%；国际旅游外汇收入2168万美元，增长10.6%。接待国内旅游人数690.4万人次，比上年增长8.3%；接待入境旅游人数4.72万人次，比上年增长9.6%。

（俞　晴）

【用电量平稳增长】 2015年，全社会用电量74.89亿千瓦时，同比增长8.37%。全区供电量61.95亿千瓦时，同比增长12.04%。售电量60.35亿千瓦时，同比增长10.97%。平均售电价772.71元/千瓦时，全区电力用户数182979户。全区供电最高负荷126.87万千瓦，城镇供电可靠率99.98%，农村供电可靠率99.93%，综合电压合格率99.99%。

（黄　炜）

表28　　2015年镇海区用电情况

指标名称	用电量（万千瓦时）	同比增长（%）	占总用电量比例（%）
全社会用电量	748941.61	8.37	100
其中：一、农林牧渔业	1276.34	−2.73	0.17
二、工业	659202.43	8.79	88.01
三、建筑业	3739.99	−30.20	0.50
四、交通运输、仓储、邮政业	17075.37	3.70	2.28
五、信息传输、计算机服务和软件业	2660.42	13.50	0.37
六、商业、住宿和餐饮业	12753.30	8.93	1.70
七、金融、房地产、商务及居民服务	5616.03	10.39	0.75
八、公共事业及管理组织	13678.47	13.14	1.83
九、城乡居民生活用电	32939.24	6.98	4.40

【供水量增长较快】 2015年，全区（不包括炼化、电厂等）供水量5409.71万立方米，比2014年增长17%；售水量4044.69万立方米，增长9%。其中，居民用水1560.78万立方米，同比增长14%；经营性用水2362.25万立方米，增长5%；非经营性用水120.22万立方米，增长11%；特种用水[①]1.46万立方米，增长14%。

（袁晓君）

经济管理与服务

【概况】 2015年，镇海区主动适应经济新常态，贯彻中央"四个全面"[②]重大战略布局，实施"六大战略"[③]，开展"大走访、大帮扶、大招商"行动。

是年，区发改局完成全区2014年国民经济和社会发展计划执行情况与2015年国民经济和社会发展计划报告；完成《镇海区"十三五"规划基本思路》及13个重大前期课题研究工作，完成《镇海区"十三五"时期经济体制改革总体思路与重点领域研究》等；推进政府实事工程建设，安排的9项实事工程全部完成；开展社会体系信用建设，完成《2015年镇海区社会信用体系建设工作实施方案》。区经信局以推进工业强区建设，开展"大走访、细排查、化企难、解企忧"专项活动，落实企业服务责任人，强化政银企联动，防范资金链、担保链风险，开展"一企一策"精准帮扶。实行工业企业绩效分类评价管理，继续实施"小升规"、高成长、初创期和创新成长型梯队企业培育，鼓励工业企业技术改造，发挥"亿元"级企业支柱作用。实行工业项目能耗审查、竣工项目节能评估，开展能源监察（审计），推进清洁生产和工业循环经济，启动工业企业雨污分流改造工作，整治"低小散"行业，改造酸洗生产线。和区市场监管局一起，推进"四换三名"工程[④]。区商务局出台促进现代服务业发展、扶持电子商务专项资金管理办法，推动商贸服务业提质增效、行业电商发展，改善商贸发展环境，推进"三位一体"港航物流服务体系进一步完善。组织区内企业参加广交会、华交会等国内重点展会，鼓励和引导企业赴境外参展。提升对外联络、涉外商事法律服务能力。区经合局采取驻点招商、小分队招商、中介招商和以商引商措施，组织区内企业参加浙洽会镇海分团签约仪式、上海和武汉·宁波周、欧洲宁波周、2015甬港文化创意产业合作对接会等招商活动，着力推进新城核心区楼宇和文化创意产业招商，促进浙商回归。开展文化创意产业联盟与上海、成都文创产业对接活动。区农业局以"生态、高效、保障、安全"为目标，按照"一带三区五基地"的产业布局，加快农业产业化发展。推进现代农业园区、蔬菜应急保障基地、粮食功能区建设和水稻生产全程机械化工作。培育农业新型经营主体，继

①特种用水：指洗车、桑拿、水疗等用水。

②"四个全面"：由党中央提出战略布局，即全面建成小康社会、全面深化改革、全面依法治国、全面从严治党。

③"六大战略"：由区十三次党代会提出，即生态环境整治、经济转型升级、海洋经济发展、全域城市化、文化提升发展、民生保障改善。

④"四名三换"工程："四换"即"机器换人""腾笼换鸟""空间换地""电商换市"；"三名"指"培育名企名家名品"。

续推动农村土地流转，提升农产品品牌品质。巩固“森林镇海”成果，推进“五水共治”和“治水强基”，实施骨干河道工程建设和河道综合整治，提升防洪治涝水平。区科技局以提升区域整体创新能力为核心，鼓励、支持“大众创业、万众创新”，实施科技领航者“236”工程、高新企业“100”工程和科技项目培育工程，继续培育高新企业和工程技术中心。鼓励和扶持企业科技立项、专利创新，推进科技孵化器建设，发挥科技市场、科技创新平台作用，促进科技合作成果转化。开展科技惠民，加强与省农科院校合作，促进现代农业发展。区市场监管局以质量强区为目标，实施“质量振兴”“品牌带动”“技术标准”战略。实行“五证合一、一照一码”改革，开展“电梯安全大会战”、危化品领域特种设备安全、维护市场秩序和食品药品安全等各项检查。

（俞　晴　余雷鸣　史鑫鑫　卫良志　俞明敏　徐　剑　董　玲）

【完成“十三五”时期经济社会发展基本思路研究】　5月，区发改局联合市发展规划研究院，完成《镇海区“十三五”时期经济社会发展基本思路研究》。作为“十三五”规划编制工作前期研究，在分析、把握国内外宏观环境基础上，提出“十三五”时期镇海区经济社会发展的基本思路、发展目标和发展重点。“基本思路”是编制区“十三五”规划纲要和区域规划、专项规划的重要依据。

【确定“十三五”专项规划目录】　5月，区政府确定十三项镇海区“十三五”专项规划目录，分别为生态环保规划，工业经济发展规划，服务业发展规划，开放型经济发展规划，文化创意产业发展规划，提升创新能力的科技规划，综合交通规划，市大学科技园发展规划，旅游业发展规划，卫生事业发展规划，妇女、儿童发展规划，老龄事业发展规划和气象事业发展规划。

【安排57个重点建设项目】　2015年，镇海区安排重点项目57项，计划总投资776.8亿元。其中，重点建设项目44项，计划总投资558.9亿元，年度计划投资97.2亿元；重大前期项目13个，总投资217.9亿元。57个重点建设项目中，科技创新平台项目5个，分别为清华校友创业创新基地、中科院大连化学物理研究所国家技术转移中心宁波中心、西安电子科技大学宁波研究院宁波西电产业园、中科院宁波材料所初创产业园、宁波中欧国际应用能源创新研究院；市政交通项目8个，分别为：招宝山大桥连接线、镇海污水处理厂二期、2015年农村生活污水治理、宁波华清环保技术有限公司污泥处置、杭甬复线威海互通连接线（前期）、杭甬复线澥浦连接线（前期）、宁镇路拓宽改建二期（前期）、过江管线隧道工程（前期）；农林水利项目5个，分别为：镇海泥螺山北侧围垦、镇海东排南线、姚江东排镇海段整治工程三期（南支线工程）、宁波花卉园林示范区（宁波植物园）一期、新泓口东侧围垦（前期）；能源电力项目1个，镇海电厂迁建工程（前期）；社会事业项目7个，分别为龙赛医院提升改造、镇海职业教育中心学校扩建、新城中学新建、绿轴体育公园一期、四季永逸颐养院、九龙福利院迁建（前期）、九龙湖老年养护养老项目（前期）；新社区建设项目9个，分别为陈倪路东侧地块(锦绣曙光三期)、永平西路南侧地块(景城花苑一期)、书香丽景二期、中官路南侧地块(翰香景庭一期)、盛世华庭项目、石塘下地块保障房、九龙家苑三期安置房、古塘丽景三期安置房、蛟川北区新农村建设项目(一期)；服务业项目12个，分别为：保利文化商业广场、万科城(庄市绿核地块)、后世博国际园、核心区商务楼群、御水龙都、普罗旺斯·欧洲风情小镇、瑞丰商品交易市场、宁波红星国际广场、宁波从众传媒项目、中国电信浙江公司云计算宁波分中心一期、中国电信浙江公司云计算宁波分中心二期(前期)、城市物流功能区华东物流商贸城一期(前期)；工业项目10个，分别为家塑科技全生物降解塑料生产基地、大安化学二期扩建、朗盛无机颜料、阿克苏诺贝尔过氧化物、中金芳烃、昊德化工高纯异丁烯装置、阿克苏烷氧基化合物、金海德旗合成橡胶及弹性体(前期)、炼化PO/MTBE项目(前期)、炼化制氢原料结构调整改造(前期)。该年度已开工建设项目43个，完成投资118.4亿元，完成年度计划的121.8%。

【支持部省市重点工程建设】 2015年，区发改局发挥部省属联动企业联谊会作用，支持重点工程实施的主要项目有：22万伏沿海变和11万伏清泉变政策处理，区域内油气管线隐患点排查和整治。完成大工程单位2014年度镇海区调结构、促转型财政奖励申报工作，共发放奖励资金2991.95万元。

【镇海电厂搬迁实质性启动】 2015年，在省市区协力推动下，镇海电厂搬迁实质性启动，前期主要工作：区政府、浙能镇海发电有限责任公司、中石化镇海炼化分公司关于镇海电厂区域整体迁建的框架性协议签约；完成搬迁项目的选址和能评；搬迁项目获省发改委核准，海域出让方案获省政府批准。

(俞　晴)

【招商活动多个内资项目签约】 2015年，区内招商活动几个重大项目签约：上海·宁波周期间，总投资40亿元的吾悦广场项目签约。武汉·宁波周期间，总投资10.55亿元的宁波江通文化创意有限公司项目、武汉威固科技集团有限公司投资的商业综合体项目、湖北籍自然人投资的宁波市胡杨生命科学有限公司和湖北楚商集团投资的基金项目签约。北京投洽会上，总投资19亿元的联盛新能源光伏电站项目和国开环境运营公司2个项目签约。

【引进浙商资本回归项目6个】 2015年，全区按照省委、省政府关于支持浙商创业创新、促进浙江发展的战略决策，开展在外省发展的浙商创业创新资本回归、促进宁波经济社会发展的工作。是年，引进省外资金57.92亿元，同比增长33.48%。其中，500万元以上项目109个。引进的项目和资金中，较大的浙商资本回归项目6个、资金8.5亿元，分别为宁波朗盛二号股权投资合伙企业4700万元；宁波金恒德奥汽车有限公司股权转让2550万元；宁波恒信工程检测有限公司股权转让7925万元；宁波大安化学工业有限公司增资10390万元；重庆福安药业收购宁波天衡药业57000万元；宁波睿易教育科技股份有限公司股权转让2500万元。

【举行文化创意产业交流对接会】 3月，区文化创意产业联盟和上海市创意产业协会在上海举行文化创意产业交流对接会，就企业发展、产业专长、合作意向等进行交流对接。旨在搭建企业交流学习、项目对接平台，促进企业间融合，推动两地文化创意产业发展。其间，区文创企业代表参观考察上海视觉艺术学院德稻中心、老码头等。

【香港文化创意研讨会在镇举行】 9月，由区政府和香港贸易发展局联合主办的香港文化创意授权研讨会在九龙湖镇举行，区内动漫游戏产业及装备制造联盟的100多家企业参加。玩具易集团Toy2 R创办人蔡汉成博士、宁波千懿文化传媒有限公司总经理江海仁先生、中国许可贸易工作者协会理事王宁玲女士、香港贸发局助理经理王惟珍女士分别作主题发言。

【甬港文化创意产业合作对接会在港举行】 10月，由市政府和香港贸易发展局主办、区政府承办的2015甬港文化创意产业合作对接会暨亚太新媒体产业发展论坛在香港会展中心举行，甬港两地新媒体及文化创意领域近百家企业代表参加。在以"深化文创产业合作、推动两地跨界发展"为主题的对接会上，区政府介绍镇海文化创意产业投资环境和政策优势。甬、港两地专家学者，就"互联网+"时代下新媒体产业、文创产业发展思路进行交流。香港互联网电影集团等与九龙湖镇签约，合作打造互联网电影小镇；区内企业宁波镇艺与香港动漫大师马荣成签约，合作开发制作动漫电影《风云》。

财政管理

【概况】 2015年，全区财政总收入首破百亿元大关，达102亿元，比上年增长8.2%。其中，中央一般公共预算收入43.08亿元，地方一般公共预算收入58.92亿元，分别增长6.1%、9.8%。全区一般公共预算支出60.30亿元，增长21.4%，收支相抵，略有结余（与地方可用财力63.60亿元比较），实现当年财政收支平衡。

政府性基金预算收入13.46亿元、支出10.58亿元，分别减少62.9%、64.0%；社会保险基金预算收入6.57亿元、支出6.12亿元，分别增长4.8%、12.3%。

表29　2015年镇海区地方一般公共预算收入情况

单位：万元

科目名称	金额	比重
税收收入	457454	77.6%
其中：增值税	116582	19.8%
营业税	114091	19.4%
企业所得税	64235	10.9%
个人所得税（款）	24122	4.1%
耕地占用税（款）	7053	1.2%
契税（款）	26062	4.4%
其他税收	105309	17.9%
非税收入	131734	22.4%
其中：专项收入	63260	10.7%
行政事业性收费收入	12472	2.1%
罚没收入	7324	1.2%
国有资源（资产）有偿使用收入	48678	8.3%
一般公共预算收入合计	589188	100.0%

表30　　2015年镇海区

地方政府性基金预算收支情况

单位：万元

序号	指标名称	收入	支出
1	墙体材料专项基金收入	2000	3034
2	国有土地使用权出让金收入	122651	79925
3	国有土地收益基金收入	3329	4000
4	农业土地开发资金收入	1342	1847
5	新增建设用土地有偿使用费收入	3046	10358
6	城市公用事业附加收入	791	1500
7	彩票公益金收入	1061	1325
8	其他政府性基金收入	362	3785
基金收入合计		134582	105774

表31　　2015年镇海区

社会保险基金收支情况

单位：万元

序号	指标名称	收入	支出
1	城乡居民社会养老保险基金	11084	11148
2	新型农村合作医疗基金	5181	3500
3	事业养老保险基金	15241	16697
4	老年居民养老保障基金	5	46
5	农民养老保障基金	576	1181
6	被征地人员养老保障基金	20075	19097
7	城镇居民基本医疗保险基金	12968	10555
8	机关事业子女医疗费统筹基金	580	650
基金收入合计		65710	62874

注：不含市统筹的城镇职工5项社会保险

表32　　2015年镇海区

地方一般预算财政支出

单位：万元

序号	指标名称	金额	比重
1	一般公共服务支出	57308	9.5%
2	国防支出	677	0.1%
3	公共安全支出	35431	5.9%
4	教育支出	103340	17.1%
5	科学技术支出	23970	4.0%
6	文化体育与传媒支出	13266	2.2%
7	社会保障和就业支出	59515	9.9%
8	医疗卫生支出	43393	7.2%
9	节能环保支出	27398	4.5%
10	城乡社区事务支出	105045	17.4%
11	农林水事务支出	25392	4.2%
12	交通运输支出	23479	3.9%
13	商业服务业金融等事务支出	8120	1.3%
14	资源勘探电力信息等事务支出	40499	6.7%
15	国土气象事务支出	4896	0.8%
16	住房保障支出	23700	3.9%
17	粮油物质储备管理支出	5348	0.9%
18	援助其他地区支出	1483	0.2%
19	其他支出	797	0.1%
一般预算支出合计		603057	100%

【地方可用财力达63亿元】 2015年，全区一般公共预算可用财力达63.60亿元，由以下构成：一般公共预算收入58.92亿元，上级转移支付收入7.65亿元，上解上级收入15.69亿元，调入预算稳定调节基金2.90亿元，上年结余结转3.41亿元，转列一般公共预算的11项政府性基金收入6.41亿元。

【开展新材料科技城镇海片财政体制对接工作】 2015年,市财政局发文,明确宁波新材料科技城涉及镇海片区的宁波高教园区北聚集区财政体制于2014年1月1日开始实施,该区块财政以2013年为基期年,由市财政通过年终结算划归新材料科技城。文件规定,贵驷街道范围内的税收及各类规费从2015年起由高新区统一征收,并入库高新区;贵驷街道内的土地出让金收入,3%分配给镇海区,其余归属高新区。是年,区财政局会同国地税、市场监管等部门,开展涉及调整镇海区块税费征管、财政结算等体制调研,实行贵驷街道社会事务支出、土地出让金收入等事项镇海区与科技城之间的对接,为新体制实施打基础。

【三本预算全部纳入人代会审议】 2015年,区财政局按照新预算法要求,细化预算编制,首次将一般公共预算、政府性基金预算和社保基金预算三本预算全部报人代会审议。探索跨年度预算平衡机制,将收入预算从约束性转为预期性,将重点支出安排与收支增幅脱钩。

【落实契税减半政策】 7月,区财政局根据市政府紧急出台的《关于做好促进房地产市场平稳健康发展政策落实工作的通知》中"契税减半"新政,委托新城行政服务中心地税窗口对外受理购房补贴申请。全年受理个人购房2108户、企业购房82户,发放补贴1614万元。

【试行PPP融资模式】 2015年,镇海区将推广使用PPP模式(公私合作关系)作为融资体制改革突破口,鼓励和引导社会资本进入公共产品供给领域。区成立PPP工作领导小组,负责项目和实施方案审定。财政局设立PPP中心,负责项目的遴选、准备、采购、实施和监管。是年,中心首期推出区福利关怀院迁建、区文化艺术中心运营及绿轴体育公园运营三个项目。其中,文艺中心和体育公园项目与社会资本达成初步合作意向,关怀院迁建项目向社会征询意向。

【完善经济扶持政策】 2015年,区财政局根据国务院有关文件精神,全面清理税收等优惠政策,梳理、完善区内经济扶持政策,重点推进企业科技创新、项目提速增效。全年预算安排财政扶持资金增加16.6%计5.28亿元,主要扶持、奖励企业科技创新、人才引进、节能减排、技术改造等,促进经济转型升级。

【启动产业基金发展】 2015年,区财政局按照国务院有关文件精神,出台《关于加快设立产业发展基金的意见》及基金运作管理文件,启动产业基金发展工作。产业基金按照政府引导、市场化运作、循环滚动、统筹分用的方法,以财政资金与社会资本合作的形式,撬动社会资本投入实体经济。财政专项资金通过产业子基金运作,逐步转化成产业发展基金。《意见》提出三年努力目标:财政投入产业发展基金规模达10亿元,撬动社会资本投入50亿元,实现财政支持实体经济发展的目标。

【民生支出占公共支出72%】 2015年,区财政民生支出43.67亿元,增长18.4%,占一般公共支出72.4%。主要用于文化体育、教育科技、医疗卫生、劳动就业和社会保障、生态环境保护、新农村建设等。其中，教育支出10.33亿元，占民生支出的23.7%；公共安全支出3.54亿元，占8.1%；科学技术支出2.40亿元，占5.5%；文化体育与传媒支出1.33亿元，占3.0%；社会保障和就业支出5.95亿元，占13.6%；医疗卫生与计划生育支出4.34亿元，占10%；节能环保支出2.74亿元，占6.3%；城乡社区支出10.50亿元，占24%；农林水利支出2.54亿元，占5.8%。

【继续国库集中支付扩面】 2015年，区财政局继续推进国库集中支付扩面：将政策资金、基金资金和部分社保资金纳入国库集中支付系统；以庄市街道为试点，开启乡镇财政国库集中支付改革，将街道所有财政性资金纳入国库单一账户。规范财政资金拨付渠道，实时监控资金使用调配情况。

【继续实施预算绩效管理】 2015年，区财政局按照“政府投入大、社会关注度高、与民生关系密切”的筛选定位，继续实施财政支出项目预算绩效评价。全年落实重点评价项目12个，自评项目6个，评价资金7.6亿元，占本级公共财政支出比例20%以上。其中，首次对“第七医院运行”等三个项目实施整体绩效评价，对“残疾人康复工作站建设”等项目，落实绩效跟踪机制。

【继续压缩“三公”经费支出】 2015年，区财政局落实中央八项规定及省市区有关要求，继续严格控制“三公”经费支出，重点控制因公出国(境)、公务用车购置及运行、公务接待。联合区纪委推出公务支出信息化管理系统，在线监控各预算单位“三公”经费支出并实行预警制，对各部门经常性开支削减15%。至年底，全区一般公共预算资金安排的“三公”经费支出比上年下降8.1%。

【开展涉农资金专项整治】 2015年，按照全国涉农资金专项整治行动电视电话会议精神，启动涉农资金专项整治行动。由财政、发改等15个部门组成的检查小组，对2013、2014年度各级财政预算安排用于“三农”的各类资金使用管理情况，2010年以来财政和审计检查发现涉农资金问题后的整改、处理情况等，开展专项检查，重点审查问题多发、资金规模较大、社会关注度大的涉农资金。对2013年、2014年两个年度12.35亿元涉农资金自查自纠后，未发现违规违纪行为，但存在申报立项程序不规范、专项资金分配自由裁量权过大、绩效有待提高等问题。

【紧急转拨580万元抗台救灾资金】 2015年，受台风“灿鸿”“杜鹃”影响，全区损失严重。区财政局紧急转拨市财政抗台救灾资金580万元，用于生产生活自救和灾后恢复重建。

【规范公款存放行为】 2015年，区财政局根据上级要求，联合区纪委等，对全区6个镇(街道)、23个园区及政府性投资公司、18个行政事业单位进行公款存放情况专项检查，整改账户开设过多、管理归口不明确等问题，清理财政专户16个。出台《镇海区关于规范公款存放管理的意见》及管理办法，规范公款存放行为，防止利益输送。

【**政府债务管理列入人大审议**】 2015年起，政府债务管理列入区人大常委会专题审议内容。区财政局在2014年年底政府性债务清理甄别基础上，出台《镇海区区属国有企业投融资监督管理暂行办法》，加强债务管理：落实投融资主体责任，限定投融资范围，规范投融资决策及项目管理，强化投融资风险管控；拓宽渠道，以PPP、政府购买服务、转化企业债务、预算资金安排偿还等渠道消化存量债务；建立政府性债务月报制度、债务风险预警指标体系和应急处置预案。

（张　慧）

税收管理

【**概况**】 2015年，国内外经济环境复杂，经济下行压力严峻。区国税局、区地税局深化税收分析预测，加强重点税源监控，加大堵漏增收力度。组织国税税收收入54.98亿元，同比增长8.83%（剔除免抵调库后完成42.10亿元，同比增长9.16%。）。其中，增值税41.22亿元，同比增长8.11%；企业所得税11.76亿元，同比减少3.01%。58家市级重点税源企业入库各项直接税收18.29亿元，同比增长5.21%。组织地方税费收入62.56亿元，同比增长2.0%。其中，地方税收收入35.33亿元，同比减少2.7%；社会保险费收入22.46亿元，同比增长8.8%；其他基金、费收入4.76亿元，同比增长8.7%。

是年，区国税局落实出口退税、结构性减税政策和市国税局三个"规范"，开展"便民办税春风行动"、车购税自助办税试点，查结一起反避税案件。区地税局以推进流程再造、探索"三证合一"、优化岗责体系等七项重点工作为抓手，开展走访、调研、服务，推进商事制度和税收征管改革，打造"一厅一堂一网"服务平台，形成"收入—征管—服务"联动格局。

地税服务厅工作人员指导纳税人填表

【**落实税收优惠政策**】 2015年，区国税局落实出口退税和结构性减税政策，为全区898户出口企业办理出口退税12.49亿元。其中生产企业9.51亿元，贸易企业2.98亿元。为辖区5624户小微企业减免税款953.77万元，受惠面100%。办理福利企业退税2062万元、资源综合利用企业退税2537万元、软件企业退税113万元。区地税局优惠税费3.66亿元，惠及纳税人超过1万户次。其中，减免高新技术企业、先进制造业等税费6700万元，减免小微企业、困难企业等税费3000多万元，减免房屋交易税费1.90亿元。帮助企业渡难关，促进产业转型升级、房地产去库存。

【开展“便民办税春风行动”】 2015年，区国税局、区地税局开展“便民办税春风行动”。国税局推出发票邮政快递服务、网上办税服务厅免扫描发票认证、银税互动、国地税联合微信公众号“镇海税务”等一系列服务新举措。在农商银行骆驼支行网点设立便民自助办税点，配备电脑及扫描仪，就近方便纳税人；在各纳税点增设自助查询终端、自助发票发售机、自助发票代开机等硬件，便于纳税人自主操作。地税局完善“一厅一堂一网”服务平台：“一厅”指办税服务厅落实延时服务、预约服务、午间值班服务、上门服务制度；“一堂”向纳税人推出“微课堂”，通过QQ群征集课程需求，组织各类培训辅导；“一网”在继续发挥“真心实e”外网服务平台作用基础上，与国税局联合推出“镇海税务”微信公众号，拓展地税服务“掌上”新渠道。

（宋良辰　姚　贞）

区国税局“便民自助办税点”进驻银行

【国税落实三个“规范”】 2015年，区国税局落实市国税局三个“规范”：《税收征管规范（1.0版）》完善、调整涉税规程，规范前后台的衔接和咬合；《纳税服务规范（2.0版）》提升服务标准，规范操作流程，简化办税程序，纳税业务即办事项增至111项，资料报送减少162项；《出口退（免）税管理工作规范（1.0版）》推行分类管理，推进无纸化管理试点和外贸企业审批权限下放，提升出口退税工作质量。三个“规范”实现服务一个标准、办税一个口径、执法一个尺度。

（宋良辰）

【地税规范税收政策落实】 2015年，区地税局依法规范落实各项税收政策，确保全大市个体户个人所得税代征率统一、小型微利企业减半征收企业所得税扩围、固定资产加速折旧政策扩围、上市公司股息红利差别化个人所得税政策等一系列政策新规落地实施。推进房产租赁从租缴纳房产税政策，全年增收840万元；开展印花税专项排查，补交税款1328万元；实行房产税、土地使用税信息比对，查补税款117万元。

【采取强化税收征管几项措施】 2015年，区地税局采取多项措施，强化税收征管：建立企业所得税后续管理分级管理工作规程，细化高新技术企业所得税减免、研发费加计扣除、政策性搬迁暂缓计收入等后续管理要点，实地核查30户高新技术企业所得税减免及研发费加计扣除情况，调增应纳税所得额2521万元。出台《镇海地税局欠税管理办法》，规范欠税执法流程，完善审批报备跟踪，实行欠税台账化管理。修订《股权转让管理办法》和《减免税管理办法》,完善股权转让税收征管流程,规范减免税操作权限和程序。

【再造征管改革流程】 12月1日,地税征管改革流程再造系统上线运行,办税服务厅新设管理服务岗,将原由管理组办理的汇总纳税企业申请与办理、纳税人迁移涉税清理、定额调整核定等20类事项前移到办税服务厅,加大"一厅办结"力度,起到办税更便捷、管理更规范的作用。

(姚 贞)

【启动车购税自助办税】 2015年,区国税局开展车购税自助办税试点,通过自助办税机征收车辆1562辆、税款1524万元,占征收车辆3242辆、税款3346万元的48.18%和45.55%。

【查结反避税大案】 2015年,区国税局经过两年反避税调查取证,结案区内1家外资公司反避税案件,调增企业应纳税所得额1.68亿元,补缴企业所得税4209万元,加收利息829万元,合计补缴税款5038万元。此案成为全市单户补税金额最大的反避税案件。

(宋良辰)

【纳税评估补缴税费两千多万元】 2015年,区地税局综合运用两税比对、以地控税和印花税专项排查等税收风险管理方法,向600余户企业推送涉税风险和纳税评估,补缴税费2799万元。其中,针对企业占地多、交税少但举证难问题,采取卫星地图巡查排摸与实地评估措施,使3户企业补缴土地使用税等税费1038万元。

(姚 贞)

国有资产管理

【概况】 2015年,全区有国有独资及国有控股、参股企业157家(出资对象有重复现象)。其中,区国资办出资93家,各镇政府、街道办事处出资34家,区属部门下属国有企事业单位出资39家。区国资办出资的93家企业中,27家为参股企业,66家为独资(控股)企业。66家全资企业按产权隶属(投资)关系分五个级次,其中国资办直接出资的9家一级企业是镇海投资有限公司、区海江投资发展有限公司、宁波大宗货物海铁联运物流枢纽港开发有限公司、区粮食国有资产经营有限公司、镇海发展有限公司、区新华书店有限责任公司、区保安服务公司、镇海箭湖城镇建设有限公司、镇海科技成果转化工程有限公司。区国资办对66家国有独资(控股)企业实行"按产权隶属分级管理和按公司性质分类管理":对其中的23家政府性投资公司、3家资产管理类公司和1家生产经营性公司实行直接监管,对其余39家公司由出资公司负责日常监管。

是年,区国资办按照中央、省、市国企改革要求,制定《关于加强镇海区国有企业监管的指导意见》,将全区国有企业纳入分级考核范围。按照集中、分层原则,依托一级公司、主管部门、各镇街道,实行条块相结合的管理。国资办扩大直接考核企业的范围,集中管理重大国有资产。逐步扩大国有企业预算、人员编制、工资薪酬、两费定额的核定、备案,建立三年一轮审制度,加大重大投资项目的跟踪、检查和审计。

【镇投(海江)公司新增融资40亿元】 2015年,承担政府融资、投资主要职责的宁波镇海投资有限公司与镇海区海江投资发展有限公司继续实行两块牌子、一套班子运作。两家公司分别拥有下属子公司16家、60家，全年新增融资额合计40.3亿元，年末融资总额103.28亿元。是年，镇投(海江)公司根据全年资金收支计划，按照“轻重缓急，保重点、保实事”原则调度资金，增资参股企业：智慧城市运营1200万元、朗盛二号450万元、海邦人才250万元、浙能燃气热电200万元。统筹全区各区块项目建设资金需求，借给海雄文化公司7000万元、郑氏十七房5000万元、九龙山庄3955万元用于转贷周转，借给蛟川街道2000万元用于支付石塘下安置房配套设施款，借给海威公司296万元用于支付投资款。

【住发(城投)公司房地产经营运行正常】 2015年，镇海区住房发展投资公司与镇海城市建设投投资开发有限公司(两块牌子、一套班子运作)应对国家关于房地产市场分类调控、双向调节的政策变化，压缩库存，开发新建项目。是年，建筑面积14.27万平方米的“锦绣江南”商品房、9.63万平方米的“古塘阳光”保障房和1.38万平方米的“金色阳光楼”装修工程3个项目竣工，计划总投资4.5亿元“印象江南”(象山港路地块)、计划总投资19.67亿元的蛟川北区棚改工程(青龙桥地块)2个项目在建。住发(城投)公司全年实现销售4.21亿元、利税5272万元，年末净资产6.06亿元。

(张　慧)

【工贸中心授托公司年资产经营收入2千万元】 2015年，区工贸资产管理服务中心授托的两家国有公司资产经营收入2043.47万元，完成区国资办考核目标的194.62%。其中，房产租金收益784.91万元，资金收益500.61万元，投资收益693.46万元，其他收益64.46万元。其中，投资收益622.14万元是抛售工大首创股票。年末，两家公司总资产20733.88万元，所有者权益13664.24万元。其中，工业国投公司所有者权益8559.7万元，商贸投资公司所有者权益5104.54万元。

【商贸公司获房产拆迁补偿款800余万元】 9月，区商贸投资发展公司位于镇骆路77号的房产拆迁，公司获征收补偿金848.94万元。其中，房产评估金额632.13万元，选择货币补偿增加金额126.43万元，一次性补偿71.82万元，重大设施设备补偿18.56万元。

【商贸公司抛售股票获利600余万元】 4月，区商贸资产投资发展公司抛售代码600857工大首创股票268566股，兑现现金685.90万元。该股票为所属企业十余年前一次性投入26.86万元而持有的原始股，企业改制后转入商贸资产公司。股票抛售后获利622.14万元。

(吴鲁言)

国土资源管理

【概况】 2015年，区国土分局编制镇海区土地利用总体规划调整完善方案并上报省国土厅审核，合理布局城乡用地结构。本轮规划调整拟将全区基本农田保有量由6080公顷核减为5000公顷，核减量1080公顷，其中宁波市中心城区范围内核减926.67公顷。拟新增城乡建设用地指标1446.67公顷，其中市中心城区内新增

1173.33公顷,中心城区外新增273.33公顷。推进农用地转建设用地报批,全区农用地转建设用地共上报四个批次及一个单独选址项目,用地总面积78.30公顷,其中新增建设用地36.90公顷(内含耕地33.80公顷)。全区挂牌成交土地23宗65.00公顷,成交金额15.33亿元,同比增长62%。完成划拨项目供地36宗,面积87.07公顷。协议出让项目供地6宗36.87公顷,出让金2.57亿元。消化储备满2年未供应的存量土地5宗,面积43.40公顷。区围垦局完成泥螺山北侧一期围垦工程竣工验收,跟踪泥螺山北侧二期工程海域审批,推进澥浦大闸外移工程建设。继续开展新泓口东侧围垦前期工作,完成项目建议书编制。区农业局规范海域管理,开展海域使用权登记和海域使用金收缴工作,完成存量围填海核查。

是年,区国土分局编制全区永久基本农田划定方案,完成城市周边永久基本农田的核实举证。实施滨海耕地开垦项目(一期)66.87公顷标准农田的质量提升工程,耕地质量等级由8等提升至7等。实施建设占用耕地表土剥离和再利用项目3个,剥离优质表土近4万立方米。开展土地出让与耕地保护情况审计整改,区政府办出台《关于进一步加强和规范土地管理建立长效机制的通知》。开展土地执法巡查,发现违法用地127宗4.13公顷,其中耕地1.71公顷,拆除违法建筑并复耕违法用地105宗,查人处事6件。2014年度土地卫片执法检查[①]立案查处违法用地图斑50个,违法占用耕地比例控制在6.6%。启动全区第三轮矿产资源规划编制。建立采矿权人信用信息管理制度,通过信用记录和评价分类监管采矿权人。依法处置偷盗矿产资源行为12起,收缴罚没款13.7万元。开展"两路两侧""四边三化"专项整治行动,排查全区62个废弃矿山点,设置"红、黄、绿"安全警示牌。完成九龙湖伟峰岭、澥浦茶叶山等2处废弃矿山复绿治理。2014年治理的澥浦屯山、杨梅山等2个废弃矿山治理工程通过验收。应对"灿鸿""杜鹃"等台风暴雨,开展地质灾害防御,指导完成6处新发险情应急处置。实施开元九龙湖畔等4个泥石流隐患点的应急排险治理,完成1处。

是年,区国土分局核发土地使用权登记权证20039本,其中,国有土地使用证18898本,集体土地使用证382本,他项权证759本。注销土地登记证1310本、商品房土地分割登记17786宗。受理土地确权项目118个,用地面积216.01公顷。受理群众信访投诉177件,同比下降27.5%,信访回复率、办结率均为100%。

(吴正水　方莉莉　俞明敏)

【实施城镇低效用地再开发】 2015年,区国土分局采取多项措施,实施城镇低效用地再开发:建立低效用地数据库,掌握全区低效用地情况;编制低效用地再开发专项规划;依法查处涉及违法用地的低效用地,报批违法低效用地农转用83.00公顷。

【鼓励地下空间开发利用】 2015年,区国土分局会同区规划分局下发《关于鼓励开

①卫片执法检查:指利用卫星遥感监测等技术手段制作的叠加监测信息及有关要素后形成的专题影像图片,进行违法使用土地行为的执法检查。

发利用地下空间的通知》,修改完善镇海区地下空间使用权出让政策约定,鼓励地下空间向纵深方向拓展,构建地上、地面、地下立体开发利用模式。是年,全区新开发地下空间9宗,开发面积4.02公顷,主要用于建设地下停车场等。全年收取地下空间使用权出让金827万元。

利用地下空间新建的停车场

【实施"批而未供"土地专项治理】 2015年,区国土分局开展"批而未供"和闲置低效土地处置"百日攻坚"专项行动。通过公开出让、划拨供地、协议出让历史遗留违法用地等措施,消化"批而未供"土地133.80公顷。启动闲置土地调查程序12宗,向违约开工用地单位发送催促开工函34宗。办理竣工复核验收55宗,面积99.80公顷。

【开展不动产统一登记准备工作】 2015年,按照区编委办《镇海区不动产登记职责整合机构编制实施方案》,设立镇海区不动产登记服务中心,作为区国土分局下属从事公益服务的事业单位。将原由区各有关部门分散承担的土地、房屋等不动产登记职责,整合到区不动产登记服务中心,由中心统一登记。其中行业管理和不动产交易监管职责继续由原主管部门承担。区国土分局开展不动产统一登记准备工作,与原主管部门协商解决过渡期内不动产登记管理事项。

【着手解决农民"三房户"建房问题】 2015年,区委办下发《关于进一步缓解农民住房困难工作的实施意见》,提出在三年内消化农民"三房户"(无房户、危房户、住房困难户)的任务。区国土分局调查摸清全区"三房户"共1634户,并将消化目标落实到镇(街道)。是年,全区安排农民建房新增建设用地指标8.67公顷。结合土地利用总体规划调整,在规划期内(2020年之前)额外落实规划指标26.67公顷。全年审批宅基地401户。

【实施建设占用耕地表土剥离】 2015年,区政府办出台《关于印发镇海区建设占用耕地表土剥离和再利用实施办法》,提出"采取工程手段对建设占用耕地的优质表土进行剥离,并将其用于土地整治新增耕地、耕地质量提升等项目"。区国土分局制定实施细则,推进表土剥离和再利用。全区实施表土剥离项目3个、土地面积26.67公顷,剥离优质表土近4万立方米,主要用于滨海耕地开垦项目。

优质表土重新利用施工现场

【审计整改土地出让收支和耕地保护情况】 2015年，区国土分局落实省、市关于土地出让收支和耕地保护情况审计整改工作要求，对涉及土地出让金收支管理、土地审批供应使用等方面22类64个问题进行梳理和整改，盘活存量建设用地18.64公顷、出让收入3.5亿元；纠正土地分割抵押融资金额1.27亿元；处理违法用地相关责任人员3名。

（吴正水）

【泥螺山北侧一期围垦工程通过竣工验收】 12月底，镇海泥螺山北侧一期围垦工程通过由市发改委主持的竣工验收。工程于2009年4月立项，2010年10月获国家海洋局批准，为宁波市首个获批的区域建设用海规划。2011年4月，泥螺山北侧一期围垦开工，概算投资7.8亿元，围垦规模696公顷。2015年1月工程完工，7月底通过水土保持专项验收，8月初通过海洋环评专项验收，11月完成档案验收。

泥螺山北侧一期围垦工程

【推进澥浦大闸外移工程建设】 12月底，概算投资5.6亿元的澥浦大闸外移工程的河道南北岸河堤基础填筑、基坑开挖基本完工，完成年度投资1亿元、累计投资1.95亿元、35.4%的工程量。该工程是因国家海洋局暂停全国区域用海审批、泥螺山北侧二期工程前期工作延缓而先行推进，于2014年9月开工。工程包括新建迁移澥浦大闸、建设澥浦大河景观带74.4万平方米，概算投资5.6亿元。

（方莉莉）

【完成存量围填海核查】 9月，区农业局开展镇海区存量围填海核查，确认存量围填海面积504.02公顷。其中，澥浦泥螺山滩涂围垦工程58.59公顷，北仑电厂二期灰库工程216.28公顷，镇海炼化灰库工程189.44公顷，镇海炼化养殖围垦工程22.91公顷，镇海电厂3号灰库工程16.80公顷。

【完成一宗海域使用权出让】 12月，区公共资源交易中心挂牌出让镇新海出1号海域使用权。面积7.38公顷、年限50年的海域使用权由镇海海天投资发展有限公司拍得，总价3700万元，用海类型为其他工业用海，使用方向为三类化工产业。

【实行海域使用权登记和海域使用金征收管理】 2015年，区农业局实行海域使用权登记和海域使用金收缴：海域使用权初始登记1宗，为舟山岙山至宁波镇海原油管道工程，用海面积26.72公顷；海域使用权抵押登记2宗，分别为镇海库房区项目43.07公顷、镇海内贸集装箱物流基地项目43.73公顷。收缴海域使用金147万元。

（俞明敏）

工商行政管理

【概况】 2015年，全区工商行政管理工作围绕服务经济发展目标，全面实行“五证合一、一照一码”改革，实施个体工商户简易注销登记改革试点。区市场监管局实现互联网+动产抵押[①]，办理股权质押登记，缓解企业资金难题。组织汽车4S店格式合同专项检查，纠正违法合同条款2条，修改2家公司的不合理合同条款。走访“机器换人”企业，发放调查问卷，撰写民营企业“机器换人”调研报告。推进消费维权，营造安全放心消费环境。开展维护市场秩序和食品药品安全等各项检查，整治虚假违法广告。会同相关部门，查处非法类金融活动。全年立案查处各类案件398件，罚没款265.41万元，其中无照经营案件28件，罚没款9.51万元。向公安机关移送案件1起、犯罪线索7起。

是年，全区新增市场主体5844家（截至12月15日的数据），注销2579家，年末实有市场主体32117户，同比增长9.93%。其中内资企业13152户，增长11.42%；外商投资企业619户，同比持平；个体工商户18346户，增长9.27%。办理新申请商标注册1084件，核准注册1658件（含跨年度申请核准），全区商标总量达5846件。

【新增著名知名商标10件】 2015年，全区新增省著名商标4件、市知名商标6件。年末，全区拥有中国驰名商标6件、浙江省著名商标31件、宁波市知名商标64件。

表33　**2015年新增著名、知名商标**

商标级别	企业名称	认定商标	类别
省著名省标	宁波埃美柯铜阀门有限公司		6/阀门、9/水表、11/水龙头
	宁波市海达塑料机械有限公司		7/塑料注射成型机
	宁波群力紧固件制造有限公司	NLGS®	6/ 金属螺栓
	宁波群力紧固件制造有限公司		6/金属螺丝、金属螺母、金属螺栓
市知名商标	宁波东鑫高强度螺帽有限公司		6/金属螺母；螺栓；垫片
	宁波美锌美金属制品有限公司		6/锌；普通金属合金；铝铜

①“互联网+动产抵押”：是指抵押人或抵押权人可在省“动产抵押登记信息填录系统”进行线上抵押信息填录、打印，并携带相关材料前往市场监管部门办理动产抵押。

续表33

商标级别	企业名称	认定商标	类别
市知名商标	宁波世通汽车零部件有限公司		12/车辆玻璃升降器;挡风玻璃刮水器;陆地车辆传动马达
	宁波北欧工业园区管理有限公司	NIP	36/不动产出租;不动产管理;办公室(不动产)出租
	宁波天衡药业股份有限公司	枢维新	5/平喘药
	宁波市镇海时代轴承有限公司	HB&SD	6/轴承

【推进简易注销试点】 6月1日,市场监管局实施企业和个体工商户简易注销登记改革试点。企业注销办理环节由原来8个减至2~3个,提交材料由原来9项减至5项,办理时间由原来近2个月缩短为5至10分钟当场完成注销手续。

【实行“五证合一、一照一码”改革】 10月1日(防台上班),市场监管窗口发出宁波市第一张“五证合一”新版营业执照。“五证合一、一照一码”改革将原先由市场监管、国地税、人社、统计五个部门各自受理、分别核发,改为由市场监管窗口一窗受理、核发加载统一社会信用代码的营业执照。至此,组织机构代码证、税务登记证、社会保险登记证和统计登记证停止核发。

【6家菜市场建设免费开放快速检测室】 6月,南街、西门、庄市、骆驼菜场及经济技术开发区农贸市场5家列入市“百家免费开放的快速检测室”,向公众提供免费检测服务。5家菜市场统一制作,悬挂“农贸市场免费开放检测室信息公示牌”。炼化后施菜场也按相同要求建成食用农产品安全快速检测室同时免费开放。

【开展虚假违法广告整治】 2015年,区市场监管局开展虚假违法广告内容专项整治,重点排查菜场和学校周边、商业大街、公交车站等区域,主要查处欺骗和误导消费者的保健食品、药品、医疗、房地产等虚假违法广告。共查处虚假违法广告案件17件,罚没款0.48万元。

【查处非法金融活动】 2015年,区市场监管局配合区金融办、公安、银监等部门,开展非法金融活动查处,排查对象为经营投资咨询、资产管理为业务的单位。市场监管局主要负责检查有无营业执照、有无超范围经营、有无发布虚假广告。共检查42家经营场所,发现无照经营12家,均责令其限期改正。

(董　玲)

行政审批和公共资源交易

【概况】 2015年,区行政服务中心受理办件36321件，办结率99.9%，比上年增加2292件。其中，即办件13420件，即办件率36.95%；承诺件22901件，提前办结率96.48%，按时办结率98.74%。第三方回访群众办件满意率达到99.4%。区公共资源交易中心完成公共资源交易542项，成交额37.30亿元，节约（增收）资金2.76亿元，节约（增收）率6.89%；其中公开招标、拍卖、挂牌方式成交446项，占82.29%。完成工程建设项目224项，成交金额20.01亿元，节约资金2.02亿元，节约率9.15%。政府采购248项，成交金额2.69亿元，节约资金0.32亿元，节约率10.67%。土地使用权出让25宗，成交金额14.13亿元，高出起始价3940万元，增幅2.87%。国有产权出让（出租）29项，成交金额862.83万元，高于起始价16.54万元，增幅1.95%。其他项目16宗，成交金额3809.53万元，节约资金261.3万元，节约率7.16%。

是年，区审管办推进商事登记制度改革，出台企业证照商事登记“多证联办”“五证合一”等实施方案，实现一窗受理、一窗发放、一证一码，为企业提供便利。实施工业企业“零土地”技术改造项目审批方式改革，实行项目“审批清单”管理，提高行政审批效率，促进工业项目投资。开展创新联动式审批标准化建设，推出三类机动车经营维修、民办教育机构、文化娱乐等审批事项指南“一本通”，基本达到“一次取号、一窗受理、一次过关”的审批效率。牵头制定村级便民服务中心运行管理实施方案，明确镇、村两级服务中心分管职责。以区行政中心成立15周年暨乔迁新城一周年为契机，外塑形象、内强管理，推行《窗口服务规范》，组建中心导服志愿服务队伍，设立“特定对象亲情服务岗”，施行首席代表负责制，深化OSM现场管理标准化建设，推行精细化、找茬式管理。

是年，公共资源交易中心贯彻落实省政府《关于进一步严格规范工程建设项目招标投标活动的意见》，修订完善运行、操作、管理等制度，强化各环节内部流程控制。推进“阳光”管理系统建设，完善开评标音视频监控等系统，开通评标现场在公开区域视频直播系统。会同有关部门调研农村产权流转交易情况，制定《镇海区农村产权交易管理办法》。主动融入重大项目建设服务，参与“五水共治”、宁波植物园、棚户区改造等项目，协调处理项目招投标及政府采购中的问题。推广建设工程、政府采购标准文本，提高招标采购效率。完成新一轮七类工程、政府采购项目的入围管理，试行福利关怀院迁建项目等PPP模式招标，推行电脑设备等通用货物批量集中采购制度。查处公共资源交易中的不良行为，实施行政处罚和网上公示。完成与市“网上交易系统”对接，实施全市联网的交易证制度、招标文件网上不记名发售等。完善部门联席会议制度，及时协调沟通特殊项目交易方式方法和处置项目纠纷。出台《进一步规范和完善基层公共资源交易平台的意见》，促进小型平台的规范化建设。

【审批工作“四率一度”达到较高水平】2015年，区审管办按照省市事项进驻率、现场办理率、承诺提前率、实际提前率、群众满意度要求，开展32个入驻部门审批工作“四率一度”实现情况排摸和测评：全区行政许可事项进驻率达99%，现场办理率达99%，群众满意率达99.4%（1—12月份第三方测评数)。是年,镇海政务服务网权力运行平台接入市云平台,实现自有审批平台过渡与转移。

"窗口"接待办件人员

【探索"三先"审批新模式】 2015年,区审管办探索审批工作"三先"承诺制新模式:实行工商登记"先照后证",对接工会登记前置改后置的登记方法,建立拟建工会目录清单,清单内主体登记先颁发营业执照,再领取其他许可证;产品标准备案"先证后审",即企业在办理产品标准备案时,只要交齐材料,便可先领取"执行标准备案登记证",审核环节后移,使原需要5个工作日的办理时间加快为"即办";建设工程规划审批"先定后验",即办理政府投资建设项目规划许可证,先允许建设单位以书面形式签订承诺书,暂不提供经济技术指标复核报告,尔后用"补交"办法再行核验。"三先"审批模式构建审批信用体系,加快了审批速率。

【三项举措优化政务服务】 2015年,区审管办推出三项举措,优化政务服务:联合审批形成牵头部门全程主办、联办部门协同配合、中心全程督促协调的工作模式,全年召开项目联审会议30次,为26个项目提供加快落地的审批服务。设立"人才创业项目绿色通道",提供"妈妈式"指导帮助、全程代办、联动服务、上门服务、跟踪服务和网上服务。出台《镇海区工业投资项目竣工联合验收试行办法》,实行受理一个窗口、审核一次告知、验收统一行动、承诺一步到位的"四个一"制度。

【便民服务中心试点"一窗通"】 2015年,庄市街道试点推进"全解社区"模式。该街道所有村(社区)便民服务中心实现便民服务"一窗通",将原本分散在多个窗口办理的事务整合到一个窗口,办理所有业务。"一窗通"可在节约人力资源前提下,满足居民需求。

【3类项推出目"容缺审批"】 2015年,区审管办建立内化式审批机制。拓宽"容缺审批"范围,先后推出工业及公建项目施工图审图"容缺审批"、房屋建设和市政基础设施工程竣工验收备案"容缺审批"、中小微企业规划"容缺核实"。3类项目"容缺审批"的推出,促进建设项目早开工、早验收、早投产。

【查处8家供应商不良行为】 2015年,区公共资源交易行为监管部门在公共资源交易中发现8家供应商的不诚信行为,进行及时查处。其中1家企业涉及虚假投标,3家企业串标,4家企业有失信行为。按照公共资源交易市场"黑名单"管理办法,在对不良行为作出警示和行政处罚后,将8家供应商单位进行网上公示,以净化市场环境。

(张 瑶)

安全生产监督管理

【概况】 2015年，全区安全生产监督管理工作根据上级安全生产工作部署，围绕“平安镇海”创建要求，深化安全生产责任体系、事故隐患排查治理体系、安全预防控制体系建设，基本形成党政齐抓共管、八个专业安委会分口把关，第三方安全监管服务、企业承担主体责任的安全生产管理格局。加强危化品生产、仓储和运输监管，深入开展油气管线安全隐患整治，基本完成国家危险化学品安全生产重点县攻坚任务。区安监局会同各镇街道安监所，全年检查企业3815家次，发现安全隐患7367项，开具现场检查记录2761份、责令限期整改指令书666份、整改复查意见书616份、现场处理措施决定书42份，立案65起，收缴罚款324.71万元。开展非煤矿山外包工程安全管理专项检查，实行标准化、规范化、信息化管理。

是年，区举办校园安全、油气管线、危化品道路运输3个事故应急救援演练，承办第一届全国危险化学品救援技术竞赛。区安监局办理危险化学品经营许可证195家、烟花爆竹零售经营许可证2家，对19家加油站和1家危险化学品生产企业进行换证现场审查，依法撤销烟花爆竹零售经营许可证123家。办理危险化学品建设项目“三同时”(同时设计、同时施工、同时投入生产和使用)2家、非药品易制毒化学品备案53家、安全评价报告备案16家、单位生产安全事故应急预案备案9家。在市安监系统内部开通镇海安监宽带电视，有视频资源35个。“镇海安监”公众微信平台上线，发布信息67期201条。“安全生产月”开展广场咨询活动、“社区学院杯”安全生产知识竞赛、事故警示周等活动，发放新《安全生产法》《公共安全知识读本》等资料6000余份，展出安全宣传展板33块。

是年，镇海海事处以“四客一危”船舶和金塘大桥桥区水域、甬江口水域现场监管为重点，开展采运砂船治理、防抗冬季大风浓雾检查等专项整治活动，打击各类违章违规行为，维护辖区水上交通安全。开展恶劣气象海况预警信息发布，强化客渡船、危险化学品船的监管力度，落实客渡运船舶节前集中安检，加大“春运”“两会”及寒潮大风季节等重点时段的水上交通安全监管。按照“巡航救助一体化”要求，开展前沿水域巡航游弋，处置突发事件10余起。运用船籍港信息化管理系统，定期梳理辖区航运企业船舶安检情况。强化“轻轨”勘探、泊位改造、油管维护等水工项目的现场监管和行政指导，保障涉水施工安全。与宁波港公安、舟山定海海事处联合开展“七里”水域运砂船超载治理和杭州湾水域巡航巡查，共处罚涉嫌超载、非法采运砂的砂石船81艘次、违章90项，驱离内河船12艘次，查扣12艘次。与市港航局、镇海港航所、海警二支队共建辖区隐患治理长效机制，排查隐患38项，消除20项，整改18项。在青峙化工码头开展海上化学品泄漏应急演练，以提高海事、港航部门应急处理能力。

是年，全区共发生工矿商贸企业、道路交通、水上交通、渔业船舶等各类安全生产事故147起，死亡32人，受伤143人，直接经济损失207.21万元。其中，工矿商贸4起，死亡4人，直接经济损失185.65万元；道路交通143起，死亡28人，受伤143人，直接经济损失21.56万元。全区生产经营性火灾51起，无人员伤亡，直接经济损失1201.78万元。未发生较大及以上安全生产事故。镇海海事处管辖海域内，发生险情17起、事故6起（其中等级以上事故1起），死亡1人，直接经济损失176.5万元。

（周旦旦　付一方）

【成立八个专业安委会】 4月，区政府调整全区安全生产委员会，成立油气管道、城镇燃气、建设交通、商贸、工业企业、农旅、教文卫、特种设备8个行业（领域）专业安全生产委员会。专业安委会由区政府办牵头，各领域的政府管理服务部门为区发改局、区城管局、区住房建交局、区商务局、区安监局、区农业局、区教育局、区市场监管局，分别制定工作规则、工作要点、执法计划，落实定期例会制度，分头开展各行业、领域的安全生产监管工作。

【安全生产发挥第三方监管机制作用】 2015年，全区安全生产监管发挥第三方监管机制作用，第三方专业监管队伍检查企业2866家次，发现隐患15130项，检查员检查首次整改率65.7%。第三方监管机制建立于2014年，是由区政府出资200万元、通过合同招标、安监局授权形式组建一支由10名检查员组成的第三方安全技术服务力量，区安监局负责管理。

【实行安全生产网格化管理】 2015年，区推进安全生产网格化建设：以村、社区地域为基本依据，全区划分成86个安全生产网格，配备持证上岗的协管员165名。区安监局落实职责、任务和考核专项经费12万元，出台《网格化绩效考核办法》实施考核。是年，安全生产网格检查企业4472家次，发现安全隐患2101条。至年末，有83个网格应用信息系统开展工作，信息系统常态化应用率达67%。

【开展出租国有资产安全排查管理工作】 2015年，区安委办组织开展出租国有资产安全排查。全区85个部门单位（包括区属国有及国有控股企业）按照保障安全条件、安全生产责任落实、日常安全管理检查、安全教育培训和演练、实施动态安全管理6项要求进行排查。查明全区出租国有资产718处，其中出租店面房324处、办公用房152处、住宅（含宿舍）96处、厂房66处、仓库42处、农业等其他用途房产38处。建立出租国有资产台账，落实承租单位和个人的安全责任，对不同用途的出租资产分别实施分类、动态管理。

【开展危险化学品领域专项检查】 “8·12”天津事故发生后，区安委办下发《开展危险化学品领域安全生产大检查实施方案》，部署开展港口经营企业、罐区企业、石油化工企业、精细化工企业、危化经营市场、特殊作业环节等专项检查。8月13日到10月10日，检查企业22家次，发现隐患65条，发出限期整改指令书18份、现场处理措施决定书1份，责令暂停营业企业2家。至年末，完成隐患整改48条，1家停产整改企业达到安全生产要求恢复生产。

【举办首届企业员工应急处置技能竞赛】 12月11日,由区安委办等部门主办、镇海炼化协办的全区首届企业员工应急处置技能比武竞赛举行。竞赛设应急理论知识(笔试)、油桶灭火、中毒伤员现场急救、"三人三带"接力出水击靶4个项目。全区28支代表队192名选手参加比武。达尔轴承代表队获团体一等奖,另有2家、3家企业分获二、三等奖。

【1家企业参加应急技能比武获奖】 2015年,区内企业镇海众安仓储管理有限公司参加省、市两级危险化学品企业员工应急处置技能竞赛,获得团体二等奖。

(周旦旦)

【处置突发事件十余起】 2015年,镇海海事处按照"巡航救助一体化"处置突发事件:8月,甬江一干货船起火,海巡艇指挥消防拖轮紧急施救,6个小时后火灾扑灭,船员安全获救。10月,"双龙海"轮一船员发病,"海巡07128"艇紧急开航驶往,海事处电子监控全程施救,2小时后患病船员送往医院救治。全年共处置渔船搁浅、着火、船员发病等突发事件10余起,救助患病受伤海员2名。

(付一方)

质量技术监督管理

【概况】 2015年,区质量技术监管工作以质量强区为目标,启动《质量发展纲要(2016—2020)》编制工作,制定《镇海区品牌培育三年规划(2015—2017)》,将质量发展、品牌培育作为促进经济发展的重要措施。区市场监管局提高质量管理、监督能力,推进"质量振兴""品牌带动""技术标准"战略,力促地方经济发展。开展"电梯安全大会战"、危化品领域特种设备安全检查等专项整治,监督抽查玩具、童车、服装、验配眼镜等日用消费品。开展"电梯安全进校园"活动,组织小朋友观看动画片《电梯侠》,发放儿童读本《安仔带你坐电梯》。在25家加油站中,抽样检测10家不同进货渠道的油品,全部达到国家标准。在集贸市场、超市、加油站、出租车公司、饭店开展计量公平专项行动,检查企业89家(次)。联合卫计局免费检定医疗卫生计量器具2768台件,检定合格率98.6%。利用"520世界计量日""质量月"等,在后大街、总浦桥等社区组织为居民免费检定血压计、开展计量知识有奖问答等活动;在镇海市民服务中心举办质"亮"镇海公益展,组织《品牌的力量》分享沙龙,免费检定血压计等器具95台(件)。开展球罐泄漏事故应急演练,提升事故应急处置能力。

是年,新增、修订行业标准24项,申报市级标准化项目6项,全区农业标准化实施率达到61%。在全省率先发布《社会基层治理 网格管理规范》地方标准,以标准模式深化社会基层网格化管理工作。6家企业导入卓越绩效管理模式,实现管理升级。新增省名牌1个、市名牌5个。

【新增省市名牌产品6个】 2015年,全区新增浙江名牌产品1个,新增宁波市名牌产品5个。年末全区拥有省市名牌产品分别为25个和36个。

表34　　2015年新增省市名牌产品

品牌级别	企业名称	认定产品	商标
浙江名牌	宁波金鼎紧固件有限公司	高强度紧固件	
宁波名牌	宁波宏都模塑有限公司	宠物航空箱	Petmode
	宁波东鑫高强度螺帽有限公司	螺母	
	宁波新宏液压有限公司	液压元件	XINHONG
	恒河材料科技股份有限公司	碳九石油树脂	恒河
	宁波汉博贵金属合金有限公司	高压内氧化银氧化锡氧化铟接点材料	汉博 HANB

【启用石化区特种设备安全监管平台】 2015年，宁波石化开发区建立特种设备安全监管平台，将特种设备、作业人员、安全附件（安全阀）及日常检查纳入该平台，实现特种设备信息化监管。是年，该平台录入安全阀信息5270条，作业人员信息3668条。

【开展电梯安全监管大会战】 2015年，区市场监管局开展“电梯安全大会战”。邀请宁波特检院专家对区内从事电梯维保的单位负责人进行特种设备安全法培训。联合区住房建交局召集全区近70名物业负责人和项目经理参加会议，落实电梯维保工作，59家电梯维保单位按要求上报自查自纠情况，共检查住宅电梯、自动扶梯、工厂企业货梯、餐饮行业杂物电梯等各种电梯2879台。

（董　玲）

食品药品监督管理

【概况】 2015年，全区食品药品监督管理工作围绕食品药品安全领域的热点难点，开展专项整治，全力保障群众饮食用药安全。是年，全区纳入食品监管的涉及生产、流通、餐饮服务等市场主体共7625家，纳入药品监管的市场主体413家。区市场监管局加大专项整治力度，开展肉品和水产品“百日会战”、校园及周边食品安全“百日攻坚”“严管示范街区”等专项整治。是年，查处食品药品案件187件，罚没款144.39万元，公布食品安全“黑名单”单位2家。全年未发生一起重大食品药品安全事故。

开展小餐饮夜查

是年，全区创建市级农业标准化示范区6个、无公害农产品产地3个、认证无公害农产品7个；建立农作物病虫害绿色防控示范基地11个。区农业局推广安全用药、精准施药技术，倡导有机肥料施肥，建立病死动物无害化处理长效机制，开展“绿剑”系列专项执法行动，全区高效低毒低残留农药普及率达98.5%，化学农药使用总量比上年减少5.9%，病死动物无害化处理率达100%。区商务局完成6个菜市场、5家大中型超市、1个配送企业、4家市级蔬菜基地、4家团购单位（学校食堂）共20个流通节点单位的追溯系统建设，向市肉菜流通追溯系统城市管理平台上传合格追溯数据40余万条；加强菜市场蔬菜监测，抽检各类蔬菜样品102924个，检出不合格样品100个，合格率99.9%，销毁带豆、青菜、早熟5号等农残超标蔬菜345.9公斤。区市场监管局完善药品及医疗器械直通车、药师在线视频监管；推行药师指纹考勤计算机自动化，完善药品进销存管理系统，规范企业药品、医疗器械采购、销售行为；加强对批发和医疗机构储存药品的温湿度在线实时监控，实现药品冷链保存、运输的无缝监管。

【开展肉品和水产品安全“百日会战”】 3月起，区市场监管局会同区农业局以及各（镇）街道开展肉品、水产品安全“百日会战”，共检查畜禽养殖户205家次，肉品、水产品交易市场138家次，仓库、冷库等储存场所181家次，肉品、水产品生产经营单位2220家次，处理群众肉品、水产品举报投诉24件；责令整改96户，查处问题肉制品及水产制品共2106.06公斤，立案33起，涉案货值约38.69万元，罚没款6.67万元。

【规范网络订餐经营】 2015年，区市场监管局以宁大步行街为网络订餐监管先行区，采取“明址亮照”、先行赔付、一票否决等举措，规范网络订餐经营行为。实时监控订餐网站，确保入网食店证照齐全，定期巡查线下餐饮单位，规范餐饮操作，同步监管“线上线下”，实现网络订餐平台建档率、入网餐饮单位建档率、网络订餐信息公示率、月巡查率“4个100%”。

【创建“严管示范街区”】 2015年，区市场监管局以镇海中学及周边200米范围为试点，探索校园及周边食品安全“严管示范街区”建设，对食品经营实施最严格的准入和规范。推行“健康证红绿灯管理”“一户一码信息公示”“自制饮料公示”“台账统一规范管理”等举措，强化从业人员、餐饮具消毒、自制饮料配方、食品购进台账的监管。

【成立4家食品药品安全科普宣传点】 2015年，招宝山街道城东社区开设“饮食用药安全一条街”；后大街社区设立“饮食用药宣传屋”；九龙湖镇长石村成立“饮食用药大讲堂”；骆驼街道南一社区建立“食品药品科普宣传室”，全区形成“一街、一屋、一堂、一室”的食品药品安全科普宣传格局。

（董　玲）

口岸管理

【概况】 2015年，受全球经济形势影响，进出口量、价大幅下跌，全年税款入库61.8亿元，同比下降20.7%；货运总量480.5万吨，货运总值182.5亿美元。镇海海关贯彻落实《长江经济带海关区域通关一体化改革方案》，查验报关单3340票，查获问题报关单1019票，查获率30.5%。监管进出境船舶2024艘次，其中登轮检查194艘次，登轮检查率达9.6%。开展稽查作业42家、加工贸易中后期核查作业51家、减免税核查16家、前期勘验12家，合计补税3846.88万元，查获ODS①违规出口案件2起、进口木材低报价格案件1起。审批(征)减免税证明表110份，涉及货值1020.5万美元，减免关税272.6万元、增值税787.7万元。按照海关总署统一部署，开展打击走私“五大战役”行动，立案4起，案值986.56万元。引导企业申请认证②，辅导17家企业进行认证。推动镇海保税物流中心(B型)通过四部委联合验收。通过第四次全国文明单位复评，实现四连冠。

是年，镇海检验检疫局共检验检疫出入境货物14381批次，货值29.9亿美元，同比分别减少33.07%和39.99%。完成检验检疫收费876.5万元，同比减少30.67%。签发各类检验检疫证单16357份，同比减少35.67%。签发各类原产地证书11222份，签证金额4.3亿美元，同比分别减少10.43%和11.43%。检验检疫出入境船舶1308艘次、人员21200人次，同比减少6.97%、7.35%。是年，发现各类病例66人次，确诊传染病27人次。截获植物疫情103种、995种次，其中检疫性有害生物7种、55种次。口岸实蝇监测首次发现南瓜实蝇，截获两次共11头；口岸库蠓监测8次，均收集到虫样，其中监测到库蠓属1种次。检出进出口危险化学品及其包装不合格82批次，重量16.49万吨，货值19509.42万美元。检出进口废旧物资非环保不合格品1721批，重量759.10吨，金额71.754万美元。检出进口煤炭不合格品4批次，重量5.09万吨，货值387.24万美元。质量监督检查出口食品生产企业、检验鉴定机构等23家，约谈问题企业2家，行政处罚9件。联合政府部门开展食品安全百日严打专项行动、进口肉类专项检查。组织危险化学品泄漏、国际航行船舶传染病事件联防联控应急处置桌面演练各一次。

是年，宁波边防检查站镇海分站加大对常遇重点国家出入境船舶和人员的检查力度，全年检查出入境船舶1443艘次、出入境人员22340人次，查处违法违规案件22起43人次，查获在控人员一名。与公安、海事、国检等部门签订《联勤协作机制》工作协议，建立“1+N”反偷渡应急联动机制。分站海港边检勤务综合指挥系统

①ODS：消耗臭氧层物质。

②认证：海关根据企业信用状况将企业认定为认证企业、一般信用企业和失信企业。认证企业享受相应的通关便捷服务。

投入使用，实现指挥中心与一线执勤力量实时快速联动。开展主动作为、人性化执勤，为大型化工品船舶“西海汽船”轮开通绿色通道，开辟急救通道10次，救助伤病船员5人，口岸无重大事故和案件。

（鄢冯昕　盛建春　余世杰　张国瑛　高占旺　朱宏伟　郑　勇）

【整治监管场所及保税仓库】 2015年，镇海海关召开整治工作会议4次，重新明确总署监管要求，指导监管场所、保税仓库企业整改。开展化工品监管安全隐患排查、监管设施检查、审批单证复查及实际库存盘查等工作，发现并纠正保税储罐存放非保税货物、监管场所存放非海关监管货物、企业法人代表变更后未及时提交变更材料等问题。强化日常监管，制止危化品违规装卸1起，发现2起企业涉嫌擅自提取海关监管货物案件并移交缉私。

【“通关一体化”吸引属地企业纳税“回流”】 2015年，在“长三角区域通关一体化”背景下，镇海海关实行“属地报关、口岸验放”“一体化报关”模式，加强与重点企业联络，力保通关快、畅，吸引异地纳税企业属地纳税。9月，原在上海卢湾口岸办理进口银催化剂报关手续的宁波富得能源有限公司改在镇海口岸办理，报关10票，回流税款6313万元。全年属地企业“回流”镇海海关报关63票，计征收税款1.56亿元，其中关税0.22亿元，增值税1.34亿元。

【5家企业开展物料信息化系统试点】 镇海海关立项开发物料信息化系统，有5家企业参与试点。全年备案手册20份，备案金额10687万美元，实际进口7583万美元、出口8021万美元。参与试点的企业依托该系统开展加工贸易，直接增加收益2000余万元。

【镇海保税物流中心（B型）通过四部委联合验收】 12月16日，镇海保税物流中心通过海关总署、财政部、国税总局、国家外汇管理局四部委联合验收。2009年以来，镇海海关着力推进镇海保税物流中心（B型）验收筹备工作，指导申报主体按照“验收标准”开展封关建设。

（鄢冯昕）

【推进镇海港区创卫工作】 2015年，镇海检验检疫局会同区环保局、卫计局等部门，推进镇海港区创卫工作：落实创卫资金2600多万元，确定10大板块45项创卫基础性任务；实施固液废弃物、环境卫生、媒介控制、食品饮用水等问题整改；完善口岸一线传染病快速筛查实验室，建立口岸核生化现场应急中心，设立300余平方米的口岸医学隔离设施；加强同镇海边防、海关、海事等口岸部门沟通协调和与龙赛医院、120急救中心、宁波二院等医疗机构应急协同，建立镇海口岸应对突发公共卫生事件联防联控机制2.0版本。

（余世杰）

【采取多项措施服务地方经济】 2015年，镇海检验检疫局采取多项措施，服务地方经济：梳理进口化工品检验检疫流程、识别风险点和关键控制点，完善检验检疫闭环监管体系，推进“快捷化工”检验检疫流程；与宁波技术贸易措施综合服务中心合作，成立技术性贸易措施镇海工作站，构建技术贸易综合服务合作机制；与技贸中心、镇海区紧固件行业协会签订《关于创建技术贸易综合服务合作机制备忘录》，应对国外技术贸易壁垒；加强检验检疫用时管理，平均周期缩短15.96%，减少到0.94天；推进无纸化报检通关，出入境报检、包装报检和通关单无纸化率分别达65.82%、99.24%和100%。

（张国瑛　周　彬）

【植物隔离检疫圃通过考核投用】 10月，宁波东进农林发展有限公司植物隔离检疫圃通过宁波检验检疫局考核并投用，是为镇海区首个进境植物隔离检疫圃。检疫圃对进境植物进行与外界隔离的、一定时限的存放，便于对植物病害进一步检疫。至年末，共隔离检疫进境罗汉松、茶梅、杜鹃花三种植物4批次147株，货值105.9万美元，检出山茶根结线虫有害生物1种次、一般性有害生物38种次。作出销毁退运处理。

（朱宏伟）

【处置两例船员死亡】 1月28日19时，镇海检验检疫局工作人员在停靠镇海港区的“新瑞6”轮检疫中，发现一名孟加拉籍轮机长呼吸脉搏极其微弱，即采取心肺复苏和联系救护车急救措施，并安排预防性卫生消毒、船员体温检测和媒介生物检查，未发现传染病症状和蚊蝇、啮齿动物等。发病船员抢救无效死亡，龙赛医院开具定性为心源性猝死的医学证明书。2月25日，检疫人员在收到有船员在公海死亡的代理报告后，第一时间前往北仑锚地，登上来自澳大利亚纽卡斯尔“宁波创新”轮，开展船员防护和船舶检疫。在听取船长报告、初步尸检判定死因为胃大出血、检查船员健康证书和船内媒介生物，确认无传染病风险后，允许该轮靠泊作业。

（冯建利　金屹林）

统计管理

【概况】 2015年，区统计局加强统计基础建设，完善统计制度方法，提高统计能力、数据质量和统计公信力。组织开展“平安镇海”群众安全感、城乡居民生活品质、市政府为民办实事、党风廉政建设民意调查，法治社会评价问卷调查，行政许可事项改革意向调查等。配合有关部门，落实“三改一拆”“五水共治”等专项统计。普法培训1800余名统计人员，业务培训1500余名规模以上企业统计人员，260人报名参加全国统计从业资格考试，26人报名参加全国统计专业技术资格考试。

【开展1%人口抽样调查】 5月，区组建抽样调查领导小组和办公室，选调34名工作人员，开展1%人口抽样调查。调查涉及4个街道15个调查小区，其中，招宝山街道3个，蛟川街道5个，骆驼街道3个，庄市街道4个。调查事项为小区内常住人口、暂住人口、外出人口及出生死亡人口等，首次使用移动采集终端PDA进行入户调查和互联网自主填报，至11月，进入入户登记阶段。

【完成全区基本单位名录库更新】 2015年，区统计局利用第三次经济普查成果，对全区统计联网直报单位重新比对、核实和调整，更新基本单位名录库：新增“四上”单位115家；新登记法人单位112家，注销17家，变更19家；新增产业活动单位

3家。调整后全区统计基本单位1093家。

【开展企业统计稽查】 2015年,区统计局对43家规模以上工业企业、资质等级建筑业企业、限额以上批零住餐企业、限额以上服务业企业进行稽查,重点核查“四上”企业的基本情况和主要数据质量。对提供不真实、不完整统计资料,经催报后仍未按时提供和拒报统计资料等违反统计法的3家企业予以行政处罚,其中立案查处1家,当场警告2家。

(叶晓芬)

价格管理

【概况】 2015年,全区价格管理工作把维护价格总水平基本稳定作为首要任务,加强价格调控监管。继续深化民生商品、常用药品、工业原材料、出厂工业品、区内主导产品、柴油批发价格和生猪价格监测和预警,依法规范定价、调价行为。全年八大类居民消费价格同比呈七涨一降格局,总体水平温和上涨,镇海区居民消费品价格总指数为101.8。

表35 宁波市居民消费分类价格累计指数

计算单位:%

年份	居民消费价格总指数	食品类	烟酒及用品	衣着	家庭设备用品及维修服务	医疗保健和个人用品	交通和通信	娱乐教育文化用品及服务	居住
2015年	101.8	104.5	103.1	100.1	100.8	103.4	95.2	102.9	101

注:表中镇海区居民消费分类价格指数与宁波市区指数一起统计

是年,区发改局继续重要民生商品价格、工业原材料、出厂产品及重点专业市场主导产品价格的监测和预警,及时发布价格信息,加强价格引导。完善民办幼儿园价格备案管理,明确备案管理范围和时限。完成38个住宅小区的物业收费备案;核定古塘丽景三期、古塘丽景四期、万科城四期、开元九龙湖畔四期、红星都会广场、九龙湖旅游区ZH09—02—12地块、骆城华苑、万科城五期、吾悦广场等9个住宅项目前期物业综合服务收费标准。推进药品价格改革,调整社区卫生服务机构医生出诊费、家庭病床建床费等6大项服务价格。开展涉农涉企收费和教育收费专项检查,查处各类价格违法案件8件,予以经济制裁46.8万元。畅通价格诉求渠道,受理各类咨询及投诉件126件,退还消费者9.42万元。继续推进价格服务进企业、进医疗机构活动和行政事业性收费的清费减负。

【公布集体土地房屋拆迁商品住宅价格】 2015年,区发改局公布镇海区2015年集体土地房屋拆迁商品住宅平均价格:一级地段(庄市街道、骆驼街道辖区范围)每平方米5800元,二级地段(蛟川街道辖区范围)每平方米5700元,三级地段(九龙湖镇辖区范围)每平方米4500元,四级地段(澥浦镇辖区范围)每平方米4200元。

【核定养老服务机构床位费收费标准】 2015年，区发改局核定骆驼街道敬老院、镇海区第二福利院、九龙湖镇敬老院、镇海九龙福利院、庄市街道敬老院、蛟川街道云龙福利中心等区内养老服务机构床位费政府指导价收费标准：双人间（三级）800元/月·床，三人间（三级）650元/月·床，多人间（二级）650元/月·床。允许结合住房条件自行制定具体价格，上浮不超过10%，下浮不限。

【调整九龙湖旅游度假区停车收费标准】 2015年，区发改局调整镇海九龙湖旅游度假区停车收费标准：主入口沿侧停车场（龙都路九龙大道至景区入口）小型车10元/辆·次，大型车20元/辆·次，30分钟（含）内不收费；治堵重点区域（香山路郎官路至九龙源景区路段）平日小型车10元/辆·次、节假日小型车30元/辆·次。

（俞　晴）

审　计

【概况】 2015年，全区审计工作完成审计项目23个，查处违规金额750万元、管理不规范金额1554万元、应上缴财政金额697万元、应归还原渠道资金52万元。审计（审核）工程项目119个，核减工程造价2.37亿元，核减财务费用96.3万元。

是年，根据审计署统一部署，区审计局重点关注重大项目建设进度、资金保障、简政放权情况和财税、金融、产业、外经贸等政策执行情况，对存在问题提出审计意见。持续跟踪审计2014年以来“五水共治”项目和资金落地情况，对实施效果进行评估，为提升“治水”绩效提供审计支持。继续审计全区公务支出，突出“三公”经费审计。开展2011年至2013年全省科技经费专项审计调查，揭示科技专项资金立项审批、拨付使用、检查评审等环节中存在的问题。加大预算执行审计，发现预算编制、支出和政策资金兑现中的不少问题。

【预算执行审计发现不少问题】 2015年，区审计局贯彻落实新颁布的预算法和财政专项资金管理的相关要求，加大对重点资金、重点部门、重点领域的审计监督。预算执行审计中发现预算编制不够细化、无预算支出、存量资金清理不及时和企业政策资金申报限制信息未共享、申报资料不真实等问题。区委书记、区长两次听取预算执行审计的专题汇报，区人大常委会作出专项审议意见。

【继续审计公务支出】 2015年，区审计局围绕中央八项规定、国务院“约法三章”等，继续对全区公务支出进行审计。主要审计22家一级预算单位2014年度公款消费情况，并延审到18家下属单位。审计项目包括“三公”经费、会议培训费、津补贴发放、车改执行情况和出国费用管理，促进厉行节约和规范财务管理。

【开展国有企业负责人经济责任审计】 上半年，受区委组织部委托，对热电厂、九龙山庄、住发公司、城投公司4家国有企业负责人进行经济责任审计。审计围绕4家公司执行区委区政府重大决策、遵守法律法规、重大经济决策，业务完成情况进行，对企业产品开发、市政建设、服务群众的进展及成效进行评估，检查企业内控制度的有效性。审计帮助企业分析经营发展中存在的薄弱环节，提出审计建议30余条。

【继续加强政府投资项目审计】 2015年，区审计局继续加强城镇保障性安居工程、新泓口泵站建设、文化艺术中心等民生工程和政府重点项目的结算审计，全年审计（审核）工程项目达119个。对审计中发现的带有普遍性、典型性和规律性的高估冒算、履职不到位、不作为等重大问题，进行综合分析，撰写审计专报5篇，履行维护财政资金最后一道关口职责。

【招投标选定17家协审企业】 2015年，按照政府采购工作要求，全区通过招投标形式选定专业性强、从事常规审计事项的17家企业作为新一轮政府投资项目的协审单位[①]。区审计局制定、完善《政府投资建设项目委托中介机构审计审查管理考核办法》等，约束协审单位落实廉政要求和国家建设项目审计办法，廉洁从审。

（沈文叶）

①协审单位：指政府向社会购买审计服务而选定的、有资格从事审计事项的单位，以弥补政府审计力量不足。

城乡建设与管理

综　述

2015年，镇海区域空间发展规划编制完成，全域城市化水平进一步提高。宁波中心城区北部商贸商务中心开展商务楼宇二次招商，新引进重点项目105个，万科商业广场加快建设，吾悦广场开工，新青年广场落户，行政中心、市民服务中心投入使用。招宝山街道背街小巷整治五年行动计划全面完成，蛟川街道北区新农村建设加快推进，骆驼街道十字路口地块重点项目建设继续进行，庄市街道三个安置小区基本完工，九龙湖互联网电影小镇项目启动，澥浦老集镇改造继续推进，贵驷街道成立并完成体制调整。镇海电厂搬迁实质性启动。

是年，"三改一拆"强力推进，完成旧住宅、旧厂区、城中村改造267万平方米、拆违106万平方米。征收农转用土地150.73公顷，征收拆迁房屋面积31.85万平方米，完成"清零"项目21个。实施棚户区改造，23个区块列入棚改范围，推进幸福美丽新家园建设。新农村建设按照"治水美村"要求开展，推进"三村一线"建设、"四边三化"整治，完成农房"两改"面积70.7万平方米，整治"两路两侧"点位29个，村庄环境卫生动态保洁成效明显。配合启动三官堂大桥建设，开工建设宁镇路改造一期项目，完成庄俞公路改造，交通路网更加完善。220千伏沿海变、110千伏清泉变建成投用。泥螺山北侧一期围垦工程完成。城市管理精细化水平提升，城管综合执法、市政基础设施管养和环境卫生保洁体制基本形成。道路清爽行动成绩蝉联全市首位，骆驼、庄市两街道创建成市三星级卫生街道。

（董小萍）

规　划

【概况】 2015年，区规划分局推出并实施《镇海区城乡规划编制管理办法》，统筹全区规划编制与管理。制定出台《镇海区"多规融合"实施方案》，致力于城乡规划和土地利用规划、生态环境功能区规划的融合。继续推进控制性详细规划的编制，完成镇海区物流枢纽港生态综合区，临俞片区（修改版），镇海新城北区（修改版），九龙湖镇、九龙湖镇西河地段和长石地段控制性详细规划的编制、调整和数据入库。完善专项规划，完成镇海区排水、菜市场、环卫设施、河网水系专项规划。开展并完成镇海区历史建筑普查，启动《镇海区历史文化遗产保护规划》编制。加强与各镇（街道）、园区和相关部门的沟通衔接，梳理全区2016年城乡规划编制计划并报区政府批准，指导并加强全区规划统筹工作。

是年，分局核发选址意见书22件，出具规划条件23件（含规划条件变更），核发用地规划许可证38件、新建项目建设工程规划许可证80件、竣工规划验收44件，审查规划设计方案91件。

【开展六项规划研究】 2015年，区规划分局开展六项规划研究：完成《宁波市镇海区空间发展规划》，启动《镇海区城市品质提升规划研究》，继续完善《庄市老街及古建筑利用策划》和《庄市老街更新改造规划》，配合镇海新城管委会开展《镇海新城重要休闲健身廊道实施规划》《镇海新城发展辅助决策信息系统》编制。

【加强村庄建设的规划指导和服务】 2015年，区规划分局加强全区村庄建设的规划指导和服务：完成《镇海区域村庄布局规划（修编）》《镇海区九龙湖镇长胜—秦山（九龙问茶）沿线村庄建设与整治规划》，配合各镇（街道）完成西经堂村、迎周村、万市徐村、光明村村庄规划，启动沙河村、中心村等8个村庄规划。配合区农办出台《进一步缓解农民住房困难工作的实施意见》，在农民建房控制区外划定近期村庄建设用地范围，缓解农民建房困难。

【推进“5S”服务和精细化管理】 2015年，区规划分局从三方面着手完善“5S”服务[①]，推进规划管理精细化：出台《工业及公共投资性项目施工图审图“容缺审批”[②]办法》，试行中小微企业“容缺核实”[③]机制，联合区国土分局、区审管办推出《工业投资项目竣工联合验收试行办法》；实施“差异化管理、个性化定制式服务”，量身定制服务方案，提高服务有效性；压缩审批时限，将选址意见书、规划方案审查、建设工程规划许可证审批办理时限均从15个工作日缩短到10个工作日。

【推进依法行政】 2015年，区规划分局从三方面着眼，加强依法行政：推进“阳光规划”，将大型市政基础设施建设项目、公共设施项目以及可能对相邻建筑和周边产生影响的建设项目（不含涉及保密项目）列入必须公示内容，将竣工规划核实项目列入批后公布内容，全年公示建设项目93个；实施重点项目中间规划检查，全年检查龙赛医院、西门菜场改造提升工程，镇海蛟川双语小学新建工程等重点项目17个；服务“三改一拆”，制定违法建设处置规定，配合城管部门认定违法建设行为。

【审批审查一批涉及民生的工程】 2015年，区规划分局审批审查一批涉及民生的工程：审批的道路交通建设工程有杭甬高速复线澥浦段、威海连接线、北环东路、东外环路、宁镇公路一期、庄市公交中心站等；审批的电力设施工程有220千伏沿海变进线工程、110千伏清泉变及进线工程、110千伏海塘变进线工程、110千伏长石变等；审查新建、改建项目

①“5S”服务：即主动服务、高效服务、标准服务、延伸服务、满意服务，5项服务的首个英文字母都是S。

②“容缺审批”：即允许先行规划建设工程许可证审批，后补施工图蓝图审核意见，并对企业履行承诺跟踪监管。

③“容缺核实”：即对于建设项目竣工规划核实中存在的非原则性问题，可先行办理竣工规划核实，尔后对企业履行承诺跟踪监管。

前期路由方案有石塘下管廊带、杭甬天然气(骆驼花卉市场段)、半路张储备站迁改工程、杭甬天然气复线、舟山引水三期新建工程。

【实行区域地形图年度动态更新】 2015年,区规划分局推行区域1:500基本比例尺地形图年度动态更新,以九龙湖镇、澥浦镇约25平方千米为重点区域,对地形、道路地理全要素变化进行更新;其他约150平方千米区域,对地理要素进行更新。

【完善并推广地理信息空间信息平台】 2015年,区规划分局拟定《镇海区地理信息共享服务平台运维管理规定》报经区政府同意,规范全区地理信息平台的运行、维护与使用。编制《镇海区空间信息成果检索服务系统》,推进全区地理信息空间大数据在数据共享、空间组织、社会管理等方面的应用。是年,2014年完成的镇海区地理空间信息平台建设,获2015年中国地理信息产业优秀工程银奖。

【初步完成管线审批数据汇总】 2015年,区规划分局按照全市统一部署,完善管线综合管理信息系统,初步完成全区自2007年至2015年的管线审批数据汇总。开展地下管线全面排查,查清全区38家单位的给水、排水、电信等管线。扩大普查管线成果应用,在建立地理国情普查与监测数据库中,收集录入社区范围界线33条。

【编制地图服务行政管理和居民生活】 2015年,区规划分局编制两种地图,服务行政管理和居民生活。制作全区遥感影像图和镇、街道遥感影像图,服务行政管理;编制《镇海区便民生活图》,在规划法、测绘法等宣传活动中免费发放给公众。

(陈炜佳)

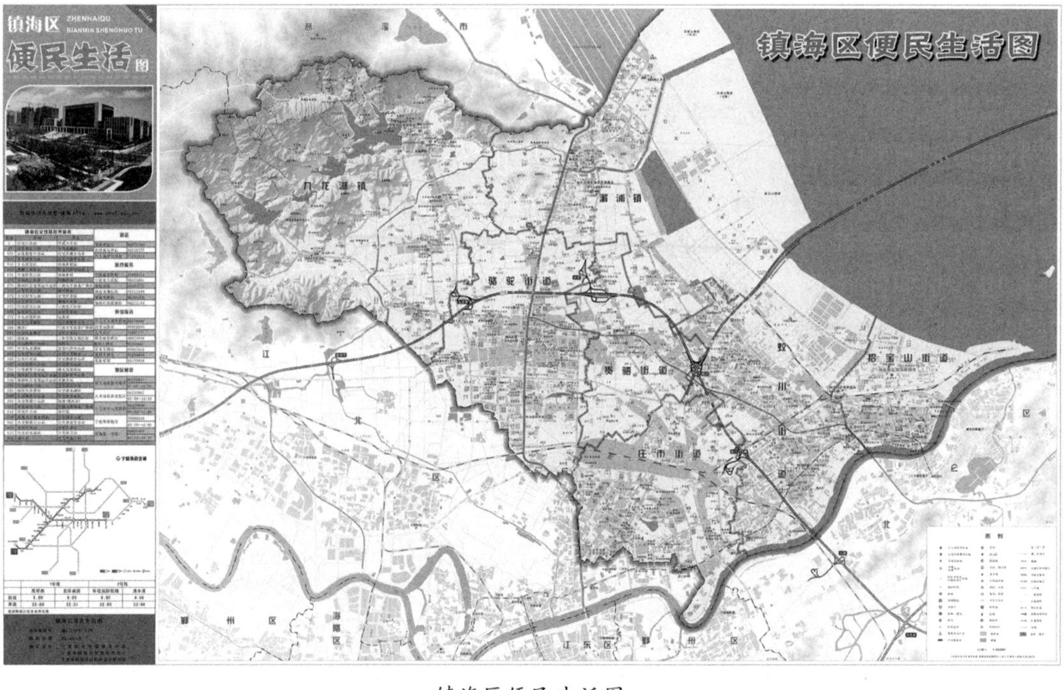

镇海区便民生活图

城市和市政建设

【概况】 2015年，实施老城区4条道路两旁背街小巷整治和品质提升，背街小巷五年改造提升计划基本完成。后海塘垃圾填埋场进行修整并覆绿，后海塘粪便处理中心扩建项目施工，骆驼垃圾分类转运站前期工作开始。全区自来水供水并入市网，城乡供水同质、同价。

（袁晓君）

【公建中心实施工程项目14个】 2015年，区公建中心实施政府投资工程项目14个，总建筑面积11.7万平方米，总投资6.14亿元，全年累计完成投资3.5亿元。其中已竣工验收和交付使用项目5个：投资3845万元的澥浦镇社区卫生服务中心迁建工程，投资338万元的区武警中队营房扩建工程，投资986万元的澥浦中学综合楼工程，投资417万元的张和祥小学体育馆重建工程，投资532万元的新城人力资源市场及配套用房装修工程。在建工程有镇海职业教育中心扩建工程、龙赛医院提升改造工程等9个。

（邱　红）

澥浦卫生服务中心投入使用

【青枫雅苑一期项目主体结顶】 2015年，地处宁镇路以北、光大路以西、镇骆路以南的青枫雅苑一期项目主体结顶。工程投资概算124000万元，建筑面积超过27万平方米。用于安置棉丰村拆迁居民。

【启动棚户区改造】 2015年，区启动棚户区改造，5个项目、23个区块列入棚改范围，国开行确认总投资116亿元，获得授信88.6亿元，签订贷款合同48.93亿元，涉及改造总户数11000余户，建筑面积138万平方米。

（董小萍）

【后海塘垃圾填埋场修整并覆绿】 2015年，区投入600万元，对后海塘垃圾填埋场进行修整并覆绿：修建排水系统，安装导气管道，以引导渗滤液、排放垃圾产生的沼气；种植夹竹桃3500余株、海滨木槿980余株、其他灌木630余株，改善垃圾填埋场环境。

【实现全域大网供水】 2014年12月31日，九龙湖镇自来水供水并入市网，镇海区成为除老三区外、全市最先实现全域大网供水的地区。大网供水改变农村自来水水压低、水质差现状，实现城乡供水同网、同质、同价。

【完善供水设施和保障措施】 2015年，区编制修订《镇海区突发供水事故应急预案》，保障城市供水安全。完善供水设施，满足居民供水需求：完成镇海大道供水管网疏通工程，实施雄镇路管径600毫米给水管道铺设、大件码头等供水泵站建设，改造供水管网8.66千米。

【通过国家节水型城市复查】 2015年，镇海区通过国家节水型城市复查。2013年以来，全区深化省级节水型小区创建，开展节水宣传，推广节水器具，2015年改造节水器具500套。

【背街小巷五年整治改造计划告段落】 2015年，实施并完成老城区城河路、城河东路的后大街—沟金塘段、环城西路、静海路4条道路两旁背街小巷整治和品质提升，2011—2015年的背街小巷五年改造提升计划告一段落。累计投资9663万元，开工、完成25条道路及沿线改造。改造项目有：背街小巷建筑物“上、中、下”立体化整治改造，改造面积99734平方米；主车道路面“白改黑”[①]及人行道改造、沿街景观、立体绿化、“城市家具”[②]改造等，改造面积99734平方米；整治地面积水点，疏通改造地下管线4102米；沿街景观美化和立体绿化。背街小巷经过五年的整治改造，老城区环境旧貌换新，市容市貌改观提升。

【施行消火栓查护管分离机制】 2015年，全区继续施行公共消火栓由属地中队负责巡查、市政养护中心负责养护、设施养护科负责监管的三分离机制，以维护消防安全。是年，新建、移交公共消火栓21个，年末全区公共消火栓总量1882个。全年养护消火栓2014个次。

（袁晓君）

公共消火栓检修和移交

新城开发建设

【概况】 2015年，宁波中心城市北部商贸商务中心（新城）建设步伐加快，功能更加完善，市政府“中提升”重点项目万科1902商业广场加快推进，总投资45亿元的吾悦广场开工建设，1688新青年广场落户，行政中心、市民服务中心投入使用。商务楼宇二次招商新引进重点项目105个，中石化管道公司宁波分公司入驻，保税区进口商品直销中心建成开业。是年，新城管委会按照“三年城市业态基本形成，五年城市经济提速发展”目标，转职能调重心，从开发建设为主转变为突出招商引资、招商管理与开发建设并重，着力培育和发展城市经济，积聚人气、商气、财气。全年引进合同外资5952.15万美元，实到外资2204.43万美元；引进市外省内内资6.82亿元、省外内资7.09亿元。完成各类投资约110亿元（服务业投资98.99亿元），同比增长约13%。

---

①“白改黑”：指把水泥混凝土路面（灰白色）改建为沥青混凝土路面（黑色），达到环保、防尘、降噪和增添行车舒适性的效果。

②“城市家具”：指城市中的信息设施（如道路标志、邮箱）、卫生设施、道路照明，安全设施、娱乐服务设施、交通设施及艺术景观设施等。

【行政中心和行政服务中心投入使用】 占地8.3万平方米、建筑面积17.8万平方米的区行政中心和行政服务中心于2014年9月底开始陆续投入使用。其中，行政中心于2009年7月动工建设，于2012年12月竣工；行政服务中心于2009年12月动工建设，于2013年12月竣工。

区行政中心

【万科商业广场加快推进】 2015年，万科1902商业广场继续加快推进。该项目为市"中提升"重点项目，于2014年8月开工，计划投资4.51亿元。至年末，完成投资额约3.34亿元，完成总工程量75%。

万科商业广场

【商务楼宇二次招商取得初步成效】 2015年，新城管委会采取成立招商工作领导小组、建设招商团队、设立招商中心、制定招商政策等举措，开展商务楼宇二次招商，并取得成效：核心区东侧商务楼完成中石化管道公司宁波分公司等招商项目115个，出租楼宇面积约6.41万平方米，完成楼宇招商面积45%；西侧2幢商务楼完成整体招商，面积约3.6万平方米。商业招商进展迅速：保税区进口商品镇海直销中心、十足便利店、财通证券开业运营，胖厨大食堂、亿姚咖啡厅及美食城等项目签约，进入装修阶段。

【出让3个土地项目】 2015年，新城完成3个项目的地块出让，分别是吾悦广场约22万平方米、肯特学校约7万平方米、时光湾畔约3.8万平方米。截至12月底，吾悦广场住宅一期开盘，商业广场在建；肯特学校开工建设，将建成省第一所中外合作寄宿制普通高级中学；时光湾畔进入开工前准备阶段，该项目的商业部分计划兴建全省首个艺术科技海洋乐园。

【植物园建设取得阶段性进展】 2015年，宁波植物园一期完成总工程量的60%，计划2016年秋季建成开园。其中，硬质景观完成总工程量的90%，梅园、兰园、钟观光植物科普展示馆及园务管理楼等基本完成，土壤改良完成工程量的98%。园内共种植乔木1.5万株，占计划种植量的56%。

【加大楼宇招商政策扶持力度】 7月，区政府办出台《关于核心区商务楼宇招商政策的暂行办法》，规定新注册在镇海新城核心区、并在此实际办公的企业，自签订入驻合同起2—6个月内完成装修并正常办公，可享受200元/平方米的装修补贴和前三年每月25元/平方米的租金补贴，每项补助最高金额可达30万元。已注册在区内但不在新城核心区的企业入驻，也可享受装修补贴。12月，新城管委会制定《关于鼓励核心区商务楼宇第三方招商的暂行奖励办法》，规定第三方招商主体引进企业入驻核心区商务楼的，根据落户企业规模和租用场地面积，给予奖励。

【开展"众创空间"项目招商】 9月，新城管委会在核心区楼宇镇海大厦6楼(面积1524平方米)开辟"创青春·众创空间"场地，重点引进创意设计类小微初创型企业。"众创空间"可容纳50家以上企业入驻，截至12月，有18家企业注册落户。

【宁波盆景园落户宁波植物园】 9月，宁波盆景园落户宁波植物园。项目规划用地15.6万平方米，其中建设用地9173平方米。项目由宁波市园林管理局投资建设，旨在打造集观赏展示、创作互动、科研引育等功能于一体的国内一流盆景园。

【文化艺术中心获国际照明设计"卓越奖"】 5月，在美国纽约第32届IALD国际照明奖颁奖典礼上，位于新城核心区的镇海文化艺术中心获国际照明设计"卓越奖"。灯光照明工程投资约1300万元，由浙江永麒光艺创作团队设计，突出光的节奏和韵律，衬托建筑大气、优雅的层次感。光影的变化，彰显镇海美丽、浪漫人文与开放、创新活力。

文化艺术中心夜景灯光图

【5个安置房项目竣工或"扫尾"】 2015年，新城管委会实施的5个安置房项目竣工或进入"扫尾"阶段，可安置因城市建设而拆迁的居民约5400户。其中，东邑锦苑、景城花苑完成综合验收，锦绣曙光三期完成竣工验收，联兴二期进入综合验收，书香丽景二期进入主体外墙装饰阶段。

【西大河绿地公园项目基本完工】 2015年，位于镇海新城核心区的西大河绿地公园项目基本完工，是为新城北区最大的综合性城市公园。公园用地面积6.2万平方米，投资1.06亿元，分广场休憩区、林荫跑道区、运动活动区三大功能区块。运动场设有250米标准跑道、网球场、篮球场和儿童活动场地。

【绿轴体育公园一期建成投用】 8月1日，市级重点项目、全市首个城市体育文化综合体绿轴体育公园一期建成投用。该项目以“生态环保、慢行优先、全季全民”为设计主题，能满足老年、青少年及儿童等不同群体的需求，集“城市大堂、竞技体育、休闲健身”功能于一体。公园位于镇海新城南区庄市片，于2014年2月开工建设，总用地面积19.75万平方米，分二期建设，其中一期用地11.62万平方米，投资约1.93亿元。

（吴焱湘）

绿轴体育公园一期实景图

新农村建设

【概况】 2015年，全区新农村建设工作按照“治水美村、集聚惠民、改革赋权”的总体要求，建设“三村一线”，治理农村生活污水，加快农房“两改”，全面推进股份合作制改革，促进农村人居环境改善、农民收入和生活品质提高，加快全域城市化进程。是年，镇海区被评为宁波市新农村建设先进单位。

【完成村庄布局规划修编】 2015年，区规划分局完成《镇海区域村庄布局规划修编》，将全区原“2016”村庄布局规划调整为“1519”格局。调整后的“15”个村民集居点为庙戴村、长宏村、西河村、杜夹岙村、汶溪村、田顾村、迎周村、清水湖村、朝阳村、沙河村、兴丰村、勤勇村、永旺村、光明村、万市徐村；“19”个集中居住区为十七房、觉渡、河头、西经堂、长石、田杨陈、中官路、石塘下、临江、青龙桥、联勤、民联、董家畈、妙胜寺、团桥、湾塘岚山、陈倪路、联兴、曙光。

【农房集中建设补助标准提高】 2015年，区出台《镇海区农村集体土地农房集中建设指导意见》，提高集体土地农房集中建设资金补助标准：多、高层住宅从每平方米补助100元、120元提高到200元、250元；在规划建设区块集中联排建设农民住宅的，按每户5000元补助到村。

【完成农房改建面积70余平方米】 2015年，全区继续推进农房“两改”。全年新完工庙戴集居区一期、觉渡集居区一期、翰香景庭一期、九龙家苑三期、盛世华庭和古塘丽景三期6个项目，共4903套70.74万平方米。上年度延续的翰香景庭二期、九龙家苑四期、栖径名苑三期等15个项目在建。

翰香景庭一期竣工

【推进“三村一线”建设】 2015年，区继续开展全面小康村、中心村、特色村及美丽乡村精品线“三村一线”建设。是年，十七房村创建成市级中心村，全区市级中心村达4个。光明村创建成市级特色村，市级特色村达3个。长宏村、觉渡村创建成市级小康村，市级小康村达31个。庄市街道“商帮寻根”旅游线创建成市级美丽乡村精品线，九龙湖镇“九龙问茶”申报市级美丽乡村精品线。

【开展农村垃圾减量化资源化处理试点】 2015年，骆驼街道朝阳村、九龙湖镇杜夹岙村开展农村垃圾减量化资源化处理试点。试点村将生活垃圾分为易腐烂和不易腐烂两类。易腐烂垃圾统一投放至处理设施，经减量化处理后，作为有机肥料利用；不易腐烂垃圾收集后送宁波中科绿色电力有限公司做焚烧发电处理。

（娄宗莹）

交通建设

【概况】 2015年，镇海区县道干线建设累计完成14169万元，主要用于招宝山大桥连接线工程、庄俞公路北延改建工程、庄市公交始末站和轻轨2号线一期清水浦站接驳设施建设。横跨甬江、与区内明海路与院士路连接的市项目三官堂大桥建设启动，投资概算7.5亿元的宁镇路改造一期工程开工建设。年末，全区已建成的县道干线总长92.85千米，县以下道路总长200.23千米。镇海大道三期工程获评省市多项荣誉。

【招宝山大桥连接线改建工程开工】 4月，招宝山大桥连接线工程开工。工程由新建靖远路和拓宽定海路组成，投资概算37089万元。其中，靖远路起于大桥预留口，终于海天路交叉口，全长1.46千米，设计时速60千米。至年末，完成工程量约36%。

【轻轨2号线清水浦站接驳设施建成投用】 9月底，轨道交通2号线一期清水浦站接驳设施一期工程建成投用。工程位于蛟川街道轻轨2号线清水浦站旁，用地面积9353平方米，以公交首末站为主，建有出租车停靠站、机动车停车场、自行车停放点，并对金川路（东辉路—宁镇路段）车行道改造，总投资1000万元。工程投用给周边居民选择轨道出行提供便利。

轻轨2号线清水浦站

【宁镇路改造一期工程开工】 11月，宁镇路改造一期工程开工。工程西起宁波大学，东至金河路，全长3.7千米，总投资约7.5亿元，分三标段建设。项目主要包括道路拓宽改建、桥涵改造、河道开挖、雨污排水及综合管线改造，附属工程有绿化景观、公交站台等。宁镇路是镇海区连接市中心的主要客货运道路，因轻轨2号线施工和年久失修等原因，受损严重。改造一期工程对提升道路承载能力和城市整体形象，具有迫切性。

宁镇路改造一期施工现场

【镇海大道三期获评省市政金奖】 由宁波锦绣建设投资有限公司建设的镇海大道三期工程获评2015年度省市政金奖示范工程，施工工地获省市安全文明施工标准化工地。还获评2014年度宁波市市政工程“结构优质奖”、市“甬江建设杯”优质工程奖。

【台风造成部分道路受损】 7月，受“灿鸿”台风影响，雄镇路与隧道北路交叉口路段、长邱新线与骆慈线交叉口至绕城高速西段入高架处路段、骆观线至长邱新线交叉口路段等3处路面严重积水。其中，面积达11200平方米的路面因浸泡时间长约50小时而受损，估算损失370万元。

（董小萍）

【开展桥梁检测养护】 2015年，区城管局投入67万元，对62座城市桥梁实施常规检测和维修保养。检测结果显示，62座桥梁检测评级全部达到C级(合格)以上，桥梁完好率达100%。其中技术状况评定为A级13座，B级38座，C级3座，合格8座(部分管涵无整桥结构技术状况评估)。对存在安全隐患的桥梁进行治理保养；对数座桥梁实施接坡改造，改造面积6400平方米；更换桥梁破损、老化橡胶止水带2686米；完成东环北路等沿线桥梁除锈油漆约10.4公里。

（袁晓君）

【甬江隧道应急抢险】 9月29日晚，受“杜鹃”台风特大暴雨和天文大潮双重“夹击”，甬江隧道发生江水倒灌，隧道内积水一度达2米，照明系统瘫痪，南北两岸交通中断。30日凌晨1时43分起，隧道双向封闭，全部11台水泵开启排水，调动4辆消防吸水车排水，同时检查、抢修机电设备。经过5小时抢险排水，积水排清，供电系统恢复供电。对隧道内残留的垃圾、淤泥做清除、冲洗后，6时，甬江隧道恢复通行。

（董小萍）

甬江隧道应急抢险

电力和管道设施建设

【概况】 2015年，新建110千伏清泉变，新增主变容量10万千伏安；新建220千伏用户变（220千伏中金变），新增主变容量30万千伏安。至年底，镇海电网所辖变电所84座，其中，220千伏变电所7座，110千伏变电所21座，35千伏变电所56座，另有76座10千伏开关站和1753台10千伏公用配变，总容量99.5万千伏安。年末，全区35千伏和10千伏线路总长1502.93千米。其中，35千伏线路长184.54千米；10千伏线路长1318.39千米。全年拆除旧高压线路28.45千米。

是年，全区完成排水管网疏通改造169千米、13个自然村排污管建设，临俞和九龙湖片区排污工程，镇海污水处理厂扩建提标改造工程竣工，庄市片排污改造工程开工建设。实行污水设施信息化管理，开展污水管线疏通和节点改造。区排水建设管理所制定《镇海区城镇排水管理办法》及其考核办法，加强排水管理。

（黄 炜 董小萍）

【数个输变电工程建成投产】 5月底，投资约2.5亿元的220千伏沿海输变电工程投产，提高石化经济开发区区域的供电可靠性。6月底，投资约1亿元的110千伏清泉输变电工程投产，提高庄市区域的供电可靠性。9月中旬，220千伏沿海变110千伏配套送出工程（至南洪线路工程）投产，该工程增加1回路110千伏南洪变上级电源，提高了110千伏南洪变供电可靠性。

【实施110千伏灰库变工程】 9月初，投资约4500万元的110千伏灰库变土建工程开工。11月底，进线工程开工，年底完成全部13基钢管杆土建基础。

【推进各项输变电项目前期工作】 2015年，区供电局推进各项输变电工程项目的前期工作：协助省、市供电公司和设计院开展舟山500千伏联网工程（第二联网通道）项目可行性研究阶段的资料收集工作。开展110千伏田央变的土地农专用手续，完成初步设计报告及资料收集，并通过初设审查。开展高新区110千伏贵驷变、110千伏新南变以及蛟川街道110千伏临俞变的项目可行性研究报告编制等前期工作。

【两次台风造成上万户用户停电】 2015年，第9号“灿鸿”台风，造成25条线路跳闸，全区5个村、98个台区①共8952户用户停电。区供电局派出120名人员组成的5支抢修队进行抢修，当天全部恢复供电。第21号“杜鹃”台风，造成7条线路跳闸，全区42个台区计2236户用户停电。100名人员组成的5支抢修队投入抢修，当天恢复供电。

（黄 炜）

①台区：指一个380伏变压器所供电的范围。

电力工人投入台风停电抢修

【污水设施实行信息化管理】 2015年,全区污水管网设施实行信息化管理。智慧水务平台建立管线三维数据系统,开发污水设施查询、日常养护管理、应急处理及排污许可等数据模块,实现以信息化管理方法处理污水设施日常养护、排水许可等工作。

【庄市片排污改造工程基本完工】 3月,庄市片排污改造工程开工。工程概算3243万元,增设7.9万吨/天的泵站一座,沿陈倪路铺设管径800毫米截污干管1378米,将庄市片区污水通过提升泵站强排入北区污水厂的世纪大道主干管。至年末,项目基本完工。

建设中的庄市片排污泵站

【临俞片区污水压力干管工程通过竣工验收】 7月,临俞片区污水压力干管工程通过竣工验收。工程起自镇骆路与雄镇路交叉口东侧海天泵站,终于雄镇路与威海路交叉口西侧污水井,项目总投资1017万元,建成投运可解决临俞片区污水排水不畅的问题。

【九龙湖片区污水干管工程通过竣工验收】 12月,九龙湖片区污水干管工程通过竣工验收。工程西起九龙大道,东至澥浦广源工业区,总投资约5761万元,分沿规划镇浦路铺设管径800~1000毫米污水管4.7千米、新建田顾污水提升泵站两部分。工程于2014年3月底开工,2015年8月通水试运行,建成投运可使九龙湖片区部分生活污水纳入排污水管。

(董小萍)

园林绿化

【概况】 2015年,全区新增建成区绿地面积143.64万平方米,累计2830.67万平方米,绿地率为44.84%。其中,新增公园绿地102.74万平方米,累计305.88万平方米;生产性绿地没有增加,保持221.4万平方米;新建防护绿地19.13万平方米,累计1140.12万平方米;新建居住绿地12.7万平方米,累计199.75万平方米;新建单位绿地6.9万平方米,累计431.33万平方米;新建道路绿地2.17万平方米,累计532.2万平方米。

区有关部门和各镇街道继续按照原有分工开展绿化造林。区城管局在雄镇路、镇海大道等167个高架桥桥墩上实施垂直绿化二期工程,完成绿化面积1100

平方米。组织义务植树、绿地供认养认管、植物展览评选等群众性绿化活动。

钟包立交桥桥墩立体绿化

【开展多种形式的群众性绿化活动】 2015年,区城管局组织、开展形式多样的群众性绿化活动:组织春季义务植树,面积10000平方米,成活率达88%以上;推出14块计40万平方米的绿地供15个单位认管,新一轮城市绿地认养认管数量为历年之最;组织举办盆景展、多肉植物评选、最美阳台(庭院)评选等群众性花事活动,激发居民种花养草、绿化家园热情。

(袁晓君)

拆迁和征地供地

【概况】 2015年,全区完成7个农转用批次80个项目150.73公顷土地的征收,收缴征地预存款1.46亿元。拆迁集体土地房屋面积10.96万平方米,征收国有土地房屋面积20.89万平方米,共计完成31.85万平方米。区房屋征收办公室会同各镇(街道)共拆迁农户409户、非住宅17户,征收国有土地上住宅823户、商铺67家、企业29家。完成"三清"(清零、清盘、清权)地块21个。征迁项目涉及区危旧房改造一期、轻轨二号线、镇海东排南线工程、宁波赫威斯肯特学校、新城吾悦广场等项目。

(陈　芳　吴正水)

表36　　2015年全区房屋征收拆迁情况

单位:万平方米

单位	农拆			城拆				征迁总面积
	住宅(户)	非住宅(户)	面积	住宅(户)	商铺(家)	企业(家)	面积	
澥浦	12	11	1.09	15		4	1.49	2.58
九龙湖	117	4	2.52			1	0.15	2.67
招宝山				589	3	1	4.69	4.69
蛟川					32	14	4.52	4.52
骆驼	262	2	6.54	219	32	7	5.60	12.14
庄市	18		0.81			2	4.44	5.25
总计	409	17	10.96	823	67	29	20.89	31.85

【再次调整集体土地房屋拆迁商品住宅平均价格】 3月，区物价局、区国土分局、区住房建交局联合发文公布镇海区2015年集体土地房屋拆迁商品住宅平均价格，对按地段四种等级确定的集体土地房屋拆迁货币安置商品房均价作出调整：一级、四级地段均价不变，二级地段均价提高200元/平方米，三级地段均价下降200元/平方米。

表37 **集体土地房屋拆迁商品住宅平均价格**

单位：元/平方米

等级	范围	均价
一	庄市街道、骆驼街道辖区范围	5800
二	蛟川街道辖区范围	5700
三	九龙湖镇辖区范围	4500
四	澥浦镇辖区范围	4200

【出台国有土地上房屋征收补偿政策】 5月，区政府印发《宁波市镇海区国有土地上房屋征收补偿、补助、奖励规定》，新的国有土地上住宅和非住宅房屋的补偿、补助、奖励标准，与市国有土地上房屋征收政策基本接轨。住宅房屋一次性补偿搬迁费按300元/平方米计算，不足1万元的按1万元补偿。非住宅房屋一次性经济补偿分为一次性搬迁和临时安置费、停产停业损失补偿费两种：一次性搬迁和临时安置费，商业、办公用房按房屋评估价值的1%补偿，工业、仓储用房按房屋评估价值的3%补偿；停产停业损失补偿费，商业用房按房屋评估价值的5%或400元/平方米从高补偿，办公、工业、仓储用房按房屋评估价值的5%或按建筑面积（或按标准容积率计算的建筑面积）200元/平方米从高补偿。在规定时间内签约并完成搬迁的，住宅、非住宅房屋分别按评估价值的10%、5%给予搬迁奖励，其中住宅奖励不少于2万元。

【区危旧房改造一期项目签约】 11月12日起，区危旧房改造一期南大街区域地块Ⅱ和前葱园路区域地块开始签约。征收的两个地块在改造时同时实施轻轨2号线胜利路站和聪园路站建设。这是区内历史上规模最大的阳光（即公开、透明、标准统一的政策）征收项目，涉及居民住宅738户、非住宅141户，征收面积约7.5万平方米。项目签约现场同时开启7个窗口，用人工叫号方式、按照先后顺序签约。现场设点提供政策咨询、签约信息公开查询、热线电话、医疗保障和银行兑付拆迁款等服务。至12月31日，签约住宅587户。

（陈　芳）

【交易土地百余公顷】 2015年，全区挂牌成交土地23宗，面积65.00公顷，成交金额15.33亿元，同比增长62%。其中，经营性用地11宗，合计49.40公顷、13.9亿元；工业仓储用地12宗，合计15.60公顷、1.43亿元。协议出让项目供地6宗，面积36.87公顷，出让金2.57亿元。

【拨项目供地87公顷】 2015年，全区划拨项目供地36宗，面积87.07公顷。划拨土地主要用于九龙湖旅游区道路配套、镇海区新城中学新建工程、镇海区炼化小学拆迁改造工程等项目建设，最大地块是用于九龙湖旅游区道路配套项目，面积11.42公顷。

（吴正水）

城市管理

【概况】 2015年,区城管局结合权力清单梳理,推进综合执法体制改革。梳理涉及市容环境卫生、城市绿化等21类866项行政处罚条款,确定314项行政处罚权力清单。各镇、街道城管所先后设立、运行,人员、职责逐步落实到位。全区市政基础设施管养和环境卫生保洁,基本形成区城管局负责区级道路和设施、各镇街道负责辖区内其余道路设施的格局。

是年,智慧城管二期项目进入终验阶段。区城管局实施"三改一拆"重点区块整治、建筑垃圾清运专项整治、主要道路环境综合整治、户外广告整治和夏季夜间市容环境秩序集中整治等,继续推行"一把扫帚"和"日扫夜洗"的保洁制度。区域市容环境不断改善,镇海区蝉联全市道路清爽行动考核第一名。

【实施主要道路环境综合整治】 2015年,区城管局开展主要道路环境综合整治,共排查出问题点位641处、"四乱一提升"(乱搭建、乱设置、乱堆放、乱占道、改造提升)问题797个,教育劝阻各类违规行为1830余起,立案查处121起。

【推进"三改一拆"】 2015年,全区继续推进"三改一拆",开展黄金物流等十大重点区块整治,处置省市督办的合生国际、海悦商务宾馆违建。完成"三改"面积267万平方米,其中,旧住宅改造17694户计109万平方米,旧厂区改造28个计30万平方米,城中村改造8721户计128万平方米;完成"一拆"106万平方米。

【实施建筑垃圾清运专项整治与常态监管】 1—3月,区城管局会同镇街道开展为期2个月的建筑垃圾清运专项整治。以固定设卡与机动巡查相结合、人工盯守与科技监管相结合、末端执法与前端管理相结合等方式,保持对建筑垃圾的严管严控高压态势。加强建筑垃圾清运的常态化监管。全年立案查处渣土违法违规倾倒案件232件,执行罚款239余万元。

【严格监管户外广告】 2015年,区城管局继续严格监管户外广告,整治违规户外广告,重点监管"高炮"广告,杜绝新建违规广告。全年拆除户外广告259块,拆除面积6900余平方米。

【试行非接触性执法】 2015年,区城管局在镇海新城和老城区推出非接触性执法①。依托区智慧城管平台与"执法通"终端设备,采用前置化、事前预防和教育的管理方式,减少执法过程中非必要性接触。对教育劝导后拒不改正的,通过执法办案处罚。查处老城区65家无证、占道夜宵摊,促使10多家无证夜宵摊主动撤离。

【继续开展垃圾分类】 2015年,全区54个小区25448户居民、104家机关事业单

①非接触性执法:指城市管理执法过程中尽可能减少与当事人非必要的重复接触(如现场不暂扣物品和经营工具),以降低暴力抗法事件发生概率。

位、53个国有企业、11所中小学校推广垃圾分类。垃圾分类是将生活中产生的垃圾分为厨余垃圾、可回收物、有害垃圾、其他垃圾四大类，倾倒时分类放入绿、蓝、红、黑四种垃圾桶，实行分类收集、运输和处理。

（袁晓军）

【实施河道江塘保洁】 2015年，区农业局将全区总长362.76千米、水面面积683.78万平方米的河道列入保洁，向147名河道保洁人员落实8小时动态保洁责任，基本实现河面无漂浮物、河中无障碍物、河岸无垃圾的“三无”目标。将全长12.6千米的甬江塘保洁推向市场，落实保洁单位，使江塘面貌有较大改观。

（俞明敏）

物业管理

【概况】 2015年，全区有133个住宅小区，面积1015.46万平方米。其中，老小区47个181.34万平方米，拆迁安置小区22个254.93万平方米，商品房60个546.14万平方米，保障性住房2个25.89万平方米，农村集中居住区2个7.2万平方米。物业管理服务覆盖面近80%，其中新建住宅小区物业管理覆盖面100%。全区物业备案企业31家，从业人员2800多人，物业服务营业收入17148.39万元。

【物业专项维修资金托管银行采用公开招标】 11月，物业专项维修资金托管银行公开招标，建设银行、宁波银行、农商银行和浦发银行中标。年末，4家银行托管的维修资金总额38575.28万元。

【设置住宅小区智能收件柜】 2015年，全区48个小区设置69个智能收件柜，每个收件柜区政府补贴2.5万元、邮政出资1.0万元。电子商务终端服务柜的设置，缓解快递公司“投递难”、用户“收件难”问题。

【实行物业管理考核和奖励】 2015年，区继续实行物业管理考核、以奖代补政策。经年底考核验收，纳入年度老小区提升改造的项目3个，表彰奖励15个住宅小区、12个优秀社区、15个优秀业委会、50名物业管理优秀工作者，合计发放奖励资金545万元。

【规范物业公共用房管理】 2015年，区房地产管理中心采取完善租赁合同和所有租金专人收取、专人开票两项措施，规范物业公共用房管理。全年应收租金580万元（不包括被列入拆迁公房），实收634万元（含跨年度租金）。物业用房管理规范后，租金收入登记造册，账表相符，杜绝了租金收缴遗漏和租金使用不规范的“漏洞”。

（董小萍）

地名管理

【概况】 2015年，区地名办完善城乡地名标志，实行路牌日常巡查维护，补更路名牌80块。深化地名命名管理专家论证机制，命名小区4个、道路13条、建筑物2个，更名建筑物1个。完成骆驼街道行政区划调整界线划定，开展区第二次全国地名普查补更工作，出版发行《镇海区政区图》及《行走与记忆——镇海地名故事》。

【划定骆驼贵驷两街道界线】 7月11日，根据《宁波市人民政府关于调整镇海区部分街道行政区划的批复》，区地名办以望海路为界，划定骆驼、贵驷两个街道的界线。新建贵驷街道辖区范围为东至蛟川街道边界，南与庄市街道接壤，西邻调整后的骆驼街道，北至澥浦镇边界。面积16.39平方千米，户籍人口14282人。调整后的骆驼街道辖区范围为东邻新建贵驷街道，南接庄市街道及江北区边界，西至九龙湖镇边界，北至澥浦镇边界。面积30.25平方千米，户籍人口32106人。

【启动镇海区全国第二次地名普查补更工作】 7月，区成立第二次全国地名普查工作领导小组，制订实施方案，启动地名普查补更工作：对2011年第二次全国地名普查试点期间收列的3502条地名重新复核梳理，查漏补缺、规范完善；对2014年年底前新增的122条地名逐条实地踏勘，核实入库。镇海地名属性库数据于12月移交省普查办。

【出版2015年版《镇海区政区图》】 10月底，区民政局和省工程勘察院联合编制的新版《镇海区政区图》出版。该图以1:10000地形图为基础，结合最新航摄影像和卫星遥感数据，准确、完整记载区划调整后镇海2镇5街道的地形地貌、交通、水系、界线等基础地理要素及城乡建设信息。

（黄超梅　赵　彬）

生 态 环 保

综 述

2015年，镇海区继续实施生态环境整治首要战略，推进美丽镇海建设。以施行新修订的环保法为契机，统筹推进清洁空气、清洁水体（五水共治）、固废处置设施建设和环境监管机制创新，区域环境面貌进一步改善，环境保护“十二五”目标基本实现。

年末，持续近四年的新一轮煤尘治理行动基本结束，港区和后海塘煤场防风抑尘网、喷淋降雾系统等基础设施全面建成，降尘较整治前下降89.7%。是年，完成11家化工企业整治，淘汰燃煤锅炉21台、黄标车2690辆。“五水共治”进入第二年，全年投入资金13.66亿元，完成重点项目19个。开展“清三河”达标区创建，完成14条问题河道治理和蛟川片区“两河两闸”整治。基本完成16个自然村生活污水处理工程，关闭65家畜禽养殖场。两家污水处理厂二期扩建项目投入试运行。启动工业企业雨污分流改造前期工作。年末，城镇污水处理率达到95%，农村生活污水治理率达到92.6%。化工企业有机废气治理继续推进，泄漏检测与修复（LDAR）技术推行到71家企业，72家企业列入挥发性有机物（VOCs）排放源调查。引入第三方现场环境监理，协助环保部门对90家环境高风险企业进行日常监管。开展“白雾”企业[1]调查。全年环境空气质量优良率76.6%，降尘均值4.21吨/平方千米·月，大气特征有机污染物浓度均值达标率在99.9%以上，河道水质有所改善，但多数仍为劣Ⅴ类，噪声环境达标。

是年，区环保局创新新媒体发布机制，政务微博、政务微信、镇海环保移动客户端（APP）实现环境信息协同发布，其中“镇海环保”政务微博在全国环保政务微博中影响力定期排名中，最高达到第二十三位。拍摄宁波市首部环保题材微电影和两部公益动画片，获得良好社会反响。

【拍摄宁波首部环保微电影】 2015年，区环保局策划并与宁波莱彼特文化传媒有限公司合作拍摄微电影《遇见·镇海》。这是宁波市首部环保题材微电影，时长10分钟，以一对青年男女邂逅为故事框架，以老城区、新城、港区、石化区、十七房等标志性地点为背景，展示镇海环保作为和环境变化。影片发布两月内网上点击量达4万多次，获“伟峰杯”2015镇海区微电影大赛最佳影片奖。当年,区环保局还推出以“清洁空气行动”和“五水共治”为主题的动画片《白云之上》《小鱼回家》,在国内视频网站和区内户外LED广告屏播出后收到良好反响。

【开展生态环境满意度调查】 2015年,区环保局开展十年来首次生态环境满意度和期望值调查。调查设置8个问题,向城乡居民分发问卷1000份,回收908份。调查报告显示:居民对空气关注度高,满意率较低;关切工业生产造成的污染,对企业环境行为感到担忧;对水环境较满意,肯定“五水共治”行动;对党委政府改善环境的期望值较高。区环保局根据调查结果,逐一提出建议措施。

环境质量监测

【概况】 2015年,全区环境空气质量优良率(以AQI评价)76.6%,主要污染物为细颗粒物(PM2.5)和臭氧;PM2.5、臭氧污染都比2014年严重,呈现大气复合型污染特征。全年环境空气质量Ⅰ级(优)54天、Ⅱ级(良)225天、Ⅲ级及以上(污染)85天。降尘均值为4.21吨/平方千米·月,较2014年下降18.1%。大气中有机污染因子浓度监测值总体达标率在99.9%以上,36个监测指标中有13个比上年明显下降,硫化物、丙烯腈、苯乙烯存在超标现象。年度酸雨率92.9%,pH值均值4.70,酸雨类型从往年硫酸型转变为硫酸—硝酸复合型,属中酸雨区。26个地表水监测点位各项指标有所改观,水质出现改善迹象。声环境质量达标。土壤质量检测未实质性开展。全年四项主要污染物年度排放数据为:化学需氧量3588吨,比上年下降4.2%;氨氮656吨,下降3.4%;二氧化硫 17244吨,下降19.6%;氮氧化物19654吨,下降11.9%。

【大气复合型污染日益突出】 与上年相比,2015年Ⅰ级天气减少20天,Ⅱ级天气增加8天,Ⅲ级及以上天气增加13天,环境空气优良率下降3.6%。全年PM2.5、臭氧污染天数分别为39天、40天。PM2.5平均浓度46微克/立方米,比上年升高4.5%,高于全市平均值45微克/立方米;臭氧平均浓度为103微克/立方米,比上年升高3%,夏季高温时尤甚;二氧化氮平均浓度为46微克/立方米,比上年升高7%。区域大气复合型污染特征日益突出。

【河道水质出现改善迹象】 2015年,“五水共治”在提高地表水质量上初显成效。十字路、郎家坪、三圣殿3个水库水质稳定保持在Ⅱ类以上。23个河道监测点位中,Ⅲ类1个(汶溪)、Ⅳ类1个(跃进塘)、Ⅴ类2个(马家桥、滕山),其余19个为劣Ⅴ类。与2014年相比,增加1个Ⅲ类点位、2个Ⅴ类点位,减少3个劣Ⅴ类点位;主要污染物由上年的氨氮、总磷为主转变为氨氮为主。氨氮、总磷浓度下降明显,氨氮均值3.92毫克/升,总磷均值0.413毫克/升,分别较上年降低26.2%和25.7%。高锰酸盐指数年均值7.51毫克/升,继续保持较好水平。河道水质虽未达到功能区标准,但表观变化明显,水质出现改善迹象。

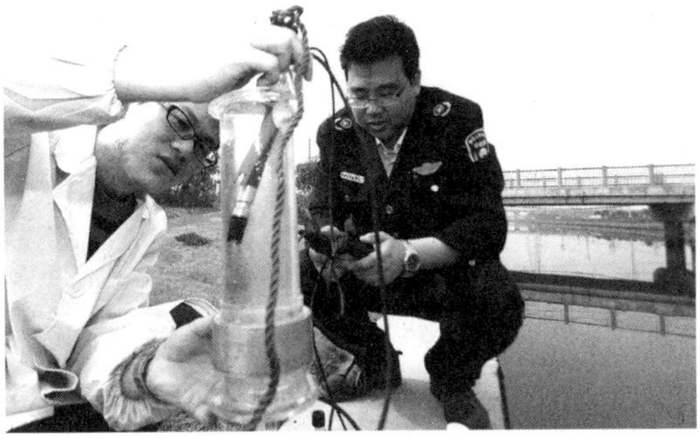

环境监测人员采集河道水样进行分析

【开展首次PM2.5来源调查】 2015年，区环境监测站联合浙江工业大学、市环境监测中心，首次调查区域PM2.5来源情况。调查显示，PM2.5主要成分为总碳(包括有机碳、碳颗粒等)、无机离子(硫酸盐、硝酸盐、铵盐)、硅元素、氯元素及金属元素。其中，总碳占30%，硫酸盐、硝酸盐各占10%以上，铵盐、硅元素、氯元素总和占12%～13%。调查认为：镇海区PM2.5主要来源于工交领域，其中交通运输、燃油、电镀、化工行业尤甚；地理因素(海滨)造成的海盐粒子也是PM2.5重要成分。

(尚立峰)

【开展海洋环境动态监测】 2015年，区农业局编制《2015年镇海区海洋环境监测工作方案》，完成排海陆域污染源调查，实行陆域主要排放点、河道入海口、污水处理厂深海排放区域的布点，实施海洋环境质量状况、入海污染源、海洋环境风险监测。每月监测检查1次，每季度编制一期《镇海区海域生态环境监测报告》。监测显示，水质为劣Ⅳ类(最差等级)。

(俞明敏)

污染整治与减排

【概况】 2015年，继续把煤尘、有机废气和水环境污染治理作为污染整治主要内容，新一轮煤尘整治行动告一段落，抑尘设施进一步完善，管理制度得到巩固，老城区降尘大幅减少。两家污水处理厂扩建工程建成后，区域污水处理能力达到26.6万吨/日。

是年，区环保局开展酸洗行业整治，全区98家酸洗企业、106条酸洗线完成提升改造，减少用酸量7881吨、废水排放量5.5万吨。推进化工企业有机废气治理，继续开展泄漏检测与修复，无组织废气排放量得到削减。加快固废处理设施建设。淘汰黄标车2690辆，完成两年淘汰计划，累计淘汰5679辆。淘汰燃煤锅炉21台。区农机管理站继续推进自然村农村生活污水治理，制订出台《镇海区农村污水生态化处理设施运行维护管理办法(试行)》，明确区、镇(街道)、村和群众四级监管职责，以绩效考核的措施促进农村污水生态化处理设施运行维护。

是年，继续实行区域排放总量控制。完成140家企业A类排污许可证年检和52家企业B类排污许可证核发，征收有偿使用费6379万元。18个新、扩(改)建项目实施排污权交易，交易金额5013万元。完成第二批16家企业刷卡排污系统建设。实行电镀、印染、化工企业2014年度吨排污权税收公示。完成7个重点减排项目和65个节能改造项目，22家企业通过清洁生产审核。

(尚立峰　俞明敏)

【煤尘整治基本达到预期目标】 从2012年开始的新一轮煤尘整治行动到2015年年末

基本结束。镇海港区和后海塘煤炭市场建成总长6600余米防风网，港区煤场喷淋和后海塘煤场架空喷雾设施建成。港区2、3号煤炭泊位停止卸煤作业，对老城区的近距离影响消除。白天2次、夜间1次的煤场动态巡查机制及每周2～3次的志愿者监督机制得到巩固；煤炭“短驳”车辆加盖、恶劣天气短信预警及六级风以上停止作业制度得到落实。全年征收煤粉尘排污费1509万元。城区降尘均值4.21吨/平方千米·月，较整治前的2011年下降89.7%，基本达到“煤尘削减90%”目标。

【两家污水处理厂二期扩建项目试运行】 9月，总投资5.4亿元、处理能力10万吨/日的宁波北区污水处理厂二期扩建工程与总投资9000余万元、处理能力3万吨/日的镇海污水处理厂二期扩建工程实现通水试运行。两个扩建项目的建成，使全区生活污水集中处理能力翻一番，达到26万吨/日。扩建后两厂具备8万吨/日中水生产能力，出水水质由原二级标准提升至一级A。

镇海污水处理厂扩建及提标改造工程竣工

【持续推进有机废气治理】 2015年，通过设备改造、工艺提升和新技术应用，完成11家化工企业有机废气治理。在71家化工、液化仓储企业开展LDAR[1]，全年检测71.8万个点位，泄漏率0.24%，修复率75.8%。首次采用图像建档手段，提高工作精细度。按照省环保厅部署，首次开展区域重点行业VOCs排放源调查，涉及石化、化工、纺织印染等7个行业的72家企业，同时对涉VOCs企业进行相关知识和监测技能培训。督促19家企业完成持久性有机污染物统计、二噁英自主性监测和苯并芘自主性监测。

环保技术人员检测化工企业易泄漏点

【开展“白雾”企业调查】 2015年，区环保局委托市环境科学研究设计院，调查区内通过锅炉、火炬、焚烧炉、喷淋塔等设施排放烟气的43家“白雾”企业[2]。调查研究报告显示，“白雾”产生以化工行业为主，排放强度最大的为30吨/小时（镇海炼化利安德化学有限公司）。由于技术不成熟

①“白雾”企业：指排放白色烟雾的工业企业。其通过锅炉、火炬、焚烧炉、喷淋塔等排放高温水蒸气，遇冷凝结形成“白雾”，虽非实质性污染，但易造成视觉和心理不适。

②LDAR：即泄漏检测与修复，是对化工企业生产全过程物料进行控制的系统工程。该技术检测化工企业反应釜、物料管道、泵、压缩机、阀门、法兰等易泄漏处，修复超过一定浓度的泄漏点，避免物料泄漏造成环境污染和安全风险。

和投入资金过大，选定的2家“白雾”治理试点企业未取得实质性进展。

【加快固废危废处理设施建设】 2015年，固废危废处理设施建设明显加快。建成投资3200万元的宁波石化开发区一般工业固废填埋场1号和2号库、投资1.45亿元的宁波华清环保污泥焚烧处置项目、投资4208万元的宁波北区污水处理厂污泥干化项目、投资5000万元的废酸综合利用处置项目。宁波大地化工环保有限公司100吨/日危废焚烧项目开始技术论证。

【“五水共治”持续推进】 2015年，根据省、市统一部署，全区继续推进“五水共治”。全年投入13.66亿元，完成19个重点治水项目。集中力量“清三河”（黑河、臭河、垃圾河），投入9413万元完成24条水环境较差河道治理，对10条市级挂牌黑河、臭河、垃圾河实行常态化管理。195条总长334千米河道纳入8小时动态保洁，保洁面积达644.5万平方米，养护河岸绿化92万平方米。255条河道（段）实行区、镇、村三级河长管理。投入3700余万元建成“智慧水务”平台，实现监测、管理、应急、综合服务一体化管控。

（尚立峰）

河道保洁人员对中大河实行8小时动态保洁

【启动工业企业雨污分流改造】 2015年，区政府启动工业企业雨污分流改造前期工作，排摸工业企业污水排放情况。全区共有工业园区（集聚区）18个，污水排放企业1400余家，日排放量约4.75万吨。其中，外围污水管网较完善的工业园区5个，分别是镇海经济开发区A、B区（涉及企业120家）、庄市街道工业A区（涉及企业100家）、骆驼街道城市工业功能区镇海片（涉及企业300家）、石化开发区（涉及企业167家）。其余13个区块分54个路段（片区）均需雨污分流改造，建设排污管道投资估算6.32亿元，工业企业污水全部纳管后将新增污水处理量近2万吨/日。区政府提出，力争用3年时间实现工业园区（集聚区）企业污水全部纳入管网，依据企业雨污分流系统基本完善、较完善和不完善三种情况，制定1360余家企业雨污分流改造方案和改造资金补助政策，涉及厂区面积3200公顷、资金47亿元。完成雨污分流系统改造的企业，视情况可获每亩1万～3万元财政补贴。

【开展酸洗（紧固件）行业整治】 2015年，区经信局、环保局会同各镇街道，实施紧固件制造业为主的酸洗行业整治。区内98家紧固件企业、106条酸洗生产线在整治中取得不同成果：关停歇业企业9家，关闭酸洗生产线34条，实行工艺改进企业25家，完成酸洗生产线改造提升企业20家（其中2家通过验收）。以淘汰、改造形式实际整治酸洗生产线88条，完成年度计划的83%。

（余雷鸣）

【实施农村生活污水治理项目16个】 2015年，区农机管理站投资3986.8万元，实施16个自然村农村生活污水治理项目。其中，生态化处理3个，污水纳厂处理13个。

（俞明敏）

永旺村生活污水生态化处理项目实施中

表38　　2015年农村生活污水治理工程一览表

镇(街道)	行政村	自然村	总户数(户)	其中:户籍户数(户)	治理模式	工程中标价(万元)
蛟川街道	迎周村	老周	1750	550	纳厂	895.92
		新周				
		小新周				
庄市街道	永旺村	田野王	533	253	纳厂	393.21
贵驷街道	沙河村	王家弄	278	176	生态化	558.10
	里洞桥村	贝家	391	210	纳厂	363.06
		高家				
		王家				
九龙湖镇	田杨陈村	钱家	438	261	纳厂	612.54
		小陈店				
		沈家				
		邹家				
		章家				
	中心村	迎胜	324	279	生态化	352.38
	长石村	新宇	466	226	生态化	341.67
澥浦镇	觉渡村	王家	288	158	纳厂	469.92

环保执法监管

【概况】 2015年，区环保局执行新修订的环保法，继续实行“5+2”“白+黑”（指工作日和节假日天、白天和夜晚）无缝执法。全年查处环境违法案件123件，罚款503.6万元。完成“智慧环保”工程三期数据中心建设，实现区内90%以上重点污染源、100%重化工企业24小时环境监控。开展新环保法教育，在200余家企业进行巡回讲座。实施海洋生态环境保护，农业、环保、海事、港航等部门开展联合执法检查，打击违法排污入海行为，监控排海污染源稳定达标排放。

（尚立峰　俞明敏）

【依据新环保法加大执法力度】 2015年，区环保局依据新环保法授予的权限，加强与公安等部门联动执法，加大环境违法行为处罚力度。依据新环保法，对造成严重环境污染的5家企业进行作业设备和生产设施查封扣押；下发责令改正违法行为通知书85份；处罚环境违法案件123件，罚款503.6万元。其中，一家企业按日连续计罚44万元，成为新环保法施行以来区内唯一按日连续计罚案例；6起严重环境违法案件移交公安机关，4人行政拘留。

环保公安联合检查机动车尾气污染

【引入企业环境第三方监理】 2015年年末，区环保局与浙江环科工程监理有限公司签订服务外包协议，以210万元的年监理费委托监理污染风险较重的78家化工企业和12家印染企业。浙江环科派出12名环境监理员至6个镇、街道，履行对企业的第三方监理职责：排查环境隐患，检查废气、废水收集、处理设施运行，检查雨污分流，核查固废（危废）收集、贮存、外运记录和台账，核查环境应急设施维护和物资配备等情况。

（尚立峰）

生态文明建设

【概况】 2012年以来，区十三次党代会确立生态环境整治为“六大战略”之首。此后，“生态环境整治”成为生态文明建设基调，生态创建融入各项具体工作。到2015年，全区生态建设累计投资约96亿元，实施58个生态文明建设（生态环境整治）重点项目。全区共创建省级绿色单位39家、绿色家庭25户，市级环保模范（绿色）单位132家、生态村47个、生态文明教育基地2家。

是年，镇海东排南线工程进展顺利，姚江东排镇海段全线贯通，修复生态河道7.76公里，清淤29.2公里。城镇污水处理率95%，农村生活污水治理率92.6%；城镇生活垃圾无害化处理率、危险废物无害化处置率均为100%，工业污泥无害化处置率为90%。“森林镇海”建设不断深化，完成平原绿化74公顷，九龙湖村、朝阳村创成省级“森林村庄”。年末城市绿地面积2830.67公顷，绿地率44.8%、绿化覆盖率47.18%，人均公园绿地面积16平方米/人。全区森林覆盖率27.7%。

（尚立峰）

【开展14条河道综合治理】 2015年，投资3533万元开展14条水质较差河道综合治理，另对4条河道进行整治提升。修复生态河道7.76公里，清淤29.2公里，清除渔网140余顶，拆除违章建筑约4.2万平方米。对上年整治完成的10条市级挂牌黑臭河、垃圾河进行常态化管理。

（俞明敏）

【河道(段)实行三级河长管理】 2015年，全区225条河道(段)实行区、镇、村三级河长管理，其中16名区级领导担任28条区级河道的河长。河长负责内河清淤、水体保洁和沿河设施维护等日常监管。

(尚立峰　袁晓君)

表39　　**28条区级河道河长任命名单**

序号	河道名称	起点	终点	河道长度(公里)	河长	职务
1	中大河1	汶溪街河	望海大道以东	9.2	薛维海	区委书记
	中大河2	镇海大道北侧	涨鑑碶闸	8.74		
2	姚江东排北支线(镇北大河)	化子闸	澥浦大闸	16.71	魏祖民	区委副书记、区长
3	跃进塘河	澥浦大河	新泓口河	6.17	胡祖友	区委副书记、石化区管委会党工委副书记、副主任
4	西大河	觉渡大河	东河	10.5	顾国芳	区委副书记
5	浜子港	镇海江北界	清水浦闸	10.83	杨国胜	区委常委、公安分局局长
6	长应河	沿山大河	庄桥河	4.42	李　斌	区委常委、常务副区长
7	前大河	清排大河	中大河	6.02	王耀军	区委常委、宣传部部长
8	郭家港	中大河	清排大河	3.04	杨小平	区委常委、纪委书记
9	宏远河	平海路	宏远泵站	1.68	俞泉云	区委常委、物流枢纽港管委会主任
10	甸张港	绕城高架	万弓塘河	0.46		
11	东邑河	中大河	浜子港	2.85	洪世弈	区委常委、副区长
12	东河	西大河	官仓港	2		
13	曹家河	官仓港	浜子港	1.26		
14	陈倪河	浜子港	东河	1.44		
15	周林港	中大河	陈倪河	2.83		
16	路林港	官仓港	江北镇海交界	1		
17	老周港	施周陈河	中大河	2.5	邓伟余	区委常委、人武部政委
18	五星河1	叫天港	望海大道以东	4	戴凌云	区委常委、组织部部长
	五星河2	红旗河以东	万弓塘河	0.5		
19	箭港	西大河	望海大道以东	1.2	林伟明	区委常委
20	觉渡大河	沿山大河	澥浦大河	4.31	张　颖	副区长
21	慈镇运河	慈溪镇海交界	澥浦大河	1.99		
22	东港	前大河	中大河	1.94	黄向华	副区长
23	新泓口河	万弓塘河	新泓口闸	3.85		

续表39

序号	河道名称	起点	终点	河道长度（公里）	河长	职务
24	姚江东排南支线	沿山大河	澥浦大河	8.45	包志安	副区长
25	万弓塘河	澥浦大河	石塘下河	12.25		
26	英雄河	外子贡河	庄桥河	5.72		
27	庄桥河	沿山大河	英雄河	2.59		
28	叫天港	沿山大河	外子贡河	3.12		

【治理城区内河水质】 2015年，区城管局加强内河水质、沿河环境的日常监督管理，置换水体，种植水生植物，落实水体动态保洁。是年，内河水体换水泵运行1156小时，换水量约173.4万立方米；种植睡莲、美人蕉等水生植物200平方米；水体动态保洁面积约4.5万平方米。

（袁晓君）

【开展重点河道绿化建设】 2015年，区农业局投入716万元，推进清水河道治理中两岸生态绿化，完成姚江东排镇海段整治工程三期（子贡桥—西经堂）绿化、新泓口（四清塘桥—海天路）河南侧绿化、后海塘威海路西侧生态防护林工程，绿化面积9.3公顷。

（俞明敏）

科 学 技 术

综 述

2015年是国家全面深化科技体制改革之年，镇海区科学技术工作把握经济新常态下创新驱动发展战略的新要求，以提升区域整体创新能力为核心，鼓励、支持“大众创业、万众创新”，实施科技领航者“236”工程①、高新企业“100”工程②和科技项目培育工程。镇海区再次获得2014年度市科技进步目标责任制考核“金奖”。

是年，区科技局开展“科技创新指标倍增年”“科技合作平台深化年”和“科技服务质量提升年”三项活动，发挥科技核心支撑引领作用。继续培育高新企业和工程技术中心，促进高新技术产业发展。鼓励企业科技立项、专利创新，推进科技孵化器建设，发挥科技市场、科技创新平台作用，促进科技合作成果转化。开展科技惠民工作，加强与省农科院、浙江农林大学等高校院所合作，推进13个市级科技特派团队与区内农业企业的长期合作，举办农业种植技术培训20余场，以科技创新支持现代农业发展。

高新技术企业及高新技术产业

【概况】 2015年，全区新增国家级高新技术企业8家。全社会高新技术产业实现产值608.06亿元，占全社会规上工业产值比重达27.8%。其中，区属高新技术产业实现产值529.86亿元，占区属规上工业产值1042.4亿元的50.8%。

【新增国家级高新技术企业8家】 2015年，全区新增国家级高新技术企业8家，分别是宁波诺尔丽化学科技有限公司、宁波富尔顿热能设备有限公司、宁波中意液压马达有限公司、宁波祢若电子科技有限公司、宁波华大磁业科技有限公司、宁波市镇海金腾电器有限公司、宁波恒升电气有限公司、宁波沃特美逊机器人科技有限

①“236工程”：指从2013年起，择优认定2家高新技术领航企业、3家科技创新型标兵企业，三年内每年择优认定6家科技成长型小微企业，入选企业分别可获得最高120万、90万、60万元的补助。整项工程补助资金为1590万，是区级科技计划支持力度最大的项目。工程启动到结束需5年，评审认定在2015年结束，补助资金到2017年全部兑现。

②高新企业“100”工程：即发展高新技术产业计划，通过三到五年努力，全区高新技术企业从2012年的53家发展到100家。

公司。至年末,全区国家级高新技术企业达到85家。

别为4157件和3227件,其中发明专利申请量和授权量分别达到1704件和520件。

科技创新与成果

【概况】 2015年,全区新增区级以上企业工程技术中心13家,区级以上企业工程技术中心总数达到169家,建立工程技术中心的企业占规上企业比例达26.8%。网上技术市场发布企业技术难题119项,发布与承接技术项目成交34项,交易额7456万元,同比增长63%。专利申请和授权量分别为4157件和3227件,其中发明专利申请量和授权量分别达到1704件和520件。

【企业工程技术中心数量快速增长】 2015年,新增市级以上企业工程技术中心13家,其中省级4家、市级9家。年末,区级以上工程技术中心总数达到169家,其中省级企业研究院2家、工程(技术)中心32家,市级工程(技术)中心56家。新材料、电子信息等行业企业工程技术中心比例不断提升,占新增工程技术中心总数的40%以上。

表40 **镇海区2015年新增市级以上企业工程技术中心**

企业名称	依托单位	等级
银球精密轴承省级高新技术企业研发中心	宁波市镇海银球轴承有限公司	省级
立华植物提取省级高新技术企业研发中心	宁波市立华植物提取技术有限公司	省级
宁波中鑫毛纺集团有限公司企业技术中心	宁波中鑫毛纺集团有限公司	省级
宁波金海德晨光化学股份有限公司企业技术中心	宁波金海德旗化工有限公司	省级
宁波博汇芳烃化工工程技术中心	宁波市博汇石油化工有限公司	市级
宁波国创轨道交通装备工程技术中心	宁波国创机车装备有限公司	市级
宁波金鼎高强度紧固件工程技术中心	宁波金鼎紧固件有限公司	市级
宁波凯丰创意文教用具工程技术中心	宁波市凯丰文具礼品有限公司	市级
宁波联成造纸机械工程技术中心	宁波市联成机械有限责任公司	市级
宁波令通光通信工程技术中心	宁波市令通电信设备有限公司	市级
宁波万盛轴业工程技术中心	宁波市万盛轴承有限公司	市级
宁波争光离子交换树脂工程技术中心	宁波争光树脂有限公司	市级
宁波正元特种铜合金工程技术中心	宁波正元铜合金有限公司	市级

【专利申请量和授权数量大增】 2015年,全区专利申请量和授权量分别为4157件、3227件,其中发明专利申请量和授权量分别达到1704件、520件,发明专利授权同比大增78.1%。

【多家企业获市级以上专利示范企业认定】 2015年,区内有5家企业获市级以上专利示范企业认定。其中省级2家,分别为宁波立华植物提取技术有限公司、宁波鑫海爱多汽车雨刷制造有限公司;市级

3家，分别为宁波汇众粉末机械制造有限公司、宁波立华植物提取技术有限公司、宁波海越电器制造有限公司。年末，省、市级专利示范企业分别达6家、19家。是年，全区有11家企业获国家知识产权管理规范认证（简称贯标认证），实现贯标认证零的突破。

【12个项目获市发明创新奖】 2015年，区内12个科技项目获第十一届宁波市发明创新大赛发明创新奖：车用天然气燃料饱和流程控制装置、一种用作电致变色材料的化合物及其制备方法和应用、油压机的快速换模机构、一种带上下吊模装置并具多级脱模功能的橡胶硫化机及其操作方法、内套圈平面度测量仪、一种集成式汽化稳压装置、电磁振动装置及其制造方法、具有双加热结构的热盘及其加热控制系统、一种高集成式加注汽化稳压橇、一种无障碍脱模机构、一种苯并二呋喃及其衍生物其制备方法以及用途、一种管状电机遇阻检测装置。另有3个项目获设计创新奖。

【科技项目立项数创新高】 2015年，在区科技局优化重点科研项目筛选、培育机制，扶持企业科技创新立项政策激励下，区内企业申报科技项目220项，立项110项，立项数创历史新高。获得各级各类科技奖励、补助资金2495.4万元。

【8个项目获市级以上科技进步奖】 2015年，区内8家企业的8个科技项目获市以上奖项。其中，省级科技进步奖三等奖2项，市级科技进步奖二等奖1项、三等奖5项。

表41 **镇海区2015年获省、市科技进步奖项目**

项目名称	奖项等级	完成单位	完成人员
低温容器轻型化关键技术的研发及工程应用	省科技进步奖三等奖	宁波明欣化工机械有限责任公司 华东理工大学	闻 庆 惠 虎 叶 青 廖建明 陈俭峰 鲍碧霞 陈 梁
高参数多流态新型缠绕管式换热器成套技术研发和产业化应用	省科技进步奖三等奖	镇海石化建安工程有限公司	张贤安 王健良 唐明忠 胡兴苗 刘利江 任红亮 李军杰 黄 伟 周继平
高参数多流态新型缠绕管式换热器成套技术研发和产业化应用	市科技进步奖二等奖	镇海石化建安工程有限公司	张贤安 王健良 唐明忠 胡兴苗 刘利江 任红亮 李军杰 黄 伟 周继平
乙烯碳九提取双环戊二烯及双甲基环戊二烯项目	市科技进步奖三等奖	浙江恒河石油化工股份有限公司 宁波职业技术学院	孙向东 陈亚东 邬柏儿 张慧波 李爱元 彭振博 董艳杰 王 斌 李海涛
（三网融合）宽带数据光通信网络设备	市科技进步奖三等奖	宁波天韵通信设备有限公司	王才平 郑晓风 陈栋勇 楼建龙 韩赛珍
天然植物提取物精制技术及其产业化	市科技进步奖三等奖	宁波大红鹰生物工程股份有限公司	包方杰 章小平 王嘉磊

续表41

项目名称	奖项等级	完成单位	完成人员
联产乙酸酯方法和所用装置技术创新与产业化	市科技进步奖三等奖	宁波永顺精细化工有限公司	陈新发　韦隆武　张小莲
复杂潮汐海域深水大型袋装砂铺设施工关键技术	市科技进步奖三等奖	中交上航局航道建设有限公司	祁志坤　王文灿　罗鹏达　黄运敏　俞家锐　宋琴顺　李益君　何松玮　宋鹏飞

【农业科技获政府经费补助】 2015年，全区申报市级以上农业、社会发展类科技项目42项。其中，社发类重大项目1项、科技富民项目8项、科技惠民项目10项、自然科学基金项目21项、农业科技创新型企业2家。共获得市级农业、社发科技经费174.2万元。区立项农业、社发项目23个，下拨经费101.7万元。

【3项农业科技项目获市级立项】 2015年，全区3项农业科技项目获得市级立项，分别是"金线莲新品种引进与产业化开发""制曲用辣蓼种质选育及辣蓼甜酒曲的生产工艺研究""高温台风季节青菜安全生产关键技术集成与示范"。其中，宁波五养堂农业科技有限公司"金线莲新品种引进与产业化开发"项目获40万元资助，是为资助经费最高项目。宁波中敬生物科技有限公司被认定为市级农业科技创新型企业。

科技合作与服务

【概况】 2015年，区科技局理顺五大科技平台管理机制，制定出台《镇海区重点科技创新平台考核奖励办法》，统筹科技创新服务，促进科技创新平台与区内企业在科技、人才方面的合作，发挥平台在科技项目引进、技术成果转换等作用。全市首个区级科技市场镇海科技市场实行市场化运营，被省科技厅认定为浙江省科技大市场建设试点单位。举办第十届"镇海杯"国际创新设计大赛。

【五大科技平台发挥作用】 2015年末，清华校友创业创新基地、西安电子科技大学宁波研究院及产业园、中科院宁波材料所初创产业园、宁波市中欧国际应用能源创新研究院、大连化物所国家技术转移（宁波）中心引进企业116家，注册资金7亿元。自主申报或引进国家"千人计划"人才5人、省"千人计划"人才5人、宁波市"3315计划"个人3人、团队项目4个。

【科技市场实行市场化运营】 2015年，区科技局将镇海科技市场委托广州博士科技有限公司经营管理，实行市场化运营。是年，区科技市场被确定为省科技大市场宁波分中心和国家技术转移东部中心宁波分中心，并与西安科技大市场、中科院大连化物所等16个国内重点科技成果转化平台及高校、科研院所建立资源共享机制。年末，入驻科技市场的科技金融、知识产权、科技人才、科技咨询等科技服务机构实体、线上企业达30家。

【举办第十届“镇海杯”国际创新设计大赛】 4月，区举办第十届“镇海杯”国际创新设计大赛。大赛以“互联网+”高端制造为核心，设三个组。其中，创新设计创业组引进风投或天使投资机构，强调设计与创业相结合；创新设计公共组征集“互联网+”设计与高端制造作品；创新设计专业组由区内制造企业提出设计需求，注重作品产业化。参加十届大赛的设计企业、机构占总参赛人数的比例达到25%。大赛收到参赛作品1167件，创历届大赛新高。

“镇海杯”国际创新设计大赛颁奖典礼

【支持科技企业孵化器建设】 2015年，区制定出台《关于加快推进科技企业孵化器建设与发展的若干意见》及众创空间相关奖励配套政策，培育、推广创客空间、“创业咖啡”、创新工场等新型孵化模式。是年，市大学科技园、西安电子科技大学宁波产业园创建成市众创空间，10余个科技企业孵化平台列入区培育计划。至年末，全区科技孵化基地占地面积达6万平方米。

【科技金融支持科技型企业】 2015年，区政府与杭州银行宁波镇海支行达成第二轮合作协议，开展“科技金融再推进活动”。区内新设立一家科技银行中国银行宁波镇海支行，扩大科技型企业金融支持。是年，杭州银行宁波镇海支行、中国银行宁波镇海支行共发放科技贷款66家次、1.71亿元。累计发放科技贷款4.63亿元，贷款企业160家次，带动商业贷款8.99亿元。

（徐 剑）

中科院宁波材料技术与工程研究所

【概况】 中国科学院宁波材料技术与工程研究所、宁波工业技术研究院（挂牌“浙江省工业技术研究院”）实行两块牌子、一套班子（简称宁波材料所/宁波工研院）。2015年，拥有碳纤维制备技术国家工程实验室、发改委磁性材料科技创新服务平台、省部共建国家重点实验室培育基地、科技部国际合作基地、国家技术转移示范机构等14个国家级及省部级科研平台，研发设备价值4亿多元。全所员工902人，其中科技人员670人（科技支撑人员158人），包括中国工程院院士1人、研究员及正高级工程技术人员229人、副研究员及高级工程技术人员105人。是年，新增国家海外高层次人才引进计划（千人计划）入选者3人，累计25人；新增中国科学院“百人计划”入选者2人，累计33人；1名科研人员获国家杰出青年科学基金奖。

是年，宁波材料所/宁波工研院所设各学科博士、硕士研究生培养点共有在学研究生722人，其中博士研究生143人，硕士研究生579人；博士后流动站在站博士后96人。全所新增科研项目479项，累计在研项目1170项。其中，新增承担国家重大科技专项子课题1项；主持（或承担、参加）国家重点基础研究发展“973”计划和国家重大科学研究计划项目（课题）9项（新增1项）、国家高技术研究“863”发展计划项目8项（新增2项）；主持（或承担）国家自然科学基金重点项目1项、面上项目70项（新增18项）、国家杰出青年科学基金项目1项（新增）、国家自然科学基金重大研究计划重点项目1项；主持（或承担）中国科学院战略性先导科技专项课题和子课题各2项，主持（或承担、参加）院重点部署项目8项（新增2项）；承担科技服务网络计划（STS）项目4项（新增1项）、院重大仪器研制项目6项（新增2项）；承担重点国际合作项目11项（新增7项）。

是年，宁波材料所/宁波工研院科研工作取得新进展，产出一批有重要影响的科技成果。坚持“把科技转化为生产力”的使命定位，实现4项重大科研项目产业化。申请专利415件；获专利授权249件，其中发明187件。继续推进科技与经济结合，探索、创立所地合作新模式，开展项目联合攻关、互派人员挂职和针对企业需求的技术培训。拓展国际合作，邀请和接纳国际同行及跨国公司高层来所访问、交流，签署各类合作协议7个。在期刊与各类会议上发表论文610余篇，其中SCI收录篇数467篇，影响因子大于3的231篇。

【研发出一批有重要影响的科技成果】 2015年，宁波材料所/宁波工研院科研工作取得新进展，产出一批有重要影响的科技成果：制备单节高效率聚合物太阳能电池，单层有机太阳电池突破10%的效率瓶颈；实现呋喃二甲酸百公斤级生产，达到国内领先水平；固态锂电池在国内首次实现将容量从2Ah提高到8Ah。

【开展所地科研合作超百项】 2015年，宁波材料所/宁波工研院继续开展与地方的横向合作，新增与企业委托（合作）开发项目77项、与企业合作组建技术中心16项。至年末，累计合作项目106项，合同金额1.46亿元。

【实现4项重大科研项目产业化】 2015年，宁波材料所/宁波工研院实现4项重大科研项目产业化，为地方经济创新驱动、转型发展做出贡献。4项科研项目为高性能CT闪烁材料与阵列、神经康复机器人、新型碳材料分散技术、新型节能纳米晶材料。

【与美国美敦力公司共建研究中心】 2015年，宁波材料所/宁波工研院与美国美敦力公司开展国际合作，共同组建“慈溪医工所—美敦力联合研究中心”。合作双方签署三种医用器械表面涂层技术开发协议，联合申请PCT专利。

【承办多项科技研讨会和论坛】 2015年，宁波材料所/宁波工研院承办多个国际、国内研讨会和论坛，吸引来自世界各地大学、科研单位及企业科研人员到宁波。规模较大的有：“2015宁波新材料发展趋势研讨会”“2015中—韩类金刚石薄膜材料技术研讨会”“中非联合研究中心高技术应用专题研讨会”、中国（宁波）新材料与产业化国际论坛分论坛会议“2015年先进复合材料工业应用国际论坛”。

（夏羽青　陶永怀）

教　育

综　述

2015年，镇海区有普通中学12所，小学23所，职业中学1所、教师进修学校1所，成人文化技术学校6所，各级各类幼儿园71所。全区中小学生40000余人（含职高生），在园幼儿14000余人。在编教职工2485人。

是年，全区教育围绕"建成更高水平的教育现代化区和更高质量的基础教育名区"总体目标，推进省教育基本现代化区创建工作，贯彻国家、省、市教育工作会议精神，推进教育改革和依法治教，提高教育质量和教育现代化水平。把创建省教育基本现代化区作为中心工作，破解制约瓶颈，通过省教育基本现代化区督导评估。有4所学校通过省标准化学校评估，义务段学校标准化率提高到90%以上。

是年，投入2.7亿元，加快学校建设，在建和竣工的新建扩建、改造提升学校达9所，启动重建、扩建前期工作的学校3所。新增校舍面积3万平方米，教育布局更加优化，普惠性学前教育覆盖面更加广泛，公办学校标准化率达100%，镇海获"全国教育信息化创新应用典范区域"优秀实践奖。孝德礼仪教育三年行动深入开展，中考总平均分、普通高中一本上线率均列全市首位，镇海中学再次包揽全省高考文理状元，职业教育中德合作班开班。推进平安校园建设，完成全区第一轮平安等级校园（幼儿园）评定和学生餐饮安全工程，学校A（卫生优秀）、B（卫生规范）级食堂达到86.4%，透明厨房建设率100%。

【投入大资金优化教育资源】 2015年，区财政安排2.7亿元资金，加快学校项目建设，优化全区教育资源：蛟川双语小学建成投用，区实验小学、逸夫小学二期、骆驼实验学校一期基本完工，区职教中心扩建完成主体工程，艺术实验小学改造提升全面完成，务实学校、希望学校等民办外来务工人员子女学校硬件设施提升，资金投入量和学校建设体量为近年最大。新城中学（暂名）年底开工，炼化小学重建、镇海中学扩建、教师进修学校新建等一批教育工程前期工作启动。

【镇海区获"全国教育信息化创新应用典范区域"称号】 2015年，在"首届全国教育信息化区域应用典范推选活动"中，镇海区获得"全国教育信息化创新应用典范区域"优秀实践奖。区中心学校获评全国教育信息化创新应用先锋学校，成为宁波地区唯一一所获评学校。

【全面完成直属学校章程核准】 12月，区教育局邀请省评估院基教所、市教育局政策法规处等教育专家，对区直属的12所中学、16所小学（含景和学校和蹦技学校）和8所幼儿园的章程进行会审。直属学校、幼儿园章程36份全部核准，标志现代学校制度建设又迈出新的一步。

【开展孝德礼仪教育三年行动】 4月，区教育局按照“深入推进孝德礼仪教育的实施意见”，召开推进会，部署“5—2—3”（“我爱善”）实践行动和网上家长学校工作。联合区文明办、区关工委开展区第二届青少年孝德明星评选工作。利用精英小学学生桂子健获“最美浙江人——美德少年”契机，由宣讲员和桂子健进行“感恩行孝”巡讲。

【开展“我为师德文化主题词点赞”征集活动】 9月，区教育局面向社会，开展师德文化主题词征集活动。历时一个多月，活动获大量来稿，经遴选确定“博爱、博学、笃教、笃志、端品、好思、好问、厚德、互助、健康、明辨、明德、明学、勤奋、求是、求知、仁爱、睿智、育德、真诚、正身、至诚、志远、忠诚、自强、自信”等120个词作为师德文化候选主题词，再进行“我为师德文化主题词点赞”投票活动。

学前教育

【概况】 2015年，区教育局制订出台新一轮学前教育三年提升计划、小区配套幼儿园管理办法，保障学前教育健康发展。区特殊教育三年行动计划提出到2016年年底，全区残疾儿童入班（园）率达到80%以上的目标。继续推进普惠性民办幼儿园和等级幼儿园建设，全区市星级幼儿园比例达到83.1%，幼儿入读普惠性幼儿园和星级幼儿园的比例分别达到74.9%和94.5%。蛟川中心幼儿园、区实验幼儿园、九龙湖中心幼儿园新评省一级（市5星）幼儿园。

表42 **2015年全区学前教育基本情况**

单位：个

幼儿园类别	园所数	在园幼儿人数
全区幼儿园合计	71	14462
区级幼儿园	2	1098
镇街道幼儿园	68	13046
企业幼儿园	1	318

【承办幼儿科教模型通信大赛】 2015年，宝山幼儿园承办市幼儿科教模型通信大赛。活动要求幼儿独立完成模型的拼装，裁判根据完成速度、成品完整度和能否行走三个标准来评判打分。

幼儿科教模型通信大赛

基础教育

【概况】 基础教育致力于教育现代化发展，全区学校标准化率（含民办学校）90.32%，义务段初中、小学新一年级班额分别控制在45人和40人以下。推进教育法治化，公办学校100%建立学校章程，义务段公办学校全部接受第三方评估。深化新课程改革，实施义务段教育质量提升计划，强化体育艺术教育，开展中、小学足球联赛，推进厚德校园、健康校园、艺术校园、书香校园和科技校园“五个校园”建设，所有学校实施“5—2—3”（“我爱善”谐音）孝德礼仪实践行动。小学一年级网上家长学校普及率达到100%。开展区第二届青少年孝德明星评选，评出明星10人，1名学生获得“最美浙江人—美德少年”荣誉。推进教育信息化和国际化，新增11个班级“一对一”数字化学习实验班。9所学校与台湾学校结对，开展交流活动。平稳完成各级各类学校招生考试工作，全区符合条件的外来务工人员义务段年龄的子女入学率达100%。实施特殊教育三年行动计划，提出到2016年年底，适龄残疾儿童少年义务教育入学率达到98%。高质量通过市教育局对镇海特殊教育三年行动计划中期评估，全区新增4个为特殊儿童设立的集课程、教材、专业图书以及学具、教具、康复器材、辅助技术于一体的专用教室。

优化高中招生结构，龙赛中学招生规模缩减2班，美术班招生计划调整到骆驼中学，骆驼中学高中段扩招2班，以打造体艺特色。实施普通高中多样化发展计划，普通高校报考录取率达到94.48%。全省第一所民办国际高中宁波赫威斯学校落户新城。

表43　2015年全区基础教育基本情况

单位：个

学校类别	班级数	在校学生	毕业生
中小学合计	939	38479	8421
小学	591	24016	3685
中学	348	14463	4736
其中：初中	235	9504	3123
高中	113	4959	1613

【高考再创佳绩】 2015年，全区一本录取率和本科录取率分别达到38.9%和78.1%，镇海中学、蛟川书院一本上线率达97.3%和84%，再次包揽全省文、理科状元。龙赛中学一本上线人数145人（含艺体生），职教中心高职单招单考上线率93.5%。是年，全区普通高校招生考试报名1613人，其中文科（包括艺术文科、体育文科）511人，理科（包括艺术理科、体育理科）1102人（含外省籍报考1人）。高职单考单招报名264人（含外省籍报考65人）。

【四所学校入围首批省义务教育标准化学校名单】 2015年，在省教育厅公布第一批省义务教育标准化学校名单中，区内蛟川双语小学、建成学校、艺术实验小学、庄市中心学校榜上有名。镇海区成为全市省首批义务教育标准化学校最多的区域。

【举办义务教育课程改革校长论坛】 11月19日，区举办义务教育课程改革校长论坛，全国知名教育专家郑杰作专题讲座。论坛就贯彻落实《浙江省教育厅关于深化义务教育课程改革的指导意见》精神，推动教育创新和深化课程改革进行探讨。

【与台湾地区学校开展校际结对】 2015年，区内学校按照省教育厅两岸文化教育交流"千校结好"文件精神，通过访问和第三方推动等形式，与台湾地区9所学校签署校际结对意向书，建立从义务段到高中的相互学习平台：镇海中学与高雄女中结对，龙赛中学与新庄高中结对，骆驼中学与台北市百龄高级中学结对，职教中心与中正高工结对，蛟川书院与盐埕国中结对，仁爱中学与楠梓国中结对，区中心学校与建国国小结对，应行久外语实验学校与四维国小结对，艺术实验小学与曹公国小结对。

【首届校园足球联赛开赛】 11月，区中小学生首届校园足球联赛开赛。联赛设高中、初中、小学3个组别，21支球队、400多名学生运动员在精英小学、逸夫学校、立人中学、中兴中学四个赛区展开绿茵竞逐。赛事时间持续至下一年度。此赛事将作为常规赛事每年举行。

校园足球赛

【区内学生中考成绩优异】 根据市教育考试院编制的《宁波市2015年中考学业质量分析报告》：镇海区学生学业成绩平均分最高，总分等级为A+和A的人数较多。

【启动职普融通育人试点】 4月，区职教中心按照《镇海区开展职普融通育人模式改革试点工作的实施意见》，开办职普融通班，首届招生40名。职普融通为省级试点项目，区确定职教中心学校和龙赛中学为对口合作学校。职普融通班学生的综合成绩排名达到龙赛中学高一学生前80%者，可申请进入龙赛中学随班就读。

【镇海中学获"科教结合协同育人"杰出贡献奖】 2015年，在中国科学院大学召开的"科教结合协同育人"工作研讨会上，镇海中学被授予"科教结合协同育人"杰出贡献奖。"科教结合协同育人"评奖，旨在推进教育与科研相结合的教学方式，全国33所、浙江3所学校在评选中获奖。

【龙赛中学成为省参与和支持中职课程改革的普通高中】 12月，省教育厅公布46所参与和支持中职学校课程改革的普通高中名单，区内龙赛中学名列其中，成为宁波市5所参与和支持中职学校课程改革的普通高中之一。

【两学生再获国际信息学奥林匹克竞赛金牌】 2015年，在哈萨克斯坦举行的第27届国际信息学奥林匹克竞赛中，镇海中学学生杜瑜皓、卢啸尘夺得两枚金牌，这是镇中学生继2014年获宁波市第一块国际信息学奥林匹克竞赛金牌后的再次"摘金”。至此,区内学生在国际五大学科竞赛中取得的金牌数达6枚。

【7名学生获头脑奥林匹克决赛冠军】 5月,在第36届世界头脑奥林匹克(OM)决赛中,龙赛中学代表队与来自世界各地的850多支参赛队同场竞技。7名队员凭小于18克的轻木结构装置,承受重640千克物件的表现,获高中组“释放玻璃球的结构”世界冠军。

【区内数十名学生在全国高中数学联赛(浙江赛区)中获奖】 11月,2015年全国高中数学联赛(浙江赛区)颁奖大会在镇海中学举行。镇海区共有13名学生荣获全国一等奖、61名学生获得二等奖。镇海中学、蛟川书院双双荣获团体优胜奖。沈虎跃、叶望川老师被评为全国优秀教练员。

【区政府教育成就奖颁奖典礼在镇中举行】 8月,镇海区人民政府教育成就奖颁奖典礼在镇海中学举行。镇海中学、龙赛中学、职教中心三所学校获区人民政府教育成就奖,2名国际信息学奥赛金牌获得者、53名镇中学生获奖。

职业教育

【概况】 2015年,全区实施职业教育服务提升计划,推进中德职业教育高技能人才培训中心建设,开办首届“中德合作班”。安排校企合作专项经费200万元,推进校企合作办学,开启校村合作办学新模式。职教中心学生在2015年全国职业技能大赛中获四枚金牌。

【开设首届“中德合作班”】 9月,镇海职教中心首届“中德合作班”开学,面向镇海应届初中毕业生,招收五年一贯制数控技术应用(精密机械加工方向)专业学生45名。该班由职业教育高技能人才培训中心(职教中心与德国德累斯顿工业大学共建)与浙江纺织服装职业技术学院合作开办,颁发全日制普通高校大专文凭,培养数控技术(精密机械加工方向)具高等专业知识和高技能水平的“双高型”人才。

【设立校企合作发展专项资金】 12月,区教育局、区财政局出台《镇海区校企合作发展专项资金使用管理办法(暂行)》,规定从2016年起,对校企合作形式、在职教活动中产生的物耗、能耗,教师津贴,实习实训基地建设,教材和实训项目开发,产学研等费用给予适当补助。设立“实习实训基地考核奖”和“校企合作发展先进个人奖”,表彰和奖励在促进职业教育校企合作发展、开展职工教育和培训作出突出贡献的集体和个人。全年安排校企合作专项经费200万元。

【开启省内首个校村合作模式】 4月,区职教中心学校与庄市街道光明村签署校企合作协议,开启全省首个校村合作教学模式。合作围绕光明村创建AAAA级旅游景区,促成职教中心旅游、酒店专业百余名学生和光明村“联姻”。村为学生提供文艺表演、农庄实习平台,学生发挥专业优势,为村举办“梨花节”等旅游节庆活动提供志愿者服务,为新农村建设提供人力资源。

【职教中心获职业教育技能大赛一等奖】 2月,在宁波职业教育总结会上,镇海职教中心获得“2014年度宁波市级以上职业教育技能大赛先进学校一等奖”。2014年，镇海职教中心在全国中职学校师生技能大赛上取得2金4银1铜的优异成绩，奖牌数在全市37所参赛学校中名列第四，成为年度内全市进步最快的一所学校。

【职教中心在全国技能大赛参赛项目全部获奖】 2015年，在全国职业院校技能大赛中，区职教中心参赛的七个项目全部获奖。其中，通用机电设备安装与维护、中餐宴会摆台、焊接技术、工业分析检验赛项获4枚金牌，化工设备维修、汽车营销赛项获2枚银牌，化工仪表自动化赛项获1枚铜牌。金牌数全市第二，奖牌数全市第三，创历史最佳成绩。

教师和教育科研

【概况】 2015年，区教育局实施“师德文化培植计划”，举办师德文化座谈会和学校师德文化主题词提炼、微展活动，培植教育自觉和团队合作精神，继续查处在职教师从事有偿家教。重视教育人才梯队建设，1名中学教师获首届“宁波市教育名师”称号，3名教师获区人才办推荐，参评“宁波市领军和拔尖人才工程”，2名教师在全国高中数学联赛（浙江赛区）颁奖大会上获评全国优秀教练员。全年公开招录中小学、幼儿园教师51名，评定中级职称教师87人，评定中学高级教师、中专高讲、副研究员、高级实验师46人。全年完成师干训（教师培训）“十二五”学时（规定的“十二五”期间须完成的培训课时）目标，提拔、交流26名学校负责人。推进义务段教师流动，全区骨干教师和普通教师流动率分别达到符合条件人数的15.8%和9%。继续开展教学科技活动，两所中学的3个课题团队，入选市“科技新苗”100（学生数）计划。推进“教师幸福保障计划”，教师总体收入处于全市领先水平。

【提升幼儿师资质量】 2015年，区教育局严格教师准入和查处制度，提高学前教师持证率，新进教师持证率达100%。是年末，教师持教师资格证率达到94.66%，比上年提高了8个百分点；教师专业技术职称率达到50.57%，比上年提高5个百分点。

【推进“教师幸福保障计划”】 2015年，区教育局推进“教师幸福保障计划”：安排义务段校长激励基金1000万元，完善高中段教师优质长效奖励办法，把奖励基金从400万元提高到1200万元，用于奖勤、奖绩、奖优，体现多劳多得、效益优先、优绩优酬。恢复全体教师疗休养制度，增设教师午餐补贴。是年，镇海区教师收入处于全市领先水平。

【区高招办获评考试工作先进集体】 1月，省教育考试院发布《关于表彰教育考试工作先进集体和先进工作者的决定》，区高招办获评2014年度省教育考试工作先进集体，成为全市唯一、全省8个先进之一。

【承办市“站高一线看学科”沙龙活动】 11月，市“信息技术教师互联网+——站高一线看学科”沙龙活动在承办单位蛟川书院举行。活动邀请省内部分信息技术特级教师、中学创客导师和全国创客基地温州中学代表，就学生在开展科技创新活动中教师该做什么、科技创新与课程改革相结合、培养学生的创新意识、用创新思维找到学习新知识切入点等问题开展研讨。

【3个课题团队入选市“科技新苗”计划】 2015年，镇海中学《用于CT探测器的透明闪烁材料与器件》《宁波市主城区停车问题对策研究》两个课题团队和龙赛中学《太阳能车用声光防盗报警器》课题团队，入选市“科技新苗”100计划。

社区教育

【概况】 全面贯彻2015年颁布的《宁波市终身教育促进条例》，开展优秀蓝领青工培训、农村劳动力转移培训等，培训达28万人次。社区教育实验项目占全市立项课题的三分之一。家政服务培训被省教育厅推荐在省会议上交流。蛟川成校和骆驼成校通过市高标准成校验收，招宝山社区教育中心通过省标准化成校评估，全区成校标准化率达到100%。

【三所成校完成整体搬迁】 2015年，骆驼街道成校、蛟川街道成校和庄市街道成校相继完成整体搬迁，移至新址的三所成校占地面积分别为2380平方米、3000平方米和1750平方米，办学条件得到整体提升。其中，骆驼、蛟川街道成校搬迁后创建成为市高标准成校。

【社区教育中心建立公益讲堂】 2015年，全区各社区教育中心均建立各具特色的公益性讲堂，分别为招宝山街道的“招宝讲坛”、庄市街道的“人文讲堂”、蛟川街道的“知汇蛟川”、骆驼街道的“百姓课堂”、澥浦镇的“健康平台”、九龙湖镇的“九龙讲堂”。公益讲堂开展社会生活礼仪、职场公共礼仪、孩子心灵沟通、心理健康与调适、老年人合法权益维护、时事讲座等公益培训活动。是年，公益培训受益人数6.5万余人次。

【1篇成人教育论文获全国一等奖】 12月，中国成人教育协会《关于全国成人教育优秀科研成果(研究报告、论文)评选结果的公示》发布，招宝山街道社区教育中心的《“学习圈”理念下终身学习数字化平台开发与研究》论文入选10个全国一等奖。

(钱婷婷)

高 等 教 育

综 述

宁波高教园区北区位于镇海区与江北区交界处，内有宁波大学、宁波工程学院、浙江纺织服装职业技术学院和宁波大学科学技术学院4所大学。

（编辑部）

宁波大学

【概况】 2015年，宁波大学推进11项综合改革，主要是下放财权、人权的校、院两级管理体制改革。结合第六轮中层干部换届，实施干部管理机制改革，建立强责任、强能力、强规范、强绩效的工作机制。学校被列为省部市共建高校、国家海洋局和宁波市共建高校，成为首批省重点建设高校。获香港"宁波帮"代表人士李达三先生1亿元捐赠，设立李达三叶耀珍伉俪、李本俊海洋生物医药发展基金；得到校友庞升东3000万元的捐助。学校综合实力进位到88位，体育竞赛排名第29位。

是年，坚持学术立校理念，创新创业教育，推动创新成果产出。教育部部长袁贵仁来校调研大学生创新创业工作，全省创业学院建设现场会在校召开。1项创业项目获首届中国"互联网+"大学生创新创业大赛全国金奖；蝉联"挑战杯"全国大学生课外学术科技作品竞赛"优胜杯"，1项作品获特等奖，实现特等奖零的突破。开展科研工作活动月活动，制定实施《关于进一步加强科研工作的若干意见》。入选国家哲学社会科学成果文库2项，实现零的突破；获教育部高校人文社科成果奖二等奖1项、三等奖5项，为历史最好成绩。获教育部高等学校科学研究优秀成果奖（科学技术）一等奖1项，获海洋科学技术奖二等奖1项。获省哲学社会科学奖一等奖2项、二等奖7项、三等奖4项；获省科学技术奖二等奖1项、三等奖3项。授权发明专利357件，排名全国高校第42位。1项科技成果以无形资产作价1050万元，参与投资成立宁波华仪宁创智能科技有限公司，实现科研成果产业化。

是年，与麻省理工学院合作的宁波（中国）供应链创新学院落户学校。与国外大学新签订合作协议20个，其中，与新西兰奥克兰大学、西奥大学达成联合培养硕士的双文凭协议。全年共有来自92个国家的2401名留学生，其中学历留学生1111人，学历留学生人数位居省属高校第一。深化港澳台学术交流合作，与香港浸会大学签订本硕连读项目协议。

是年，坚持人才强校战略，引进学术领军人才3名、学术带头人3名、学术骨干19名，优秀青年博士引进数突破100人。组建潘天寿艺术设计学院，筹建医学中心。梅山海洋科教园开工建设，科技学院新校区开工建设的前期工作全面启动。

（根据校长沈满洪教授《2015年校务工作报告》整理编就）

宁波工程学院

【概况】 2015年，宁波工程学院（简称工程学院）有国家级工程实践教育中心2个、特色专业建设点1个，省级重点学科6个、重点建设专业4个、优势专业2个、实验教学示范中心5个，市级重点建设专业4个、品牌专业2个、特色专业4个、服务型教育重点专业群2个。与同济大学、华东理工大学合作培养本科生，与吉林大学、太原理工大学、长安大学等联合培养研究生，与厦门大学共建应用技术研究中心，与中科院材料研究所、中石化镇海炼化、市安监局共建材料与化学工程学院，与市交通委、市交警总队、市住建委、市建设集团共建建筑与交通工程学院，与象山县政府共建象山研究院，与杭州湾管委会、大众和吉利汽车等以理事会形式共同建立“政产学研”人才培养教育联盟，投资3亿元的市先进制造业公共培训平台在翠柏校区建成。年末，学院入选省应用型建设试点示范学校。加快国际化办学进程，与24个国家（地区）73所院校建立稳定的校际合作关系。中美合作会计学专业首届75名毕业生获得中方和美方双文凭。

是年，学校科技合同经费4728.05万元，到账经费3613.42万元。获批国家级项目9项、博士后科学基金2项；获市科技进步二等奖1项、三等奖3项，市哲学社会科学优秀成果奖二等奖1项、三等奖4项。发表论文367篇，其中三大检索论文77篇。授权发明专利53项，实用新型专利45项，外观设计专利4项，计算机软件著作权27项。

是年，学校组织学生参加各种学科竞赛屡获佳绩，在全国大学生化工设计竞赛中蝉联特等奖，在全国大学生数学建模竞赛中取得一等奖。校女子木球队参加全国第十届全国木球锦标赛首次获冠军、并在第九届亚洲杯木球锦标赛上获3枚铜牌。学生参加76类科技竞赛，获省级以上奖625项。学生科研立项100项，其中国家级创新创业训练项目20项、省新苗人才计划项目30项。以学生为第一作者在公开学术刊物上发表论文54篇，获专利39项。“海蓝宝”大学生众创社区被认定为市众创空间和市大学生创业园，推荐的校友创业项目获中国（宁波）大学生创业大赛冠军和市大学生创业新秀季军。毕业生就业率97.11%。

【吕忠达获市科技创新最高奖】 1月30日，在市科技工作会议上，校长吕忠达获2014年度宁波市科技创新特别奖，这一奖项为市科技创新最高奖。吕忠达是著名的桥梁专家，2007年获国家技术发明二等奖（排名2）、中国公路学会科学技术特等奖和宁波市科学技术一等奖，2008年获得浙江省科学技术一等奖，2012年获国家科技进步二等奖（排名1）。这次科技创新特别奖是对他二十多年来在大桥建设施工、设计、研究方面的创新性研究和应用的再次褒扬。

【与厦门大学共建应用技术大学研究中心】 3月27日，工程学院与厦门大学互签合作共建“应用技术大学研究中心”框架协议，并向厦门大学教育研究院副院长史秋衡教授颁发聘书。

【校团委获“全国五四红旗团委”称号】 5月，工程学院团委获2014年度“全国五四红旗团委”称号，这是学校共青团首次获得团中央授予团组织的最高荣誉。全国有27所高校团委获此项荣誉，其中省内仅两所。

【建工土木工程专业通过国家专业认证】 6月，全国高等学校土木工程专业教育评估委员会下发通知，认定宁波工程学院土木工程专业通过评估，有效期3年，这是学校首个通过认证的专业。土木工程专业评估（认证）已进行了21年，截至2015年6月，全国480多所土木工程专业高校共有85所通过专业评估（认证）。

【75位国交学生获得中美本科文凭】 6月16日，工程学院首届中美合作会计学专业的75名学生接过美国特拉华州立大学校长哈利·威廉姆斯和学校校长吕忠达颁发的中、美学位证书，正式毕业。中美合作会计学专业由工程学院与美国特拉华州立大学合作举办，2011年经教育部批准以“4+0”培养形式面向全国范围计划内招生。四年在国内读书，毕业时可同时获得中、美毕业文凭，毕业学生可以直接升读美方大学的硕士研究生。“4+0”中美合作办学模式是中国教育界中美合作办学的首创模式。

【学生再获全国大学生化工设计竞赛特等奖】 8月24日，学校化工学院“C梦”团队在2015“东华科技—三井化学杯”第九届全国大学生化工设计竞赛全国总决赛中获特等奖，与浙江大学等名校同台领奖。这是化工专业学生自2014年首次获特等奖之后再摘桂冠。

学生团队在全国大学生化工设计竞赛中获特等奖

【宁波工程学院安全工程学院成立】 7月8日，工程学院与市安监局合作共建的安全工程学院联席会议暨成立仪式举行。安全工程学院致力于建设成为安全工程人才培养基地、安全技术研究开发中心和安全生产技术服务中心。2015年，安全工程专业招生2班60人。规划到2020年，开办全日制本科专业2个，学生500人左右。

【3名教师获市“甬城英才”称号】 9月，市人才工作会议首次表彰125名“甬城英才”，工程学院3名教师获此称号。其中，校长吕忠达获科技创新特别奖，材料学院教授程晓民、鲍明东分别获市突出贡献专家奖、市优秀留学人才奖。

【孔子课堂在格林纳达玛丽秀大学开办】 10月23日，工程学院在格林纳达玛丽秀大学举行孔子课堂开办仪式，格林纳达教育部首席教育官员、玛丽秀大学执行校长及该校学习中文的学生等参加开办仪式。

【大创园入驻项目获创业大赛冠军】 10月30日，在中国（宁波）大学生创业大赛总决赛上，入驻工程学院“海蓝宝”大学生创业园、从全国438个项目中脱颖而出的对外汉语跨境平台海迪网取得第一名，获市政府创业奖金20万元。项目并获在场28位投资人的意向投资，金额5330万元。

【首获中国博士后科学基金资助】 11月，在中国博士后科学基金会公布的第58批中国博士后科学基金面上项目资助名单中，工程学院2名博士后榜上有名，分获一等、二等资助。这是学校首次获得该项目资助，标志着学校博士后培养质量迈上新台阶。

（夏　萍）

浙江纺织服装职业技术学院

【概况】 2015年，浙江纺织服装职业技术学院（以下简称浙江纺院）资产总值8亿多元，拥有教学、科研仪器设备等固定资产近1亿元，各类图书100余万册。学院下设纺织学院、时装学院、艺术与设计学院、雅戈尔商学院、机电与轨道交通学院、信息媒体学院、中英时尚设计学院（国际学院）、人文学院、继续教育学院（宁波明州职业专修学院）9个二级学院，有专业34个。其中，省级重点专业3个、省级示范专业4个、省级特色专业 8个、省优势专业2个，市品牌专业1个、市特色专业3个。设有国家精品课程4门，省级精品课程18门。拥有中央财政支持的实训基地4个，省级示范性实训基地4个。是年，在校生1万余人；教职工600余人，其中高级职称教师200余人，双师素质教师290余人。

【推进专业结构调整和转型】 2015年，浙江纺院新增城市轨道交通机电技术、电子商务两个专业，撤销应用英语、应用日语、新型纺织机电技术等专业。机电一体化、精细化工分别向工业机器人、环境监测评估方向转型。现代纺织技术（纺织品设计与贸易）、染整技术、服装设计、服装工艺技术等13个专业（方向）列入省中高职衔接“五年一贯制”专业试点。

【学生技能竞赛获奖数百项】 2015年，浙江纺院学生参加各级各类学科技能竞赛107个，有741人获532个奖项。其中，4人获国际级奖项4项，232人获国家级146项（其中一等奖51人次），105人次获省级65项（其中一等奖39人次）。是年，学院荣获“全国大学生文化创意创业大赛一等奖”“全国高校商业精英挑战赛商业信息化创新创业竞赛一等奖”和省第五届挑战杯特等奖1项、一等奖2项、二等奖3项。

【举办多项技能竞赛】 2015年，浙江纺院开展各项技能竞赛1015次，有13.6万余人次参加。其中，第六届红帮技能大赛、“Steve&vivian杯”橱窗创意设计大赛、电子商务技能大赛、网页设计大赛、财会技能大赛等25项比赛规模较大。

【建成校园核心信息平台】 2015年，浙江纺院建成校园核心信息平台，关注用户超过10万人。平台由学院官方微博、校园信息服务、校园互动、14个职能部门和9个二级学院的信息网组成。

【“评展鉴赛”范围扩大】 2015年，浙江纺院开展“评展鉴赛”①的课程门数多达387门，占开课数比例42.6%。各类课程“评展鉴赛”次数达3898次，受益学生11251人次。

【“卓越技师”培养出成果】 2015年，浙江纺院35个专业中有32个专业开展“卓越技师计划”项目培养工作，专业培养覆盖率91%，入围学生400余人，占学生总数的4%，其中94%获得高级职业证书。入围学生在各级各类专业技能竞赛中获奖250项，设计作品有17项获专利授权，74个作品被企业采纳并投入生产。

【中英时尚设计学院开办】 9月，中英时尚设计学院开始办学，首期开设服装设计、服装陈列与展示设计(时尚传媒)两个专业，入学学生90名。中英时尚设计学院是由浙江纺院与英国索尔福德大学联合举办的独立非法人办学机构。

【人才培养国际化全省第四】 2015年，浙江纺院接收英国等国家留学生30余名，派遣学生赴国(境)外交流学习近百名，外派交流生、交换生、学位生占在校生总数1.24%，位列全省高职高专院校第4位。

（孙　凯）

浙江纺院中英大学生协同创新原创设计发布会

宁波大学科学技术学院

【概况】 宁波大学科学技术学院(简称宁大科院)下设6个学院，38个本科专业。2015年，普通文理科实际录取学生2525名。首次参加省高职单考单招，2个专业招收95名学生计划一次投满。2015届毕业生2342名，就业签约2257人，就业率97.10%。

是年，在全省首次高校校(院)长年度教学述职评议活动中，宁大科院名列全省57所本科院校第21位。其中领导重视、教学改革、条件保障、评价激励、工作成效、问题分析等6个指标均高于全省平均水平。在年度武书连独立学院排行榜上，宁大科院排名第10位。学院获省教学改革立项2项、省课堂教学改革立项5项、市慕课课程1项。各类科研立项56项，其中，国家社科基金和国家自然基金各立项1项，省自然基金1项和省哲社各立项1项，教育部人文社科立项1项。继续开展国际教育教学合作交流，嫁接国

①“评展鉴赛”：是一项课程考核模式：“评”指评价方式和评价主体；“展”指课程作品和实践技能公众展示；“鉴”指用各级标准进行课程质量评价，并与职业资格和技术等级挂钩；“赛”指将比赛结果纳入考核。

际先进教育理念与模式，累计与7个国家和地区的10所高校签署校际交流与合作协议。学院列入“省加强应用型建设试点本科院校”。1名辅导员在省高校辅导员职业能力大赛上获得三等奖，2名教师的2篇论文获2001—2002年度宁波市自然科学论文优秀奖，1名教师教育创新获市教育科学规划领导小组2014年度教育科研优秀成果三等奖，2名教师教学成果分获市第九届教学成果一等奖和三等奖。3个项目获市第二批科技计划资助18万元。

是年，学院英语专业学生全国英语专业四级考试一次性通过率92.59%，远超全国普通高校一次通过率51.79%的平均水平。组织学生参加A类学科竞赛11个，获国家级二等奖1项、省一等奖4项、二等奖9项、三等奖13项。至年末，有学生创业团队104个，涉及电子商务、动画设计、工业设计、平面设计等多个专业。

是年，科院加强地方服务，成立科研与地方服务部，召开全院工作研讨会，提升科研创新和地方服务能力。电商学院承担淘宝众筹宁波中心运营服务，艺术学院师生承接慈城镇毛岙村民宿产业项目环艺设计。

【与西悉尼大学合作培养本科生项目签约】 3月18日，宁波大学与澳大利亚西悉尼大学本科生合作培养项目签约仪式在宁大科院举行，两校签署“2+2”本科生学位项目合作协议。“2+2”项目内容为：学生在宁大科院完成前两年课程后，第三年进入澳大利亚西悉尼大学就读剩余两年课程，完成规定学分的，可同时取得宁大科院和西悉尼大学两个学校的学位，并可申请西悉尼大学攻读硕士学位。

【开办首批电子商务实训班和管培班】 3月，法商学院搭建电子商务实训平台，首批引进的恒隆高科、迪麦格磁电、踢踢踏电子商务和宇仁科技4家公司实训班相继开班。分别面向工商管理、国贸、物流和国际航运学生。实训班以小组为单位，采用项目驱动方式，以实际业绩作为评分标准。5月，信息工程学院信管专业G X G电子商务管培班开班。信息管理与信息系统专业学生接受为期2月企业方的电商平台技术维护和运营管理实训。

【学生参加各类竞赛获奖】 2015年，宁大科院学生在全省性各类竞赛中获奖：在省第十四届“宁波市政公路杯”大学生结构设计竞赛中，作品《跨海大桥》《一根辣条 》分获本科组一等奖、三等奖。在省“原助杯”第十届大学生电子商务竞赛中，法商学院团队获一、二、三等奖各1项。在省第十四届“挑战杯”大学生课外学术科技作品竞赛决赛中，作品《宁波市公共自行车网点发展》《“量”与“质”的权衡——基于运营大数据的调查研究》获二等奖。在首届省“互联网+”创新创业大赛中，《互联网+鱼缸》《任务校园》获创意组银奖，《邻乐汇智能物业管理系统》获铜奖。在省第七届大学生生命科学竞赛决赛中，“震天撼地”队获二等奖。在省第十四届大学生多媒体作品设计竞赛中，《高校云课堂——个性化MOOC学习平台》《“JavaEE之家”个性化学习平台》分获网站组一、二等奖,《与时代的对话》获平面组二等奖,《虚情与真意》和《对话——不说》获平面组三等奖,《采石人》和《老人与桃花岭古道》获DV组三等奖。是年7月,设计艺术学院学生作品“Tapeline Plus卷尺”,再次捧回国际顶级设计大奖德国“红点”设计奖。

【副省长调研动漫产研基地】 5月13日,省政府副省长郑继伟一行到设在市大学科技园内的动漫产研基地调研。省市和宁波大学领导陪同。郑继伟副省长对学院以“产教融合、项目驱动、推动创业”为核心的教育教学改革实践表示赞许和肯定,勉励师生取得更大成绩。

副省长(左二)郑继伟调研动漫产研基地

【英国哈德斯菲尔德大学到院交流访问】 5月19日,英国哈德斯菲尔德大学艺术、设计与建筑学院副院长马敏华教授一行到院交流访问。双方就艺术设计和建筑方面开展合作达成初步意向。马教授还与信息工程学院教师开展主题为《信息科学的跨学科研究》的学术交流。

【举行“甬台文创产学研合作会”】 6月11日至12日,由市文化创意协同发展联盟和宁大科院主办的“甬台文创产学研合作会”在宁大科院举行。大陆与台湾与会的大学、有关机构,就两岸文创产业发展及产学研合作空间、方式展开研讨。

【首次举行本科生毕业论文(设计)国际答辩】 6月15日,宁大科院首次本科生毕业论文(设计)国际答辩在日本武藏浦和日本语学院举行,在日本研修的11名科院大四学生完成毕业设计答辩。

【微电影《最美的时光》获奖】 9月,在市首届阿拉电影周电影主题音乐晚会暨“白露大学生微电影、短片展评”颁奖典礼上,宁大科院新闻中心策划拍摄的微电影《最美的时光》获最佳编剧/导演奖。该片于7月在优酷和腾讯两大视频网站发布。

【教育部长考察科院校友创业企业】 10月22日,教育部部长、党组书记袁贵仁一行在市委副书记、市长卢子跃等领导陪同下考察宁波大学学生创业园,走访宁大科院校友所创办的索像光电公司和“此间宁大”工作室。袁部长与大学生创业者们交流,对公司专利产品、团队理念给予肯定。

【影视实践基地入驻九龙湖互联网电影小镇】 12月,宁大科院影视实践基地入驻九龙湖互联网电影小镇。该基地由科院艺术设计学院影视工作室与九龙湖镇合作,旨在打造产学研一体的互联网电影小镇。

【举办2016届毕业生专场招聘会】 12月

12日，宁大科院2016届毕业生专场招聘会举行。360余家用人单位提供就业岗位6000余个，涉及外贸、电子信息等数十个行业。近5000名求职者进场觅岗，达成初步就业意向800余人。

【师生承担地方民宿产业项目环艺设计】 2015年，设计艺术学院师生承接慈城镇毛岙村民宿产业项目环艺设计。师生们设计的湖边小院、茶语山庄、荷家大院、茂湖山庄和游客服务中心等多件作品获当地赞赏和校内外专家好评，为有宁波最美乡村之称的毛岙村民宿产业发展作贡献。

（茅百川）

文化　体育

综　述

2015年，区文广新闻出版工作贯彻落实党的十八届四中全会、全国文艺工作座谈会精神，完成省公共文化服务体系综合性示范项目创建，继续扶持文化创意产业，加强文化市场监管和服务，推动全区文化发展繁荣。全区公共文化服务体系不断完善，文化艺术中心、培菊图书馆等公共文化设施投用，新建农村文化礼堂5个，24小时自助图书馆全部投入运营，“十五分钟文化活动圈”建成。宁波帮博物馆成为传播商帮文化重要载体，全年接待游客50万人次，区文化馆通过全国文化馆评估定级验收。开展“雄镇大舞台”等各类惠民展演300多场次，举办区第二届市民文化节，承办省曲艺新作大赛、市农村文化礼堂种文化展演等大型文化活动。文艺精品创作三年行动计划启动实施，一批具有地方特色和较高艺术水准的优秀作品出版。成立全媒体采访部，新闻报道实行全媒体采访、互动，镇海广播电台荣列全国十佳县级广播电台。鱼山·乌龟山古遗址入选省年度十大考古发现，出土“远古的微笑”等一批古文物。推进体育强区建设，绿轴体育公园一期、西大河运动中心等建成开放，举办首届九龙湖国际半程马拉松赛、省青少年帆船锦标赛。

（裘贤君　倪寅初　钱婷婷）

新闻报道

【概况】 2015年，区新闻工作贯彻落实党的十八届三中、四中、五中全会精神，以“高质量新闻、高效益产业、高效率机制、高素质队伍”为目标推进各项工作。区新闻中心围绕“三改一拆”①“五水共治”②“三严三实”、安全生产等全区重点工作及抗战胜利暨反法西斯战争胜利70周年等重大事件，全媒联动策划主题，推出专栏44个，刊发重大主题报道720篇，组织新媒体互动130余次。全年实现经营收入8600多万元，同比增长4.4%。镇海电台荣膺“全国县级十佳电台”称号，广电青少年艺术中心获“全国青少年校外教育示范项目优秀奖”，“镇海发布”政务“双微”（微博微

①“三改一拆”：指省政府决定，从2013年至2015年在全省开展旧住宅区、旧厂区、城中村改造和拆除违法建筑三年行动。

②“五水共治”：在省委十三届四次全会提出，指治污水、防洪水、排涝水、保供水、抓节水。

信）入选全国“互联网+政务”案例50强。

【成立全媒体采访部】 3月，区新闻中心整合非专栏类新闻节目采编力量，成立全媒体采访部，并于4月投入运行，负责各媒体日常新闻供稿。截至年底，采制报道4340篇次，使各媒体日可用稿量增长20%。是年，采访部在九龙湖国际半程马拉松赛事、抗击台风“灿鸿”及“杜鹃”、甬港经济合作论坛等重大采访中显现整合效益。

【《直通车聚焦》栏目开播】 8月5日，镇海电视台新闻频道开播舆论监督节目《直通车聚焦》，并于每周三晚上6时40分定期播出。“直通车”聚焦“三改一拆”“五水共治”“四边三化”①环境整治等工作开展中遇到的老大难问题，“曝光”一批诸如占河建厂、315户别墅业主违建、企业无环评手续直排废水、粮食储备库大面积违建等现象。舆论监督节目在推进基础设施建设、环境整治等工作启到作用，在2015年度宁波新闻奖评选中，获重大主题报道组织策划奖。

【开展“建区30周年”特别报道】 9月，区新闻中心启动“潮起甬江口　镇海建区30周年特别报道”。历时2月的报道以“六大战略”为切入点，通过采访农村、社区、企业和优秀人才，采制报道40余篇，展示镇海建区30年来政治、经济、文化、社会和生态方面的巨大变化。其间，还组织记者赴北京、上海采访镇海籍杰出人士。

【开展抗击台风“灿鸿”宣传报道】 台风“灿鸿”期间，区新闻中心全媒体采访部27名记者兵分9路开展采访报道，累计出动300多人次，刊发文字稿100多篇、图片新闻60余条。《今日镇海》周末推出抗台专刊，刊出“防御‘灿鸿’特别报道”“防灾救灾重建家园特别报道”共计11个版面，其中图片专版2个。镇海电视台《镇海新闻》栏目打破15分钟常规播出时限，时长分别达到18分钟、20分钟和30分钟，累计发稿60余条；《民生第一线》推出“迎战灿鸿”专栏，发稿19条；增开一期台风“灿鸿”特别节目。电台FM104.7和FM100.1双频并机直播“直击台风灿鸿”达11小时。镇海新闻网推出网络专题“‘灿鸿’来袭 镇海严阵以待”，推出原创报道81条、图片新闻28条、视频报道17条；转载各类资讯、权威发布等近40余篇，综合浏览量突破5万人次；中心官方微博、微信矩阵群、客户端累计发布消息300余条，总阅读量过百万。

记者深入一线报道抗击台风“灿鸿”

【组织抗日战争暨反法西斯战争胜利70周年宣传报道】 9月前后，区新闻中心组织开展纪念中国人民抗日战争暨世界反法西斯战争胜利70周年宣传报道，全方位、多角度地回顾和展示镇海抗战历史：电视

①“四边三化”：由省委、省政府提出，指在公路边、铁路边、河边、山边等区域开展洁化、绿化、美化行动。

台新闻栏目通过战争亲历者或其后人、知情人的口述,结合旧地重访,制作播出《碧血丹心抗战魂 强我中华待后生》《记忆:抗日战争在镇海》等7条报道。电台完成中央、省市电台约稿任务,上传稿件7条。新闻网推出原创专题“不能忘却的纪念”,设英雄老兵、救亡印记、抗日英烈榜等8个板块,报道老兵事迹、纪念活动和历史回眸。《今日镇海》设“寻找抗日遗迹”“听老兵讲过去的故事”“走进抗日历史文化宣讲团”“抗战中的人和事”、老照片背后的故事和镇海作家小说连载七个栏目,刊登44篇报道。“镇海发布”微博发布抗战微博41条,阅读量达到2万人次;微信平台策划10期抗战专题特辑,阅读量6000余人次。

【举行庆祝第16个记者节暨新闻工作者表彰会】 11月8日下午,由区委宣传部和区新闻中心联合主办的“镇海区庆祝第16个记者节暨十佳优秀新闻工作者表彰会”在镇海文化艺术中心举行。中心排练的节目为观众奉上一场视听盛宴。活动还对区十佳优秀新闻工作者、从事新闻工作三十年员工等进行表彰。

庆祝第16个记者节暨新闻工作者表彰会现场

【多件广播作品获省市级奖项】 2015年,镇海电台《我国自主研发生物航空煤油首飞成功,由镇海炼化从地沟油提炼而来》获全省广播电台优秀新闻作品一等奖。《跨越血缘的大爱》获宁波广播电视新闻奖一等奖,《小符号 大作用》获宁波广播电视政府奖二等奖,《“世界屋脊”高速公路首次用上镇海炼化生产的沥青》《全国首例城镇居民住房综合保险落地镇海》获宁波广播电视政府奖三等奖。

【多件电视作品获国家和市级奖项】 2015年,电视新闻《全国首例城房险落地镇海》在全国县级广播电视及播音主持作品评析活动中获电视长消息类二等奖。电视节目《快乐成长》获市广播电视少儿节目一等奖,《2015镇海区农村文化礼堂“星农场才艺大比拼”》《“好人群像”现镇海》电视作品分获宁波广播电视政府奖二、三等奖。

【多件报纸作品获省市好新闻奖】 2015年,《今日镇海》“2015年12月24日要闻版”获2015年度省县市区域报好新闻奖版面作品类一等奖。《60岁老汉搭上“互联网+”快车 70平方小商超7个月交易额破百万》《全国首个液化品保税物流中心落户镇海 助力宁波乃至长三角区域企业降低运营成本》获宁波新闻奖二等奖。《行走在北纬30° 镇海边界行》《九龙湖国际马拉松报道》分获省县市区域报好新闻奖二等奖、三等奖。

【多件网络作品获国家和市网络新闻奖】 2015年,网络作品《6500年前的“镇海微笑”》获中国县市传媒新闻奖三等奖。网络专题《分别五年 瓦砾乡你好吗——镇海援川五周年回访》获宁波新闻奖一等奖,《与爱心妈妈刘国娟面对面倾情互动述心声》获宁波新闻奖三等奖。

(倪寅初)

文学艺术

【概况】 2015年,区文广新局制定出台《镇海区文艺精品创作三年行动计划(2015—2017)》,修订、完善《镇海区优秀文化成果奖励办法》《镇海区文艺精品创作项目化管理实施办法》,引导本土题材创作。推进文艺精品创作由“重结果”向“重过程”、由“重数量”向“重质量”转变。出版《大西迁1937》《后院》长篇小说,《衣衣魔幻岛》等儿童文学5部。书法作品《画禅室随笔》入展全国第十一届书法篆刻作品展,摄影作品《筑梦大港》获省第三届视觉艺术创作群体优秀作品展金奖。舞蹈《排舞串烧》《土耳其的欢乐》获省第九届排舞大赛金兰花奖,舞蹈《若水》获2015省群众舞蹈比赛表演兰花金奖。曲艺《二两“呛便烧”》获省第八届曲艺新作大赛创作兰花金奖。

【出版长篇小说《大西迁1937》】 11月28日,徐志明的《大西迁1937》首发暨捐赠仪式在蛟川街道图书分馆举行。该小说系徐志明创作的第五部长篇小说,以宁波帮企业家余名珏创办的上海大鑫钢铁厂、胡西园创办的中国亚浦耳电器厂西迁事件为原型,讲述申鑫钢铁厂和申光电灯泡厂两家沪上工厂在水、陆两条西迁线路上所遭遇的经历。

【多部儿童文学出版】 2015年,区内业余作家写作的《小屁孩的小故事》《爱捣蛋的黄非非》系列、《我是正能量小公鸡》系列等7部单行本儿童小说出版,其中以“黄非非”命名、塑造的顽皮、有爱的儿童形成系列化,儿童文学创作呈井喷势头。

群众文化

【概况】 2015年,区举办第二届市民文化节、“迎中秋·庆国庆”业余文艺团队会演等大型展演、展赛活动28场次,全区百余支团队竞技亮相。面向社会征集特色活动50余项,吸收社会资金30余万元,吸引近500人次参演参赛。先后承办省曲艺新作大赛、市农村文化礼堂种文化展演等大型文化活动。制定《镇海区基层公共文化服务规范》并获评审专家通过。创建省公共文化服务体系综合性示范项目。

【举办区第二届市民文化节】 3月6日,区第二届市民文化节暨首届家庭文化艺术节在宁波港海员文化中心开幕,本届文化节围绕文艺成果展示、赛事精彩集锦、服务资源配送、艺术培训普及、阅读氛围营造五大主题,分“春”“夏”“秋”“冬”四个活动季展开。新增的“家庭文化艺术节”,以“家和万事兴”为主题,开展家庭孝德、健康、亲子、阅读、艺术等贯穿全年的五项活动,弘扬健康向上的家庭文化,推动“厚德镇海”建设。文化节期间采取向社会征集活动形式的方法,鼓励和引导社会力量参与。

【“基层公共文化服务规范”通过专家审评】 5月18日,《镇海区基层公共文化服务规范》由来自上海社会科学院文学研究所、省、市文化广电新闻系统五位专家组成的评审组评审通过。规范由区文广新局和市标准化研究院联合起草，对基层文化服务设施、服务人员、服务内容、服务提供等四方面进行规范、提升。

【举行“迎中秋·庆国庆”区业余文艺团队会演】 9月26日，“迎中秋·庆国庆”2015镇海区业余文艺团队会演在区文化艺术中心举行。会演以“迎”为引、以“情”为线、以“庆”为题，由各镇（街道）业余文艺团队自编自导排练的歌舞、小品、戏曲等14个节目组成。精彩的表演博得观众掌声不断，增添节日喜庆氛围。

“迎中秋·庆国庆”2015区业余文艺团队会演

【市农村“种文化”广场文化活动成果展演在镇举行】 9月29日，2015宁波市农村“种文化”广场文化活动成果展演在镇海文化艺术中心剧院举行。全市9个县（市、区）14支农民文化队伍带来龙舞、器乐合奏、情景剧、小品、排舞等各具地方特色的节目，展示近年来文化“种子”不断“种”入农村、扎根农村所取得的成效，展现美丽乡村建设的新成果和农民群众健康向上的生活风貌。精彩节目激发起现场1000多名观众的热情。

2015市农村“种文化”广场文化活动成果展演

【举行“我和我的祖国”大型广场器乐演奏会】 10月25日，“我和我的祖国”镇海区大型广场器乐演奏会在市民广场举行。钢琴合奏《保卫黄河》《我爱你，中国》、小提琴合奏《小海军进行曲》《新春乐》等十多个节目，为市民带来一场音乐盛宴。曾获得2014年全国青少年钢琴比赛少年组一等奖的张子腾带来钢琴独奏《普罗科菲耶夫第四奏鸣曲第三乐章》，将演奏会气氛推向高潮，赢得阵阵掌声。

【承办省第八届曲艺新作大赛】 11月20日晚上，省第八届曲艺新作大赛决赛在镇海海员俱乐部开赛，来自全省各地的120多名曲艺演员汇聚招宝山麓。参加大赛决赛的10个地区19个节目，由50多个参赛作品通过市级选拔、地区推荐、专家审定方式筛选出来，曲种有杭州小热昏、宁波蛟川走书、温州鼓词、嘉兴桐乡三跳、平湖钹子书、绍兴滩簧等，大部分作品源于现实生活，内容接地气，主题扣民生。

【省公共文化服务体系综合性示范项目通过验收】 11月，省公共文化服务体系综合性示范项目验收组到镇海考察评估，在经过现场检查考察招宝山街道海港社区、区文化艺术中心、文化馆、图书馆等，听取汇报和查阅资料、台账之后，对镇海区创建省公共文化服务体系综合性示范项目作出评估通过的决定。

图　书

【概况】 2015年，区公共图书馆新增图书62451册，馆藏书计50万册；读者办证6529个，累计3.8万个。图书外借615356册次，读者流通401040人次。图书馆官方微博粉丝2365个、微信粉丝1600多个、书香QQ群粉丝646个。继续推进图书馆总分馆服务体系建设，全区新增村（社区）图书分馆4家、企业分馆3家。至年末，全区拥有村（社区）分馆67家，企业分馆10个，24小时自助借还机13台。是年，培菊图书馆开馆运营，原镇海图书馆改为培菊图书馆直属分馆。

【镇海培菊图书馆开馆】 4月10日，位于宁波北部商贸商务中心文化艺术中心的镇海培菊图书馆开馆，以助捐1000万元港币的张培明、张包素菊夫妇命名的“培菊”图书馆揭幕。培菊图书馆作为镇海区市民文化艺术中心重要组成部分，内设少儿借阅室、流通部、阅览部、读者服务中心、学术报告厅，功能和藏书量达到国家一级馆标准。

镇海培菊图书馆开馆

文　博

【概况】 2015年，区开展文物普查成果保护工作，完成53处新增文保单位（点）的绘制会审和国保单位《镇海口海防遗址保护规划》立项报告草案编制，修缮镇海鼓楼、澥浦月洞门等区级文保建筑。参与并完成鱼山·乌龟山遗址抢救性考古发掘，举办“远古的微笑”——镇海鱼山·乌龟山遗址考古成果特展。发现由清末著名人士严信厚行世的《小长芦馆集帖》残卷。围绕抗战胜利70周年、中法镇海之役胜利130周年，举办“海防历史文化与海洋强国建设”主题学术论坛及展览。宁波帮博物馆策划推出《岁月流痕——民国时期风物展》《追梦——陈逸飞艺术人生特别展》等原创性特别展览，是年，宁波帮博物馆获评国家AAAA级景区。

（裘贤君）

【举办“追梦——陈逸飞艺术人生特别展”】 5月7日，值宁波籍著名艺术家陈逸飞逝世十周年之际，“追梦——陈逸飞艺术人生特别展”在宁波帮博物馆开展。陈逸飞先生的夫人宋美英，胞弟陈逸鸣等亲属和其生前好友莅临现场。展览以“沪上岁月”“旅美生涯”“故土难离”“妙染存梦”四个章节讲述陈逸飞追求艺术、追寻美的人生旅程，展现陈逸飞在艺术创作中顽强不息的探索精神以及对当代审美的深刻思考。展览为时2个月，吸引众多参观者观展。

（裘贤君　周　颖）

陈逸飞夫人宋美英莅临陈逸飞特别展现场

“求索——民建先贤包达三特展”开幕式

【举办“海防历史文化与海洋强国建设”主题学术论坛】　8月20日，“海防历史文化与海洋强国建设”主题学术论坛暨抗战胜利70周年、中法镇海之役胜利130周年纪念活动在镇海举行。论坛邀请国家博物馆文博专家、市文物考古博物馆学会理事、各大专院校海防历史研究专家教授等60余人参加。论坛以镇海独有特色的海防历史文化为切入点，交流海防历史文化学术成果，探讨未来海洋开发、保护战略。

（裘贤君）

【举办“求索——民建先贤包达三特别展”】　11月11日，“求索——民建先贤包达三特展”在宁波帮博物馆开幕。全国政协副主席、民建中央常务副主席马培华致辞。特展分“在一个革命的时代”“实业救国路漫漫”“扛起民主的旗帜”“投身社会主义建设”四个部分，从不同时期反映包达三对社会、对民主的追求和对国家、对民族的挚爱与忠诚，传承民建先贤赤诚爱国、追求真理的崇高精神风范。

（裘贤君　周　颖）

【举办鱼山·乌龟山遗址考古成果特展】　12月3日，镇海鱼山·乌龟山遗址考古成果新闻通报会暨“远古的微笑”考古成果特展在宁波帮博物馆举办。鱼山·乌龟山遗址位于九龙湖镇河头村，自2013年6月起至2015年2月，由市文物考古研究所联合吉林大学、南京大学、中国社会科学院考古研究所、中国国家博物馆、镇海区文保所等机构进行抢救性考古发掘，发掘面积4350平方米。发现河姆渡文化、良渚文化、商周时期、唐宋时期遗迹近300处，挖掘出土文物标本600余件（套），其中一组“带有”微笑的陶器，反映镇海先民笑对生活的精神面貌，命名“远古的微笑”。考古证明，鱼山·乌龟山遗址是已知距离海

“远古的微笑”——镇海鱼山·乌龟山遗址考古成果特展

岸线最近的河姆渡文化遗址之一，也是宁绍地区近20年来发现包含有良渚文化遗存的史前文化遗址之一，将镇海历史由原来距今两千多年提前到距今6500年前。12月，镇海鱼山·乌龟山古遗址被评定为2015年度浙江考古重要发现。

【首次发现严信厚《小长芦馆集帖》残卷】 10月，第一次全国可移动文物普查办在镇海发现由清末著名实业家、书法家、画家严信厚行世的《小长芦馆集帖》残卷，这一全省首次发现，为研究宁波帮历史及书法文化提供实物。《小长芦馆集帖》共12卷，系石刻拓本。本次发现为其中4卷，内容包括严信厚为《小长芦馆集帖》撰写的《题记》和《唐诗集二王书》1卷、《诰身小传集二王》1卷、《二王字集楹联》1卷、《孙过庭书谱集楹联》1卷。严信厚（1838年—1907年）是浙江慈溪出生的中国近代早期民族资本家代表之一，被称为“宁波帮”开山鼻祖。1907年在上海病故，葬于区内九龙湖镇中心村，墓址、墓葬构件分别于2007年、2014年被区文物普查队发现。

（裘贤君）

文 史

【概况】 2015年，区地方志办公室编纂出版镇海区第一本地方综合性年鉴《镇海年鉴2012年①》，开启从2012年开始、每年一本年鉴的编写出版工作。召开《镇海年鉴》编写工作暨培训会议，向区级机关、街道镇（园区）、驻镇机构和部分部省属单位年鉴编写人员，布置2012、2013和2015年度的编写任务。记述2012、2013、2015年度事情的两本《镇海年鉴》撰写、编辑工作同时开展，《镇海年鉴2015年》初稿交付印刷单位后进入校对验稿阶段。是年，《镇海区志（1985年—2008年）》的编纂工作继续推进，开始征求地方志编纂委员会成员单位、方志专家和在镇海工作过的原区级领导意见。与宁波大学合作，启动《宁波市志》镇海卷编写工作。

【第一本《镇海年鉴》出版】 8月，《镇海年鉴2012年》由方志出版社出版，是为镇海区第一部地方综合性年鉴。年鉴采用分类编辑法，设类目、分目、条目三个层次，全面记述2011年内镇海自然、政治、经济、文化、社会情况，字数53万，图片120余幅。由区级机关、街道镇（园区）和部分驻镇机构供稿，区志办年鉴编辑部编辑。

（俞奇恩）

《镇海年鉴（2012）》出版

【编纂出版《镇海旧闻录》】 2015年，区政协编纂出版《镇海旧闻录》。全书辑录晚清以来甬沪杭等地主要报刊对镇海及旅外镇海人士的报道，展示镇海历史风貌与变迁历程。

（庄丽华　曹　斌）

①年鉴的时间表述：书名号内的年份，记述的是此年份前一年；书名号外的年份，指当年。

【《蛟川竹枝词》《蛟川诗话》出版】 9月，由区志办编纂的《蛟川竹枝词》《蛟川诗话》出版，为“蛟川文史丛书”组成部分，根据镇海历史文献资料挖掘整理。《蛟川竹枝词》辑录清至民国时期39位词作者反映镇海县境的竹枝词43篇；《蛟川诗话》原为清镇海清泉人士张懋延撰，辑录镇海自唐汉至清乾隆年间历代诗人诗事，此书为原《蛟川诗话》的点校本。

（俞奇恩）

文化市场和文化产业

【概况】 2015年，全区有书店、影像制品、歌舞厅、网吧等文化营业实体单位218家。文化市场一方面由于网络文化影视快速发展，有线电视内容和功能拓展，书籍、影像制品销售等受到冲击和影响，而2014年9月启用的文化艺术剧院仅承接公益性活动，尚未市场化运作；另一方面，在大力推进文化创意产业发展背景下，全区引进文化创意企业（含非文化产业）330家，合计注册资金146235万元，其中的动漫游戏、影视传媒制作和艺术设计等文化产品制造取得长足发展。传统文化市场经营状况为：2010年改制为企业的新华书店营业额3046万元；四家电影院票房收入2309.2万元；区内外专业剧团演出约300场次，其中区内2家专业剧团营业收入约88.25万元。

是年，区文化市场行政执法大队继续“扫黄打非”，开展“清源2015”“护苗2015”“净网2015”等专项整治行动，全年出动检查人员1350人次，检查文化经营场所1410家次，查缴非法音像制品、书刊2841盘（册），行政处罚立案处理21件，取缔无证经营店（摊点）5家，罚款3.6万元。“区文化市场行政执法大队国家大学科技园区工作站”建立，行使文化产业园区的文化市场日常管理职能，全年走访文化企业330余家次，建立“一企一档”300多个，发放网络游戏、影视制作、版权服务等不同领域法规宣传资料500余份，接受法规咨询30余次。

（裘贤君）

【区内动漫企业亮相杭州动漫节】 4月，在杭州举行的第十一届中国国际动漫节上，区文化创意产业联盟设立镇海动漫馆，区内千懿文化、邦天文化、一坤数码、中数动漫、腾视文化、镇艺文化、圣吉雅文化、心智文化、果果文化等9家动漫游戏企业参展，展示区动漫原创作品及动漫衍生产品。动漫馆还宣传镇海区发展文创产业的优惠政策和区位优势。

【区文化创意展暨“烟雨江南”婚庆博览会举行】 12月，2015镇海区文化创意展暨“烟雨江南”婚庆博览会在宁波国际会展中心举行，百余家区内文创企业和国内顶尖婚庆专业机构参展。平衡车、3D打印、智能机器人等一批智能产品亮相，展示区文化创意产业发展的新成果。镇海籍艺术大师陈逸飞生前唯一雕塑作品——东方少女公开展览，引起轰动。由区内文创企业宁波烟雨江南文化创意有限公司主办的第六届“烟雨江南”婚庆博览会展馆总面积达16840平方米，为历届之最。展会共吸引专业客商1000余人、观众20000人次，达成交易额8亿多元。

（卫良志）

文化创意展开幕式

【书画艺术街开街】 10月31日，地处骆驼联勤路，店铺面积4200平方米的骆驼街道书画艺术街举行开街典礼，现场举行首批个人工作室授牌、《印象骆驼》写生集首发赠送等活动。至年末，书画艺术街入驻经营书画作品、茶道文化、笔墨纸砚、工艺陶瓷、根雕奇石花草和从事琴技棋艺拳术、书法美术培训等商户20家，成为骆驼居民提升生活品位的好去处。是年，艺术街开展书画活动200多场次。

（孙晓玲）

书画艺术街开街

档　案

【概况】 2015年，全区档案工作以建设档案强区为目标，完善档案部门监管机制，提高依法治档能力，创新档案征集编研，加快档案资源整合，加强档案宣传教育。区委办、区政府办印发《关于加强和改进新形势下档案工作的通知》，对新时期加强和改进档案工作、推进档案事业发展提出目标和要求。

是年，区档案局将“五水共治”“三改一拆”等有关资料整理收集纳入档案年度目标管理考核。加强机构改革和机构搬迁中档案归属、流向的监督指导，明确档案处置方案。开展2015年度省市重点建设项目档案登记，检查、指导泥螺山北侧围垦工程档案归集整理。加强农村档案规范化、信息化管理，规范村集体经济股份合作制改革档案整理工作。开展“三合一”制度编制，提升全区档案工作水平。实施房屋拆迁档案执法检查，促进拆迁档案工作规范化。开展档案征集活动，“筑巢引凤”效应显现。进行馆藏档案实体清点核对，改造库房恒温恒湿系统，对新馆库房档案进行杀菌消毒。举办“金秋菊韵 和美镇海”摄影活动，征集到区第28届菊展摄影作品227件。举行档案馆公众开放日活动，100余名中学生走进档案新馆了解档案工作。联合蛟川街道开展“档案与您相伴”为主题的“6·9”国际档案日活动，在渡驾桥村展览馆藏照片、宣传档案法律法规。

是年，接收进馆实体档案45个全宗、11943卷/75405件，实物档案187件，档案数字化159万页。至年末，馆藏实体档案228个全宗、104960卷/113583件，馆藏图书8555册，各类报纸杂志资料18181册。当年接待查档人员2546人次，利用档案资料3545卷。

【开展档案“三合一”重新编制】 根据各单位的权力清单、责任清单，2015年，区档案局在区级机关及镇街道开展“档案分类方案、归档范围和保管期限”（简称“三合一”制度）重新编制，保障档案资源应归尽归。区档案局组织力量，审查“三合一”编制情况。年末，全区机关、镇街道重编制度全部上报，区档案局批复认定45家单位完成“三合一”制度。

【10家单位档案目标管理达市级以上标准】 2015年，区档案局在区直机关、事业单位和国有企业中开展档案目标管理认定。全区10家单位档案目标管理达到省、市级标准。其中，省级1家，为区公积金中心；市级9家，分别为区卫生监督所、区十字路水库管理处、区妇联、区就业管理处、区政法委、区市政工程管理处、区公路运输管理处、骆驼中心小学和贵驷小学。

【实施新一轮馆藏档案数字化扫描】 2015年，区档案馆开展新一轮全文数字化扫描，完成80万页馆藏档案、5万张照片和部分图书的数字化加工，新建照片、图书资料、地籍图登记册3个专题。至此，全面完成馆藏民生档案全文数字化建设，馆藏档案数字化率达85%以上。继续加快重要、易损、利用率高的档案的数字化进程，以保护珍贵、重要档案。

【档案征集成果丰富】 2015年，区档案馆“筑巢引凤”，继续开展民间档案征集，将一批反映镇海历史的档案资料征集进馆：萧山籍省民间收藏家协会会长蒋兆悦捐赠与镇海有关的资料和实物48件，区新闻工作者张敬愉捐赠多年拍摄的1.5万余张照片底片，宁波方言研究者徐春伟捐赠珍藏的《华英字典》。澥浦镇将原郑氏十七房景区管委会的146件书画和篆刻档案移交。

2015第四届“兰台杯”档案立卷技能比武

【开展档案系列宣传教育活动】 2015年，区档案局开展档案系列宣传教育活动，以促进档案工作者提高专业素养：4月，开展新任档案员上岗培训，各部门和镇街道60余名档案工作人员参训。5月，举办区第四届“兰台杯”档案立卷技能比武，机关、企事业单位97名文书档案人员参加。11月，举办“兰台杯”档案知识竞赛，档案员组成7支代表队参赛。

【向从事档案工作25年以上人员颁发《荣誉证书》】 4月，区档案局向从事档案工作25年以上人员颁发“荣誉证书”，以弘扬档案工作者爱岗敬业精神。全区共有26位档案工作者获得证书，年龄最大的72岁，最小44岁。

【启动民国版《镇海县志》整理工作】 10月，区档案馆完成民国《镇海县志》全文转录，拟请专家点校整理。民国县志由曾任镇海县知事的盛鸿焘、洪锡范主持编修，王荣商、杨敏曾总纂。该志于1924年筹划，历时7年，1931年付梓刊行。全书45卷22册，另附《镇海县新志备稿》2册、《镇海县地图》1册。记载了民国时期镇海县的历史文化、风土人情和自然风光，留下大量有价值信息。

【召开第8届档案学会会员大会】 11月

19日，区档案学会召开第八届会员大会暨第11次档案学术论文研讨会，全区83名会员代表参加。会议审议通过区档案学会第七届理事会工作报告，选举产生第八届理事会理事15人。档案学术论文研讨会收到论文9篇，产生一、二、三等奖共4篇。

【开展档案年检执法检查】 11—12月，区档案局在区级机关中开展档案年检执法检查，主要检查2014年度档案收集、整理、保管、利用和信息化管理情况。共检查79家单位，其中现场年检26家、网上年检53家。12家单位获年检优秀等级，1家不合格单位被责令限期整改。

（何小平）

体　育

【概况】 2015年，镇海区获省政府"浙江省体育强区"命名。区启动《镇海区全民健身实施计划（2016—2020）》和镇海区体育事业发展"十三五"规划制订工作。举办九龙湖（宁波）国际半程马拉松赛、省青少年帆船锦标赛、省体育大会幼儿足球表演赛等赛事。绿轴体育公园一期、西大河运动中心等建成开放。新建古塘健身、蛟川体育公园、永旺游步道等体育设施。打造"第四边工程"（群众身边的健身指导工作），全年培训社会体育指导员100人以上。开展省级体育俱乐部、体育先进社区等创建活动。镇海中学、蛟川中心学校获评首批全国体育工作示范学校。

【镇海区被命名为"浙江省体育强区"】 1月，在2015年浙江省体育局长会议上，省政府命名镇海区为"浙江省体育强区"。获此称号的县（市区）全省共10个。

【免费提供市民体质监测服务】 2015年，区国民体质监测与健身指导中心向镇海籍市民提供每周一次的免费体质测试：专业体育指导员为市民进行身高、体重、握力、肺活量、纵跳、单脚闭眼站立、坐位体前屈、选择反应时、俯卧撑、仰卧起坐、台阶测试等11项基本国民体质监测，进行血压、心肺功能、骨密度、人体成分、血管机能5项体能测试，并根据测试数据给予健身指导。全年接受免费体质测试的居民3693名。

【获市中学生田径运动会高中组团体冠军】 2015年，在市中学生田径运动会上，镇海区代表队获县市区高中组团体第一，并获体育道德风尚奖。其中，镇海中学以总成绩193分、12个单项第一名的优异成绩获省级重点普通高中组团体冠军。

【拳击荣登金牌榜首】 2015年，在市第十七届运动会拳击比赛中，镇海区代表队获8金、6银、7铜，荣登金牌榜榜首，创区拳击历史最好成绩。

（钱婷婷）

【举办半程马拉松赛】 4月，由省体育局、区人民政府主办的"2015年镇海九龙湖国际半程马拉松赛"在九龙湖畔举行。比赛设男女半程、男女短程和迷你马拉松等5个项目，共有来自10个国家和地区的4500多名选手参加，其中外籍选手200多名。肯尼亚选手罗迪克·扎布伦·基普杰迪什（Rotich Zablon Kipngetich）与格拉蒂丝·杰普彻彻尔·彻丽约特（Cheruiyot Gladys Jepchirchir）分别以1小时零6分、1小时24分的成绩获得21千米半程赛男子、女子冠军;12千米短程赛项目男子冠军由肯尼亚选手桑恩·尼古拉斯·基普洛迪什(Sang Nicholas Kiprotich)摘得,短程赛女子前三名被中国选手顾怡雯、刘辉、王秀娟包揽。区长跑协会选手获男子半程第20、31、38、40名,女子半程第39名,男子短程第13、15、31、46名。

（黄　山）

2015九龙湖国际半程马拉松赛

【举办省体育大会幼儿足球表演赛】 5月,区艺术实验幼儿园举办浙江省幼儿体育大会暨浙江省第四届幼儿足球表演大赛。来自全省各地29支参赛代表队的520多名小运动员参加为期两天的"集体规定动作和自选动作足球操""带球绕桩""颠球""射门"和"幼儿五人制足球PK赛"。

【建设一批体育设施】 2015年,区投入资金1200余万元,完成一批体育设施建设:招宝山街道古塘健身中心,设有羽毛球场、健身房等健身设施;蛟川街道体育公园,设有足球场、篮球场、1000米自行车专用胶跑道及三处健身路径;庄市街道永旺游步道,新建(提升)健身步道17千米。新建体育设施向公众开放。

【镇海代表团青少年部市运会创佳绩】 2015年,在十七届市运会上,镇海区代表团青少年部创历史最好成绩,共获奖牌347.29枚(包括赛前市级以上运动会所获奖牌和市运会实战奖牌)。其中,金牌145.74枚,位列全市第四;银牌97.25枚,位列第三;铜牌104.3枚,位列第五。实战金牌80.5枚、银牌69枚、铜牌69.67枚,奖牌总数219.17枚,获团体总分1468.67枚,金牌、奖牌和团体总分全部位列宁波市第二位,远远超过赛前制定的保七争六创五的目标。大众体育部获团体总分二等奖,奖牌总数三等奖。其中,桥牌比赛包揽团体赛、双人赛两项冠军,创区桥牌比赛历史最好成绩。

【蹦技学校运动员在青运会上获佳绩】 10月,区蹦技学校运动员代表宁波队参加全国第一届青运会蹦床比赛,获女子团体第三、男子团体第四,并收获男子个人银牌1块、女子个人铜牌1块。

【绿轴体育公园向市民开放】 8月1日,全市首个城市体育文化综合体绿轴体育公园向市民开放。该公园占地面积约11.62公顷,内设球类场馆、室外运动场地、健身慢行系统等体育设施。该项目实行PPP模式管理(即由第三方万科集团负责),通过市场化运作和定期免费开放两种形式,打造集"健身、休闲、娱乐"等功能于一体,实现体育文化设施多元化利用。

（钱婷婷）

医疗卫生

综　述

2015年，全区有各级各类医疗卫生机构235个。其中，区级综合性医院4家，社区卫生服务中心6家，社区卫生服务站57家，村卫生室89家，其他医疗机构79家。合计拥有床位2213张，户籍人口每千人拥有床位9.40张。在岗职工人数4206人，其中卫技人员3445人。卫技人员中，执业医生1146人，助理执业医师127人，注册护士1388人，户籍人口每千人拥有医生5.41人、护士5.90人。全年卫生事业经费27408万元。是年，无孕产妇死亡发生，五岁以下儿童死亡率3.00‰，各类法定传染病报告总发病率721.46/10万。无偿献血3674人次，献血量1138.80升。

是年，区卫计局深化医改，提升医疗卫生服务能力，推动人民健康事业稳步发展。以创建"人民满意医院"为载体，提高4家公立医院运行效率和服务质量。继续实施区级医院"上联下沉"工作，初步形成医疗机构纵向分工协作体系。按照城乡卫生一体化试点要求，加强社区卫生服务机构内涵建设，探索建立基层首诊、双向转诊的分级诊疗模式。持续推进智慧健康保障工程建设，基本完成智慧健康三期工程。完善卫生应急指挥体系，强化队伍培训和应急演练。以创建省级卫生监督协管服务示范点为目标，规范基层卫生行政执法。优化妇幼保健和计划生育服务，提升区域公共卫生服务均等化水平。加强卫技人才队伍建设，继续开展学科带头人、后备学科带头人评选。

【多项措施应对台风侵袭】 2015年，在"灿鸿""杜鹃"台风影响期间，区卫计局采取多项措施应对：召开多次台风防控紧急会议，要求医疗机构做到救灾防病人员、药品和指导"三到位"；建立各医疗机构领导值班、医务人员到岗到位制度；重视灾后卫生防病工作，各社区卫生服务中心配合各镇（街道）和各村（社区），局属各单位相互协作，共同做好灾后病毒监测、消杀和卫生宣传。两次台风未造成直接人员伤亡。

医疗机构

【概况】 2015年，全区门诊量404.58万人次，门诊每人次平均费用129.18元；住院量40.01万床日，每住院床日778.50元，每出院病人平均费用7489.17元。以"创建人民满意医院"为载体，区卫计局授权第三方测评医院开展医患者就诊测评，满意率88.35%。区人民医院主要临床专科设置及病种病历达到三乙医院水平;龙赛医院通过健康促进医院评审;区中医医院开设中医治未病门诊,对亚健康人群进行中医辨证调治;炼化医院开设“微导诊”微信服务,方便患者就诊。

【龙赛医院改造在医院照常运行中实施】 2015年,龙赛医院改造提升工程在医院照常运行的情况下进行。至年底,完成6层门急诊医技楼的4层结构梁板混凝土浇筑和地下室砌筑。旧楼拆除造成诊疗场地拥挤,现场施工给就医环境带来影响。

【区慢性病防治指导中心挂牌】 9月,在区疾控中心牵头组织下,龙赛医院挂牌区慢性病防治指导中心,配备专兼职医务人员,为市民提供慢性病防治服务。中心计划挂牌3年,承担全区慢性病防治的临床业务培训、基层指导、考核评估、适宜技术推广等工作。

【实施一例“人工血管搭桥术”】 8月初,区人民医院肾内科成功实施一例“人工血管搭桥术”。“人工血管搭桥术”是肾内科领域高难度新技术,跨过血管狭窄部位进行血管重建,在最大限度保留原有人体内血管基础上,解决尿毒症患者血管狭窄问题,可延长透析患者生存时间和生存质量。

【引入“基因检测”技术】 7月底,区人民医院与宁波美晶医疗技术有限公司签订“基因检测”合作协议,成为全市首家引入“基因检测”技术、推行“精准医疗”服务的公立医疗机构。“精准医疗”以个人基因组信息为基础,结合蛋白质组、代谢组等相关内环境信息,为患者量身设计出最佳治疗方案,以达到治疗效果最大化和副作用最小化。

【配合完成全国危险化学品救援技术竞赛】 10月,在镇海举行的第一届全国危险化学品救援技术竞赛上,炼化医院承担竞赛现场医疗保健服务任务。依靠危化品企业医疗服务经验,对比赛现场可能会出现烧伤、气体中毒等情况,作出备齐针对性急救药品、医疗用品和救治方案的准备,保证参赛选手第一时间得到专业医疗救治。

【宁波第五医院托管后实施医疗新技术】 1月1日,宁波第五医院由上海吴孟超肿瘤医学中心托管。3月起,五院作为上海细胞治疗工程技术研究中心、上海细胞治疗研究院直属临床基地运行,开设肿瘤细胞精准治疗、精准细胞医学美容、基因检测、健康免疫细胞储存等科目,实施一流肿瘤细胞治疗技术。

疾病预防与控制

【概况】 2015年,区卫计局在全区10家公立医疗机构开展传染病三级网络直报平台应用试点,共报告各类法定传染病17种3041例。报告总发病率721.46/10万,总发病数同比下降28.02%。其中,甲类传染病无病例报告,乙类传染病11种964例,丙类传染病6种2077例。甲乙类传染病发病率228.7/10万,同比上升9.05%,死亡4例;丙类传染病发病率492.76/10万,同比下降37.83%,无死亡病例。有效处置一起水痘突发公共卫生事件。加强实验室能力建设，检测项目由374项提高到407项。启动第三轮国家级艾滋病综合防治示范区建设，区疾控中心作为省第一批社会组织培育基地，通过服务外包形式，检测各类高危人群，实施艾滋病咨询检测，对符合条件的病人开展抗病毒治疗和CD4细胞检测[①]。全年报告肺结核疑似病例445例，其中确诊涂阳肺结核64例，涂阴肺结核130例，病人系统管理率100%。理顺慢性病医防整合机制，启动成人慢性病监测项目。

【启动免疫规划标准化建设】 2015年，区在全市率先启动免疫规划标准化建设，出台《镇海区免疫规划预防接种工作服务实践指南》，规范预防接种各环节，对接种流程、接诊态度、规范用语等提出要求。加强免疫规划信息化管理、疫苗和冷链管理、AEFI监测[②]及投诉管理，为全域数字化接种门诊打基础。12月，澥浦镇社区卫生服务中心创建为五星级预防接种门诊，全区7家预防接种门诊全部达到省三星级以上标准。

【处置一起水痘突发公共卫生事件】 5月2日—8日区中心学校报告水痘13例。区卫计局采取多种措施有效控制疫情：进行现场流行病调查，对已发现病例和疑似病例隔离治疗，开展应急接种，加强晨间检查和教室消毒，加强学生健康教育。此后，水痘未扩散。

卫生监督

【概况】 2015年，区卫计局继续完善卫生监督体系建设，九龙湖镇、澥浦镇卫生监督协管工作站通过省级服务示范点复评。实施卫生监督信息化管理，开展现场移动执法，调处举报投诉案件18起，办结行政许可345起，作出行政处罚决定66起，罚没款351450元。持续打击非法行医，开展联合执法9次，取缔非法行医15起，移送公安处理2起。强化医疗服务市场监管，对232家医疗机构按规模分类进行“依法执业，守护健康”专项检查。继续加强医疗废物管理，开展消毒隔离专项检查198家次，监测抽检消毒与灭菌样品50份，合格率82%。加强各类公共场所日常监督管理，创建住宿场所分色管理[③]示范区，47家住宿场所达到管理示范店要求。强化餐饮具集中消毒企业监管，实现全部企业二维码信息公示，开展200份产品抽检，合格率100%。完成区内学校卫生保健室规范化建设。

区卫生监督所查处非法行医案件

①CD4细胞检测：CD4细胞是受艾滋病病毒攻击的免疫细胞，其检测结果可有效判断艾滋病患者免疫功能和治疗效果。

②AEFI监测：疑似预防接种异常反应监测。

③分色管理：根据客房不同区域、不同物品、不同部位使用不同颜色的抹布进行清洁卫生管理。

【开展中小医疗机构口腔感染预防与控制试点】 2015年,区卫生监督所在6家社区卫生服务中心、19家口腔门诊部(诊所),开展中小医疗机构口腔感染预防与控制规范化管理市级试点。区卫生监督所分组逐家上门督导,逐项检查清洗消毒场所、消毒设施、消毒灭菌效果、工作记录和索证等。试点医疗机构张贴《口腔诊疗器械清洗消毒操作规范》,明确消毒登记管理制度。9月,试点工作通过市卫生监督所验收。

区卫生监督所抽检经济型快捷酒店卫生情况

【放射诊疗机构CT检查规范化试点通过市验收】 2015年,区卫生监督所在市CT检查规范化试点中,对全区5家设有CT放射诊疗的医疗机构开展专项检查,完整导出各医院2014年5月1日至2015年4月30日所有放射诊疗检查个例信息,完成CT设备不同部位扫描参数调查,督促规范使用个人防护用品。12月,该试点通过市级验收。

【部分住宿行业实施卫生监督电子化公示】 2015年,区卫生监督所在住宿行业中推行卫生监督电子化公示。12家拥有电子显示屏、28家拥有LED门头滚动屏的住宿经营单位实时公示卫生检查监督情况,使投宿者能直观了解旅店卫生。

妇幼保健

【概况】 2015年,全区孕产妇系统管理率97.36%,3岁以下儿童保健系统管理率96.86%,无孕产妇死亡、新生儿破伤风发生,围产儿死亡率4.78‰,五岁以下儿童死亡率3.00‰。孕妇产前血清学筛查率91.01%,新生儿听力筛查率 99.56%,新生儿疾病筛查率99.48%。户籍人口剖宫产率41.66%,医疗机构内剖宫产率33.01%。孕产妇签约服务率100%,0—6岁儿童签约服务率92.82%。区卫计局继续推进基本公共卫生妇幼惠民项目,提供免费产前检查21454人次、儿童体检37376人次、DDST检查[①]18206人次,6个月体弱儿童筛查1673人次、免费金额188.17万元。孕妇产前筛查2702名、新生儿疾病筛查2494名,免费金额74.38万元。继续实施免费艾滋病、梅毒和乙肝母婴传播阻断项目,免费检测艾滋病9880人次、梅毒17314人次、乙肝三系9881人次,免费乙肝免疫球蛋白肌注率100%,免费金额42万元。1例HIV感染孕产妇顺利分娩。补助农村孕产妇住院分娩394人,每人600元,补助率100%。继续实施妇女健康提升工程,适龄妇女体检率57.2%,随访确诊宫颈癌前病变60例、宫颈癌1例、乳腺癌13例、卵巢癌1例。

【成立"一站式"婚育综合服务中心】 2月,区成立"一站式"婚育综合服务中心,实现婚

①DDST检查:丹佛发育筛查,用于发现2个月至六岁小儿智力发育问题(初筛)。

姻登记、免费婚前检查、免费孕前优生健康检查一站式流程、一门式服务、全程式引导。在方便群众的同时，提升服务质量，婚孕前检查率从2014年的90.09%上升至91.05%。

【"456保春行动"吸引更多女性】 2015年，区妇幼保健院继续开展更年期保健工作，"456保春行动"[①]吸引越来越多适龄女性参与。全年保健门诊2660人次，较上年增加90%；为140名围绝经期女性新建HRT[②]个案；举办更年期保健讲座15场次、快乐更年沙龙活动5场。建立"456保健室"微信群，定期推送更年期保健知识和在线咨询服务。

医政管理

【概况】 2015年，区卫计局开展医疗服务质量提升年活动，优化就医环境和诊治流程，改善医疗服务，推进预约诊疗、优质护理和临床路径管理。发挥全区17个医疗质控组织作用，加强医疗纠纷依法处置。建设医院安保体系，保障20张病床配备1名保安，区人民医院获评市级平安医院。加强医疗保障、应急突发事件处置、传染病医疗救治工作。推进省县级龙头学科、市区共建学科、区级重点学科建设。申报各类课题75项，其中省卫生厅课题立项1项、市科技局立项2项、区科技局立项14项。发表二级以上论文124篇，其中SCI[③]收录1篇，中华杂志收录11篇。基本完成智慧健康保障工程（三期）项目建设。搭建公共卫生服务平台，建设统一的慢性病、传染病检测管理系统，采集慢性病报卡89145份、传染病报卡4391份。改造全区10家医疗单位防保系统，启用全国传染病三级报卡，上报传染病报卡680份。镇海区列入"宁波云医院"第二批试点。

【深化公立医药卫生机构改革】 2015年，全区深化公立医疗卫生机构改革：实施新一轮国家基药制度，基本药物从457种增加到812种，部分慢性病一次开药量最长可达2个月，缓解配药难问题。继续适度提高挂号、检查等费用，控制药费增长，就诊药占比明显下降，"以药补医"的不合理机制逐步改变，医疗机构业务收入结构趋于合理。推进医师多点执业，全年有73位医师办理多点执业注册或备案。

【推进"上联下沉"工作】 2015年，区卫计局推进医疗机构、医务人员"上联下沉"工作。在"双下沉、两提升"工作中，区内优质医疗资源和医务人员"下沉"基层，157名区级医院骨干医生进社区服务，提升基层医疗卫生服务能力和群众就医满意度。在"上联"工作中，区中医医院与宁波市中医院、炼化医院与宁波二院、镇海二院与上海华山医院手外科签订对口帮扶协议，"上联"合作医院专家到镇海坐诊850余人次，诊治病患者2万余人次。

【提升中医药服务能力】 2015年，区卫计局继续推进中医学科（专科）应用，提升中

①"456保春行动"：对40～60岁更年期妇女开展治疗、保健、宣教。

②HRT：激素替代疗法，通过补充激素治疗激素分泌减退或缺乏疾病。

③SCI：美国《科学引文索引》，国际公认进行科学统计与科学评价的主要检索工具。

医药服务能力：在中医院设立区基层中医适宜技术推广基地，向社区推广中医药适宜技术8项；推选中医儿科参加市重点学科竞争；综合性医院和社区卫生服务中心全部设中医科和中药房；80%以上社区卫生服务站开展4项中医药适宜技术。

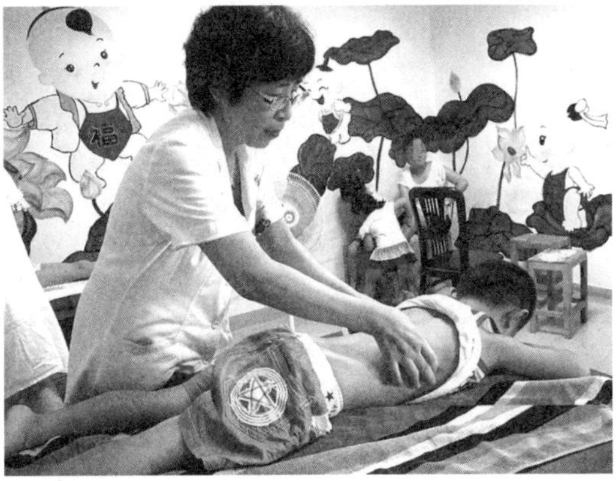

区中医医院开展中医外治疗法小儿推拿

【智慧健康保障工程运行有序】 2015年，区智慧健康保障工程分中心运行有序：区域卫生数据中心汇集382777份实时动态居民电子健康档案、13211635份电子处方、3754645份化验检查单；区域临检中心完成区人民医院标本数量36351项；区域心电中心出具43961份报告，其中龙赛医院审核27200份报告；区域影像中心出具38269份报告，其中区人民医院审核7261份报告；双向转诊平台共下转病人4486人，上转病人2450人；居民网上医疗服务平台有效注册人数约14527人，完成11815人次预约。

社区卫生

【概况】 2015年，全区6家社区卫生服务中心全部为省级规范化社区卫生服务中心，其中，国家级示范社区卫生服务中心1家、省级示范3家。57家社区卫生服务站、12个便民医疗服务点中，有市级五星站17家、四星站31家、三星站6家。4家社区卫生服务中心按照“五门诊一中心”要求，建成特色专科（专病）。46家社区卫生服务站完成“一站一品”品牌建设，推出特色服务项目，设立“健康小屋”，推出居民“自助式”健康服务，提高社区慢性病早期发现和管理水平。是年，城乡居民规范化电子档案建档率90.44%，高血压、糖尿病发现人数分别为49810人和12728人，发现率11.9%和3.04%，规范管理率67.39%和56.15%，控制率64.61%及62.35%。医疗卫生系统继续开展城乡“牵手工程”，区级综合性医院下派157名骨干医生，到镇（街道）对口援助4426余人次，使群众能在家门口享受区级优质资源。继续推行契约式家庭医生服务，175名家庭医生与7717名居民签约。

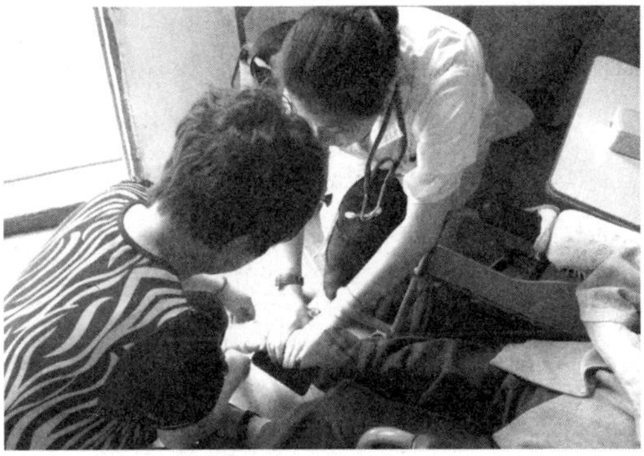

家庭医生上门服务

【两个社区卫生服务中心改迁建】 3月下旬，原址扩建的蛟川街道社区卫生服务中心投入使用。占地5950平方米，投入4500万元，新建1幢6层综合楼和1幢2层辅助房，建筑面积9864.65平方米，设康复床位30张。9月中旬，迁址新建的澥浦镇社区卫生服务中心投入使用。用地7080.21平方，投入3986万元，建有建筑面积6829.6平方米的5层综合楼、2层附属用房各1幢。

蛟川街道社区卫生服务中心迁建投用

【开展高血压远程监管试点】 7月初，骆驼街道社区卫生服务中心开展高血压远程监测管理项目省试点。依托无线远程健康监护平台的信息采集与传输，将患者血压情况实时传输到社区医疗管理平台，联结居民健康档案，通过医务人员与高血压患者在线互动、个体追踪和效果评价等实现高血压远程监测管理。

爱国卫生

【概况】 2015年，区爱卫办实施城乡环境卫生整洁行动、农村环境卫生集中整治，城区和农村环境卫生面貌持续改善。深化"温馨家园·秀美村庄"创建活动，6个村获评2015年度"温馨家园·秀美村庄"示范村。17个村新建公共厕所24座，改建公厕32座。6个镇(街道)实行消除病媒生物工作市场化运作，镇海区通过省级灭蚊灭蝇先进城区复查。镇海电视台播出《健康有约》栏目26期。举办第5期"雄镇健康讲坛"，邀请专家张亚林教授开展"心理健康与道家智慧"健康讲座。采用"健康菜单"点课形式开展"健康教育讲师团"巡回讲座，全年授课158堂，受教约15000人。开展健康食堂、健康社区、健康促进主题公园等健康阵地建设试点，7家单位被命名为"2015年宁波市全民健康生活方式行动健康支持性环境"，4所学校评为"浙江省健康促进学校(银牌)"。

【卫生创建工作取得成效】 2015年，全区卫生创建工作取得成效：骆驼、庄市两街道创建为市三星级卫生街道，蛟川街道创建成市一星级卫生街道，全区累计卫生街道三星级3个、一星级1个。蛟川街道渡驾桥村、九龙湖镇长石村创建成省级卫生村，全区省级卫生村达22个、市级卫生村15个。蛟川街道银凤社区、俞范社区获省级卫生先进单位，蛟川街道东信路社区获市卫生先进单位，全区省、市级先进单位达50家和101家。澥浦镇岚山村、蛟川街道清水浦村、庄市街道汉塘村、九龙湖镇长石村和西经堂村获评2015年度"温馨家园·秀美村庄"示范村。

(马　迎)

公共管理与社会事务

就业与用工

【概况】 2015年，全区新增就业岗位13739个，户籍居民有7925名城镇失业人员、被征地人员和农村劳动力实现再就业。全区城镇登记失业率1.96%，被征地人员和农村劳动力充分就业率99%，就业形势相对稳定。各职业介绍服务机构登记求职者10541人次，提供招聘岗位22114个次，日常职业介绍9060人次，反馈录用7678人。区人力资源市场举办现场洽谈会105场次，进场单位2973家次，提供岗位27177个，现场达成意向8497人。

是年，镇海区继续实施促进就业各项措施，落实就业扶持政策。区就业处开展"春风行动"，联合各镇(街道)及妇联、工会，举办妇女、失业职工、技术工人等各类专场招聘洽谈会。印发政策资料近万份。全区开发(保持)公益性岗位1044个，帮助1160名就业困难人员实现再就业，7589名就业困难人员实现灵活就业。完成失业人员、被征地人员和农村劳动力职业技能培训2072人。为301名失业人员办理自主创业小额担保贷款，贷款金额7055万元。

是年，区人社局调研区内近100家企业用工需求，加强与省内外职技院校的联系沟通，举办2015镇海区校企合作十大模式发布会暨对接洽谈会，吸引省内外职技院校毕业生和各类技能人才到镇海就业创业。区内44家企业与省内外学校建立人力资源供需长期合作关系。

注：公益性岗位、困难人员实现再就业数为年末数。

【推进社保就业基层服务平台能力提升】 2015年，区人社局落实市政府1号文件精神，采取多项措施提升社会保障和公共就业基层服务平台能力：明确六个基层公共服务平台的人员、资金，制定考核办法并组织开展考核；编制"一清单三手册"①，推进基层平台规范化服务；组织基层平台工作人员业务培训；成立联络小组，指导各镇(街道)基层平台提升服务能力。

【发布校企合作"十大模式"】 5月，在

①"一清单三手册"："一清单"指社会保障和公共就业平台服务事项清单，"三手册"指服务规范手册、操作规范手册和政策汇编手册。

2015 年镇海区校企合作对接会上，区人社局发布校企合作“十大模式”菜单，分别是：“预招聘：顶岗+实训”“校中企：共建+共享”“校企校：互补+互通”“订单式：委培+实习”“一体化：生产+培训”“创新源：孵化+应用”“双元制：技能+学历”“再教育：拓展+提升”“新课程：理论+实战”“区域化：多化+共赢”。来自省内外30所职技院校和69家区属企业的代表参加对接洽谈。

校企合作“十大模式”发布会现场

【推进“大众创业、万众创新”】 2015年，区人社局采取多项措施推进“大众创业、万众创新”：整理汇编区创业政策和创业地图；收集创业资源，筹建创业资源市场，推行创业引导新型就业；建立创业者信息数据库，并实行动态更新；问卷调查区内309家创业实体，开展精准服务；开展全区年度十大创业就业事件征集活动，推荐3个案例参加市十大创业就业事件评选，“洛客”众创平台上榜。

【继续实施失业人员帮扶政策】 2015年，市、区两级财政共拨付7262.78万元，用于失业人员的帮扶。区就业处发放灵活就业社保补贴6031.26万元，7754名就业困难人员享受；发放公益性岗位补贴1187.29万元，补贴从事公益性岗位工作的372人；发放再就业援助补贴3.8万元，17人获益；发放企业社保补贴40.43万元，83家单位吸纳116名失业人员再就业。

【继续实施被征地人员就业保障扶持政策】 2015年，区安排扶持被征地人员就业保障资金1400.77万元。区就业处发放被征地人员社保补贴603.25万元，1246名缴纳养老保险费被征地人员获补贴；发放公益性岗位补贴18.03万元，58名从事公益性岗位的被征地人员受益；发放被征地人员失业生活补贴779.49万元，5196名大龄被征地人员受益。

（徐　璟）

社会保险

【概况】 2015年，全区五大社会保险参保人数除生育保险外均有增加，各类保险基金收入与支出正常。全年新增基本养老保险参保人数15566人，累计参保人数[①] 196652人；享受养老保险待遇的退休人员36667人，年末人均养老金2497.63元/月。新增城镇职工医疗保险参保人数3865人，累计209609人。新增工伤保险参保人数2744人，累计151108人。生育保险参保人数减少1162人，累计139793

①累计参保人数：2015年起基本养老保险累计参保人数指的是实际参保人数+离退休人数，不包括中断参保人数。

人。新增失业保险参保人数4150人，累计150532人。户籍人员城镇职工基本养老保险参保率、城镇职工医疗保险参保率分别达到96.5%、94.85%。

表44　　2015年五大
社会保险基金收支情况

单位：万元

险种	基金收入	基金支出
城镇职工基本养老保险	118829.82	107262.68
失业保险	8525.99	12703.36
城镇职工基本医疗保险	80914.08	52173.44
工伤保险	5635.05	4471.87
生育保险	3216.98	1957.26

是年，原城镇老年居民养老保障及农民养老保障人员继续过渡到城乡居民社会养老保险，全年分别转移两类参保人员20人、129人。至年末，全区城乡居保实际参保人数25215人，享受待遇人数21262人，其中不缴费享受基础养老金人数10167人。新增被征地人员养老保障参保人数784人，继续实行被征地人员养老保障与基本养老保险制度的转换，全年2064名被征地人员办理基本养老保险转移手续。年末参加被征地人员养老保障人数16813人，享受待遇人员15056人。全区尚有561名参加农民养老保障、32名参加城镇老年居民养老保障人员未转入城乡居民养老保险，其中55～60周岁待遇享受人员分别为555人、32人。全区新增事业养老参保人员129人，累计10402人，享受待遇3118人。

表45　　2015年其他各类
社会养老保险基金收支情况

单位：万元

险种	基金收入	基金支出	累计结余
被征地人员养老保障	12929	17268	1404
城乡居民社会养老保险	11335	10419	4807
事业养老保险	12262	13389	447
农民养老保障		494	1169.2
城镇老年居民养老保障	10	91	714

是年，全区新型农村合作医疗保险（新农合）参合人数22940人，参合率98.69%。人均参合费用1500元，其中各级财政补贴1200元，个人缴费300元，区、镇（街道）财政补助较2014年分别提高100元，合计筹集医疗经费3441万元。新农合住院补偿医疗费5284人次、2896.62万元，住院费用补偿比例77%；门诊补偿173805人次、885.84万元，门诊费用补偿比例49.76%。全区意外伤害险赔偿119例，赔付金额45.51万元。重大疾病险赔偿601例，赔付金额103.59万元。参加"新农合"的60岁以上老年人体检7321人，参检率68.99%。全区城镇居民基本医疗保险2014年度（2014年9月1日—2015年8月31日）参保人数71712人，合计筹集医疗经费7379.23万元。是年9月起，新型农村合作医疗制度和城镇居民基本医疗保险制度统一归并为城乡居民基本医疗保险制度。

是年，区人社局按照省、市有关文件精神，调整政府缴费补贴、待遇领取条件、丧葬补助费、个人账户储存额继承等城乡居保政策，提高各类养老保险待遇。新纳15种特殊药品为大病保险支付范围，调整企业工伤保险缴费率，扩大建设工程项目从业人员工伤保险范围，开展“全民参保登记计划”入户调查。

【提高各类养老保险待遇】 自1月1日起，根据省市文件精神，区人社局调整企业退休（职）人员基本养老金，共有33761名企业退休（职）人员增资，人均月增资额度约241元，企业职工退休（职）人员平均养老金达2497.63元。其他各类人员养老金提增及标准：被征地人员养老保障每人每月增发50元，三档分别为750元/月、700元/月、650元/月；城乡居保基础养老金每人每月提高20元，基础养老金标准为210元/月，其中从城镇老年居民养老保障和农民养老保障并轨到城乡居保人员，未叠加享受被征地人员养老保障和遗属、精减退职等待遇的人员，每人每月另加30元。未满60周岁的原城镇老年居民养老保障和农民养老保障待遇享受人员，每人每月提高50元。

【实施城乡居民医疗保险制度】 9月1日起，按照市统一部署，全区实施城镇居民、农村居民统一的城乡居民医保政策，原城镇居民基本医疗保险制度和新型农村合作医疗制度统一归并为城乡居民基本医疗保险制度。合并后城乡居民医疗保险参保人数96629人，其中成年居民、婴幼儿及未入学未成年人58021人，学生38608人。

【委托第三方审计定点药店】 下半年，区医保处委托国泰会计师事务所对区内6家定点药店，在执行医保规定、为参保人员提供服务等方面进行审计和检查，发现的问题有：进货单信息与录入计算机信息不一致，盘存管理不规范，未在显要位置陈列医保非处方药品目录，部分拆零销售的药品、物品无条形码等。区医保处根据审计发现的问题进一步调查处理，督促不规范药店及时改正，至年底存在问题的药店均整改到位。

【15种大病特药纳入大病保险支付范围】 11月起，区医保处根据省、市文件，将15种医治癌症、白血病、器官移植后抗排斥治疗等大病的特殊药品纳入大病保险支付范围，参加各类医疗保险人员（不包括离休干部），在一个自然年度内、定点医疗机构和零售药店发生15种特殊药品费用，可按规定比例报销：2万元以上至5万元部分，报销比例为50%，5万元至10万元55%，10万元至50万元60%，50万元以上全部个人承担。至12月底，区医保处受理特药申报42人次，报销额度146.36万元。

【调整工伤保险缴费费率】 5月起，区人社局对1571家企业实行浮动工伤费率政策，440家企业实施工伤费率上浮，1131家企业实施工伤费率下浮，浮动费率有助于促进参保企业重视安全生产、降低工伤事故。

【扩大建设工程项目从业人员工伤保险范围】 12月28日起，全区按照市人社局发布的《关于进一步做好建设工程项目从业人员参加工伤保险工作的意见》，扩大建设工程项目从业人员工伤保险参保范围，明确参保范围为区域内建筑施工企业（包括外地驻甬企业）承建的包括交通港口、市政道路园林、轨道交通、水利水电、建筑安装等建设工程项目。保险费率调整为工程总造价的0.6‰～1.2‰。至年末，以工程项目为载体参加工伤保险的建筑施工企业从2014年的6家扩大到93家，缴费总额321.7万元。

【开展"全民参保登记计划"入户调查】 4月起，区人社局实施"全民参保登记计划"入户调查。"全民参保登记计划"旨在推行省内城乡居民全民参保，调查对象是本省户籍人员，调查、登记内容为就业、社会保险参保现状等基本信息。至8月，完成36590名未参保人员的入户调查，登记率和调查完成率均达100%。

（徐　璟）

劳动保障管理

【概况】 2015年，全区劳动保障管理工作继续完善劳动关系三方协调机制，实施预防化解劳动纠纷的"3311"工程，推进"双爱"活动①和企业用工法规政策"三年万人培训"计划②。区人社局举办企业用工法规政策培训4期、企业培训师和劳动关系协调员培训班各3期，合计培训328人次。接待群众来访500余起，处理群众来信、区长信箱和部门网站咨询件等521件。劳动保障监察和劳动仲裁、调处，为劳动者挽回经济损失1.6亿余元。联合区总工会，设立全区首个劳动人事争议仲裁委员会第一派出庭（工会派出庭）。

是年，全区劳动保障监察工作以日常巡查、专项检查、举报（投诉）专查、书面审查"四结合"的方式开展，加大劳资纠纷预防、化解力度。区劳动保障监察大队检查用人单位843家，受理群众举报（投诉）337件，书面审查用人单位10840家。立案查处31件，快速处理306件，结案率100%。追缴拖欠工资270件，涉及人数3232人，涉及薪资3713.75万元。查处非法使用童工4起。责令违反劳动保障法律法规整改的用人单位19家，行政处罚9件，罚款6.5万元。移送司法机关企业主欠薪逃逸案件4起，其中1起被判刑。

是年，全区受理劳动争议案件2119件，涉及劳动者5584人，出具不予受理通知书27件。当年结案2126件（含上年结转），结案率98.0%，结案经济标的12615万元。劳动争议案件总数中，区劳动仲裁院受理574件，涉及劳动报酬138件、保险福利184件、解除终止劳动合同126件、确认劳动关系56件、其他70件。审结劳动争议案件581件，结案经济标的8174万元，结案率为94.2%，其中裁决117件，调解和撤诉等其他方式结案464件，调解率达78.5%。

是年底，全区企业劳动合同签订率98.46%，其中小微企业劳动合同签订率

①"双爱"活动：指由省人社厅、省总工会和省企联于2012年提出的、开展创建"企业关爱职工、职工热爱企业"和谐劳动关系活动的主题。

②"三年万人培训"计划：全称为企业用工法规政策及实务操作三年万人培训计划，由市人社局在2014年提出，至2016年在全市培训各1万名以上的企业经营管理者、人力资源管理人员和劳动关系协调员。

98.72%，集体合同签订率96.8%。镇海区在全市劳动关系和谐指数测评中，首次进入前三。区人社会局、骆驼街道劳动争议调解委员分获2014年度省“创建和谐劳动关系暨双爱活动先进组织”“乡镇（街道）劳动人事争议先进基层调解组织”称号。区劳动保障监察大队获评2015年度省劳动保障监察目标管理成绩突出单位。

【实施预防化解劳资纠纷“3311”工程】 2015年，区人社局实施预防化解劳资纠纷“3311”试点工程：重点监控租赁场地经营、建筑施工企业、劳务派遣“3”大劳动纠纷易发领域，预防和调处不签订劳动合同、不按时支付工资、不足额缴纳社会保险“3”类违法违规行为，形成“1”套劳动纠纷预防预警实时监控机制，建立“1”套劳动纠纷调处和联动应急处置机制。“3311”工程的探索实践，初步构建起源头治理、立体监管、精准发力的“三位一体”清欠工作方法。是年，全区清理农民工欠薪3620.27万元，清欠率100%。

【劳动保障监察案件实行窗口受理制】 7月，区劳动保障监察大队在社会矛盾联合调处中心设立2个案件受理窗口，实现劳动保障监察案件窗口受理制。此举改变劳动保障监察案件处理流程，方便群众投诉，有利于劳动监察与法律援助、劳动仲裁之间的工作协调。

【开展劳动保障9项行动】 2015年，区劳动保障监察大队开展劳动保障9项专项行动：农民工工资支付情况检查、劳务派遣用工管理检查、清理整顿人力资源市场秩序、文创企业用工管理检查、规范特殊工种持证上岗联动执法检查、规范高温津贴检查、建筑领域劳动用工联动执法检查、餐饮行业劳动用工检查、劳动维权“百日攻坚”行动。专项行动在规范劳动用工、维护劳动关系和谐稳定方面发挥作用。

【平息群体性劳资纠纷30余起】 2015年，区人社局会同住房建交、公安部门及街道、镇，依法处理、平息群体性（突发性）劳资纠纷事件33件，涉及职工2500人、薪资1911万元。经济不景气和经营不善导致企业关停、业主逃匿，用人单位落实劳动法律法规滞后、制度不全引发劳资矛盾，建筑行业用工不规范、工程款拖欠导致欠薪等，是引发群体性事件的主要原因。影响较大的有富莱茵工资拖欠案、大通轴承工资拖欠及经济补偿金纠纷案、摩士集团经济补偿金纠纷案等。

（徐　璟）

社会救助、福利与优抚

【概况】 2015年，全区民政救助工作按照“保底线、救急难、可持续”要求，规范“一门受理、协同办理”服务形式，按照民政部、省民政厅社会救助“救急难”工作试点要求，基本建成“救急难”综合试点框架体系。实现居民家庭经济状况核对平台与社会救助信息系统对接，各类民政专项救助网上审核审批达到“双百”（救助申请100%核对、100%网上审批）目标。提高各类救助对象救助标准。完善流浪乞讨人员救助管理体系，探索第三方护送、“乡音唤乡情”等流浪乞讨人员遣返形式，维护其合法权益。开展农村贫困户危旧房修缮、困难家庭白内障复明、“两保户”(城乡“低保户”和农村“五保户”)免费用电、“关爱春苗”行动[①]及民政救助对象公示等工作。实施《宁波市巨灾保险制度》,开展“灿鸿”“杜鹃”台风受灾居民转移安置及巨灾理赔工作。召开综合减灾示范社区(村)创建现场会,推进创建活动,继续储备、管理好应急物资。完善残疾人就业扶持政策,稳定福利企业残疾人就业人数,全区21家福利企业安置残疾人585名。规范福彩销售,首家“中福在线”营业厅开业,福彩销售首次突破亿元。建立慈善事业促进协调机制,健全慈善事业监管制度。

是年,全区累计发放各类民政救助资金4939.01万元,同比增加11.24%。其中,发放元旦春节补助金808.05万元/5379户(人)、发放低保资金759.72万元/801户,发放医疗救助金524.53万元/5079人次,发放临时救助金305.73万元/1765户(人),发放残疾人基本生活保障、重度残疾人生活补助金754.31万元/1129人,发放各类定期定补及孤儿基本生活费补助85.34万元,发放前三季度困难群众物价补贴58.76万元,为老服务支出1637.17万元。全年募集善款3081.1万元,慈善救助款物2498.35万元,1.67万人次受助。

是年,全区接收退役士兵92名,发放自谋职业补助金395.84万元。区民政局落实各项优抚安置政策,新审批带病回乡军人1名、伤残军人1名、伤残警察1名。开展2014冬季年退役士兵职业技能培训,65名退役士兵通过考试获得各种职业资格证书。是年,全区重点优抚对象有:烈属7人,因公牺牲军人遗属9人,病故军人遗属9人,革命伤残97人,在乡复员84人,“两参”(参战参核)人员105人,带病回乡6人,军事精减1人。全年为各类重点优抚对象发放抚恤、补助金794.5万余元。区军队离休退休干部休养所新接收安置军队离退休干部1人,无军籍职工3人,年末休养所休养人员30人。

区双拥办完善镇(街道)主要领导负总责、各相关部门协作的双拥工作体系。春节、“八一”建军节期间,开展驻镇部队走访慰问活动,发放慰问金165万元。清明期间和“9·30”烈士纪念日,组织烈士祭扫活动。开展庆祝抗战胜利70周年系列活动,向3名抗战老兵发抗战胜利纪念章1枚、一次性慰问金15000元。

【提高孤儿基本生活费补助标准】 4月1日起,全区孤儿基本生活费补助标准提高:机构养育孤儿由每人每月1440元提高到1790元,社会散居孤儿从870元提高到1080元,实现自2011年发放孤儿基本生活费补助以来的4连升。2015年,全区机构养育孤儿14名,社会散居孤儿6名。

【提高困难学生助学标准】 2015年,区提高困难家庭子女助学标准:就读高中(含职高)由每学年2000元提高至3000元,就读大专(含高职院校)补助费维持6000元不变,就读本科及以上从8000元提高到10000元。助学对象指持有“最低生活保障金领取证”“特困职工证”、城乡“社会扶助证”的家庭子女,持有“重度残疾人救助证”的户籍学生及户籍孤儿。是年,发放助学金26.4万元,惠及学生43人。

①“关爱春苗”行动:指为义务教育学段就学的孤儿和经济困难单亲家庭子女发放助学补助。

【提高城乡低保和三种困难申请标准】 11月1日起，全区城乡居民最低生活保障标准由人均660元/月提高到744元/月，增幅超过12%。同时提高申请“城乡社会扶助证”、城乡贫困重度残疾人生活保障和残疾人基本生活保障标准为：月人均收入低于967.2元、1116元和744元。

【“救急难”工作体系基本建成】 2015年，全区社会救助“救急难”工作体系基本建成：社会救助“一门受理、协同办理”窗口覆盖六个镇街道（贵驷街道除外），社会救助联席会议会商制度及联络员网络在全市率先建立，出台《镇海区城乡居民临时救助办法》及困难家庭医疗救助、重特大疾病应急救助资金使用管理等文件，完善临时救助、医疗救助等实施办法。镇海区试点工作按民政部、民政厅要求，于2014年7月开始，至年底，6个镇街道“一门受理”社会救助申请3671件，转办39件，完成办理3632件。

“一门受理”窗口办理救助申请

【推进巨灾保险理赔机制】 2015年，区实行巨灾保险制度。该制度由公共巨灾保险、巨灾基金和商业巨灾保险三部分组成，保费和基金由市财政承担，将因台风、地震、滑坡、洪水、森林火灾等自然灾害造成的家庭财产受损或人员伤亡纳入保险范畴。是年台汛期，在遭受台风“灿鸿”“杜鹃”重创后，迅速启动受灾居民转移安置及巨灾理赔，“灿鸿”影响期间转移安置人员4420人，符合巨灾理赔家庭381户，理赔金额20万元；“杜鹃”台风影响期间，转移安置人员1562人，符合巨灾理赔家庭9727户，理赔金额达558.85万元。

（黄超梅　赵　彬）

老龄事业

【概况】 2015年，全区户籍人口中60周岁及以上老年人57493人，占户籍人口24.43%（按国际通行的65周岁老年标准，老年人38328人，占16.29%）。其中，80岁及以上高龄老人8575人，90岁及以上970人。全区百岁老人14名，其中男性4名，女性10名，年龄最大的是蛟川街道炼化社区的女性王葆琪，出生于1913年4月。

是年，全区有养老机构9家，（其中公办7家、民办非企业2家），床位2890张，每百名老年人拥有床位5张。有居家养老服务（指导）中心7个、服务站86个，为老年人提供日托、就餐、家政、陪聊、休闲娱乐等服务。有专职护理员257名，“银龄互助”志愿者128支队伍4024人，以“一对一”“多对一”方式帮扶。政府采取购买服务和优惠补贴两种方式实施居家养老，标准分别上调至每月413元和330元。全区享受政府购买服务的人数175名、优惠服务人数846名，区财政年补贴386.83万元。

是年，全区发放高龄生活津贴1214.4万元，8399人享受每月100元（80～89周岁）、300元（90～98周岁）、1500元（百岁老人、含虚岁）津贴，各档标准全市最高。436名低保老人享受每月744元津贴，其中162名70周岁以上农村低保老人每月增发30元。发放困难老人生活补助费71.38万元，567名老人享受每月100元补助。区老年福利基金会发放救助款29.98万元，救助困难老人350人次；在“夏送清凉”活动中，慰问“银龄互助”志愿者1300余人，金额16.09万元。

是年，全区基层老年人协会建会率100%，入会率93.54%。区老年福利基金会换届，区老年诗词书画协会、区老年体协理事会成员调整。原区文化馆用作老年活动场所，使区老年活动中心面积扩大。至年底，有各类老年活动中心（室）194个，全区各村（社区）均建有老年文体队伍，有老年文艺团队256支、体育团队481个。区老年大学发展到86个班次，开设42门课程，在校学员2828人次。区老年电大有94个集中教学班4880名学员。

是年，区老年福利基金会被省民政厅评定为AAAA级社会组织，可按规定申请公益性捐赠税前扣除资格，享受年检简化程序的待遇。区老年福利基金会获首届“全国敬老志愿服务模范单位”称号，区老龄办获“全省先进县（市、区）老龄办”称号，勤勇村老年电大教学班获评“省级示范教学点”，银凤社区、敬德村、万市徐村、汇源社区、西经堂村五个老年协会被评为市优秀基层老年协会，陈家村获全市首批“十大长寿村”认证。1名老人获“全国老有所为先进典型人物”称号，2名老人获“宁波市最美老人”称号，7位好人孝亲敬老事迹在“厚德镇海，情暖夕阳”报告会上宣传。

（丁轶男）

【启动省养老服务业综合改革试点】 4月，区启动省养老服务业综合改革试点，围绕社区养老、健康养老、智慧养老、产业养老、文化养老等进行改革。11月，区政府办出台《关于开展省养老服务业综合改革试点工作实施方案》，提出区域性居家养老服务模式、医养互助、公建民营等改革项目，促进养老服务业与相关服务领域的融合发展，形成镇海特色，为全省提供可复制经验。试点从2015年6月至2017年6月结束，为期三年，分试点确定、试点推进、巩固提高、总结评估四个阶段实施。

【出台《镇海区居家养老政府购买服务实施办法》】 6月，区民政局出台《镇海区居家养老政府购买服务实施办法》，规范政府出资购买居家养老服务的标准、方式及内容，并将镇、街道纳入购买主体。《办法》规定，服务对象包含困难老人、独居或纯老家庭老人、残疾老人等群体。补贴标准按照上年度市职工最低月工资标准的20%～25%确定。政府通过向符合承接政府购买服务条件的社会组织、企业、其他经济组织和机构等社会力量购买服务的方式，为有需求的老人每月提供不少于20～30小时，以家政服务、生活照料为主要内容的服务。该“办法”8月1日起实施。

【上调居家养老政府购买执行标准】 2015年，《镇海区居家养老政府购买服务实施办法》对全区居家养老政府购买执行标准作出调整：二类服务对象补贴标准由2014年的368元/月调整为413元/月，三类服务对象补贴标准由2014年的294元/月调整为330元/月。其中，对自请服务员的养老服务对象，给予市场价20%的补助，最高300元/月。

【推进养老机构建设】 2015年，全区养老机构建设继续推进：澥浦敬老院、招宝山街道养老机构二期护理楼建成，四季永逸颐养院、九龙湖镇敬老院扩建工程结顶。至年底，全区建成养老机构9家，基本实现机构养老床位占老年人比例5%目标。完成九龙湖镇、骆驼街道区域性居家养老服务中心建设。至年底，全区建成居家养老服务机构86个，其中4家为区域性居家养老服务中心。

（黄超梅　赵　彬）

【3个养老院合并】 1月1日起，区老年公寓、夏金生福利院、金生怡养院3家养老机构合并，由金生怡养院实行统一管理，原老年公寓资产全部并入怡养院。此举起因是老年公寓、夏金生福利院整体拆除，重新规划建造。10月，区机构编制委员会发文，撤销区老年公寓。

（丁轶男）

【一批养老服务机构上等级】 2015年，招宝山街道张鑑碶社区居家养老服务站、蛟川街道耆乐园居家养老服务中心、俞范社区居家养老服务站、庄市街道悠乐居家养老服务中心通过市AAA等级评定，全区AAA级居家养老服务中心（站、点）达到19家，数量和比例均居全市首位。蛟川街道南洪村、庄市街道勤勇村、九龙湖镇杜夹岙村、澥浦镇长石村的居家养老服务站通过区AA等级评定，全区AA级居家养老服务中心（站、点）达到24家。

（黄超梅　赵　彬）

【区老年福利基金会换届】 1月，区老年福利基金会换届，选举产生第五届理事会17名理事，任期五年。总结第四届理事会引导社会力量参与老龄事业情况：2010年至2014年的5年里，共向39家单位和个人募集捐款460.27万元，收到政府财政补助230万元，实现投资收益459.79万元。支出851.43万元，用于助老济困、改善老年服务设施、助推为老服务、资助老年文体教活动、参与孝亲敬老宣传等。

【开展"敬老亮眼行"眼病普查和复明补助】 3—4月，区老龄办联合宁波眼科医院开展"敬老亮眼行"眼病普查公益活动，为2000名老年人进行眼病检查、专家答疑和老年性眼病预防讲座。向200名贫困老年白内障患者提供每人2200元复明资助，为20名孤寡贫困老年白内障患者免费复明。

中官路村老年人参加眼病普查公益活动

【全国老龄办到镇海调研】 8月12日，全国老龄办主任助理王庆一行到镇海进行"老年人参与社会发展"的调研。王庆听取区老龄办汇报镇海老年人参与社会的情况，实地参观总浦桥社区养老服务日间护理中心。

【陈家村获全市首批“十大长寿村”认证】 10月，蛟川街道陈家村被市老龄委、市民政局联合认证为“宁波市首批长寿村”。认证依据《宁波市“长寿村”认证标准和测评细则》，以区域内长寿老人现状为主，综合考虑医疗服务、养老服务、乡风文明、生态环境、森林植被五方面条件，认证有效期5年。陈家村有80周岁以上老年人158名，占60周岁以上老年人比例达到20%，90岁以上20人，百岁以上2人。

市、区领导慰问陈家村百岁老人陈月娥

【开展“敬老月”活动】 10月，全区开展以“培育敬老家风，建设和睦家庭”为主题的第六届“敬老月”活动。召开全区老年节庆祝大会暨“厚德镇海，情暖夕阳”孝亲敬老事迹报告会；区、镇（街道）和各部门慰问老年人5.51万人次，发放慰问金和慰问品930万元；“银龄互助”志愿者助老服务46次，帮扶6880人次。举办宁波老话比赛、老年体育健身展示、重阳诗词书画笔会、送戏下乡等老年文化体育活动118场次，参与1.55万人次。

举行老年体育健身展示活动

【区老年电大实体化办学注册】 12月，镇海区老年电视大学由区老年活动中心和区老年福利基金会共同出资6万元，完成民办非企业登记注册，施行实体化办学。区老年电大根据省老年电大所设课程开课，建有基层集中教学班89个，学员4880人。

（丁轶男）

行政区划与社区

【概况】 2015年7月10日，骆驼街道行政区划调整获市人民政府批复，原骆驼街道分设为骆驼、贵驷两个街道，原隶属于骆驼街道的1个社区、7个行政村划归贵驷街道。7月29日，贵驷街道成立。是年，全区新建庄市街道同心湖社区，骆驼街道箭港湖社区、金邑社区、锦华社区。至年末，镇海行政区划内有5个街道2个镇、37个社区60个行政村。其中，贵驷街道委托高新区（新材料科技城）管理，区实际管理4个街道2个镇、36个社区53个行政村。区启动社区布局规划（2015—2030）编制工作，由镇海规划勘测设计研究院承办。

是年，按每年5%的递增机制，继续提高城乡社区建设补助经费，城市社区保障经费从每千户29.40万元调整到30.87万元，农村管理服务补助经费从每人85.05元调整到89.30元。全年区级财政下拨城乡社区建设经费2614.48万元，其中城市社区建设经费1347.59万元，农村社区建设经费1266.89万元。下拨已完成社区办公服务用房工程决算的蛟川街道俞范社区，骆驼街道南一社区、中街社区、莲晴社区补助款64.81万元。8月31日，镇海区被民政部列为首批社区公共服务综合信息平台建设试点。

是年，全区城市社区专职工作者321人，平均年龄36.8岁，91.46%具大专以上学历。社工中拥有职称的183名，其中社会工作师76人，助理社会工作师107人。农村社区工作者255人。实施城乡26名社工的挂职交流，培训社工1434人次。全区六个镇、街道（不含贵驷街道）城乡社区专职工作者落实住房公积金政策，享受解交公积金待遇。

表46　2015年全区行政村（社区）分布情况表

镇（街道）	行政村		社区	
	个数	名称	个数	名称
澥浦镇	8	余严、澥浦、庙戴、十七房、觉渡、沿山、湾塘、岚山	1	汇源
九龙湖镇	11	田顾、汶溪、长石、西河、西经堂、中心、九龙湖、河头、长宏、田杨陈、杜夹岙	1	思源
招宝山街道	0	/	10	城东、胜利路、总浦桥、后大街、顺隆、车站路、西门、白龙、涨鑑矸、海港
蛟川街道	12	中官路、南洪、棉丰、清水浦、陈家、沿江、渡驾桥、俞范、迎周、水璩王、中一村、石塘下	10	俞范、临江、后施、银凤、虹桥、五里牌、镇电、炼化、石化三建、东信路
骆驼街道	13	董家畈、团桥、余三、清水湖、朝阳、骆兴、金华、尚志、东邑、敬德、骆驼、联勤、金东	8	盛家、南一、中街、静远、莲晴、箭港湖、金邑、锦华
庄市街道	9	光明、联兴、勤勇、钟包、曙光、汤家、永旺、万市徐、汉塘	6	兴庄路、庄市、庄一、陈倪路、高教、同心湖
贵驷街道（高新区）	7	兴丰、妙胜寺、东钱、贵驷、里洞桥、民联、沙河	1	贵驷
合计	60		37	

【贵驷街道成立】 7月10日，骆驼街道行政区划调整获市政府《关于调整镇海区部分街道行政区划的批复》。7月29日，贵驷街道成立，下辖1个贵驷社区和兴丰村、妙胜寺、东钱、贵驷、里洞桥、民联、沙河7个行政村，全部从原骆驼街道划入。新建街道地域面积16.39平方公里，户籍人口14282人，外来人口14329人。8月31日，贵驷街道由镇海区委托高新区（新材料科技城）管理，行政隶属关系转变，行政区划仍为镇海区。

【新建4家社区】 2015年，全区新建4家社区：庄市街道同心湖社区，面积约1.68平方公里，人口9000余人；骆驼街道箭港湖社区，1.69平方公里，人口约1万人；骆驼街道金邑社区，0.44平方公里，人口7000余人；骆驼街道锦华社区0.59平方公里，人口5000余人。年末，全区社区数从2014年的33个增加到37个。

【试行“全能社工”工作机制】 6月，庄市街道兴庄路社区实施“全能社工”试点，即通过提升综合业务能力、社会工作能力、基层工作能力的“三提能”和服务清单、流程、形象、制度的“四统一”，培养“全面掌握社区工作能力，全接全办居民群众问题”的全能社工，推动社区工作者由“专业单项”向“一专多能”转变，社区服务由被动等待向主动出击转变。试点后，庄市街道“全能社工”机制全面推开。

【推行“微民生大服务”工作】 2015年，区出台《关于推行城乡社区“微民生大服务”工作体系的实施意见（试行）》和“微民生”服务项目总目录，建设工作体系，推进社区“微民生大服务”。有关部门通过搭建说事平台、常态走访和座谈交流形式，收集民生需求，开展微心愿发布认领、微事务办理反馈、微项目实施运行。在“微民生大服务”中，发挥社区骨干、群众自治和社会服务方面力量，培育多元主体。

【全国区街镇工作年会在九龙湖度假村举行】 12月3日，由中国社会工作联合会社区工作委员会召开的“第26届区街镇工作年会暨首批全面法治社区建设示范单位和第二届模范小巷总理表彰大会”在开元宁波九龙湖度假村举行。来自全国30个省（区、市）的300余名委员单位代表参会，研讨社区治理发展方向和工作重点，交流“小巷总理”工作经验。镇海区获“促进中国社区建设事业重大贡献奖”“全国法治社区建设示范城区”和“全国区街镇社会治理自主创新成果百花奖”。招宝山街道获全国法治社区建设示范街道。

（黄超梅 赵 彬）

81890市民服务

【概况】 2015年，镇海81890和区长值班电话共受理咨询、服务、事务投诉类电话（网上）求助43337件，办结率100%，求助市民答复满意率达到99.8%以上。求助电话总数同比减少11.9%，原因主要是一部分居民电话打到宁波，导致宁波市民求助热线、市长电话同比增加46.9%。

是年，81890新增加盟商18家，通过年审250余家。区审管办推进“便民高效型”平台建设，引导加盟单位人员参加各类培训学习，以提高服务技能；要求加盟商应用《宁波市家政服务合同范本》，以保护客户、服务单位及从业人员权益；处理加盟企业投诉件16件。与区妇联共同组建“巾帼家政公益服务联盟”，继续打造“镇海月嫂”品牌。组织镇海第三届家政服务技能大赛，组建区代表队参加市首届家政服务技能竞赛总决赛。81890志愿者总队便民利民服务活动12场次，受惠群众1200余人次。

（王飞红）

住房保障

【概况】 2015年，根据《镇海区公共租赁住房和廉租住房并轨运行实施办法》，公共租赁住房和廉租住房政策对接，廉租住房全部纳入公共租赁住房范畴。全年公共租赁住房在保1175户，其中，享受承租公房221户、货币补贴830户（其中补贴标准较高的51户，一般标准补贴779户）。区环卫工人公租房工程通过竣工验收，古塘阳光经济适用房交付。

【实行城镇旧住房保险】 6月，区政府与人保财险宁波市分公司签署镇海区城镇居民住房综合保险合同，是为全国首例区域性城镇居民住房保险。由财政投入204万元保费，将全区居住在2001年前建造的三层及以上住宅的4.7万户家庭纳入保险范围，保险房屋1834幢326.77万平方米，金额超过93亿元。受保业主在保险期限内因住房倒塌造成人身伤亡、财产损失及安置费用，或因危房撤迁发生临时安置费用，可获理赔。

【公共租赁住房常态化运行】 6月，区住房保障和物业管理中心印发《关于2015年公共租赁住房常态化申请的通告》，并于7月实施常态化申请。住房困难家庭可在每季度第一个月的1日至15日，向户口所在地社区提出申请。经审批同意的，申请次月即可享受住房保障。低收入家庭可在配租和补贴之间选择互换。所有享受住房保障政策的家庭实行年审制度。2015年，全区申请并享受住房保障的共1051户。

【区环卫工人公租房工程竣工】 8月，投入1719万元的区环卫工人公租房工程通过竣工验收。公租房位于镇海大道北侧，西临中大河，旁临丁妙线，占地6616平方米，建筑面积5018平方米，计102套。

新建环卫工人公租房竣工

【推出古塘阳光公租房和经济适用房】 2015年，位于蛟川街道的古塘阳光小区推出公租房房源602套，分配入住221套。推出招宝山片区第三轮经济适用住房、解困房等保障房550套，抽签定位488套。

【住宅智能监管系统获软件著作权登记证书】 10月20日，区住房建交局开发的城镇住宅智能监管系统获国家版权局颁发的软件著作权登记证书。该系统对全区危旧住宅房实行网格化、常态化的智能监控管理，及时提供安全数据，保障居民居住安全。

（董小萍）

住房公积金

【概况】 2015年，全区住房公积金新开户单位293家，新增10600人，净增4839人。至年底，公积金建账单位1983家，其中正常缴存单位1257家；建账职工131818人，其中正常缴存63515人，覆盖率（正常缴存人数/在岗职工人数）48.63%。是年，归集公积金140560.56万元，同比增长7.21%，历年累计归集1093906.9万元。支取公积金121254.93万元，同比增长14.53%，历年累计支取767175.51万元。发放涉及公积金的购房贷款104102.1万元，其中，公积金贷款72360.4万元，同比减少6.85%，“公转商”贴息贷款31741.7万元。历年累计放贷544706.19万元（不含“公转商”贷款）。年末，公积金缴存余额326731.39万元，贷款余额312179.76万元，住房公积金使用率①98.67%、运用率②95.55%。全年实现增值收益10845.87万元。

是年，镇海公积金分中心按照市、区有关住房公积金文件精神，微调公积金缴存基数和比例，提高租房提取公积金额度，下调公积金最高贷款额度，两次调整公积金个人贷款购房首付比例，实施“公转商”贴息贷款、高校毕业生购房贷款优惠等新政，执行全省范围内住房公积金异地贷款政策。履行归集、使用管理职能，保持公积金安全、高效运行。

①使用率：（提取总额+贷款余额+国债余额）/缴存总额。

②运用率：（贷款余额+国债余额）/归集余额。

表47　2015年住房公积金归集情况

单位：万元

项目	归集金额	比2014年增减%
一般公积金	121274.28	8.93
一次性住房补贴	99.68	38.23
公积金补贴	15012.46	9.46
个人利息收入	4174.14	-30.33
合计	140560.56	7.21

表48　2015年住房公积金支取情况

单位：万元

项目	支取金额	比2014年增减%
购建、翻建、大修自住住房	59362.7	24.66
离休、退休	10621.97	0.28
户口迁出所在市、县或出境定居	2770.71	-19.99
偿还购房贷款本息	43767.93	13.09
其他	4731.62	-13.89
合计	121254.93	14.53%

【住房公积金缴存基数和比例微调】 7月，镇海公积金分中心根据市公积金管委办文件，制定《关于做好镇海区2015年住房公积金缴存调整工作的通知》，对住房公积金缴存基数和比例作出微调：缴存基数仍按职工上年月平均工资确定，基数上限仍为26315元，下限从1470元调整到1650元。正常缴存比例仍为5%～12%；不实行住房分配货

币化的单位，经区房委办批准，缴存比例可超过12%，最高不超过18%。调整后，区内有14家单位将缴存比例分别保持或提高到14%～18%。全区月归集额从10900多万元提高到11900多万元，增幅9.17%。

【下调住房公积金最高贷款额度】 3月16日起，全区住房公积金最高贷款额度由原每户80万元（符合条件的为90万元）下调到60万元，贷款系数（计算偿还能力的指标）由40%调整为35%。此举为缓解公积金流动性不足，保障职工正常提取公积金和贷款需求。

【调整住房公积金贷款首付款比例】 5月1日起，镇海公积金分中心执行市公积金管委会《关于调整宁波市住房公积金个人住房贷款政策的通知》，调整公积金贷款首付款比例：贷款购买首套自住房首付款比例，商品房不低于20%、二手房不低于30%。家庭拥有一套住房并已结清住房贷款、再次贷款购买第二套自住房的首付款比例，商品房不低于30%、二手房不低于40%；12月1日起，下调首付款比例为商品房不低于20%、二手房不低于30%。

【上调公积金贷款最高额度】 7月27日起，区执行《宁波市住房公积金个人住房贷款转商业性个人住房贴息贷款管理暂行办法》和相关政策，将公积金最高贷款额度从原60万元/户调整到80万元/户。其中，连续缴存公积金满2年的，最高贷款额度提高到：购买首套自住房为90万元/户（指已出售用公积金贷款所购住房并偿还贷款的），首次申请公积金贷款购买首套自住房为100万元/户。贷款系数由原35%调整为40%。

【实施"公转商"贴息贷款】 7月24日起，区实施《宁波市住房公积金个人住房贷款转商业性个人住房贴息贷款管理暂行办法》，推出"公转商"贴息贷款（公积金贷款转商业贴息贷款）业务，贷款人可自愿选择"公转商"贴息贷款或公积金贷款轮候（根据公积金充裕度按批准先后次序放款）。"公转商"贴息贷款是银行按住房公积金贷款利率向贷款人发放的低息贷款，公积金与商业个贷利率的息差由公积金中心贴补给银行。"公转商"贴息贷款在公积金充裕时可转回公积金贷款。"暂行办法"实施后，全区"公转商"贴息贷款31741.7万元，在涉及公积金的购房贷款（公积金贷款与"公转商"贷款之和）同比增长34.01%的情况下，公积金净流出降低44.13%，缓解公积金运行压力。

购房者咨询公积金贷款政策

【实施高校毕业生公积金贷款优惠政策】 12月，镇海公积金分中心与区委组织部等5家单位联合发文，对高校毕业生实施公积金贷款优惠政策：于2015年12月17日至2016年9月19日期间购买普通住宅的，连续缴存时间满3个月即可申请公积金贷款。贷款额度上浮20%，购买首套商品住房贷款首付比例放宽到不低于20%。

【公积金支持中低收入群体改善居住条件】 2015年,全区发放涉及公积金的住房贷款104102.1万元,创历史新高。贷款购房1990套、面积228362.9平方米。购房贷款者中,收入低于全市职工平均工资3倍的中低收入者1322人(不含"公转商"贷款人),占92.13%。公积金在支持中低收入群体购买住房、改善居住方面发挥作用。

【租房提取公积金快速增长】 6月1日起,区执行《宁波市租房提取住房公积金管理办法(试行)》,租房提取公积金额度从每户家庭400元/月提高到每个缴存人700元/月,提取时只需提供缴存地房管部门出具的家庭无房证明即可。新办法实施后的6至12月,公积金分中心受理支取136笔107.45万元,月均受理数是实施前的16倍。

【公积金增值收益大幅增长】 2015年,公积金业务收入14197.86万元,业务支出3351.99万元,收益10845.87万元,同比增长71.69%,实现公积金大幅增值。收益增长的主要因素是个贷余额增长36821.98万元、年内五次降息、存贷款利率不对称下降及执行新老利率的时间差,导致中心收大于支。

(郑君芬)

气象服务

【概况】 2015年,受强厄尔尼诺事件影响,东南沿海地区降水偏多,台风影响重,灾害天气频发。镇海区气候年景偏差,气象灾害影响程度偏重。年内主要气象灾害有"杜鹃""灿鸿"台风,强对流引起的强雷电、短时暴雨、雷雨大风、冰雹,倒春寒、阴雨寡照、寒潮、雾霾等。

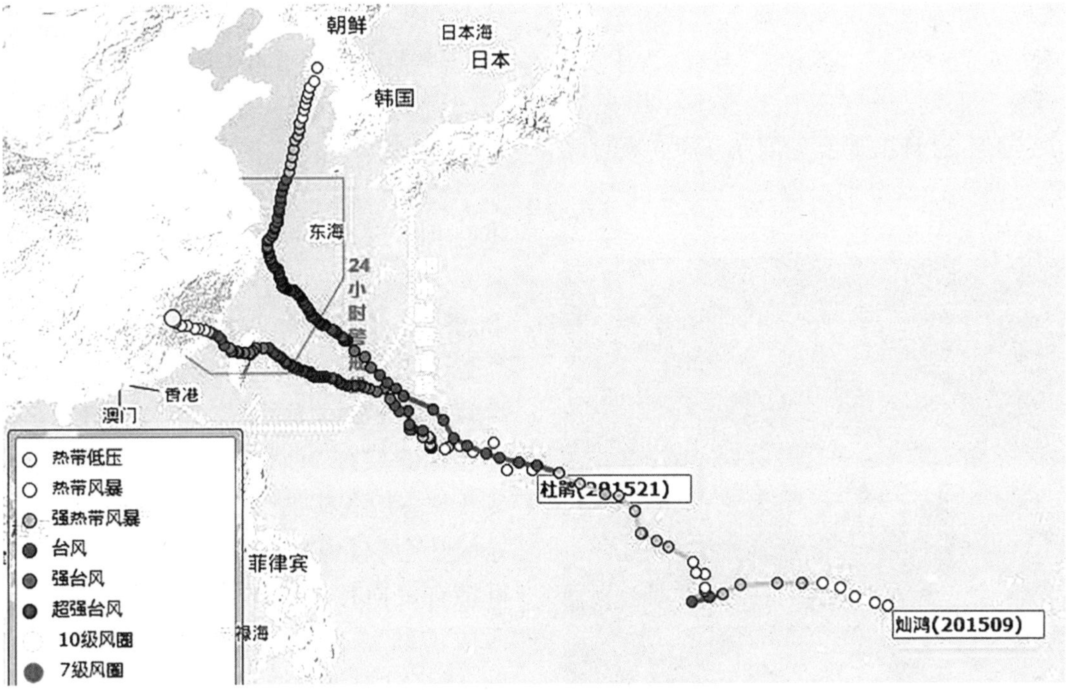

台风"灿鸿""杜鹃"路径

是年，季节性气温异常，春季出现倒春寒，伏旱季节现凉夏，冬季冷空气活动偏弱。年降水量较常年多3成，梅季和秋季降水量为2009年以来最多。年内对流天气频发，雷电活动始于2月终于11月，全年出现30个闻雷日，其中8月1日下午招宝山街道出现强雷电和暴雨，过程伴有冰雹。6月7日入梅，7月13日出梅，梅雨期36天，雨量403.5毫米，两次明显降水时段集中在6月7—11日和7月4—12日。影响镇海的台风个数多、强度强，双台风或多台风共存时间长，7月10—12日的“灿鸿”、9月28—30日的“杜鹃”台风带来破坏性影响。受台风“天鹅”外围环流和冷空气共同影响，8月22—24日出现大到暴雨、局部大暴雨天气。11月出现罕见阴雨寡照天气，雨日22天，降水量230.1毫米，其中16—25日连续10天无日照，秋收冬种受到影响，农作物出现病虫害。年内雾霾频现，雾、霾日各68天。霾天冬季多发，夏季少发，春秋偶发，多轻微、轻度，少中度，未发生重度，中度霾日数较上年明显减少。3月22日出现能见度小于500米的浓雾，11月、12月分别出现雾10天和14天。

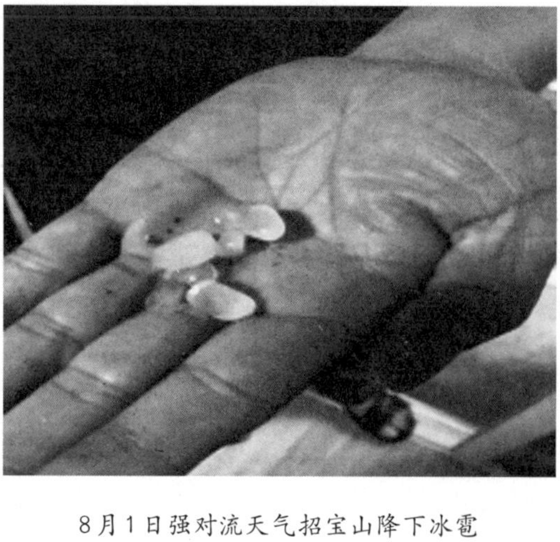

8月1日强对流天气招宝山降下冰雹

全区气象工作坚持公众气象、安全气象、资源气象三个理念，完善监测预报预警机制，继续推进气象现代化建设，提高监测预警的时效性、准确性。完善环境气象预报制度，开展空气污染气象条件等级预报和霾天气预报、预警；发布雾霾及大气成分监测月报和《2015环境气象监测年报》。开展危化企业气象灾害风险普查，提供石化开发区雷暴潜势预报、预警服务，引进大气污染扩散预报技术，提供危化气体泄漏等应急气象保障服务，协助石化开发区提高突发事件应急处理能力。区气象局加强“五水共治”和春运、元宵、清明、高考、“十一”节等重要时段的气象服务，为九龙湖国际半马比赛、省青帆赛、第一届全国危化品救援竞赛等重大活动提供专项服务。在春耕春播、台汛期等农事和防汛关键期，提供气象决策信息。年内发布台风、大风、暴雨、雷电等各类气象预警信号38次，发布月度和年度气候监测、环境气象、农业气象、雷电监测等分析报告43篇。

是年，区政府召开全区气象工作会议，区气象局列入区防汛防旱指挥部副指挥单位。继续推进基层防灾减灾标准化建设工作，6个村（社区）达省级“气象防灾减灾标准化示范村（社区）”。区气象局与多部门联合发布灾害预警信息，实现重要气象灾害信息短信全网发布。与广电部门签订防灾减灾信息发布协议，推进气象灾害预警信息及时广泛传播。首次组织气象灾害应急演练，完善以气象预警为先导的社会应急响应机制。落实取消行政审批有关项目精神，停止“雷电灾害风险评估”“防雷产品测试”行政审批中介项目，修订审批服务指南和防雷技术服务指南并对外公布，出台项目施工图审图“容

表49　　2015年镇海区气象基本情况

指标名称	平均气温(摄氏度)	降水量(毫米)	日照时数(小时)	蒸发(毫米)
全年	17.1	1975.6	1436.6	831.3
1月	6.5	62.6	103.9	45.5
2月	7.1	106.5	106.0	45.7
3月	10.9	127.7	96.9	58.3
4月	16.3	81.6	154.0	83.3
5月	20.8	100.3	129.7	90.5
6月	24.8	120.4	95.9	72.7
7月	26.2	374.3	153.6	88.5
8月	27.3	178.7	178.0	104.1
9月	23.7	410.7	126.8	83.8
10月	19.4	79.1	155.2	71.8
11月	14.5	230.1	46.5	47.8
12月	8.2	103.6	90.1	39.3

缺审批"[1]操作办法，实行工业投资项目竣工联合验收。开展气象进学校、农村、社区和未成年人社会实践基地活动，利用世界气象日、防灾减灾日、安全生产日等宣传、科普气象知识。

【"灿鸿"台风正面影响镇海】 7月10—12日，1509号台风"灿鸿"影响镇海，区内出现9～12级大风，骆驼街道(清水湖站)最大阵风32.6米/秒。全区面雨量125.9毫米，九龙湖镇(汶溪站)雨量最大，达170.6毫米。"灿鸿"台风对农作物影响较大，致水稻倒伏，葡萄、草莓、蔬菜等大棚大量吹倒，落果增多，蔬菜、瓜果部分受淹，损失较重。

【"杜鹃"环流和强对流系统共同影响镇海】 9月28—30日，受副高边缘强对流系统和1521号"杜鹃"台风环流共同影响，全区面雨量332毫米，澥浦镇(岚山站)雨量最大，达384毫米。29日8时到30日8时的24小时雨强达有气象记录的历史之最，其中29日夜晚至30日上午出现特大暴雨。受持续强降水和潮水顶托双重影响，城乡出现大面积积涝，部分道路积水，河道水位上涨，农田受淹，损失严重。

台风"杜鹃"强降水致招宝山街道出现积涝

①"容缺审批"：指审批主件材料齐全情况下先行受理预审办理，允许申办人在以后的环节中补齐容缺材料再核发许可证。

【完成二次台风过程气象服务保障】 2015年，区气象局针对台风数量多、强度大的情况，履行灾害监测、预报预警、信息发布及应急联动响应职责，为党委、政府提供决策气象服务，为公众和各行各业提供气象灾害预警预报服务：台风来临前通过内参告知政府及相关部门做好防范，并发布预警信号。台风期间与“三防办”、国土等相关部门联动，实现信息共享；多渠道传递公众最新台风信息，接受媒体采访，在报纸、电视上发布专题报道。灾后联系信息员和协理员收集灾情。

【继续开展气象为农专业服务】 2015年，区气象局将全区农业大户全面纳入气象预报警报短信平台，直通式专业气象服务的农业大户、农业合作社、涉农企业等对象达485家。开展春耕春播、秋收冬种农忙时期气象专项服务，结合农业气象研究成果，加强倒春寒、连阴雨、暴雨、台风等灾害天气预警。在农业生产基地增设LED气象显示屏和“大喇叭”，开展大棚小气候监测分析与预报预警。

（林陈爽）

【继续开展防雷安全管理】 2015年，区防雷安全管理办公室、区气象灾害预警中心加强防雷安全管理，提供雷电防御技术支持和服务。5月，区气象灾害防御指挥部办公室公布2015年防雷重点单位名单，下发《关于做好汛期气象灾害防御工作的意见》；8月，开展危险化学品领域防雷安全重点单位专项检查整治。全年受理防雷设计审核和防雷竣工验收事项184件，完成防雷装置图纸技术评价92项，跟踪检测新建、在建工程防雷装置154个，验收防雷装置92个，定期检测设防雷装置的单位152家，出具检测报告620余份，发布《2015年度镇海区雷电监测公报》。

（许　可）

人口与计划生育

【概况】 2015年，全区人口自然增长率1.63‰，计划生育率97.28%，多孩违法生育率0.12%，出生人口性别比为105.81，免费孕前优生健康检查2156人次。区卫计局加强生育全过程管理，实行区季度、镇（街道）双月、村（社区）每月随访督查服务，全区怀孕14周内再生育审批率81%。依托医院分娩、围产期保健登记平台，每月一次开展动态监测分析，控制“性别比”指标值。加大打击力度，立案查处2家民营医院、3处非法行医窝点“两非”[①]行为，判刑、拘留各1人，查扣一批医疗器械及药品。294个计生协会组织，开展以生育关怀、青春健康、群众自治、计生维权为内容的咨询服务、志愿者宣传活动60场次，受教育1.8万人次。各镇（街道）举办PLA[②]青春健康培训班131场次，培训4575人。

【落实“单独两孩”生育政策】 2015年，区卫计局继续落实“单独两孩”生育政策，根据审批需要，完善独生子女情况证明，简化证明环节，缩短“单独两孩”审批时限。

①“两非”：非医学需要的胎儿性别鉴定、非医学需要的人工终止妊娠。
②PLA：参与式定性评估调查方法，通过平等开放、群体参与、互动式过程了解青少年特点与需求。

审批“单独二孩”再生育申请768例，占到全区再生育审批总量的75%左右，未发生错批、漏批现象。镇海的做法得到国家卫计委调研组连续两年肯定。

【继续开展流动人口计划生育服务】 2015年，区卫计局继续实施流动人口计划生育均等化服务：开展婚育证明电子化改革试点，婚育证明信息完整率、录入率均达100%。依托区流动人口综合积分评价体系，审核流动人口婚育情况，各镇（街道）出具计生审核证明4431份。与67个外省县级计生部门签订流动人口计生双向协作协议书，网上信息提交、接收、反馈各类信息42401条，接收反馈率99.93%。建立流动人口无证怀孕、生育“一人一档”等制度，实行全程跟踪管理。

【继续开展计生特殊家庭帮扶】 2015年，区卫计局出台《镇海区计划生育特殊家庭生活照料项目工作制度》，成立6个“温心家园”工作室，继续开展计划生育特殊家庭生活照料：与区81890市民服务中心开展“爱心联动 生育关怀”合作，通过购买服务的方式，为计生特殊家庭提供家政、维修等免费服务；与人寿公司合作，为计生特殊家庭综合保险，开展“圆梦微心愿”活动，112位失独老人免费享受相应保险待遇和关爱服务，其中10人获赔付5.42万元，11人次兑现“微心愿”；联合慈善总会发放生育关怀金3.3万元，救助慰问11户计生特殊家庭；招宝山街道计生家庭再就业基地举办4期专业技能培训班，新增就业50人，帮助18户困难计生家庭改善生活。

（马 迎）

婚姻家庭服务

【概况】 2015年，全区结婚登记1945对，补领结婚证280对，离婚登记625对，补领离婚证68件，出具无婚姻登记记录证明4119份，收养19件。严格依法登记，开展婚姻家庭调解工作。婚姻登记员队伍实现持证上岗。取消（无）婚姻登记记录证明。

【婚姻登记处迁入婚育服务中心】 2月，婚姻登记处整体迁入位于区妇幼保健院四楼的婚育服务中心。中心集婚姻登记、婚前医学检查、优生健康检查为一体，参照婚姻机关标准建设，设结婚登记大厅、离婚登记室、调解辅导室、档案室、颁证室，并引进便民商务窗口。婚姻登记及商务服务收费标准公开。

婚育服务中心婚姻登记处

【取消（无）婚姻登记记录证明】 9月22日起，根据民政部《关于进一步规范（无）婚姻登记记录证明相关工作的通知》要求，区婚姻登记处停止出具（无）婚姻登记记录证明。公民有、无婚姻登记，由民政部门出具证明的做法由来已久，但该证明只表明当事人在婚姻登记机关所在地范围内无婚姻登记记录，并不能完全证明当事人的婚姻状态。

（黄超梅　赵　彬）

流动人口服务与管理

【概况】 2015年，镇海区流动人口服务管理工作强化“梯度化”（按流动人口综合素质高低阶梯形划分）理念，以人口素质“提质提效”三年行动计划为主线，促进流动人口规模结构与产业发展相适应。是年，区流动人员综合积分申评改版，流动人口工作人员分工及配置调整，流动人员APP学习生活服务平台研发基本完成。

【推出流动人员积分申评2.0版】 2015年，区流动人口综合积分申评推出2.0版新型积分制度。2.0版本对原有版本调整：扩大评价范围、增设动态加分项目、取消扣分项目（全部改为正向加分）、否决项目调整为冻结项目、荣誉称号认定根据重要性和影响力评价分值、积分纸质确认单扩大到纸质和二维码同步有效。新积分制度具备评价机制动态和静态结合、考察视角工作和生活兼容、赋分手段电脑和手机并用三大特点。

【构筑无欠薪工作机制】 2015年，区构筑的源头治理、立体监管、精准发力“三位一体”无欠薪工作机制，为2994名农民工追回欠薪3598.08万元。源头监管着眼预警，评定企业信用等级，建立信用档案，研判经济下行可能带来的欠薪问题，从源头防御欠薪产生。立体监管将全区划分为7个劳动保障监察一级网格、29个二级网格、75个三级网格，实现机构、人员、经费、场地、制度、工作六到位。精准发力实施建筑施工企业全员实名登记，建立工资支付保证金和工资报备制度，93个建筑施工项目缴纳321.7万元保证金。组建“无欠薪镇海”行动小组，畅通劳动纠纷申诉仲裁通道，快速处置欠薪事件。排查企业600余家，提前化解群体性欠薪隐患30起，处置欠薪案件229件，调处涉农民工劳资纠纷280起。是年，农民工欠薪清欠率达100%。

【研发流动人口APP平台基本完成】 7月，区承接市流动人口移动APP学习生活服务平台（昵称“宁波·e乡”）研发工作，并列为流动人口服务管理年度“一号工程”全力推进。2015年年底，综合积分模块（主体板块）研发全面完成，其他相关功能模块进入内测阶段，初具运行条件。流动人口管理新型平台，填补国内流动人口信息化服务管理领域空白，为推行居住证制度等综合管理打基础。

【调整流动人口工作人员分工及配置】 2015年，全区各镇（街道）流动人口工作人员分工及配置调整：70%人员成为专职信息登记员，从事流动人口基础信息采集、居住证件办理和出租房信息管理“三项事务”，划归区公安分局管理使用；其余约30%工作人员按社工模式，由各镇街道统筹安排，开展流动人口日常服务。流动人口工作人员是参照2011—2013年各镇（街道）流动人口基本登记数的800:1配置。至年末，调整基本完成，人员到位。

（乐思思）

殡葬服务

【概况】 2015年，全区死亡1459人，遗体火化率100%。享受区惠民殡葬政策2953人次，减免费用173.4万元。区民政局启动公墓规划编制，承办市遗体（器官、角膜）捐献缅怀纪念活动。清明期间，区内墓园接待祭扫群众7.5万余人次。

【镇海福利关怀院迁建项目主体完工】 12月，镇海福利关怀院迁建项目主体工程结顶。项目总投资5300万元，占地14593平方米，建筑面积近8000平方米。建成投用后可缓解治丧服务供需求矛盾，提升殡葬服务水平。

【首次开展鲜花换鞭炮活动】 清明期间，区大同公墓首次开展鞭炮免费换鲜花活动，以促进文明扫墓和环境保护。三天共换出鲜花1万余枝。

开展鲜花换鞭炮活动

【举行遗体（器官、角膜）捐献缅怀祭奠活动】 3月31日，市遗体（器官、角膜）捐献缅怀祭奠活动在区大同公墓五墓园内的宁波市遗体捐献纪念陵园举行，来自全市各地的部分捐献者家属及社会各界百余位爱心人士参加祭奠，追思逝者捐献义举。中新社、《中国日报》《浙江日报》及香港《文汇报》浙江分社等十余家媒体现场采访。

（黄超梅　赵　彬）

遗体缅怀祭奠活动

慈善事业

【概况】 2015年9月，贵驷街道慈善分会成立，区慈善总会下属的分会增至10个，7个镇（街道）和宁波石化开发区、海归海外留学生、慈善义工分会。全区设村、社区为主体、包括中学、企业的慈善工作站95个，形成“一级法人、三级网络”的组织体系。是年，区慈善总会贯彻落实《国务院关于促进慈善事业健康发展的指导意见》，开展各类慈善活动，募集收入和救助支出金额再创历史之最。全年募集善款3281.1万元，比上年增长8.7%。其中“慈善一日捐”活动募集1756.68万元，平时捐款1524.42万元。全年慈善救助支出5744.57万元，资助人数1.64万人（次）、公益项目83个。慈善救助项目分别为：助医1156人（次），支出250.8万元；助学1378人（次），支出93.3万元；助困3517人（次），支出437.5万元；助残456人（次），支出8.3万元；助老9529人（次），支出570

万元;助孤13人(次),支出2.6万元;定向台风赈灾180人(次),支出24.6万元;实物慰问202人(次),支出2.8万元;扶助公益项目83个,支出1108.5万元;森林基金和五水共治基金专项支出1799.2万元、1447万元。区慈善总会在全市慈善会长会议上,作《强平台 创氛围 推动慈善募集提质扩量》的经验介绍。

【继续开展“慈善一日捐”活动】 4月9日,全区召开“慈善一日捐”动员大会,部署捐款活动,区慈善总会在镇海新闻媒体及总会网站上发布“慈善一日捐”活动公告与募捐规范管理办法,与《今日镇海》编委会联合开展慈善好新闻竞赛。活动持续三个月,共募集善款1756.68万元,占全年慈善资金募集量的53.5%。

机关干部参加“慈善一日捐”活动

【顾兆田卞裘莉慈善基金建立】 10月,区慈善总会和顾兆田夫妇签署建立“顾兆田卞裘莉慈善基金”协议,区内最大的个人海外冠名基金成立。120万元善款一次性捐赠到位,分10年使用,专门用于安老助老、奖教奖学、应急帮扶等慈善公益性项目。

【多名个人和单位获第四届宁波慈善奖】 7月,在第四届宁波慈善奖评选活动中,镇海区多名个人和单位获奖:张培明包素菊夫妇、顾兆田获第四届宁波慈善奖“最具爱心捐赠个人奖”,镇海金属园区获“最具爱心捐赠企业奖”,“镇海区扶贫基地全覆盖”项目获“最具影响力慈善项目奖”,伊木商场刘国娟获“最具爱心慈善楷模奖”;庄市街道义工分会孙静娟获“最具爱心慈善志愿服务奖”。

【一批基层单位获评“慈善”单位】 11月,全市第二批慈善单位评定揭晓,招宝山街道被评为市慈善街道,曙光、朝阳、沙河、十七房、长石5个村被评为市慈善村,海港、车站路、银凤3个社区被评为市慈善社区。

【博爱慈善阳光基金成立】 2015年,区慈善总会与区红十字会共同建立“博爱慈善阳光基金”,基金规模100万元,总会首批10万元资金汇入爱心专户。“博爱慈善阳光基金”专项用于救助区内器官(角膜)移植、白血病等重、特大疾病患者家庭,是为全区首个以重大疾病患者为救助对象的基金。至年底,救助4人(次)8万元。

【全市首家阳光慈善艺术团成立】 5月,在全区第二十五次“全国助残日”慈善阳光助残活动现场,镇海招宝山阳光慈善艺术团成立,是为全市首家慈善艺术团。在汇报演出中,自编自导的小品《慈善爱心曲》等节目,汇集全区募捐、救助、义工等慈善元素,体现扶危济困、促进社会和谐的大爱精神。由残疾人组成的艺术团初建于2012年8月,区慈善总会对其冠名和资金支持后,有助于艺术团更好发展、残疾人展现才艺。

(倪文冬)

居 民 生 活

综 述

2015年年末，全区按户籍口径统计的总户数94599户，人口235336人，比上年增长1.6%。其中，城镇人口190944人，比上年增长10.1%；乡村人口44392人，下降23.8%。全年人口出生率7.24‰，死亡率5.61‰，人口自然增长率1.63‰。全区女性初婚人数1098人，一孩率为73.8%，计划生育符合率97.3%。是年，继续实施2014年开始调整的“单独两孩”生育政策。全区户籍居民人均期望寿命83.06岁，其中男性80.81岁，女性85.54岁。

（叶晓芬　马　迎）

表50

户籍人口情况

指标名称	单位	全区	招宝山街道	蛟川街道	骆驼街道	庄市街道	澥浦镇	九龙湖镇
一、年末总户数	户	94599	23501	17110	21207	13423	9624	9734
二、年末总人口	人	235336	65869	42116	50398	32326	22039	22588
其中：城镇人口	人	190944	65869	42116	40953	25996	12946	3064
乡村人口	人	44392	0	0	9445	6330	9093	19524
1.男性	人	117582	33702	21963	24345	15873	10643	11056
2.女性	人	117754	32167	20153	26053	16453	111396	11532
3.年龄								
18岁以下	人	31019	9235	4988	6798	5222	2325	2451
18岁~34岁	人	50167	14103	8876	10781	7962	4154	4291
35岁~59岁	人	96657	28078	17280	20104	12497	9211	9487
60岁以上	人	57493	14453	10972	12715	6645	6349	6359
4.出生	人	2022	450	318	501	441	149	163
其中：男	人	1013	228	170	242	217	74	82
女	人	1009	222	148	259	224	75	81
5.死亡	人	1310	253	253	306	178	147	173
其中：男	人	774	148	141	196	111	84	94
女	人	536	105	112	110	67	63	79

续表50

指标名称	单位	全区	招宝山街道	蛟川街道	骆驼街道	庄市街道	澥浦镇	九龙湖镇
三、迁入情况								
省内迁入	人	1162	225	185	200	404	65	83
省外迁入	人	2550	517	588	574	721	89	61
四、迁出情况								
迁往省内	人	343	187	76	27	39	6	8
迁往省外	人	591	257	154	51	97	15	17

注:数据来源于区公安分局

城乡居民收入

【概况】 2015年,全区城镇居民人均可支配收入51201元,比上年增长8.5%;人均消费支出33395元,比上年增长8.9%。农村居民人均可支配收入28087元,增长8.8%;人均消费支出18328元,增长12%。城乡居民收入差距由2014年的1.83∶1缩小为1.82∶1。

【工资性收入占比农村居民高于城镇居民】 2015年,城镇居民工资性收入31472元,增长7.3%,占城镇居民人均可支配收入的61.5%。农村居民人均工资性收入20051元,增长8.8%,占农村居民人均可支配收入的71.4%。工资性收入占全部收入的比例,农村居民高于城镇居民10个百分点。

【经营净收入稳步增长】 2015年,城镇居民人均经营净收入6598元,增长10.8%,占可支配收入的12.9%。农村居民人均经营净收入4157元,增长6.8%,占可支配收入的14.8%。经营净收入稳步增长,缘由国家促进小微企业发展政策与房屋租赁市场继续保持活跃。

【财产性和转移性收入有所增长】 2015年,城镇居民人均财产性收入6818元,增长8.4%,占可支配收入的13.3%;人均转移性收入6313元,增长12.3%,占可支配收入的12.3%。农村居民财产净收入和转移净收入合计3879元,增长10.9%,占可支配收入的13.8%。农村集体产权改革,银行理财产品热销,城乡低保、养老和医疗保险等各类社会保障面扩大,使财产和转移净收入增长。

(叶晓芬)

城乡居民消费支出

【概况】 2015年,全区城镇居民生活消费支出33395元,增长8.9%,八大生活类消费除衣着支出下降外,其余七类均有不同幅度的上升。农村居民生活消费支出18328元,增长12%。农村居民生活消费除医疗保健支出、生活用品及服务支出下降外,其余六类均有不同程度增长。随着家用汽车、高档手机普及率提高,城乡居民交通通信费快速增长,人均交通通信费城镇居民6055元,农村居民2767元,分别增长

21.9%和 23%。受房屋租赁费用与住房装修维护费用攀升影响，城乡居民居住成本增加，人均居住支出城镇居民7514元，农村居民3428元，分别增长10.8%、15.8%。

【城镇居民生活消费支出“七升一降”】 2015年，城镇居民生活消费支出33395元。其中食品烟酒支出9414元，增长5.5%；居住支出7514元，增长10.8%；生活用品及服务支出1602元，增长3.8%；交通通信支出6055元，增长21.9%；教育文化娱乐支出3721元，增长6.6%；医疗保健支出1670元，增长8.3%；其他用品和服务支出1132元，增长3.5%。下降2.1%的消费是衣着支出2287元。

【农村居民生活消费支出“六升两降”】 2015年，农村居民人均生活消费支出“六升两降”。上升的六类消费是：食品烟酒支出6743元，增长8.8%；衣着支出1327元，增长6.3%；居住支出3428元，增长15.8%；生活用品及服务支出834元，增长4.1%；交通通信支出2769元，增长23%；教育文化娱乐支出1713元，增长25.6%。下降的两类消费是：医疗保健支出1157元，下降0.6%；其他用品和服务支出357元，下降5.3%。

【城乡居民居住面积小增】 2015年，城乡居民人均居住面积均有所增加。其中，城镇居民人均拥有房屋面积为36.61平方米，比上年增加0.01平方米；农村居民人均拥有房屋面积为42平方米，增加1.13平方米。

【城乡居民耐用消费品拥有量多数品种增加】 2015年，平均每百户城镇居民家庭耐用消费品拥有量：彩电175台，电冰箱93台，洗衣机87台，空调185台，固定电话61部，移动电话216部（其中接入互联网为119台），电脑106台（接入互联网为95台）。农村居民平均每百户家庭耐用消费品拥有量：彩电164台，电冰箱93台，洗衣机77台，空调113台，固定电话59部，移动电话189部（接入互联网为85台），电脑54台（接入互联网为48台）。其中，城镇居民家庭耐用消费品拥有量有增有降，农村居民家庭各种耐用消费品拥有量全部有所增加。

（叶晓芬）

少数民族与宗教信仰

【概况】 根据2011年调查，镇海区有户籍少数民族居民1000余人，基本上与本地居民融合，工作、生活相对稳定；外来少数民族人员约1.5万人，到镇海主要是打工谋求生活水准提高，生活水平相对不富裕。户籍少数民族所享受的民族政策主要有中高考加分、免收幼儿园保育费等。外地到镇海的少数民族人员在劳动就业、社会保险等享受国家统一政策，其他待遇与区实行的流动人口政策基本一致，根据积分高低享受子女就学、医疗体检等公共服务。

全区佛教、基督教、天主教三大宗教，2015年有基督教信徒约3000余人，天主教信徒300余人，佛教信徒人数无法统计。全区有经政府登记的宗教活动场所18处（10月份贵驷堂划归宁波高新区管理），其中佛教8处，天主教2 处，基督教8处。经认定备案的宗教教职人员28人，其中佛教22人、基督教6人。

【举行民族厨艺大赛】 10月，“相知相融”寻找舌尖上美味民族厨艺大赛在蛟川街道俞范社区举行，区籍及来自全国各地的近30名少数民族选手一显身手，展示家乡的民族厨艺。其中，苗族的酸汤鱼等菜肴获得评委一致好评。

【净业寺举办迎新撞钟祈福晚会】 2014年12月31日晚，镇海净业寺举办“2015年迎新撞钟祈福”晚会。随着《三宝歌》音乐响起，歌舞、小品等文艺会演拉开序幕，有奖猜谜、书画展示同时举行。2015年元旦零点时刻，住持妙华法师撞响新年第一钟，随后，信众们一一上前撞响新年钟声，祈福来年平安，祈愿世界和平、国强民安。

净业寺住持妙华法师撞响新年第一钟

【召开区基督教第九次代表会议】 12月，区基督教第九次代表会议在骆驼街道曙光丽亭酒店召开，61人参会。会议审议通过区基督教三自爱国运动委员会第八届、区基督教协会第四届委员会关于《回顾神恩 迈向未来》的工作报告，修改区基督教三自爱国运动委员会章程和区基督教协会章程，选举产生新一届委员（理事）。

（张贤群）

流动人口在镇海

【概况】 2015年年末，全区流动人口在册登记249638人，比2014年减少20496人。其中16周岁及以上的流动人口214866人，随同子女34772人。流动人口中，安徽省人数最多，占总数的22.86%；居第二的是四川省，占17.62%；浙江省第三，占11.08%。全区流动人口总数超过本地居民，与户籍人口的比例约为1.05:1。区公安分局发放“浙江省临时居住证”213824人，比2014年减少22061人。流动人口的住宿以租赁房屋为主，自行租房的有205682人，占82.39%；居住工作单位宿舍的27015人，占10.82%；居住在自购房的9516人，占3.81%。16周岁及以上的流动人口中，约有179147人在企事业单位务工，占83.38%；从事农业生产的约2420人，占1.13%；自行经商等自由职业者6527人，占3.04%。

是年，全区继续实行流动人口梯度化、均等化服务，推进流动人口婚育证明电子化试点。流动人口的疾病预防控制、外来务工人员社会保险覆盖面和享受优质公共服务项目等，人员增多，水平提高。

【近三千农民工被追回欠薪】 2015年，得益于区构筑的源头治理、立体监管、精准发力“三位一体”无欠薪工作机制，全区2994名农民工（含非流动人口）被追回欠薪3598.08万元，欠薪清欠率达100%。

【流动人口根据积分享受优质公共服务】 2015年，流动人口可根据自身积分分值，享受区相关优质公共服务（含政府购买商业服务项目1个）：大病事前事中救助、妇女健康体检、学历提升补贴、人身意外保险、体验式科普活动、旅游门票优惠、当地报纸赠阅、公共租赁住房等。高积分的流动人口与户籍人口之间公共服务差距缩小。

【外来务工人员子女就学有保障】 2015年,全区义务段学校接纳符合《镇海区外来务工人员子女义务教育暂行规定》条件的外来务工人员子女16210人,其中公办就读14795人,公办学校接纳率 91.27%。是年,699名随迁子女在镇海报名参加异地中考,126人在镇海入读普高。

(乐思思)

注:1.流动人口居住、工作占比按当时人口计算;2.从业情况不含从事其他职业和其他原因居留镇海。

居民风采

【概况】 2014年,区实施建设“厚德镇海”三年行动计划,2015年,制订实施《镇海区培育和践行社会主义核心价值观深化“厚德镇海”建设2015年行动方案》。推进志愿服务群众广泛参,完善道德典范全线育培选树机制,开展“发现身边好人”“最美家庭”等群众参与性活动,挖掘各类爱心人物和典型事迹。是年,全区经济和和社会事业建设中,涌现各级各类先进人物。2人获评全国劳模、2人(家庭)当选“中国好人”、2个集体获全国巾帼文明岗和青年文明号、1个工作室获全国示范性劳模创新工作室称号,多人获评“浙江、宁波好人”、市五一劳动奖章、“甬城英才”、区级劳动模范、区爱心感动人物(道德模范)等,多个集体获市、区模范集体。

(裘贤君)

【冯闯获全国劳模】 2015年,金丰(中国)机械工业有限公司装配组长冯闯获全国劳动模范。冯闯2002年进入“金丰”从事机械装配,工作一丝不苟,每年经他调试出厂的机床近千台,优良率100%。他从2002年4月开始无偿献血,14年献血170多次,献血量超过14万毫升。曾获2012年度“最美宁波人”、2014年浙江省劳动模范。

(郐聪颖)

【陈俭峰获全国劳模】 2015年,宁波明欣化工机械有限责任公司的陈俭峰获全国劳模。“焊接大师”陈俭峰从事焊接工作30多年,是焊接实验室领头人,帮助企业攻克各类焊接问题,带领团队获得多项发明专利,为企业降低生产成本、保证产品质量作出贡献。他乐于助人,把30多年实践经验传授给技师学院学生和新手,还参加市总工会组织的帮扶企业系列活动,利用节假日免费为中小企业解决技术难题。

(孙晓玲)

【刘国娟获“中国好人”称号】 5月,依木商贸公司董事长刘国娟荣登“中国好人榜”。“爱心妈妈”刘国娟抚养四个弃女长大成人,并帮助找到亲生父母。平时关心商城工作的困难职工,17年来资助16名贫困生,连续28年慰问敬老院老人,12次捐赠救灾物资。曾获全国敬老爱老助老“中华孝亲敬老之星”,省、市道德模范,市“我身边的文明之星”、“三八红旗手”及区级各种荣誉称号,其家庭入选省“最美家庭”。

(施　虹)

【叶中央家庭入选“中国好人”】 10月,叶中央、叶静虎、叶超群(祖孙三代)家庭荣膺“敬业奉献好人”殊荣。叶中央一家五代坚守灯塔事业,从清朝光绪年间,叶中央的爷爷上白节岛守灯塔,到2015年,叶中央的孙子叶超群走上灯塔。横跨一个多世纪，祖孙五代默默坚守，在灯塔工这个枯燥寂寞的行业中把敬业奉献的精神发扬光大，并将继续传承。

（裘贤君）

【区法院立案庭获巾帼文明岗称号】 2月，区法院立案庭被中华全国妇女联合会授予“全国巾帼文明岗”称号，成为全省法院系统中获此殊荣的三家集体之一。由7名女干警和1名男干警组成的立案庭，打造“‘三一五’诉讼维权服务”品牌，将诉讼服务向农村社区、机关企业、互联网络三方延伸，规范立案信访流程，推出巡回审判、诉讼保全由担保公司担保、午间立案与预约立案、爱心疏导室和“大立案”工作模式五条措施，方便当事人诉讼。曾获省“二十佳”巾帼文明岗、“百家优质服务窗口”和市“巾帼文明示范岗”等荣誉。

（徐　静）

【宁波帮博物馆获“青年文明号”称号】 4月，共青团中央公布全国“2013—2014年度全国青年文明号名单”，宁波帮博物馆榜上有名。由6名讲解员组成的青年集体以热情周到的服务、青春活力的形象和生动细致的讲解，博得参观者好评，在博物馆接待、讲解工作岗位上展现文明礼仪和青春风采。她们曾获市“优秀青年岗位能手”、“技术能手”、“优秀科学诠释者”等荣誉。

（周　颖）

【胡耀华工作室获全国示范性劳模创新工作室称号】 4月，胡耀华工作室被中华全国总工会授予全国示范性劳模创新工作室称号。胡耀华是镇海港埠分公司流动机械修理班班长，20多年的工作、学习练就快速排查故障的绝活，解决许多“疑难杂症”。以他名字命名的工作室2011年成立以来，已完成29个创新项目，产生直接经济效益数百万元。胡耀华曾获全国劳模和技术能手等荣誉，享受国务院特殊津贴。

（王　勇）

【村民孙建顺入选“浙江好人”】 1月，骆驼街道尚志村村民孙建顺入选见义勇为类“浙江好人”榜。2014年9月6日晚，41岁的孙建顺看到邻居家起火，第一时间冲进火场扑灭大火，本人却被大火烧伤，烧伤面积18%～20%。孙建顺此前获评“宁波好人”“镇海区文明之星”，并被推荐为“中国好人榜”候选人。

（孙晓玲）

【夏甬峰登上“浙江好人”8月榜】 8月，区环卫保洁中心车辆驾驶员夏甬峰登上2015年“浙江好人”榜。48岁的夏甬峰从2005年7月开始无偿献血，至2015年年底累计献血168次，献血量133400毫升，相当于一个健康成年人体内血量的27倍，并参与中华骨髓库留样。2010年10月加入市无偿献血志愿者服务队，兼任区无偿献血志愿者服务分队长，5年来开展无偿献血志愿服务1130次，时间达7536个小时。曾获全国无偿献血奉献金奖、省市区无偿献血特别奉献奖及宁波好人等各类荣誉。

（董小萍）

【陈妍登上“浙江好人”8月榜】 2015年“浙江好人”8月榜上，助人为乐的“骆驼媳妇”陈妍榜上有名。在菲仕工业设计公司工作的陈妍，是6年前在江东区红十字会登记的造血干细胞捐献志愿者。2014年嫁到骆驼沙河村后，本已有生孩子的打算，接到红十字会造血干细胞配型成功的电话后，在家人支持下推迟怀孕计划，于2015年5月4日捐献造血干细胞，挽救了他人生命。

（孙晓玲）

【郑秀丽登上“浙江好人”12月榜】 12月，市第七医院大内科护士长郑秀丽登上浙江好人榜，获评“见义勇为类”好人。郑秀丽从事临床护理工作17年，从一名普通护士成长为大内科护士长。2015年7月21日下午下班途中，郑秀丽发现路边躺着一位昏迷不醒受伤女子，她立即停车查看，拨打120急救电话，并现场为该女子处理伤口。在被路人质疑为“肇事者”的情况下，坚持守护在该女子身边，直到救护车赶到。郑秀丽救助受伤女子事迹被网友纷纷点赞，称其为“最美护士长”，而她表示即使被人误解，也“一定要继续善良下去”。

（马　迎）

【翁维根家庭获全国“最美家庭”提名】 5月，招宝山街道后大街社区翁维根家庭获全国“最美家庭”提名。翁维根1992年着手编写家谱，于1996年定稿印刷。翁家继承、弘扬并在翁氏家族中推广“家谱”中健康正气的家风、家训及家规，牵头成立翁氏家族联谊会、基金会，创办翁氏松房网站，编印家族通讯录，谱写家歌。翁家还获评省、市“最美家庭”。

【沈亚君家庭获省“最美家庭”称号】 12月，骆驼街道敬德村沈亚君家庭获第四季度浙江“最美家庭”称号。沈亚君是家庭“顶梁柱”，照顾植物人丈夫16年，独自抚养两个儿女成家立业，使四口之家在一度困境中保持和谐、温馨的家庭氛围。在女家长的带领下，该家最终走出困境、联姻繁衍成8个成员的和睦大家庭。

（施　虹）

【2014年度爱心感动人物（道德模范）受到表彰】 3月19日，在2014年度爱心感动人物（道德模范）表彰大会上，11名爱心感动人物（道德模范）受表彰：20余年拾荒生涯抚育孤女的火秀芬，捐献造血干细胞点亮他人生命的90后人民子弟兵孙卫、袁永涛，心怀大爱走过10年无偿献血路的环卫工夏甬峰，20余年义务教授太极拳的退休干部蒋开达，不畏凶险见义勇为的徐耀平、陈龙，彻夜冒雨看守业主财物的好保安方明富，将爱心播撒到新疆库车的白衣天使蔡贤君，用12年的悉心呵护坚守对婚姻不离不弃承诺的赵加兴，恪守孝道用亲情感染家庭的好媳妇金毅。

【表彰24个区爱心感动人物（道德模范）】 2015年，区文明委发文，授予3名个人、1个家庭区道德风尚特别奖：宁波航标处白节灯塔原主任叶中央家庭、区人民医院护士长郑秀丽、骆驼街道尚志村村民孙建顺、宁波菲仕工业设计有限公司员工陈妍；授予9名个人、1个集体区爱心感动人物（道德模范）称号：区公安分局交警大队民警丁森寅、河南籍务工人员党中印、车站路社区居民徐瑞英、胜利路社区居民马群力、区城管局招宝山中队副指导员江文财、龙赛医院外一科主任朱励民、区第二福利院原院长张仁国、庄市街道汤家村村民王亚媛、骆驼街道敬德村村民沈亚君、公交镇海分公司374路班组；表彰10名个人获区爱心感动人物(道德模范)入围奖。

(裘贤君)

【评选出20名“十佳最美劳动者”】 2015年,区总工会联合区直属机关党工委、镇海新闻网、《今日镇海》报社,推出寻找身边“最美职工”活动。20人获“十佳最美劳动者”称号:区城市基础设施建设中心副主任胡金伟、区劳动监察大队大队长乐敏华、龙赛医院耳鼻喉科主任柳辉高、庄市街道敬老院护理员卢冬梅、镇海石化物流公司驾驶班班长潘亚铭、区邮政局俞范支局投递员田永双、海德生化科技公司技术总监王雷、区城管局招宝山中队城东分队分队长吴月皓、区职业教育中心学校重训办主任伊水涌、中鑫毛纺集团公司粗纺车间挡车工周燕芬、区建筑(交通)工程安全质量监督站质监科科长陈国东、艺术实验幼儿园体育教师邹启明、区人民法院民一庭庭长王磊、龙赛医院外二科主任医师徐黔、区新闻中心技术部主任严洪智、招宝山街道后大街社区党委书记吴民丽、恒河材料科技公司车间主任助理徐少飞、区人民医院内科护士长郑秀丽、镇海交警大队澥浦中队民警周国军、宁波碧海供水公司生产运行部部长王宏祥。

(马凌云)

【2名社区书记获“模范小巷总理”称号】 2015年,郑时梅、吴敏获第二届全国模范小巷总理称号。郑时梅从1997年担任招宝山街道总浦桥社区书记以来,带领社工打造孝道型社区,建成全市首家日间老年护理中心、孝心车轮食堂等,推出20多个服务项目;倡导“楼道会议”、“敲门行动”居民工作方法,培育在各级获奖的社会组织近30个。社区先后获全国和谐社区建设示范社区、全国敬老模范社区等荣誉,本人曾获全国敬老之星、省优秀共产党员、市劳模范荣誉。吴敏2003年担任骆驼街道中街社区党总支书记后为居民谋福祉,创办创业123、健康ABC、亲亲580、庭院式居家养老、“红袖章”志愿者服务队等项目,工作年年创新,走出一条小区物业由居民自治管理新路。社区所获全国低保规范化建设先进社区、省老龄工作规范化社区等多项荣誉,都离不开她的辛勤付出与创新,曾获市优秀共产党员等荣誉。

(黄超梅)

【贺满祥获评市“最美老干部”】 2015年,退休干部贺满祥被市委老干部局评为“最美老干部”。65岁的贺满祥退休后担任商务局离退休党支部书记,被聘社区社会组织服务站站长、区老年大学校长助理、区门球协会秘书长等职。一直奔波、忙碌于支部、老年大学和社会组织的日常事务,协助社区组建“楼管会”“护绿队”,基本包揽5户独居老人米油“上楼”、代办证件、小修补漏和陪护求医取药等琐事,为居民排忧解难。

(郭建华)

【学生桂子健获浙江“美德少年”称号】 2015年10月,精英小学学生桂子健,在省少先队纪念建队66周年暨“最美浙江人·美德少年”颁奖典礼上,获“最美浙江人——美德少年”称号。年仅12岁的桂子健生活在一个四口之家,因父亲的腿被车撞断成疾,母亲腰有伤病,从小学四年级开始,承担起照顾妹妹的责任,还利用假期帮助父母洗藕、卖藕。

(钱婷婷)

【"张主任"入选"最美宁波人"】 2月，宁大科院二村食堂餐厅主任张继惠获"2014年度最美宁波人"称号。张主任在日常工作中认真回复学生在食堂意见簿上的每一条意见，该意见簿被学生拍照并发布到微博上，引起网友和媒体广泛关注，网友称"张主任应成为高校食堂标配"。

（茅百川）

【村民火秀凤入选"宁波好人"】 4月，蛟川街道俞范村村民火秀凤入选助人为乐类"宁波好人"。30多年前，她将大儿子在路边捡到的一个弃婴，当作家庭成员养育，靠种地和拾荒的微薄收入供孩子上学，直到成家立业。火秀凤还帮助养女找到亲生父母并相认。

（邬聪颖）

【方明富入选"宁波好人"】 4月，镇海炼化公司宁波亚太物业保安方明富入选"宁波诚实守信好人"。军人出身、有三十多年党龄的方明富工作一丝不苟，在保安队伍中是出了名的"较真大王"。在2014年5月19日的一次夜间巡逻中，发现小区内一辆汽车窗户未关，在雨中站整整一夜，为业主守护20万元巨款与其他贵重物品，业主拿出5000元现金感谢他，被他婉言谢绝。他的执着，换来信任与赞美，他还获"镇海区诚实守信"道德模范、"2015中国物业管理行业年度感动人物第一名"。

（李勤勇）

【蔡贤君成为"宁波好人"】 4月，市第七医院妇产科医生蔡贤君登上宁波好人榜，获评"敬业奉献类"好人。蔡贤君从事临床工作近30年，业务技能扎实，工作脚踏实地。2014年起，她作为镇海首位援疆医生，赴新疆阿克苏地区库车县人民医院工作，在一年半的援疆期间，尽心竭力服务库车地区患者，与其他宁波援疆医生一起，填补10余项医疗技术空白，给当地留下较好影响。

（马　迎）

【陈益庆工作室获评市级劳模创新工作室】 2015年，镇海建设集团有限公司设立的陈益庆工作室被评为市级劳模创新工作室。陈益庆参加2004年度职工技能大赛获得宁波泥工比赛第一名，被评为省首席工人，以其名字命名的工作室成立于2014年9月，所在工作团队在工程建设中起带头示范作用。

（马凌云）

【卫国获市突出贡献专家奖】 2015年，1963年出生的教授级高级工程师卫国"获宁波市突出贡献专家奖"。卫国是纺织工程学会、棉纺织行业协会等全国性协会（学会）成员，担任国内色纺纱龙头企业百隆东方股份有限公司副总经理以来，长期从事色纺纱领域的技术研究，致力于色纺技术创新与新产品开发，在推动行业技术进步和企业快速发展中作出突出贡献。曾获"全国纺织工业劳动模范""全国纺织科技创新领军人才"荣誉。

（孙晓玲）

【沈虎跃获首届市教育名师称号】 2015年，镇海中学教师沈虎跃获宁波市"甬城英才"教育名师称号。沈虎跃从教17年来，潜心治学，他指导学生两获国际数学奥林匹克金牌，实现浙江省国际奥林匹克数学金牌零的突破。先后获得"全国优秀教师”“浙江省特级教师”。

（钱婷婷）

【沈国强获市卓越企业家奖】 2015年，区工商联主席、宁波埃美柯铜阀门有限公司沈国强获市卓越企业家奖。1997年以来，沈国强带领埃美柯公司，以“兴民族产业、创世界名牌”为愿景，推进企业管理创新、科技创新和国际一流的技术改造，把公司打造成全国黄铜阀门和卫浴行业龙头企业，2015年实现销售收入9.67亿元。公司先后通过ISO 9001、ISO 14001体系认证和美国UL、欧盟CE、澳大利亚AL等产品质量认证，“埃美柯”获“中国驰名商标”、“中国名牌”，公司获“全国推行卓越绩效管理先进企业”、“宁波市市长质量奖”。沈国强还任宁波大学客座教授，在中国五金制品协会等担任社会职务。

（孙晓玲）

【郑荣希获市现代农业领军人才奖】 2015年，镇海繁荣瓜果蔬菜试验示范场场长郑荣希获市“现代农业领军人才奖”。郑荣希负责经营管理的示范场，实行集中连片种植，应用喷滴灌溉、沼液、有机肥料、物理生物防治病虫害、秸秆循环利用等农科技术，控制和保障农产品质量安全、品质优良，产生经济、生态效益和引领周边农户的示范作用。示范场先后获得市级“菜篮子商品供应基地供应贡献奖”“农业标准化示范区”，省级“科技示范基地”“科普惠农先进单位”和国家级“蔬菜标准园”等称号。

（俞明敏）

【曾盛明获评“百姓生命保护神”称号】 1月，台商曾盛明在由新华网和国家安监总局发起的首届“寻找百姓生命保护神”评选中成为10名“百姓生命保护神”之一。台资企业金丰(中国)机械工业有限公司总经理曾盛明带领员工“走信息化安全之路”，每年层层签订安全责任书，每日的安全早会持续六年。厂区内装有120个摄像头，监控系统与互联网关联，依托员工智能手机和微信建立隐患排查治理信息系统，利用科技手段管理安全生产。曾总还亲自为区内安全生产培训授课，曾获省级安康杯先进个人、市2014年外商投资十佳优秀总经理。

（张　三）

【史云飞获“全国老有所为先进典型人物”称号】 12月，全国老龄办公布的2015年度“老有所为先进典型人物”中，庄市街道兴庄路社区史云飞“榜”上有名。史老退休后热心调解、治安、环保、卫生和新四军历史研究等公益活动，在担任社区老年协会会长的9年里，长年累月骑着自行车在老年电大教学班、门球队、“银龄互助”组里忙忙碌碌，“不言疲倦”，身体力行并带领老年人离开“麻将”，走进社会，参加学习、锻炼和公益活动。

（丁轶男）

【开闸放水“好市民”陈瑞华】 9月30日凌晨，“杜鹃”台风带来的暴雨造成招宝山街道聪园小区的积水越来越高。机关退休干部陈瑞华在察看水情、发现甬江水位落差很大后，即用电话向区领导报告水情并参谋“开闸”。在一时得不到回音而水患不断加重情况下，会同两名小区居民涉水前往聪园路与沿江西路交叉口的闸门开闸放水，使道路和小区积水迅速下降。

事后，面对小区居民称赞和区长“感谢好市民”的赞誉短信，一句“我们自己的事情，应该”的回复，体现了陈瑞华这位退休干部和普通市民的责任和担当。

（编　者）

【两位老人获评“宁波市最美老人”称号】 10月，在全市“寻找最美老人”主题活动中，区内两位老年人胡竹书、周惠蒙获评“宁波市最美老人”称号。原俞范中学校长胡竹书退休后热心社会工作，积极参与各类爱心捐献活动，与老伴一起申请在身后无偿捐献眼角膜，获“快乐奉献老人”称号。退休职工周惠蒙酷爱文艺，擅长小品、甬剧、越剧、京剧等表演，热心社区活动，经常参加公益宣传演出，义务为老年人作调整心态、保持心理健康的辅导，获“博学多才老人”称号。

【7位好人孝亲敬老】 10月，区老龄办举办“厚德镇海，情暖夕阳”孝亲敬老事迹报告会，宣传7位孝亲敬老的好人：致力于养老敬老事业的社区好书记郑时梅、带领老年人走出家门开展文体教活动的老年协会好会长史云飞、用善良和孝心换来家庭美满幸福的好儿媳杨玉安、成立聊天角帮助身边老伙伴的好邻居何秋芬、十几年如一日照顾老年痴呆妻子的好丈夫赵加兴、用爱唤醒“沉睡”丈夫的好妻子沈亚君、热心老年公益事业的好人刘国娟。

（丁轶男）

【“黄背包”志愿者服务队开展多项服务】 2015年，九龙湖黄背包志愿者服务队开展山林环保、慰问老人、慈善捐款、广场服务、春运“暖冬行动”等多项志愿服务活动。是年，“黄背包”被国家商标局认定为注册商标，以“黄背包”志愿者服务队为题材、自编自导《人生背包》微电影，获伟锋杯镇海微电影大赛提名奖。该服务队成立于2013年6月，2014年注册成为社会组织，主要由热心环境保护和公益事业的社会各界人士组成，2015年志愿者已发展到1500余人。

（刘崇华）

【摄影工作室冠名者李浙东】 9月，退休后仍担任区摄影协会主席的李浙东，在市文联和区宣传文化部门支持下创办“李浙东摄影艺术工作室”，继续进行摄影艺术作品创作。李浙东1980年起从事摄影艺术创作，现任市文联委员、市摄协副主席、区摄协主席、正高级研究馆员。其摄影作品多次在国内外重要影赛中获奖，先后被授予省首届摄影艺术贡献奖、省德艺双馨摄影家、市宣传文化系统“六个一批”优秀人才等称号。《凡人凡影——李浙东摄影集》是作者近年来“用影像关注民生”的一个创作选题，2015年1月在中国第十届摄影艺术节展出。

（裘贤君）

【5名逝者捐献器官和遗体】 6月到10月，区内有4名因各种原因去世的区籍和外来人员捐献各自体内的一肝二肾，移植到患者身上，成为镇海区第7到第10例器官捐献者：49岁的九龙湖镇村民韩文良，54岁的四川籍张德海，26岁的湖南籍舒乐，45岁的四川籍孙泽建。11月，骆驼敬老院内88岁吴锦章老人去世，按照生前意愿，捐献遗体供医学研究和教学使用，成为区内第3例遗体捐献者。

（陈彦翰）

机 构

机构及人事管理

【概况】 2015年,全区机构编制工作围绕政府职能转变和财政供养人员只减不增两大主线开展,实施政府部门机构改革,梳理、确定镇(街道)权力清单与责任清单,完成新设贵驷街道定职责、定机构、定人员编制的"三定"工作,优化机构编制资源配置,创新机构编制管理。年末,全区共有党委机构7个,政府机构20 个、群众团体8个。继续2014年9月以来区级机关的分批搬迁,至年末,机关办公场所大部分搬迁到区行政中心。

是年,人事管理工作以推进公务员队伍建设,规范公务员招录、考核、奖惩、培训的化工作为主,稳慎推进人事制度改革。出台《镇海区公务员学习培训学分制管理办法》,举办5期综合素质讲座,710名公务员参加。选送10名公务员、7名事业干部攻读硕士、博士学位。实施公务员"岗位对责、绩效对账"考核,55名连续三年考核优秀公务员获三等功,287名年度考核优秀公务员获嘉奖奖励。全区新招录公务员36人;统一招录事业编制人员56人,教育、卫计系统公开招聘录用教师104人、医护人员56人。接收安置营及以下转业干部(含技术干部)12名。

(徐 虹 方 薇 徐 璟)

【部分政府工作部门在机构改革中调整】 2014年至2015年7月,区政府工作部门进行机构改革,部分机构作出调整:组建区卫生和计划生育局、不再保留区卫生局、区人口和计划生育局;按照食品药品安全由地方政府负总责,工商、质监部门由垂直管理调整为地方政府分级管理的要求,整合区工商行政管理局、区质量技术监督局、区食品药品监督管理局,组建区市场监督管理局,挂区工商行政管理局、区质量技术监督局、区食品药品监督管理局、区食品安全委员会办公室牌子。区农业机械化管理站(区农业机械化管理局)的行政职能整合至区农业局,撤销区农业机械化管理局牌子。区科学技术局增挂区知识产权局牌子。改革后,区政府工作部门从21个减至20个。

【建立镇(街道)权力清单与责任清单制度】 12月底,6个镇(街道)完成权力清单与责任清单梳理,初步建立"两张清单"制度。镇(街道)法定权力75项,公安、市场监管等部门派出机构驻场办理权力事项1174项,其他部门委托下放权力事项3

项、审核转报权力事项51项。镇(街道)主要职责合计43项,职责交叉事项23项。

【新设贵驷街道完成"三定"工作】 7月,市人民政府印发《关于调整镇海区部分街道行政区划的批复》,同意设立贵驷街道。同月,区委办、区政府办联合印发中共宁波市镇海区委贵驷街道工作委员会、宁波市镇海区人民政府贵驷街道办事处主要职责、内设机构和人员编制规定,明确街道党工委主要职责7项,街道办事处主要职责8项。

【完成不动产登记职责整合和机构组建工作】 11月,区编委印发《宁波市镇海区不动产登记职责整合机构编制方案》,将住房建交部门的房屋登记、农业部门的林地登记、海域(海岛)登记以及土地承包经营权登记等职责,整合到国土资源部门。设立区不动产登记服务中心,为区国土分局下属公益一类事业单位。其中土地承包经营权登记予以五年过渡期,过渡期内,区农业局会同区国土分局等部门负责指导农村土地承包经营权登记工作,过渡期后,改由区国土分局负责登记,区农业局协同调处权属纠纷。

(徐　虹)

【区级机关办公场所搬迁】 2015年12月底,区委办、区政府办、区机关事务管理局3家单位搬迁。至此,区级机关办公场所及服务大厅从招宝山街道迁移到骆驼街道,区政治中心转移。留在招宝山街道的还有区国土分局、区公安分局、区城管局、区法院、区住房建交局、区规划分局、区环保局、区围垦局、区市场监管局、区供销社、区决策咨询委员会、区委党史办(区志办)、区拆迁办、区公积金中心、区新闻中心。搬迁工作始于2014年9月,分多个批次。其中,2014年分四批搬迁:9月底,区人社局、区审管办(行政服务中心)、区档案局3家单位首批搬迁,办公地转移380人;11月底到12月初,区老龄办、区民政局、区农机站、区公建中心、区红十字会5家搬迁,人员105人;12月中旬,区农业局、区发改局、区工商联、区经信局、区商务局5家搬迁,人员266人;12月底,区卫生局、区计生局、区教育局、区经合局、区科技局、区司法局6家搬迁,人员211人。2015年分5批搬迁:1月中旬,区财政局、区金融办、区旅游局、区统计局4家搬迁,人员154人;2月初,区编委办、区妇联、区关工委、区直机关党工委、区纪委、区委老干部局、区审计局、区委统战部、团区委、区委政法委、区总工会、区委宣传部(区文广新局)等12家搬迁,人员247人;5月底,区人大办、区政协办2家搬迁,人员55人;7月中旬,区委组织部、区信访局、区社会矛盾联合调处中心3家搬迁,人员54人;12月底3家单位搬迁,人员221人。

(方　薇)

新的机关办公室

【启动机关事业养老保险改革前调研】 根据国家、省、市统一部署，区人社局启动机关事业养老保险制度改革前的调查：对全区38家非事业单位及原事业单位转制人员共1262人基本情况排查摸底；采集第一批机关事业单位基础信息194家、在职人员8071名，采集退休人员信息3066名。开展数据比对，为机关事业养老保险改革做准备。

【镇海区2015年度目标管理考核全市第一】 2015年，在宁波市县(市)区目标管理考核中，镇海区得分119.9分，列全市11个县(市)区第一，其中质量强市、实际利用外资、信息工作、行政审批改革和公共资源交易等工作走在全市前列，获得高分。“双底线”①考核得分1.44分，列全市第四。合计总得分121.4分，列全市第二。

(徐　璟)

机构负责人

【中国共产党宁波市镇海区委员会】

书　记：薛维海

副书记：魏祖民

　　胡祖友

　　顾国芳

　　任学军(挂职)

常　委：薛维海

　　魏祖民

　　胡祖友

　　顾国芳

　　任学军(挂职)

　　褚瑞根

　　李　斌

　　王耀军

　　杨小平

　　俞泉云

　　洪世弈

　　邓伟余

　　戴凌云

　　王兆波(兼，2015.5免)

　　王　巍(挂职)

　　林伟明(2015.5任)

　　吴伟刚(挂职，2015.6任)

区委办公室主任：陈江其(2015.12免)

　　洪岳军(2015.12任)

区委、区政府信访局局长、党组书记：

　　孔海平(2015.12免)

　　房驯骏(2015.12任)

区委、区政府政策研究室主任：

　　汤文东(2015.7免)

　　朱志远(2015.7任)

区委组织部部长：戴凌云

区委宣传部部长：王耀军

区委统战部部长：胡文安

区委政法委员会书记：顾国芳

区委维护稳定工作领导小组办公室主任：

　　孙　勇(2015.7免)

区委农村工作办公室(区政府农村工作办公室)主任：朱国军

区委台湾工作办公室(区政府台湾事务办公室)主任：邹兴国

区机构编制委员会办公室主任：

　　毛友军(2015.12免)

　　王亚玉(女，2015.12任)

①“双底线”：2014年起，根据省对市考核要求，宁波市对县(市)区的目标管理考核中，对7个主要经济指标以全市平均水平和市分解下达的考核目标为“双底线”进行考核。

区直机关工作委员会书记：邹育平
区委党校党委书记、副校长：王惊殊
区委党史研究室主任：俞奇恩
区保密办（保密局）主任：
陆 炯（2015.12免）
潘春芬（女）（2015.12任）
区委老干部局局长：翁婉群（女）
区新闻中心主任：刘炳祥
区精神文明建设指导委员会办公室主任：
李阳育
区档案局局长：王丁盛（女）
区委区政府决策咨询委员会主任：
董国安（兼，2015.2免）
王宏德（兼，2015.2任）

【宁波市镇海区人民代表大会常务委员会】

主 任：张江华
副主任：罗思维
王宏德
高岭夏（2015.12免）
吴国平
高炳华
办公室主任：胡志平
法制工作委员会主任：杨金平
财政经济工作委会会主任：
孙孝法（2015.2免）
蔡军国（2015.2任）
科教文卫工作委会主任：陈翠娣（女）
城建农资工作委员会主任：
洪裕军（2015.2免）
胡立群（2015.2任）
生态环保工作委员会主任：
胡友江（2015.2免）
吴长明（2015.2任）
代表工作委员会主任：徐 强

【宁波市镇海区人民政府】

区 长：魏祖民
常务副区长：李 斌
副区长：王兆波（2015.5免）
张 颖（女）
黄向华（2015.12任）
洪世弈（2015.6任）
林伟明（2015.6免）
包志安
胡央娣（女，挂职，2015.6免）
王 巍（挂职）
俞耀根（挂职）
吴伟刚（挂职，2015.7任）
区长助理：黄代波（挂职，2015.11免）
区政府办公室主任：王信永（2015.12免）
唐东海（2015.12任）
区发展和改革局局长、党委书记：崔召春
宁波市规划局镇海分局局长、党组书记：
汪乐军
区教育局局长、党委书记：
蒋士勇（2015.12免）
毛志挺（2015.12任）
区科学技术局局长、科技局科协党组书记：李德军
区民族宗教事务局局长：贺 军
区公安分局局长、党委书记：褚瑞根
区监察局局长：陈 恺
区民政局局长、党组书记：
顾 舰（2015.12免）
金 燕（2015.12任）
区司法局局长、党组书记：嵇红卫
区财政局局长、党组书记：
唐东海（2015.12免）
顾 舰（2015.12任）
宁波市国土资源局镇海分局局长、党组书记：
王志强（2015.7免）

胡如君（2015.7任）
区环境保护局局长、党组书记：胡荣章
区住房和建设交通局局长、党委书记：
梅海平
区城市管理局局长、党组书记：
陈建江（2015.7免）
陈贤方（2015.7任）
区农业局局长、党委书记：周国伟
区文化广播电视新闻出版局局长：
余维勤（女）
党委书记：王耀军（兼）
区卫生和计划生育局局长、党委书记：
王亚玉（2015.2任，2015.12免）
孔海平（2015.12任）
区审计局局长、党组书记：徐继伦（2015.7免）
孙泽洪（2015.7任）
区风景旅游管理局局长、党组书记：
李夏英
区统计局局长、党组书记：邵秀波
区市场监督管理局局长、党委书记：
刘义敏（2015.2任）
区地方税务局局长、党委书记：
张之光（2015.7任）
区国家税务局局长、党委书记：周水涌
区安全生产监督管理局局长、党组书记：
岑国兴
区机关事务管理局局长、党委书记：
蔡建祥（2015.2免）
马碧波（2015.2任）
区围垦局局长、党委书记：孙惠明
区气象局局长、党组书记：
谢良生（2015.10免）
全彩峰（2015.10任）
区公共建设服务中心主任、党组书记：
周国民（2015.2免）
高宁放（2015.2任）

区政府侨务办公室（在统战部挂牌）主任：
顾燕华（女）
区政府法制办公室（在区府办挂牌）主任：
（空缺）
区政府金融（上市）工作办公室主任：
严其伟
宁波市住房公积金管理中心镇海分中心主任：高宁放（2015.2免）
黄金冬（2015.2任）
区政府应急管理办公室主任：胡晓寒（兼）
区流动人口服务管理工作领导小组办公室主任：周澄东
区工贸资产管理服务中心主任、党委书记：张剑波
区征地拆迁办公室主任、党组书记：
曹勇健
区行政审批管理办公室主任、党组书记：
杨承志（2015.7免）
陈蓉晖（女2015.7任）
区社会治安综合治理委员会办公室（在政法委挂牌）主任：孙海雄
区老龄工作委员会办公室主任：
岑爱飞（女）
区供销合作社主任、党委书记：鲁佰军
区经济和信息化局局长、党组书记：
邱仕先
区经济合作局党组书记、副局长：
王开锋（主持党组工作，2015.7免）
刘海滨（2015.7任）
区商务局局长、党委书记：阮一心
区人力资源和社会保障局局长、党组书记：
徐天红（2015.12免）
蒋士勇（2015.12任）
宁波市大学科技园管委会主任：
魏祖民（兼）
党工委书记、常务副主任：叶秀贝

镇海新城管委会主任:李　斌(兼)
党组书记、常务副主任:包临江
宁波(镇海)大宗货物海铁联运物流枢纽港管委会主任:俞泉云(女)
党工委书记:刘国荣
宁波镇海郑氏十七房旅游景区管委会主任:
　　施宇峰(兼)
九龙湖旅游度假区管委会主任:
　　洪岳军(兼,2015.12免)
　　夏卫东(兼,2015.12任)
党组书记、常务副主任:贾利军

【机构改革中不再保留或名称更改的单位】

区卫生局局长、党委书记:
　　王亚玉(2015.2免)
区人口和计划生育局:(空缺)
区农业机械化管理站站长、党组书记:
　　胡立群(2015.2免)
宁波市工商行政管理局镇海分局局长、党委书记:刘义敏(2015.2免)
镇海区食品药品监督管理局局长、党组书记:
　　邹育平(2015.2免)
镇海区质量技术监督局局长、党组书记:
　　卢根权(2015.2免)

【中国人民政治协商会议宁波市镇海区委员会】

主　席:王　悦
副主席:汪卫国(2015.12免,退休)
　　柴鹏飞
　　胡文安
　　石　勇(2015.9免,退休)
　　陈利华
秘书长:顾其龙
区政协办公室主任:周云霞(女)
教文卫体和文史资料委员会主任:杨宇伟
提案委员会主任:陈国荣
经济科技和城建资源环境委员会主任:
　　庄浪浪
社会法制和港澳台侨委员会主任:叶俊杰

【中国共产党宁波市镇海区纪律检查委员会】

书　记:杨小平
副书记:陈　恺
　　陈生江

【宁波市镇海区人民法院、检察院】

区人民法院院长、党组书记:邬凡敏
区人民检察院检察长、党组书记:
　　顾玉敏(女)

【中国人民解放军浙江省宁波市镇海区人民武装部】

区人民武装部部长:张新东
政　委:邓伟余

【人民团体】

区总工会主席:高炳华
党组书记、副主席:郑　岗
共青团镇海区委员会书记、党组书记:
　　李益敏
区妇女联合会主席、党组书记:
　　王晓红(女)
区科学技术协会主席:李德军
区文学艺术界联合会主席:余维勤(女)
区归国华侨联合会主席:顾燕华(女)
区残疾人联合会理事长、党组书记:
　　沈道平
区工商业联合会主席:沈国强(兼)
党组书记:黄国荣
区红十字会会长:张　颖(女,兼)
区关心下一代工作委员会主任:
　　张　颖(女)

【镇、街道】

澥浦镇党委书记：施宇峰
镇　长：夏卫东（2015.12 免）
人大主席：方成华
政协联委会主任：吴建林
九龙湖镇党委书记：洪岳军（2015.12 免）
　　夏卫东（2015.12 任）
镇　长：曹慧云（女）
人大主席：王君敏
政协联委会主任：王春富
招宝山街道党工委书记：程振明
办事处主任：陈蓉晖（女 2015.7 免）
　　顾　昕（女　2015.7 任）
人大工委主任：沈尧华（2015.2 免）
　　卢根权（2015.2 任）
政协联委会主任：俞百震
蛟川街道党工委书记：孙大海
办事处主任：胡如君（2015.7 免）
　　郑　松（2015.7 任）
人大工委主任：张菊芬（女　2015.2 免）
　　周国民（2015.2 任）
政协联委会主任：吴　敏
骆驼街道党工委书记：洪世弈（2015.6 免）
　　林伟明（2015.6 任）
办事处主任：陆洪泽（2015.7 免）
　　杨承志（2015.7 任）
人大工委主任：邓惠民
政协联委会主任：严红霞（女）
庄市街道党工委书记：陈齐权
办事处主任：陈贤方（2015.7 免）
　　王开锋（2015.7 任）
人大工委主任：周国荣
政协联委会主任：盛树君
贵驷街道党工委书记：陆洪泽（2015.7 任）
办事处主任：丁福申（2015.7 任）
人大工委主任：王志强（2015.7 任）

【宁波石化经济技术开发区管理委员会】

党工委书记：薛维海（兼）
管委会主任：魏祖民（兼）
管委会常务副主任、党工委副书记：
　　胡祖友
党工委委员、纪工委书记：
　　吴存康（2015.6 免）
　　应日捷（2015.6 任）
管委会副主任、党工委委员：周少华
管委会副主任、党工委委员：
　　吴存康（2015.6 任）
管委会副主任、党工委委员：方安兴
管委会副主任、党工委委员：
　　郑玉芳（2015.6 免）
管委会副主任、党工委委员：席伟达
管委会副主任、党工委委员：
　　李洪波（兼，2015.9 任）
副巡视员：金志浩
党工委委员：施宇峰
管委会（党工委）办公室主任：王金达
投资合作局局长：陈志红
经济发展局（统计局）局长：杨玉彬
安全生产监督管理局局长：蒋永定
建设管理局（规划分局）局长：胡海钟
财政办主任：赵振福
审计局局长：杨儿芬（女）
监察室主任：郑亚夫（女）
行政服务中心主任：缪德武
社会事务中心主任：励振华

（包凌燕）

备注：机构负责人任免时间均为党委任免时间。其中，行政职务（含人大、政协及人民团体负责人职务）以行政任免或有关会议通过（或选举通过）的时间为准。

街道 镇

综述

2015年7月29日，贵驷街道成立（原隶属于骆驼街道的1个社区、7个行政村划归贵驷街道）。至年末，镇海行政区划内有5个街道2个镇、37个社区、60个行政村。其中，贵驷街道委托宁波高新区（新材料科技城）管理，区实际管理4个街道2个镇、36个社区和53个行政村。

招宝山街道

【概况】 2015年，受经济不景气、大宗商品需求量减少、区行政机关迁移等多重影响，招宝山街道传统产业受到全面冲击：工业产值82.20亿元，同比下降22.6%；服务业增加值43.66亿元，下降5.4%；社会消费品零售额4.34亿元，下降43%；生产资料贸易在煤炭市场、金属园区、物产钢铁商城等专业市场全面萎缩情况下、依托物流枢纽港生产资料交易中心快速发展而增长26.4%，全年完成交易额715.79亿元。街道加大文化创意等现代服务业招商力度，引进电子商务、股权投资、金融保险等新兴服务业项目25个。

是年，街道实施南大街、前葱园路区域地块征收，继续推进2007年开始的老城提升工程。整治西门菜场周边、雄镇路两侧，关闭或搬迁平海路南侧18家货运停车场，拆除邬家弄、久成物流等违法建筑33000平方米，完成道路两侧整治项目4个。街道被评为市“无违建乡镇（街道）”创建先进单位。延续始于2014年的小区提升和庭院绿化工作，改造人民路散居居民楼、红房子小区和西门小区62幢居民楼，完成改造面积16万平方米，新辟小区停车位277个。完成低洼积水点改造86处，新建张鑑碶洞桥路排涝泵。近500家商户、居民和企事业单位参与绿化家园行动，338户家庭和单位完成阳台绿化、店铺门庭绿化面积6725平方米。安装河道栏杆、围墙栅栏、景观木架和建设垂直绿化3200米，改造提升街区绿化12000平方米。

是年，街道文化建设以“悦动小城·魅力招宝”为主题，举办欢乐啤酒节、休闲帐篷音乐节、招宝花车会、全国街舞精英赛、全省少儿齐舞精英赛、露天相亲会、全国连环画交流会等15项活动，形成一批有一定影响力的“文化+”品牌活动，吸引近5万人次参加旅游消费、比赛体验。继续打造“招宝大舞台·每月大家乐”草根文化品牌，指导、促进社会组织承办文艺演出。"蛟川走书"传承基地被评为市第三批非遗保护示范项目。西门幼儿园、后大街幼儿园挂牌为宝山幼儿园西门分园和后大街分园,三家幼儿园实现财务、管理、人事统一,街道拥有市星级幼儿园5家。举办各类公益性讲座68场,参与居民7000多人次。举办"新市民星期二学堂",培训人数983人次。申报社区教育实验项目11个,其中7项获市级立项。是年,街道职业介绍促进473人就业,办理失业人员及4050灵活就业人员社会保险839人次、城乡居民基本医疗保险申报3456人,办理创业小额担保贷款52人1063万元。落实各类生活保障、补助政策1.35万户(次),慰问、救助各类生活困难人员1916人次,发放资金216.43万元。

是年,杜鹃台风造成城区大面积内涝,街道办事处会同有关部门紧急调集消防车、抽水泵30台,进行排水作业。在城区的月洞门筑起防水堤坝,防止后海塘区域雨水倒灌。至10月1日清晨7时,城区大范围积水全部清除。

【街道进入后行政中心时代】 12月底,原址招宝山街道胜利路155号的区委办公室、胜利路112号的区政府办公室开始搬迁。至此,区级机关大部分迁移,招宝山街道进入后行政中心时代:全区政治中心不再存在,原有的教育、文化、卫生、金融和商业设施大部分仍在。街道在商贸、金融等服务业和社会事业发展,及其在全区中的地位面临考验。

【启动南大街前葱园路地块征收】 8月27日,区政府发布《关于前葱园路区域地块项目房屋征收决定的公告》和《关于南大街区域地块Ⅱ项目房屋征收的决定》,启动两大地块征收。

前葱园路区域地块部分房屋列入征收

前葱园路区域地块东至聪园路,西至前葱园路,南至聪园小区,北至车站路,征收274户29442平方米,其中住宅245户19686平方米、非住宅29户9756平方米。南大街区域地块Ⅱ东至南大街,西至区政府,南至胜利东弄、南街菜场和雄镇大酒店,北至城河西路。征收580户52279平方米,其中住宅483户30217平方米、非住宅97户22062平方米。11月12日启动征收签约,至年底,完成进度80%。此次征收为镇海建区以来最大征收工程,主要配合宁波轨道二号线二期工程,兼具旧城改造目的。

【"杜鹃"台风造成内涝】 9月29日晚,受杜鹃台风外围云团影响,招宝山街道普降暴雨,适逢甬江高潮位,降水无法排除。至30日白天,街道出现内涝:车站路——城河路、后大街、雄镇路三条主干道严重积水,城区大部分小区和马路平均积水50毫米以上。经开闸放水和抽水泵排水,30日傍晚,受淹的三条主干道恢复通车。至

10月1日早上7时，城区大范围积水基本消退。台风造成辖内住房、店铺、车棚进水计4167户，其中进水在20厘米以上住户432户。

【招商推动经济转型】 2015年，招宝山街道加大现代服务业招商力度，推动街道经济转型：引进电子商务、股权投资、金融保险等项目25个，其中，注册资金3亿元的宁波朗盛三号股权投资合伙企业，注册资金3000万元的黄杭溆飞易得金信，注册资金5000万元的宁波浙曦、镇海亿月金属规模较大。引进文创企业39家，其中注册资金5000万元以上的有德海先创工业设计、金帆科德软件科技、宁波镇海君鼎协立创业投资有限公司和宁波市镇海豫鑫财富投资管理有限公司4家。

【强化治安防控促发案率下降】 2015年，招宝山街道强化社会治安防控：1—6月开展“大走访、细治理”专项整治行动，走访居民（商家）8750余户，化解矛盾纠纷和社会治安问题450余个，发现涉及安全、治安隐患230余项。每月两次检查走访出租房，推进流动人员综合积分审评制，继续推广、培育他乡志愿会。张鑑碶试行流动人员自我管理服务，1500余名流动人员加入片区自治小组。加大社会治安防控设施建设，新增640个电子巡更点，安装306个散居楼电子监控探头，完善试点电瓶车射频防盗和商家智能报警系统。是年，街道可防性案件发案率同比下降9.3%。

【“蛟川走书”获市第三批非遗保护】 8月，招宝山街道“蛟川走书”传承基地获评市第三批非遗保护示范项目。蛟川走书乡土气息浓郁，具有“一桌一椅一堂木，一人一口一折扇，无限风情在其中”特色，20世纪60年代中期之前和“文化大革命”结束后的一段时期内，深受当地群众喜爱。2014年，后大街社区建立“蛟川走书”传承基地，收集整理“蛟川走书”的表演特点、唱腔韵味等资料，设立小型展览馆、“走书”剧场区学习区，系统展示“蛟川走书”艺术内涵和历史变革，定期邀请原“走书”演员授课，以促进非遗保护和传承。

（翁　侃）

老艺人传授“蛟川走书”

蛟川街道

【概况】 2015年，蛟川街道实现工业总产值277.55亿元（详见镇海经济开发区）。全街道耕地面积368.79公顷，其中219.11公顷用于绿化生态林带，种植业主要作物为蔬菜、瓜果等。多家农业基地开发农业特色项目，建设农业基础设施。街道办事处开展农田设施用房整治，拆除环境脏乱差、有安全隐患农业用房1638平方米。全面推进村集体经济改革，12个村完成股份合作制改革。全年农村经营性收入增至7324.67

万元，村均可用收入达410.38万元。

是年，街道征地33.57公顷；拆迁企业14家、商铺65家，完成拆迁面积4.52万平方米。城市建设中，镇海福利关怀院迁建项目完成地下部分施工，古塘丽景三期四期、香河湾商品房、维思大酒店竣工交付，蛟川北区棚户区改造项目、临江星苑安置房项目顺利推进，炼化小学拆迁改造一期工程立项报批。绕城高速地面双侧辅道（宁镇路—东明路）竣工，蛟川北区配套电力排管工程铺设电力管线9000米。域内新增绿化面积72000平方米。推进"五水共治"，建设中大河、清水浦2座节制闸，对临俞、临江片区河道调水换水，改善水质。完成前大河、西港河、老周港等9条计7.9公里的河道清淤，清除杂物60477立方米，开挖土方10286立方米。投资2300余万元，实施孙家港、王家门前河、威海河3条河道清淤、河道砌石、打通断头河、河岸景观美化的综合治理，治理长度3000米。开展河岸"拆违"，拆除沿河违章建筑物3000余平方米。投资1000余万元实施迎周、新老周村截污管道铺设，将2300余户农户排放的生活污水纳管。实施临俞工业区截污改造工程，完善排污管网，疏浚河道及外围引水。实施健康教育和病媒防治、基础设施修复提升、市容市貌整治、道路清爽、"清三河"、菜场及周边秩序整治等"十大"专项行动，改善环境卫生和市容市貌，街道创建成为市一星级卫生街道。

是年，新增就业人数1995人，其中失业人员再就业1696人（其中困难人员再就业169人）。开发（保持）公益性岗位232个，公益性岗位进村达标率100%。发放被征地人员各种补贴197.6万元、灵活就业社保补贴918万元、企业社保补贴19.9万元。办理自主创业小额贷款53笔计1480万元。开展各类成人教育和培训举办企业文化精品节目会演，组建109支"红立方"志愿服务队，志愿者1100人。

【开发农业特色项目】 2015年，蛟川街道多个农业基地开发特色项目：恒元蔬果园引进大青枣品种及配套栽培技术，建设猕猴桃基地0.93公顷，改造鱼塘3.33公顷；绿源有限公司引进、开发大花萱草新品种；升达农庄建设休闲吧；阿二农庄实施龙虾养殖项目；万润休闲农场完成1150米沥青路面和1280米水泥路面浇筑、3800米排水沟建设及0.33公顷智能大棚建设。

【完成12个村集体经济改革】 2015年，蛟川街道12个村完成集体经济股份合作改革，合计股本总额45151.27万元、总股数1927404.9股。股东21286人，其中社员股东数13606人，非社员股东数8336人。

【成立街道居家养老服务中心】 2015年，蛟川街道居家养老服务中心在银凤社区成立。中心与村（社区）所设的16个居家养老服务站构成居家养老服务体系，共有居家养老服务员40人、养老帮扶志愿者225人。养老服务中心（站）和志愿者为政府购买服务的225位老年人服务，结对服务老人275人。

【古塘丽景三期竣工交付】 位于蛟川街道石塘下村的古塘丽景三期项目竣工交付。工程投入约35000万元，占地约4.5万平方米，建筑面积11万平方米，房源878套。主要安置石塘下村、清水浦村、迎周村、俞范村居民。

古塘丽景三期

【两次台风造成较大损失】 2015年，蛟川街道受两次台风影响：灿鸿台风导致农作物受灾面积202.67公顷，直接经济损失5980万元。“杜鹃”台风造成53家企业进水、400公顷农作物被淹、部分基础设施被毁。受灾人口1.2万人，经济损失7462万元。

【建成社区民族文化馆】 2015年，俞范社区建成镇海首家、面积250平方米的社区民族文化馆。文化馆分民族厅和民俗屋两部分，展示书画、剪纸、篆刻、泥塑等艺术作品，陈列民族服饰、染织绣品、民族乐器等民间藏品。设图文展板，介绍民族节日、风土人情、风俗禁忌、民族政策、文化名人和艺术传承。

（邬聪颖）

俞范社区民族文化馆

骆驼街道

【概况】 2015年7月前，骆驼街道辖6个社区、21个行政村，面积45.16平方千米。7月29日，贵驷街道成立，原属骆驼街道的1个社区、7个行政村划属贵驷街道，划出面积15.9平方千米。至此，骆驼街道辖中街、盛家、南一、静远、莲晴5个社区，骆驼、联勤、金东、东邑、金华、余三、董家畈、朝阳、团桥、尚志、骆兴、清水湖、敬德13个行政村和1个渔业村，面积29.26平方千米。

是年末，土地流转面积减少9.5公顷，实际流转面积343公顷（贵驷街道592公顷），土地流转率69.85%（贵驷街道土地流转率80.81%）。启动投资215万元的粮食功能区标准化建设工程。花木世界一期全面建成，花木世界内虹越花卉、5户绿植大户和100余家花卉经营户，年销售额超过1亿元。举办“2015浙江迎春花展”，吸引游客1万余人次，成交额超过1000万元。收回原台湾都市菜园地块，引入杰盛生态庄园，投入资金约100万元，种植水稻、草莓、日本早橘等作物，打造成为休闲采摘生态农庄。完成12个村村级集体经济股份制合作制改革。

是年，街道1002家工业企业实现工业总产值187.4亿元[①]，其中103家规上企业实现产值160.7亿元。工业企业实现销售162.9亿元、利税10.1亿元（其中利润4.9亿元）。街道引进高新技术企业1家、“海创”项目4个（其中包括“3315”团队2个，嘉洲基金以及程伟项目）。辖内工业企业新评高新技术企业2家，新评省工程中心

①187.4亿元工业总产值不包括分立出去的贵驷街道工业产值11.22亿元。

1家、市工程中心2家，获批市创新团队4家，创建省博士后工作站1家，完成12个节能项目、4家清洁生产审核，获评市级绿色企业1家。全年完成固定资产投资29.3亿元，同比增长33%，其中工业投资8.6亿元，服务业投资20.7亿元。引进外资9549.46万美元、市外内资16.41亿元。

是年，街道拆迁住宅471户、商铺31户、企业12家，合计拆迁面积11.5万平方米。十字路口地块重点项目建设步伐加快：红星美凯龙A地块桩基施工完成过半，B地块地下室结构施工，盛世艺展项目进行桩基施工，瑞丰地块项目进行附属工程施工，盛世华庭组织各项竣工验收，东河港路、盛家路等周边配套项目进入扫尾阶段。辖区其他建筑及基础设施建设继续推进：兴骆路及通园路北延竣工通车，南一西路工业地块配套道路完工，余三桥建成通车，柏墅方路进场施工，骆城花苑一期南侧道路完成招投标。继续推进“五水共治”，团桥小河新建1.2千米污水管道，完成截污纳管；投入23万元新建方家河强排泵站；骆兴家园一期、二期段的排污口接入主管，投入资金35万元；完成洪家港、团桥小河西等共6.7千米清淤；敬德村大吴、小清水湖等5个农村生活污水治理工程竣工并验收。推进“三改一拆”，拆除违法建筑28.8万平方米。新增绿化面积4公顷。朝阳村创建成省森林村庄。

是年，街道新增就业岗位1724个，开发（保留）公益性岗位230个，召开就业洽谈会1次，公共职介求职登记1665人，介绍1641人，录用1522人，职介成功率达到91%。申报创业人员社保补贴8.01万元，创业带动就业岗位补贴4.6万元。发放低保金134.08万元，发放救助金、慰问金245.96万元。募集善款444.86万元。巩固太极之乡、门球之乡、书画之乡创建成果，举办第二届“骆驼街道杯”太极拳交流大赛，承办宁波市门球锦标赛。街道书画艺术街开街，“排舞串烧”获省第九届排舞大赛金奖，精品节目《九龙柱》应邀参加温州畲族风情旅游节开幕式、第三届越窑青瓷文化节、慈溪市第十届艺术街开幕式。

【两次台风造成街道较大损失】 2015年，受两次台风影响，骆驼街道部分农村和城区受淹：灿鸿台风导致农作物受灾面积600公顷，城区受淹0.13平方公里，直接经济损失6690万元；杜鹃台风造成7980间房屋进水，502公顷农田受淹，1.53万人口受灾，造成经济损失4610万元。

【两大创业平台运营良好】 2015年，骆驼街道富尔顿文创平台面积1.8万平方米，入驻企业76家，年营业额突破1亿元，纳税600万元。清华众创园完成一层装修，引进企业6家、跨境电商签约入驻25家。

【生产资料和生活资料市场此消彼长】 2015年，骆驼街道生产资料市场全面萎缩，生活资料市场经营扩大，商贸业呈现此消彼长态势：厚恒物资城年钢材销售56.12亿元，同比下降34.7%；有色金属市场年销售20.57亿元，同比下降14.4%；泰来模具城年销售17.65亿元，同比下降6.5%。果蔬市场年销售13.96亿元，比上年上升227.3%；东州建材批发市场年销售16.06亿元，同比上升334.05%；汽车4S店年销售12.12亿元，同比上升7.8%。

【开展工业企业“雨污分流”治理】 4月

起，骆驼街道开展工业企业“雨污分流”治理，重点治理团桥小河周边的工业企业。至年末，40家企业实施截污纳管，完成治理。

【完成13个村村级集体经济股份合作制改革】 2015年，骆驼街道12个行政村及1个渔业村村级集体经济完成股份合作改革工作，股本总额17071.33万元，股东数为26415人，其中社员股东数为19096人，非社员股东数为7319人。村集体经济改革启动于2014年7月，至2015年年末，团桥村尚处于清产核资和量化方案制定阶段，未按进度要求完成改革。

【骆驼实验学校迁建项目通过综合验收】 11月，骆驼实验学校迁建项目通过综合验收。占地18710平方米的学校新址位于汶骆路南、通园路东，总投资5200余万元，可容纳28个班级1200余名学生入学。

迁建的骆驼实验学校建成

【《枕梦骆驼桥》首发】 7月25日，骆驼街道在镇海新城培菊图书馆举行《枕梦骆驼桥》一书首发式，并召开村落文化研讨会。《枕梦骆驼桥》记录骆驼街道20个村、6个社区的历史沿革、风物人情、乡贤大德、古迹传说，是区内出版的第一部村落文化实录。

【居家养老助残中心成立】 9月，骆驼街道居家养老助残中心和润园成立。该机构托管有智力和精神障碍的残疾人16名，以托管人员日常生活居家、康复医生和助教工作人员定期上门的形式开展服务。

【与衢州万田乡结对】 4月8日，衢州市柯城区万田乡政府一行6人到骆驼街道与骆驼街道党工委、办事处负责人一起，洽谈结对共建，签署共建协议书。万田乡政府一行参观了骆驼花木世界、建材市场、埃美柯公司及骆驼商会。

（孙晓玲）

庄市街道

【概况】 2015年，庄市街道实现工业产值51亿元、销售48.1亿元、利税2.14亿元，其中44家规上企业产值32亿元。完成工业投资0.89亿元、服务业投资21.51亿元。完成合同外资3940万美元，实际利用外资2600万美元；引进市外省内内资7亿元、省外内资5.8亿元。引进文化创意项目25个。完成进出口3.7亿美元。限额以上商贸企业完成社会消费品零售额27.77亿元。

是年，街道完成拆迁面积5.25万平方米，征地6.55公顷，黄金物流、兴海南路延伸段、镇海东排南线、汉塘刘家四个地块全面“清零”。继续实施“三改一拆”，完成旧厂区改造项目5个计5.9万平方米、城中村改造1408户计18.95万平方米、旧住宅改造2371户计18.08万平方米、违法建筑拆除19.8万平方米。联兴家园二期、锦绣曙光三期、翰香景庭一期三个安置小区基本完工;翰香景庭二期完成主体结构,室内装饰装修工程完成70%。建成投用新城南区环卫保洁中心,完成陈倪菜场装修和敬老院扩建工程。区内首个体育文化综合体绿轴体育公园(新城项目)于8月起对外运营开放。区实验小学竣工。“商帮寻根”精品线二期建成并投入使用。

翰香景庭一期

是年,街道创新城市管理模式,推行街面保序服务外包和城市管理第三方考评,试行城区建筑垃圾外包管理。开展农村环境卫生百日整治,主要道路沿线、两路两侧农房、高校周边等环境整治专项行动,改变城乡环境面貌。完成宁镇路马路菜场整改,规整布局宁大步行街墙体电线。将辖区32条河道日常保洁外包给河道保洁专业公司,对路林港、庄市街河等重点河道实行8小时动态保洁。新建路林港截污水管5.09公里并投入使用。完成田野王自然村污水生态处理项目,万市徐董家河、永旺钟家河清水河道建设,长河塘、勤勇甬江塘河、邵家河清淤。关闭畜禽养殖户6家,完成建筑物拆除和土地复耕验收。外包农村动态保洁检查考核,实行保洁定期考核、通报和评比。新建垃圾临时中转站1座、农村无害化水冲式公厕2座,改建公厕7座。街道创建成市三星级卫生街道。

是年,深化“网格化管理 组团式服务”基层社会治理模式。启用街道综合指挥室,拟定网格化管理标准,完善考核督查机制,承办全市创新基层社会治理体系现场推进会。改造农村“平安小区”视频监控系统,提高图像清晰度,完善治安防控体系。勤勇村实施网格建支部试点,发挥党员参与网格事务的积极性。在兴庄路社区试点基础上,全面推行“全能社工”制度,各社区建立“一人多岗”工作机制,促进社工由“专业单项”向“多项全能”转变,解决社工履行网格管理和社区基本公共服务两项职能的工作时间问题。

8月10日,街道社区综合服务中心搬迁至清泉路178号;10月20日,社会服务管理中心搬迁至清泉路170号。街道举办2场企业用工招聘会,公共职介和2家个体职介合计推出岗位5000余个,新增就业1680人。公益性岗位托底安置下岗失业人员64人、被征地人员21人。新增灵活就业人员200名,累计1232人。新农合参保率99%。帮助残疾人就业15人,建成悠乐康复工疗站。受理劳资纠纷案件33起,调解处理拖欠农民工欠薪案件24起。台风期间,紧急动员干部群众3000余人次防台排涝,排查安全隐患,转移危险区域群众。

是年,街道推进文体事业发展。在镇海大剧院举办“一村(社)一韵”文艺精品展演,“一村(社区)一韵”文化大展示获

“第三批宁波市群众性文化活动优秀品牌”。永旺文化大礼堂建成启用，勤勇村获“浙江省文化示范村”称号，街道文化站盈盈戏曲艺术团获“第三批宁波市优秀基层业余文艺团队”称号，街道获“雄镇大舞台·镇海区第二届市民文化节”优秀组织奖。4所幼儿园成为普惠性幼儿园，注销1家民办幼儿园，街道创建成为市学前教育示范街道、语言文字示范街道。永旺村建成一条健康步道，9个行政村获省小康体育村称号，兴庄路社区获省农村体育俱乐部称号，4个社区获评省城市体育先进社区。在爱卫月活动中组织志愿者活动30余次，参与人数1500多人次。建成合生国际城卫生服务点、红十字服务点，开展急救员培训和急救知识普及工作。

【7个行政村完成集体经济股份合作制改革】 6月，庄市街道9个行政村中7个村完成股份合作制改革。7个村合计股本总额25961.68万元，总股数1404634股，股东人数19092人。曙光和联兴（胜隆自然村已改制）两村因土地基本被征用、农房大部分拆迁等原因，在改制过程中终止。

【台风造成较大损失】 2015年，“杜鹃”台风累计降雨量约200毫米，造成街道内居民住宅进水110户，农田受淹333.33公顷，直接经济损失1000余万元。“灿鸿”台风造成经济损失约800万元。

（刘琦璐）

贵驷街道

【概况】 7月29日，贵驷街道正式挂牌成立。地域面积16.39平方公里，户籍人口14282人，外来人口14329人，下辖1个贵驷社区和兴丰、妙胜寺、东钱、贵驷、里洞桥、民联、沙河7个行政村。街道内有社区卫生服务院1所，小学1所，幼儿园3所，敬老院1所，居家养老服务站（点）7个。按照2015年市政府《关于调整镇海区部分街道行政区划的批复》，贵驷街道的行政区划仍为镇海区，隶属关系于8月31日由镇海区委托宁波高新区（新材料科技城）管理，街道范围内的税收及各类规费从2015年起由高新区统一征收，并入库高新区。街道党工委、办事处在成立之前的筹办阶段，从骆驼街道和区各部门调配干部23名、外借司法所干部1名；成立之后，以公开招考、分流选调形式扩编15名事业编制人员，并选拔48名机关辅岗人员。全街道78名村（社区）基层干部，全部从骆驼街道移交过来。

2015年，贵驷街道辖区内有工业企业299家，其中规上企业13家，规模最大的是康力玻璃。工业主要依托玻璃制造、纺织、包装材料等行业。街道有耕地面积约11000公顷，主要种植谷物、豆类、果蔬类农作物，种植业在台风中受到一定损失。街道服务业主要由工业材料、日用品和水果批发零售等，有银行分支机构3家。因原商贸、金融等集中在骆驼地域，街道独立后，三产服务业相对不发达。

街道办事处内设党政办公室、经济发展服务中心、社会事务服务中心、社会管理综合治理委员会办公室、城市建设管理服务中心和财政所，构成“一办一所四中心”。街道成立之初，租借骆驼街道办事处六楼临时办公，12月18日入驻原贵驷电信大楼，作为办事处正式办公地。12月前后，约700平方米的高新区行政服务中心贵驷综合服务分中心开办运行，开展劳动保障、民政救助、计划生育等服务；约1000平方米的基层站(所)，由高新区公安分局、城管局、市场监管局、国土分局等部门先后入驻。办公、服务场所的解决，使街道的管理和基本公共服务功能得以开展。

12月启用的贵驷街道办事处

街道成立的半年里，开展基层"大走访、大对接、大服务"三大行动，走访企业32家，开展各类座谈11次，收集意见建议103条。梳理后归类共性问题11项、个性问题13项。提出解决24项问题的对策措施，落实责任人，于年底前解决其中的18项。开展安全生产和信访维稳工作，检查各类企业107家，消除隐患36条，整治企业27家；排摸老历史访、征拆安置后续访两方面问题28起，解决15起；受理矛盾纠纷156件，调解成功率100%。在"三改一拆"中，携手骆驼街道拆除2个高炮广告和1处屋顶广告；在"两路两侧"专项整治中，会同区公路管理段、城管等部门对23个违章点实施整治，完成16个。开展"五水共治"和环境整治，投入资金518.64万元，完成里洞桥村王家、贝家、高家自然村生活污水治理工程，铺设污水主管、支管、接户管等管道近万米；修复路面8811平方米，绿化384.7平方米；完成11条河道、10.94公里长度的清淤，清理完沉船、渔网、木桩和倒树。3个农村生活污水治理工程通过竣工验收，2个村的农村生活污水治理工程启动。按照"路面无垃圾、河面无漂浮物、田间无废弃物、庭院无乱堆放"目标，实施"四整治一提升"专项行动，整治卫生"死角"等点位67个，辖区城乡环境面貌得到提升。在"杜鹃"台风侵袭期间，组织力量转移受灾群众，发放消毒用品，协助保险公司向八百余户受灾居民赔偿40余万元；开展市场供应保障和恢复正常生产等工作。

(张怡慧)

澥浦镇

【概况】 澥浦镇镇域总面积25.44平方公里，辖8个行政村、1个社区和1个渔业社。2015年，全镇总人口约50080万人，其中户籍人口约20196万人。

全镇耕地面积884.4公顷，林地面积208.3公顷。2015年，农业总产值2.3亿元，比上年增长4%。重点发展特色农业精品园，年吸引观光、采摘游客数万人。整治河道2.9千米，清淤河道4.2千米6.3万立方米。与养殖户签订畜禽养殖场关闭协议14户，拆除棚舍8000余平方米，复耕土地1.8万平方米。全镇工业企业实现产值63.8亿元，同比增长2.2%；其中规模以上企业37家，产值52.3亿元。进出口总额2.11亿美元，比上年增长9.63%，其中出口1.64亿美元，增长15.9%。引进市外内资1.7亿元、外资实到1111万美元。工业投资4.4亿元，同比增长33.3%，其中技改投资3.92亿元。服务业投资1.8亿元，同比增长64. 2%。全年引进影视传媒、咨询策划、信息软件、设计服务等文化创意企业12家。裕欣进出口、合恒钢铁等5家重点贸易企业实现销售约24亿元。十七房开元度假村营业收入2400万元。

是年，《镇海区觉渡集中居住区建设规划》《镇海区庙戴村民集居点建设规划》完成编制并获市政府批复。全镇拆迁面积2.3万平方米，完成贝奇电器等5家企业的搬迁拆除、石化区改造区块“清零”工作。庙戴工业区块建成2条配套道路，息云寺工业安置区块“四横一纵”5条道路全部竣工验收。总投资约6100万元的汇源路改造工程启动，澥浦大河休闲健身公园开工建设。完成庙曲路（曲塘段）景观提升工程，沿丰路、启源路、菜源路延伸段工程，核心桥、殿跟桥、刘家桥等桥梁改造及329国道（澥浦段）沿线综合整治。

是年，制定出台《澥浦镇学前教育专项资金管理办法》，规范民办幼儿园管理，关闭1所民办园，中心幼儿园创建为市五星级幼儿园，镇创建成市级学前教育示范乡镇、全国社区教育示范镇。澥浦中学普高升学率达到30%，在全区农村中学中列首位。开展全民终身学习宣传周活动，开办各类培训231班次，培训1.2万人次。打造文化精品，根据“好人”刘国娟事迹改编的小戏《血缘》获市小品、小戏比赛金奖；农民画在宁波美术馆、浙江省文化礼堂展览。举办第六届“冬至文化大展演”，促进“一村一品”群众文化队发展。全镇新增就业岗位1356个，开发（保持）公益性岗位70个，举办就业洽谈会6场，帮助失业人员、被征地人员、农村劳动力实现再就业721人次，城镇登记失业率1.86%。推出“海田阿叔”创业服务品牌，办理自主创业小额担保贷款335万元，新培育各类创业实体87户，镇创建成为市小额担保贷款信用社区。新型农村合作医疗参保人数5686人，参保率98.77%。支出各类救助金575.5万元，救助各类困难群体3940人次。募集社会慈善捐款91.16万元。

是年，综治（安监）网格化管理启动，各网格警务联络室投用，为全区首个实行综治网格化管理的乡镇。觉渡村创建成市级小康村，十七房村被评为“全国文明村”。

【特色农业精品园吸引游客】 2015年，澥浦镇农业精品园建设成效初显：绿园新天地农庄与旅游、教育挂钩，全年吸引观光采摘游客5000余人次；湾塘农庄以承接省、市重大钓鱼比赛为特色，全年举办大小钓鱼比赛20多场，客流量5000余人次；金果园和草莓基地引进火龙果、金橘、水果番茄、黄桃等新品种，全年吸引观光采摘游客6500余人次及45000余人次。

游客在草莓基地内采摘草莓

【澥浦图书馆获省基层示范点称号】 1月，澥浦镇图书馆公共电子阅览室被评为“浙江省文化信息资源共享工程·公共电子阅览室基层示范点”称号，为区首家获该称号的图书馆。图书馆电子阅览室位于澥浦镇文化体育中心大楼内，有电脑10台，基础设施完备。阅览室开设上网培训，不定期开展特色活动，吸引居民、企业员工办卡上网，使新老澥浦人享受到均等公共文化服务。

【澥浦农民画在宁波美术馆展出】 2月6日至3月6日，澥浦农民画在宁波美术馆4号展厅展出，共展出澥浦农民作品120余件、衍生产品80余件。澥浦农民画始于1980年，至1987年初步形成独具特色的艺术风格，创作题材以“三农”“廉政”及“和谐生活”等为主，映射出村民的审美观与生活情感，受到著名画家华三川先生等艺术家关注和推崇，其弟子金仙的画作《老来俏》曾获美国民间艺术大展金奖。2015年，镇内有农民画爱好者150余人，其中骨干创作人员22人。

市民在宁波美术馆欣赏澥浦农民画

【十七房村获评全国文明村镇】 3月初，澥浦镇十七房村获中央精神文明建设指导委员会授予的“全国文明村镇”称号。十七房村有村民1122户2491人，内有郑氏十七房、黄公祠等旅游景点。创建以来，新建、改造的民生实事工程有序推进，基本形成“一核(村核心片区)、两街(郑家街、明清街)、四片(郑家、路沿郑、庙后自然村和新区)”格局，村容村貌呈“路洁、水清、地绿、庭美”景象。

十七房村古村新韵小区一角

【两次台风造成较大损失】 2015年，受灿鸿、杜鹃两次台风影响，澥浦镇遭受较大经济损失：农作物受灾面积1416.67公顷(次)，倒塌房屋3间约50平方米，姚江东排桥梁栏杆毁损40米，养殖棚倒塌100平方米，淹死禽类1000余只，直接经济损失上千万元。全镇水利设施基本无毁损，也无人员伤亡。

【校园警务联络室投用】 6月初，湾塘小学门卫室升格为标准校园警务联络室并投用，成为全区首个中小学警务联络室。校园警务联络室配备警示灯箱、钢盔、警棍及相关防护工具，设有摄像监控电脑和一键式紧急报警装置，与澥浦镇派出所联网。

(王艺融)

九龙湖镇

【概况】 2015年,九龙湖镇继续实施区粮食功能区基础设施提升,发展粮食生产,完成早稻种植面积283公顷、晚稻种植面积589公顷。推进以枇杷、草莓、葡萄等休闲采摘为特色的家庭农场建设,创建省级示范性家庭农场5家。继续推进土地流转,集中委托流转土地约41公顷。新增区级龙头企业5家,创建市级菜篮子基地6个。推进股份制改革,年末11个村的股份制改革全面完成。

是年,受两次台风侵袭,全镇种植农业、农业基础设施受损严重,一批农宅、企业厂房进水。镇党委政府两次启动Ⅰ级应急响应,紧急动员干部群众5000余人次抗台,采取转移群众、排危解难、连夜强排水等措施。台风过后,开展安全隐患点排查和灾后重建工作,查处辖内28个地质灾害安全隐患点,基本完成水毁农田设施修复,完成横溪村西侧和十字路地质灾害隐患点治理,秦山溪坑整治工程(小流域治理)建成投用。

是年,全镇实现财政总收入3.3亿元。55家规上工业企业产值52亿元,固定资产投资15.7亿元。镇政府开展安全生产隐患排查,推进企业安全生产标准化建设,兑现政策扶持资金405万元。成立全市首个乡镇(街道)级"助创"人才团队,引进与培养高端人才17人。免费为企业提供金融信贷牵线帮扶46家次,为企业法律咨询服务89家次。推进并完成田杨陈、西河两区块的小微企业集聚区建设。域内工业企业实现各类专利授权260件,申报宁波市"3315团队"创业项目1家,申报国家"千人计划"2人、获评省"千人计划"1人,引进海外高层次人才创业项目1个。全年引进文化创意产业项目12个,与中国互联网电影集团签约合作,引进"中国首个互联网电影特色小镇"项目,协助举办2015九龙湖互联网电影小镇发展论坛。镇编制《九龙湖十三五旅游发展规划》,推进亲山水乡村休闲旅游圈建设,开辟精品线,获评2015中国十佳生态休闲旅游示范镇。

是年,镇完成建成区控规、西经堂集中居住区及7个村庄规划报批,调整土地利用总体规划,可用建设用地达93万平方米。全年项目拆迁2.67万平方米,违章建筑拆除14.54万平方米,完成区、镇两级"清零"项目2个。完成城中村改造、企业改造55.04万平方米,改造面积名列全区第一。御水龙都一期住宅完成主体工程,二期进场施工。推进基础设施建设,完成自来水并大网,改造老旧水网管道8.5千米,镇浦路4.74千米污水一级干管投用,完成汶骆路(黄观线至九龙大道段)2.4千米污水一级干管工程前期工作,7个自然村的农村生活污水处理工程完成60%工程量。汶骆路(中心粮库—小洞岙入口段)拓宽改造工程完成,汶溪公交场站迁建工程启动。九龙家苑三、四期和西经堂三期(A—1地块)总计约1734套、建筑面积25万平方米的安置房基本完工,长宏村新农村集居点(1.4万平方米)建设前期工作启动,钦寸水库移民30套占地面积3000平方米的房屋竣工。实施区域环境整治,镇、村两级投入资金2000余万元,清除垃圾25万余吨,清理卫生死角1万余个,根治九龙大道、汶骆路等主干道卫生"顽疾"点85个,全镇村庄绿化、墙面美化、道路硬化面积达5万平方米。实施河道清淤6千米,清理河道垃圾90吨,拆除沿河、沿林畜禽养殖27户。紧固件酸洗中心投入使用。

是年,全镇投入民生保障资金8260万元,占全年预算的75%。新增就业岗位681个,帮助132名城镇失业人员、被征地人员和农村劳动力实现再就业,动态消除“零就业家庭”,办理自主创业小额担保贷款470万元。全镇农民“新农合”参保率达98.87%。实行社会救助“一门受理”,发放各类救助资金610万元。新成立镇居家养老服务中心,深化“银龄互助”行动,镇、村志愿者服务站志愿者达541名,域内227名老人享受每天1小时服务。“慈善一日捐”共募集善款90余万元,慰问困难、“空巢”等老年人1.2万人次。顾兆田(中心)幼儿园创建省一级、市五星级和长石幼儿园创建省二级、市四星级通过验收,文种幼儿园投入使用。小学义务教育覆盖率、升学率均达100%。推进农村文化发展,举办各类文化会演等活动。开展信访“大走访、大排查、大化解、大整治”和“书记大接访”活动,域内没有发生群体性越级上访事件。镇创建成为市级食品药品规范化城镇。

【两次台风造成农业大镇较大损失】 2015年,受灿鸿、杜鹃两次台风影响,九龙湖镇农作物受灾,农业基础设施受损,农村和少量城镇居民房屋进水:杜鹃台风进水20厘米以上的民宅1173户、企业200家,最高水位达1米;灿鸿台风进水民宅130户。两次台风造成全镇约1333公顷农田受淹(含同一地块两次受淹的面积),水毁溪坑120米、机耕路1500米、进库道路1900米、排水沟1300米、渠道600米、桥梁1座,发生汶溪秦山环湖路、旅游区环湖路等6处地质灾害。直接经济损失上亿元,无人员伤亡。

【获评2015中国十佳生态休闲旅游示范镇】 2015年,九龙湖镇获评中国十佳生态休闲旅游示范镇。九龙湖镇党委政府重视乡村旅游发展,完成《九龙湖“十三五”旅游发展规划》编制,启动秦山民宿项目规划,打造以御水龙都项目为中心、以沿山路为中轴、以休闲度假旅游区和休闲农业旅游区为两翼的“一心一轴两翼”旅游发展格局。推进亲山水乡村休闲旅游圈、“九龙问茶”精品线建设,引进并启动生态文化园基地项目。辖内康得助农庄、龙居、龙悦3家农家乐被评为“中国乡村旅游金牌农家乐”。

【村股份制改革基本完成】 2015年,九龙湖镇全面推进村级集体经济改革。至年底,经济合作社股份合作制改革基本结束,全镇11个行政村全部成立股份制。合计股本总额8756万元,股东数29468个,其中社员股东21068个,非社员股东8490个。

【推进农村文化发展】 2015年,九龙湖镇推进农村精神文明建设和文化发展:评选首届十大“九龙湖好人”,新建2个农村文化礼堂投用,举办全镇“好山、好水、好声音”十佳歌手大赛、“五水共治”颁奖晚会、第八届端午文化节村村才艺大赛及第七届舞龙英雄会,承办全区文化礼堂载德茶礼活动。

【文种幼儿园建成投用】 3月,文种幼儿园建成投入使用。该项目投资约310万元,用地面积约700平方米,建筑面积850平方米。可办3个班级,容纳90名左右幼儿。

文种幼儿园建成投用

【九龙湖镇集中酸洗中心投产】 1月8日，投资1亿元、占地36933平方米的九龙湖紧固件集中酸洗中心投产。该项目引进台湾先进设备及生产工艺，由宁波日高金属精线材料有限公司主体运营。投产后拟逐步将镇域内紧固件企业的酸洗工艺集中处理，起到提高酸洗效率和整治环境的双重作用。

（刘崇华）

先 进 名 录

先进集体

【全国巾帼文明岗】
镇海区人民法院立案庭

【2013—2014年度全国青年文明号】
宁波帮博物馆

【全国示范性劳模创新工作室】
胡耀华工作室

【全国文明单位】 中石化镇海炼化分公司

【第四届全国文明村镇】
镇海区澥浦镇十七房村

【国家农民合作社示范社】
庄市街道绿丰农产品专业合作社

【2014年度全国供销社系统"基层社标杆社"】
骆驼供销社

【市劳模创新工作室】 陈益庆工作室

【市重点工程立功竞赛先进集体】
镇海绿轴体育公园项目部

【区级模范集体8家】
区新闻中心FM104.7私家车音乐台
区人民法院立案庭
镇海中医院儿科
宁波野马电池有限公司工程部
镇海区招宝山街道保洁中心城河西路保洁班组
宁波安捷化工物流有限公司管廊巡查班组
镇海区行政审批管理办公室投资项目联办代办中心
镇海区国税局"阳光·心服务"12366纳税服务综合平台

先进个人

【全国劳动模范】
冯　闯　金丰(中国)机械工业有限公司装配组长
陈俭峰　宁波明欣化工机械有限责任公司焊接负责人

【2015年"中国好人"榜】
刘国娟　镇海区依木商贸有限公司董事长
叶中央家庭(叶中央,东海航海保障中心宁波航标处退休干部;叶静虎,宁波航标处后勤事务中心后勤部副主任;叶超群,宁波航标处镇海航标管理站七里屿灯塔灯塔工)

【2015年“发现最美浙江人——浙江好人榜”5人】

孙建顺　骆驼街道尚志村村民
刘国娟　依木商贸有限公司董事长
叶中央　东海航海保障中心宁波航标处退休干部
夏甬峰　区环卫保洁中心垃圾清运车驾驶员
郑秀丽　宁波市第七医院大内科护士长
陈　妍　菲仕工业设计有限公司员工

【2015全国“最美家庭”提名】

翁维根家庭

【2015浙江“最美家庭”】

翁维根家庭

【2015年第四季度浙江“最美家庭”】

沈亚君家庭

【第二届全国模范小巷总理】

郑时梅　招宝山街道总浦桥社区党总支书记
吴　敏　骆驼街道中街社区党总支书记

【全国老有所为先进典型人物】

史云飞　庄市街道兴庄路社区退休人员

【市五一劳动奖章获得者4人】

王　斌　宁波金洋化工物流有限公司信息中心主任
张亚杰　宁波甬友电子有限公司总经理
江静萍　区计划生育宣传技术指导站站长
姚仁汉　镇海中学副校长、新疆库车县第二中学副校长(援疆)

【“最美宁波人”2014年度人物1人】

张继惠　宁大科院二村食堂餐厅主任

【“最美宁波人”2015年度人物9人】

孙建顺　骆驼街道尚志村村民
刘国娟　依木商贸有限公司董事长
火秀芬　蛟川街道俞范村村民
蔡贤君　区人民医院妇产科副主任医师
方明富　镇海炼化公司宁波亚太物业保安
夏甬峰　区环卫保洁中心垃圾清运车驾驶员
陈　妍　骆驼街道沙河村村民
叶中央家庭　(叶中央、叶静虎、叶超群)
郑秀丽　宁波市第七医院大内科护士长

【2015年宁波市茶花奖】

菲利普·霍纳特(Philippe GerardJacques Honnart,法国籍,男)　宁波镇海炼化利安德化学有限公司技术经理

【宁波市杰出人才奖】

崔　平　中国科学院宁波材料技术与工程研究所

【宁波市突出贡献专家奖】

卫　国　百隆东方股份有限公司
李润伟　中国科学院宁波材料技术与工程研究所

【宁波市卓越企业家奖】

沈国强　宁波埃美柯阀门有限公司

【宁波市教育名师奖】

沈虎跃　镇海中学

【宁波市现代农业领军人才奖】

郑荣希　镇海区繁荣瓜果蔬菜试验示范场

【宁波市优秀海外工程师奖】

吉田耕造(Yoshida Kozo)　宁波夏厦齿轮

有限公司

【区级劳动模范14名】

陈伟庆　宁波达尔轴承有限公司董事长
卢冬梅　庄市街道敬老院护理员
王天成　区公安分局刑侦大队副大队长
田永双　区邮政局俞范支局投递员
乐敏华　区劳动监察大队大队长
朱励民　龙赛医院外一科主任
庄开刚　区职业教育中心学校校长
张国明　浙江民欣建设有限公司党支部书记、董事长
陈世红　招宝山街道胜利路社区书记兼主任
陈志军　区城管局蛟川中队副指导员
汪文耀　骆驼商会副会长
周　健　镇海区镇北供电所所长
黄锡甫　宁波德泰化学有限公司总经理
傅建华　甬禾粮食专业合作社社长

2015年度镇海区经济发展奖项名单

一、纳税二十强企业

1. 宁波乐金甬兴化工有限公司
2. 百隆东方股份有限公司
3. 镇海石化建安工程有限公司
4. 宁波阿尔卑斯电子有限公司
5. 宁波大安化学工业有限公司
6. 宁波海利经济开发公司
7. 宁波开元华城置业有限公司
8. 镇海石化海达发展有限责任公司
9. 福安药业集团宁波天衡制药有限公司
10. 宁波中万置业有限公司
11. 阿克苏诺贝尔过氧化物(宁波)有限公司
12. 金丰(中国)机械工业有限公司
13. 宁波镇海农村商业银行股份有限公司
14. 宁波人健化学制药有限公司
15. 宁波新福钛白粉有限公司
16. 宁波达尔轴承有限公司
17. 宁波埃美柯铜阀门有限公司
18. 宁波久丰热电有限公司
19. 宁波金海晨光化学股份有限公司
20. 浙江省二建建设集团有限公司

二、工业企业绩效十佳企业

1. 宁波乐金甬兴化工有限公司
2. 宁波爱立德汽车部件有限公司
3. 宁波达尔轴承有限公司
4. 宁波汇众粉末机械制造有限公司
5. 宁波金海电子有限公司
6. 百隆东方股份有限公司
7. 宁波市镇海九龙混凝土有限公司
8. 金丰(中国)机械工业有限公司
9. 宁波埃美柯铜阀门有限公司
10. 福安药业集团宁波天衡制药有限公司

三、工业企业转型升级十佳企业

1. 瑞格钢铁制品(宁波)有限公司
2. 宁波天韵通信设备有限公司
3. 宁波人健化学制药有限公司
4. 宁波龙欣精细化工有限公司
5. 宁波新福钛白粉有限公司
6. 宁波争光树脂有限公司
7. 宁波中江高强螺栓有限公司
8. 宁波陆霖机械铸造有限公司
9. 宁波特艾科机械制造有限公司
10. 宁波克泰液压有限公司

四、出口十强企业

1. 宁波阿尔卑斯电子有限公司
2. 宁波中燃船舶燃料有限公司
3. 百隆东方股份有限公司
4. 宁波家联塑料科技有限公司
5. 浙江野马电池有限公司

6. 宁波金鼎紧固件有限公司
7. 宁波杜亚机电技术有限公司
8. 宁波特艾科机械制造有限公司
9. 宁波佳信旅游用品有限公司
10. 阿克苏诺贝尔化学品(宁波)有限公司

五、进口十强企业

1. 宁波乐金甬兴化工有限公司
2. 宁波富德能源有限公司
3. 宁波新翔液体化工仓储有限公司
4. 宁波市金龙铜业有限公司
5. 宁波阿尔卑斯电子有限公司
6. 百隆东方股份有限公司
7. 宁波市镇海宁远化工仓储有限公司
8. 宁波市红光装饰材料有限公司
9. 道达尔石化(宁波)有限公司
10. 宁波涵盈金属工业有限公司

六、服务业十佳企业

1. 镇海石化海达发展有限责任公司
2. 宁波金洋化工物流有限公司
3. 宁波宁兴新宇汽车销售服务有限公司
4. 宁波厚恒机械有限公司
5. 宁波北大荒物流集团股份有限公司
6. 宁波九龙湖开元华城度假村有限公司
7. 宁波恒信工程检测有限公司
8. 宁波瑞丽洗涤股份有限公司
9. 宁波中万置业有限公司
10. 宁波镇海农村商业银行股份有限公司
11. 鼎宏汽车保险销售股份有限公司
12. 中石化管道储运有限公司宁波输油处

七、文化创意产业十大示范企业

1. 宁波洛可可创意咨询顾问有限公司
2. 浙江迈新科技股份有限公司
3. 宁波镇艺文化传播有限公司
4. 宁波百旺金赋信息科技有限公司
5. 宁波睿易教育科技股份有限公司
6. 浙江蓝易思信息科技有限公司
7. 宁波明峰检验检测研究院股份有限公司
8. 宁波银成信息技术有限公司
9. 宁波心智文化传播有限公司
10. 宁波状元郎电子科技有限公司
11. 宁波互通有无文化传播有限公司
12. 浙江南自智能科技股份有限公司

八、区政府质量奖企业

1. 镇海石化工业贸易有限责任公司
2. 宁波瑞丽洗涤股份有限公司
3. 宁波中意液压马达有限公司

九、区政府质量奖入围奖企业

宁波市杰杰工具有限公司

十、科学技术进步奖获奖项目

奖项	项目名称	主要完成单位
一等奖	高耐光型装饰纸专用钛白粉的工艺研发与产业化	宁波新福钛白粉有限公司
	高纯度芳烃油抽提装置及技术工艺	宁波博汇化工科技股份有限公司
二等奖	高参数多流态新型缠绕管式换热器成套技术研发和产业化应用	镇海石化建安工程有限公司
	高精度液压分度控制技术及产业化	宁波中意液压马达有限公司
	实时剪切波弹性成像评价前列腺良恶性疾病的应用价值	宁波市镇海龙赛医院
	城镇住宅智能监管系统	镇海区房地产管理中心

奖项	项目名称	主要完成单位
三等奖	超高压大流量液压元件研发及产业化	宁波汉商液压有限公司
	三维可调的门窗铰链	宁波添宝五金有限公司
	天然植物提取物精制技术及其产业化	宁波大红鹰生物工程股份有限公司
	淤泥质土填充袋围堰施工关键技术	中交上航局航道建设有限公司
	镇海雷暴特征及潜势预报模型研究	宁波市镇海区气象灾害预警中心

十一、科技合作推动奖获奖人员

获奖人	获奖单位
万松灵	宁波西电产业园管理有限公司
陈雷	宁波石化经济技术开发区经济发展局
朱作东	镇海区蛟川街道办事处

备注：不含区、街道镇所获各级各类荣誉和区内系统性评选的各项荣誉。

索 引

说明：
一、本索引设主题索引和表格索引2个分目。
二、主题索引采用分析索引法，按索引条目第一字汉语拼音（同音字按声调）顺序排，首字相同按第二字母序排，依次类推。标引语后的阿拉伯数字表示内容所在的页码。
三、本年鉴的“特载”“大事记”“镇海概貌”均未作索引。
四、表格按条目第一字汉语拼音（同音字按声调）顺序排，所在位置标注方法同上。

主题索引

阿拉伯数字

A

B

C

D

H

J

K

L

M

N

P

Q

R

S

T

W

X

Y

Z

表格索引